Grundlagen der Biomechanik des Sports

Grundlagen der Biomechanik des Sports

Probleme · Methoden · Modelle

Herausgegeben von
Rainer Ballreich und Wolfgang Baumann

unter Mitarbeit von

Angela Ballreich
Rüdiger Preiß
Wolfgang Schöllhorn
Martin Sust

Ferdinand Enke Verlag Stuttgart 1996

Herausgeber:

Prof. Dr. Rainer Ballreich
Institut für Sportwissenschaften
der Johann Wolfgang Goethe-Universität
Abt. Biomechanik
Ginnheimer Landstraße 39
D-60487 Frankfurt/M.

Prof. Dr. Wolfgang Baumann
Institut für Biomechanik
Deutsche Sporthochschule
Carl-Diem-Weg
D-50993 Köln

Die Deutsche Bibliothek – CIP-Einheitsaufnahme

Grundlagen der Biomechanik des Sports : Probleme,
Methoden, Modelle / hrsg. von Rainer Ballreich und Wolfgang
Baumann. Unter Mitarb. von Angela Ballreich … –
2., neubearb. Aufl. – Stuttgart : Enke, 1996
ISBN 3-432-96682-2
NE: Ballreich, Rainer [Hrsg.]; Ballreich, Angela

Satz: Photocomposition Jung, F-67420 Diespach/Plaine
Schrift: 9/10 Times, TypoScript
Druck: Konkordia Druck, D-77815 Bühl

5 4 3 2 1

Vorwort

Die Grundlagen der Biomechanik des Sports informieren über *Untersuchungsziele, Merkmale, Meßverfahren, Untersuchungsmethoden* einschließlich *Modellmethode* sowie über *Modelle* und *Perspektiven in der Entwicklung sportmotorischer Techniken.*

Das Kapitel *Untersuchungsziele* beinhaltet ein breites Spektrum an Problemen, das von der Analyse des sportmotorischen Leistungszustands (Technik-, Konditions- und Belastungsanalyse) bis zu seiner Steuerung (Technik-, Konditionssteuerung und Belastungsgestaltung) reicht. Hierbei werden die Untersuchungsziele durch untersuchungsmethodische Lösungsansätze ergänzt.

Im Kapitel *Biomechanische Merkmale* sind alle Merkmale als physikalische Größen aus einem Zahlenwert und einer Einheit definiert. Darüber hinaus wird der Anwendungsbezug durch anschaulich aufbereitete Beispiele sportlicher Bewegungen und durch Angabe von Merkmalswerten hergestellt.

Allgemeine Grundlagen der Messung führen in das Kapitel *Meßverfahren* ein. Die Einteilung der *Biomechanischen Meßverfahren* orientiert sich an der Art der gemessenen Größe in Kinemetrie, Dynamometrie, Biomechanische Anthropometrie und Elektromyographie. Ein einheitliches Darstellungsschema beschreibt i. a. die Verfahren nach Meßzweck, Meßprinzip, Anwendungsbeispielen sowie Bewertung und unterstützt somit die Informationsaufnahme des Lesers. Ein hohes Maß an meßtechnischer Erfahrung schlägt sich in der Darstellung der Meßverfahren nieder.

Das Kapitel *Grundlagen der Modellmethode* informiert kriterienbezogen über folgende Konstruktionsschritte: Wahl des Modellansatzes (Modellkonzept und Modellform), Identifikation und Auswahl der Variablen, die das Modell beschreiben, Beschaffung der Daten zur näheren quantitativen Bestimmung der Modellvariablen sowie Erstellung der Relationen zwischen diesen Variablen.

Darüber hinaus ermöglicht es einen Einstieg in das theoriebasierte Modellkonzept durch eine praxisbezogene und detaillierte Darstellung der *hierarchisch strukturierten Modellmethode.* Sie dient der Konstruktion elementarer deterministischer Modelle für einen breiten sportmotorischen Anwendungsbereich.

Die im siebten und achten Kapitel aufbereiteten Modelle kennzeichnen unterschiedliche Entwicklungsstufen in der „Modelletappe der Mathematisierung“ wissenschaftlicher Disziplinen. Keines dieser Modelle ist jener früheren Entwicklungsstufe „statistischer (indeterministischer) Modelle“ zuzuordnen, die sich vorwiegend an dem datenbasierten Modellkonzept und an der indeterministischen Modellform orientierte. *Aktschurin* u. a. (1972) bezeichnen diese Stufe als „die Etappe des Herausfindens und Herausstellens der rein phänomenologischen Funktionalkorrelationen, die bei den Experimenten mit uns interessierenden Objekten beobachtet werden. Diese Etappe der Mathematisierung findet in jeder Wissenschaft statt und ist gewissermaßen die Primärbearbeitung ihres empirischen Materials.“

Das in einer späteren Entwicklungsstufe anzusiedelnde Modell der Technik des Strecksprungs steuert ebenso wie das Modell zur Bestimmung der mechanischen Belastung des Bewegungsapparats in der Stützphase (Lauf, Sprung, ...) die Modellkonstruktion primär über das theoriebasierte Modellkonzept und über die deterministische Modellform an. Bei der Modellierung der Massenträgheitscharakteristika der Körpersegmente ergänzen sich sowohl das daten- mit dem theoriebasierten Modellkonzept als auch die deterministische mit der indeterministischen Modellform.

Eine noch junge Entwicklungsstufe ist gekennzeichnet durch die Modellierung mit zeitkontinuierlichen Merkmalen in Form prozeßorientierter Modelle. Während nach *Schöllhorn* (Kap. 7.2) „bei Verwendung zeitdiskreter Merkmale eine Bewegung auf Zustände reduziert wird und sich die Modellierung auf einfachstrukturierte Bewegungsfertigkeiten beschränkt (produktorientierte Modelle) bietet die Modellierung mit zeitkontinuierlichen Merkmalen die Möglichkeit, Modelle komplexstrukturierter Bewegungsfertigkeiten zu erstellen“ (prozeßorientierte Modelle).

Im Schlußkapitel über *modular aufgebaute deterministische Modelle menschlicher Bewegungen* konstruiert *Sust* Modelle mit dem Zweck, „den funktionalen (mathematisch eindeutigen) Zusammenhang zwischen motorischen bzw. anatomischen Eigenschaften eines Sportlers und dem Ablauf seiner Bewegungen unter vorgegebenen Bedingungen herzustellen.“

Damit wandte er die bisher in der Biomechanik des Sports selten praktizierte Mikromethode an, die von einer bereits bekannten Struktur des Untersuchungsobjekts (Sportler) ausgeht und auf deren Grundlage das Verhalten des Objekts erklärt und vorhersagt.

Die Autoren waren bemüht, biomechanische Fragestellungen und Antworten für einen breiten Leserkreis – der sich von Lehrkräften (Trainer, Sportlehrer) bis zu Wissenschaftlern (Sportwissenschaftler, Arbeitswissenschaftler, Orthopäde, Leistungsphysiologe) erstreckt – verständlich zu formulieren und informativ zu gestalten.

Ausdruck dieses Bemühens sind sowohl 58 Tabellen und 137 Abbildungen als auch eine konsequente Berücksichtigung anwendungsbezogener Beispiele.

Dem Verlag Ferdinand Enke danken wir für seine unseren Vorstellungen gegenüber außerordentlich aufgeschlossene und kooperative Einstellung.

Im Herbst 1996

Ballreich, Angela	*Preiß, Rüdiger*
Ballreich, Rainer	*Schöllhorn, Wolfgang*
Baumann, Wolfgang	*Sust, Martin*

Inhalt

Sachregister

1 Einführung in die Biomechanik des Sports

Rainer Ballreich

1.1 Zur Begriffsbestimmung

Die verschiedenen Begriffsbestimmungen von „Biomechanik (des Sports)“ spiegeln zwei Arten einer definitorischen Be-/Umschreibung wissenschaftlicher Disziplinen wider und lassen sich – nicht trennscharf, jedoch schwerpunktmäßig – entweder dem Definitionstyp I oder dem Definitionstyp II zuordnen.

(1) Begriffsbestimmungen nach Definitionstyp I

Diese Beschreibungsart charakterisiert den Gegenstand einer Wissenschaft durch Material- und Formalobjekt. Das Materialobjekt bezeichnet den wissenschaftlichen Gegenstand in seiner „unmittelbaren Gegebenheit“, das Formalobjekt in seiner „Aspektgebundenheit“, d.h. in seiner Bindung an eine wissenschaftliche Betrachtungsweise. In diese Definitionskategorie können sowohl die Umschreibung der Biomechanik von *Hochmuth* (1982) als auch jene von *Donskoi* (1975) eingeordnet werden.

Nach *Hochmuth* untersucht „die Biomechanik die Bewegungen von Mensch und Tier vom Standpunkt der Gesetze der Mechanik.... Gegenstand biomechanischer Untersuchungen ist infolgedessen die mechanische Bewegung (die Ortsveränderung von Masseteilen) von Mensch und Tier unter Berücksichtigung der mechanischen Eigenschaften und Voraussetzungen der Bewegungsapparate, die ihrerseits von den biologischen Bedingungen der Organismen funktionell abhängig sind. Nach diesem Forschungsgegenstand ist die Biomechanik eine angewandte Mechanik, und zwangsläufig müssen ihre Untersuchungsmethoden von den Methoden der Mechanik abgeleitet sein.“ Wenn man *Hochmuths* Umschreibung der Biomechanik unter dem Gesichtspunkt von Material- und Formalobjekt analysiert, dann beinhaltet das Materialobjekt „die Bewegung und den Bewegungsapparat von Mensch und Tier“ und das Formalobjekt ist der „mechanische Aspekt“.

Demselben Definitionstyp ist die Umschreibung der Biomechanik von *Donskoi* (1975) zuzuordnen. „Das Objekt der Erkenntnis (Materialobjekt – d. Verf.) der Biomechanik sind die Bewegungshandlungen des Menschen als System gegenseitig zusammenhängender aktiver Bewegungen und Handlungen seines Körpers.... Der Bereich der Untersuchung (Formalobjekt – d. Verf.) der Biomechanik sind die mechanischen und biologischen Prinzipien des Entstehens von Bewegungen und die Besonderheiten ihrer Ausführung.“ Während *Hochmuth* „die Bewegungen von Mensch und Tier” als Gegenstand der Biomechanik betrachtet, engt *Donskoi* den biomechanischen Bewegungsträger auf den Menschen ein. Die von *Donskoi* vertretene Aspektgebundenheit ist seinen Ausführungen über den „Bereich der Untersuchungen“ zu entnehmen. Wie unterschiedlich auch die Begriffe „mechanische und biologische Prinzipien“ interpretierbar sind, man kommt zu der einheitlichen Feststellung, daß *Donskoi* – im Unterschied zu *Hochmuth* – das Formalobjekt der Biomechanik nicht auf die Anwendung der Gesetze der Mechanik, d.h. auf den mechanischen Aspekt beschränkt. Die Methode der Biomechanik ist nach *Donskoi* „eine systematische Analyse und Synthese von Bewegungen auf der Grundlage quantitativer Charakteristika, insbesondere die mathematisch-kybernetische Modellierung der Bewegung“.

(2) Begriffsbestimmungen nach Definitionstyp II

Eine weitere Art, wissenschaftliche Disziplinen zu beschreiben, ist die Unterscheidung bzw. Angabe von Gegenstands- (Objekt-), Aufgabenbereich (Problembereich) und methodologischem Lösungsansatz (Wissenschaftsmodell bzw. Untersuchungsmethodik). Zu dieser Beschreibungskategorie zählt partiell die Definition von *Miller* und *Nelson* (1973): „Biomechanics, the science which investigates the effects of internal and external forces upon living bodies“ ... Hierbei ist der Gegenstandsbereich festgelegt durch „lebende Körper“ und der Aufgabenbereich durch „Wirkungen innerer (z.B. Muskel-, Gelenkreibungskräfte) und äußerer Kräfte“ (z.B.

Schwerkraft, Luftwiderstands-, Wasserwiderstandskräfte). Bemerkenswert an dieser Definition ist die Einengung des Aufgabenbereichs auf „Wirkungen von Kräften“ und damit eine Nichtberücksichtigung „der Ursachen von Kräften“, im speziellen die Entstehung von Kräften im Zusammenhang mit den Fragen der Bewegungssteuerung und -regelung. Eine solche Einengung ist nicht widerspruchsfrei gegenüber dem von *Miller* und *Nelson* als ein Gebiet der Biomechanik („sector of biomechanics“) eingestuften elektromyographischen Anwendungsbereich.

In idealer Weise entspricht der zur Diskussion stehenden Beschreibungskategorie von Wissenschaft die Definition der Biophysik von *Beier*, wobei wir mit *Buchmann* (1974) die Auffassung vertreten, daß „einerseits die Biomechanik der sportlichen Bewegung als Bestandteil der Biomechanik zur Biophysik gehört, andererseits sich die Biomechanik der sportlichen Bewegung als Teildisziplin der Sportwissenschaft entwickelt hat“ und von daher die Berechtigung ableiten, die Definition von *Beier* hier einzuordnen. *Beier* (1974) charakterisiert die Biophysik als „eine Wissenschaft, deren Gegenstand die lebenden Systeme sind ... Das Ziel der Biophysik ist eine exakte Darstellung biologischer Modelle nach dem Vorbild der modernen Physik“. Unschwer sind aus der vorliegenden Beschreibung die Bestandteile Gegenstandsbereich („lebende Systeme“), Aufgabenbereich („exakte Darstellung biologischer Modelle“) und Wissenschaftsmodell („Vorbild der modernen Physik“) erkennbar.

In Definitionstyp II lassen sich auch die Begriffsbestimmungen der Biomechanik von *Fetz* und *Hatze* einordnen. *Fetz* (1974) beschreibt die Biomechanik als „wissenschaftliche Disziplin, in der mit Hilfe mechanischer Methoden Zustände und Funktionen lebendiger Systeme untersucht werden.“ In diesem Falle erfolgt die Kennzeichnung der Probleme durch „Zustände und Funktionen lebendiger Systeme“ und die Kennzeichnung der Lösungsversuche durch „mit Hilfe mechanischer Methoden“. Hierbei ist die Formulierung „mit Hilfe mechanischer Methoden“ nicht im Sinne eines methodologischen Monismus der Mechanik zu interpretieren, der das methodologische Umfeld der Biomechanik (u.a. biomechanischer Begriffsapparat, biomechanische Versuchsplanung, biomechanische Meßmethodik, biomechanische Modellmethode und biostatische Datenverarbeitung) unberücksichtigt läßt.

Die Definition der Biomechanik von *Hatze* (1971) als „jene Wissenschaft, die die Strukturen und Funktionen biologischer Systeme unter Verwendung der Erkenntnis und Methoden der Mechanik erforscht“, weist in der Problemkennzeichnung einen gewissen Bedeutungsüberschuß auf („Strukturen und Funktionen biologischer Systeme“); in einer späteren Veröffentlichung präzisiert *Hatze* (1976) den Struktur- und Funktionsbegriff, jedoch nicht in bezug auf biologische, sondern auf motorische Systeme. Demnach „besteht die Struktur des motorischen Systems aus den (hier nicht näher spezifizierten) Elementen des Steuer-, Regel- und Bewegungsapparates und deren Interrelationen. Die Funktion des motorischen Systems ist die Produktion von Transitionsprozessen, die den Anforderungen des übergeordneten Systems entsprechen.“ Transitionsprozesse überführen das motorische System „von einem vorgeschriebenen Anfangszustand in einen vorgeschriebenen Endzustand“.

Tab. 1.1 enthält eine nach Gegenstand, Aufgabe und methodologischem Lösungsansatz systematisierte Darstellung der oben angeführten Begriffsbestimmungen zur „Biomechanik (des Sports)“.

Die angeführten Begriffsbestimmungen beziehen sich zunächst auf die „Biomechanik“, wobei lediglich Modifikationen dieser Beschreibungen für die „Biomechanik des Sports“ vorliegen. Der primäre Zweck eines eigenständigen Definitionsvorschlags besteht nicht darin, den vorhandenen Definitionen eine neue hinzuzufügen, sondern mit Hilfe dieses Vorschlags Gegenstands- sowie Aufgabenbereich und methodologische Lösungsansätze der Biomechanik des Sports zu erläutern. Unser Definitionsvorschlag ist dem Definitionstyp II zuzuordnen und enthält somit die Definitionselemente „Gegenstands-, Aufgabenbereich“ und „methodologischer Lösungsansatz“. Nach Definitionstyp II bestimmen wir die „Biomechanik des Sports“ als wissenschaftliche Disziplin, die die sportliche Bewegung (Gegenstandsbereich) unter Verwendung von Begriffen, Methoden und Gesetzmäßigkeiten der Mechanik (methodologischer Lösungsansatz) beschreibt und erklärt (Aufgabenbereich).

Im folgenden erläutern wir die Definitionselemente „sportliche Bewegung“, „biomechanische Beschreibung und Erklärung der sportlichen Bewegung“ und „unter Verwendung von Begriffen, Methoden und Gesetzmäßigkeiten der Mechanik“.

Sportliche Bewegung: die während der Sportausübung feststellbare Ortsveränderung der Körper von Mensch und Tier sowie des Geräts.

Tabelle 1.1 Systematische Darstellung von Begriffsbestimmungen zur Biomechanik (des Sports)

Autoren	Definitionstyp	Objekt (Gegenstands-)bereich	Problem (Aufgaben-) bereich; Aspekte (Betrachtungsweisen)	methodologischer Lösungsansatz (Untersuchungsmethoden, -verfahren; Wissenschaftsmodelle)
G. Hochmuth (1982)	I	Bewegung und Bewegungsapparat von Mensch und Tier	mechanischer Aspekt	(modifizierte) Methode der Mechanik
D.D. Donskoi (1975)	I	Bewegungshandlungen des Menschen	mechanischer und biologischer Aspekt	mathematisch kybernetische Modellierung
D.I. Miller, R.C. Nelson (1973)	II	lebende Körper	Untersuchung der Wirkungen innerer und äußerer Kräfte (auf lebende Körper)	–
W. Beier (1974)	II	lebende Systeme	exakte Darstellung biologischer Modelle	Vorbild der modernen Physik
F. Fetz (1974)	II	lebendige Systeme	Untersuchung von Zuständen und Funktionen (lebendiger Systeme)	mit Hilfe mechanischer Methoden
H. Hatze (1971)	II	biologische Systeme	Erforschung von Strukturen und Funktionen (biologischer Systeme)	unter Verwendung von Erkenntnissen und Methoden der Mechanik
Definitionsvorschlag		sportliche Bewegung von Mensch, Tier und Gerät	Beschreibung und Erklärung (der sportlichen Bewegung)	unter Verwendung von Begriffen, Methoden und Gesetzmäßigkeiten der Mechanik

„Biomechanische Beschreibung der sportlichen Bewegung“: erfolgt nach ihrem geometrischen (Translation/Rotation) und/oder zeitlichen Verlauf (gleichförmig/ungleichförmig).

Biomechanische Erklärung der sportlichen Bewegung: ist als wissenschaftliche Erklärung an bestimmte strukturelle Voraussetzungen gebunden. Zum einen sind dies eine oder mehrere Gesetzesaussagen in Form von Wenn-dann- oder Jedesto-Sätzen (i.a. in quantifizierten Relationen), zum anderen sind es eine oder mehrere Anfangsbedingungen, „welche vor dem zu erklärenden Ereignis oder gleichzeitig mit ihm realisiert waren“ (*Stegmüller* 1970). Beide Satzklassen (Gesetzesaussagen, Anfangsbedingungen) sind jeweils notwendige aber erst gemeinsam hinreichende Bedingungen für das zu erklärende Ereignis. Gegenstand der Gesetzesaussagen und Anfangsbedingungen sind biomechanische Merkmale, die sich – nach vorherrschendem Erkenntnisinteresse – auf Struktur und Material des Bewegungsapparats (Gelenks- und Hebelverhältnisse, Massenverteilung, Festigkeit der Gewebe, ...), auf äußere Kräfte (Gravitation, Widerstand und Reibung, Trägheit von Geräten, ...) oder/und auf innere Kräfte (Muskelkraft, Gelenkreibung, Trägheit von Körperteilen, ... sowie auf Bewegungssteuerung und -regelung [vgl. *Wartenweiler* 1973]) beziehen. In Abschnitt 1.2.1 erläutern wir am Beispiel des Kugelstoßes eine biomechanische Erklärung und Voraussage der Flugweite der Kugel.

Unter Verwendung von Begriffen, Methoden und Gesetzmäßigkeiten der Mechanik: diese Formulierung relativiert den methodologischen Ausschließlichkeitsanspruch der Mechanik in bezug auf die Biomechanik. Als Beispiele können hierfür herangezogen werden: Ergänzung des Begriffsapparats der Mechanik um biomechanisch eigenständige Begriffe (Schrittlängen-Index, Absprungökonomie, Reaktivitätskennziffer, ...); Erweiterung bzw. Entwicklung der Methoden in bezug auf die Versuchsplanung (multivariate neben univariaten experimentellen Verfahren, ...), die

Meßtechnik (Rückwirkungsfreiheit des Meßsystems, Informationszeitpunkt der Meßwerte, ...); Berücksichtigung neuartiger theoretischer Konzeptionen der Verarbeitung von Variablen bzw. Daten (multivariate Methoden der Statistik, Modellmethode, Theorie der Regelung, Systemanalyse, ...) sowie Ergänzung deterministischer (universeller) Gesetze der Mechanik um statistische (regelhafte) Gesetzesaussagen der Biomechanik.

Abschließend und ergänzend weisen wir darauf hin, daß sich unser Definitionsvorschlag von „Biomechanik des Sports" an dem für diese wissenschaftliche Disziplin primären Ereignis, der sportlichen Bewegung, orientiert und offen ist gegenüber dem biomechanischen Zugriff ihrer Bedingungen. Wenn die Biomechanik des Sports neben der Bedingung „Bewegungsapparat" zukünftig noch weitere Bedingungen in Form anderer Organsysteme (Herz-Kreislauf-, Atem-, Hautsystem) untersucht, dann steht die vorliegende Definition nicht im Widerspruch zu einer solchen Entwicklung.

1.2 Biomechanik des Sports und interdisziplinäre Bewegungsforschung

Analysiert man Probleme der Bewegungsforschung und ihre methodologischen Lösungsansätze, dann ist in der Regel festzustellen, daß diese Ansätze – zumindest primär – auf *eine* wissenschaftliche Disziplin (monodisziplinärer Ansatz) zurückgehen und die mehrfach zitierte Erkenntnis über die Notwendigkeit interdisziplinärer Bewegungsforschung bislang mehr zu Programmatik als zu praktizierter Wirklichkeit führte.

Bedingungen für den derzeitigen Stand der Bewegungsforschung, die Bewegung vorwiegend unter dem Aspekt der Biomechanik oder Physiologie oder Psychologie oder Anthropometrie oder ... zu untersuchen, sind u.a. die relative Autonomie wissenschaftlicher Disziplinen in bezug auf eine Erklärung und Voraussage von Ereignissen sowie methodologische Barrieren bei interdisziplinären Lösungsansätzen. Im folgenden versuchen wir, beide Bedingungen zu erläutern.

1.2.1 Zur relativen Autonomie wissenschaftlicher Disziplinen

Die relative Autonomie wissenschaftlicher Disziplinen hängt damit zusammen, daß bereits innerhalb einer wissenschaftsdisziplinären (monodisziplinären) Beschreibung von Ereignissen eine Erklärung dieser Ereignisse und damit eine rational begründete Voraussage ermöglicht wird.

Die wissenschaftliche Erklärung von Ereignissen ist – wie im Zusammenhang mit der „Biomechanischen Erklärung der sportlichen Bewegung" ausgeführt – an bestimmte strukturelle Voraussetzungen gebunden. Zum einen sind dies eine oder mehrere Gesetzesaussagen in Form von Wenn-dann- oder Je-desto-Sätzen (im allgemeinen in quantifizierten Relationen), zum anderen sind es eine oder mehrere Anfangsbedingungen (Antezedens-, Randbedingungen). Beide Satzklassen (Gesetzesaussagen, Anfangsbedingungen) sind jeweils notwendige, aber erst gemeinsam hinreichende Bedingungen für das zu erklärende Ereignis. Eine wissenschaftliche Voraussage von Ereignissen ist rational begründet und weist dieselben strukturellen Bestandteile (Gesetze, Anfangsbedingungen, Ereignisse) wie die wissenschaftliche Erklärung auf. Während bei der Erklärung eines Ereignisses nach (mindestens) einem Gesetz und den zugehörigen Anfangsbedingungen gefragt wird, liegen bei einer Voraussage Gesetz(e) und Anfangsbedingungen vor; das zu prognostizierende Ereignis wird gesucht.

Der Unterschied zwischen Erklärung und Voraussage (Prognose) kann schematisch verdeutlicht werden (vgl. *Opp* 1970); (Tab. 1.2):

Tabelle 1.2 Strukturbestandteile von Erklärung und Voraussage

Strukturbestandteile	Erklärung	Voraussage
Gesetz(e)	gesucht	gegeben
Anfangsbedingungen	gesucht	gegeben
Ereignis	gegeben	gesucht

Erklärung und Voraussage weisen gemeinsame Strukturbestandteile auf; unterschiedlich ist lediglich, daß jeweils verschiedene Bestandteile gesucht oder vorgegeben sind. Da die Beschreibung eines Ereignisses bereits unter dem Aspekt *einer* wissenschaftlichen Disziplin (monodisziplinärer Ansatz) erfolgen kann, ist es im Rahmen des „Theoriegebäudes" dieser Disziplin möglich, über die Beschreibung des Ereignisses hinaus auch die weiteren Strukturbestandteile, Gesetz(e) und Anfangsbedingungen zu erarbeiten und damit Ereignisse monodisziplinär zu erklären oder vorauszusagen.

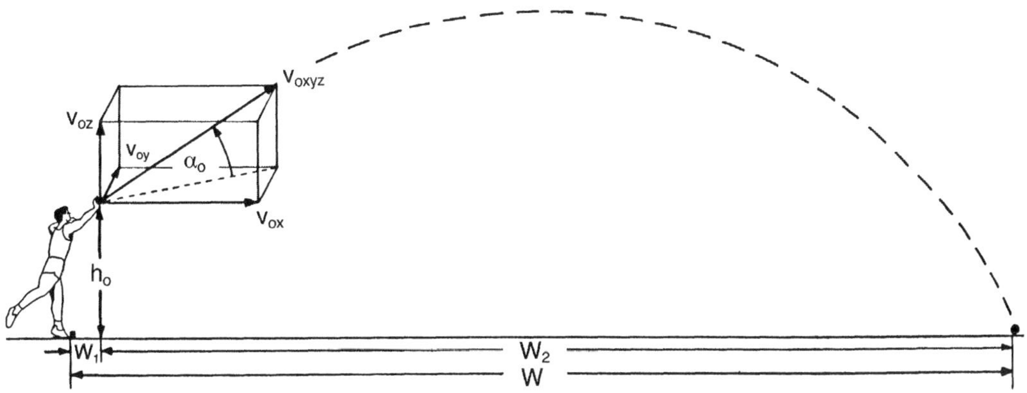

Abb. 1.1 Stoßweite W, Abflugpositionsweite W_1, Kugelflugweite W_2, Abfluggeschwindigkeit v_o, Abflugwinkel α_o und Abflughöhe h_o (aus *Ballreich, Kuhlow:* Biomechanik des Kugelstoßes. In: *Ballreich, Kuhlow* (Hrsg.): Biomechanik der Leichtathletik. Enke, Stuttgart 1986, S. 90)

Bezeichnung:

v_{oz} vertikale Abfluggeschwindigkeit
v_{ox} horizontale Abfluggeschwindigkeit (in Stoßrichtung)
v_{oy} horizontale Abfluggeschwindigkeit (quer zur Stoßrichtung)
v_{oxyz} räumliche Abfluggeschwindigkeit

Zur Erläuterung ein (bio-)mechanisches Beispiel: Die Flugweite $W_2 = 10{,}94$ m beim Kugelstoßen (Ereignis) – kann unter Vernachlässigung des Luftwiderstands mit Hilfe des mechanischen Gesetzes über den „schrägen" widerstandsfreien Wurf $W = f(v_o, \alpha_o, h_o)$ und mit den Anfangsbedingungen v_o (Betrag der Abfluggeschwindigkeit der Kugel), α_o (Abflugwinkel der Kugel) und h_o (Differenz zwischen Abflug- und Aufschlaghöhe der Kugel) erklärt oder vorausgesagt werden (Abb. 1.1). In diesem Falle liegt ein deterministisches (universelles oder funktionales) Gesetz vor, demzufolge alle „Objekte, denen eine Eigenschaft P zukommt, auch das Merkmal Q haben" (*Stegmüller* 1966). Eine (bio-)mechanische Prognose des Ereignisses Flugweite W_2 besagt, daß alle Objekte (Kugel), denen die Eigenschaften (Anfangsbedingungen) $v_o = 9{,}5$ m/s, $\alpha_o = 40°$ und $h_o = 1{,}9$ m zukommen, das Merkmal (Ereignis) Flugweite $W_2 = 10{,}94$ m aufweisen – oder in der Formulierung einer Wenn-dann-immer-Beziehung (*Reichenbach* o.J.): Wenn $v_o = 9{,}5$ m/s, $\alpha_o = 40°$ und $h_o = 1{,}9$ m betragen, dann fliegt die Kugel immer $W_2 = 10{,}94$ m weit.

Eine solche Erklärung bzw. Prognose der Flugweite ist ein Beispiel dafür, daß innerhalb *einer* bewegungswissenschaftlichen Disziplin, der (Bio-)Mechanik, und mit Hilfe *eines* in bezug auf biomechanische Einflußgrößen der Flugweite sehr vereinfachten Ansatzes sowie unter Vernachlässigung weiterer bewegungswissenschaftlicher Disziplinen wie funktionelle Anatomie und Muskelphysiologie, Anthropometrie und Psychologie, eine sportmotorische Leistung beschrieben, erklärt und vorausgesagt werden kann.

Hierbei bricht die Erklärung der Flugweite auf einer ersten Stufe der biomechanischen Ableitung ab, und es werden höhere Ableitungsstufen oder andere biomechanische Einflußgrößen der Flugweite unberücksichtigt gelassen (vgl. Tab. 1.3).

Das Verfahren zur Bestimmung dieser Einflußgrößen besteht darin, daß man in der ersten Ableitungsstufe die Zielgröße durch die sie vollständig und damit eindeutig bestimmenden Einflußgrößen beschreibt. In der zweiten Ableitungsstufe werden die Einflußgrößen der ersten Ableitungsstufe zu Zielgrößen und durch neue Einflußgrößen gekennzeichnet. Dieses Verfahren kann in Abhängigkeit vom Zweck der Erklärung oder Voraussage der Zielgröße bereits nach der ersten (zweiten, dritten, ...) Ableitungsstufe abgebrochen werden und ist so lange durchführbar, wie eine vollständige Beschreibung der jeweiligen Zielgröße durch neue Einflußgrößen möglich ist.

In Abb. 1.1 ist die Flugweite W_2 der Kugel als Zielgröße dargestellt. Nach o.a. Ausführungen ist sie – unter Vernachlässigung des Luftwiderstands – vollständig beschreibbar und damit eindeutig

Tabelle 1.3 Biokinematische Einflußgrößen der Flugweite

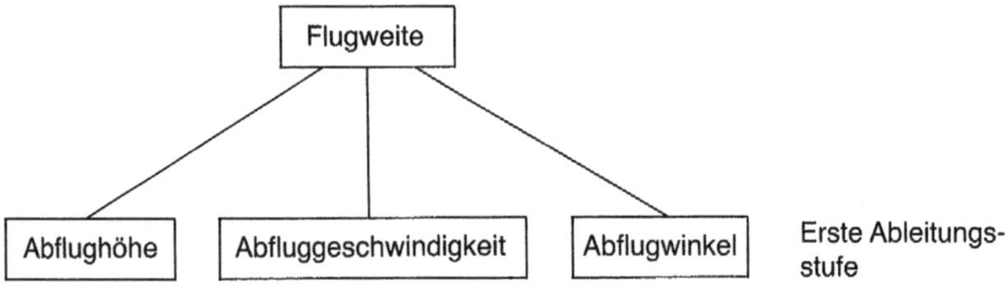

bestimmt durch den Betrag der Abfluggeschwindigkeit v_o der Kugel, durch ihren Abflugwinkel α_o und durch ihre Abflughöhe h_o, d.h. $W_2 = f(v_o, \alpha_o, h_o)$. Der funktionale Zusammenhang lautet:

$$W_2 = \frac{v_o^2 \cdot \cos\alpha_o}{g} \cdot \left[\sin\alpha_o + \sqrt{\sin^2\alpha_o + \frac{2h_o g}{v_o^2}} \right]$$

(g bezeichnet eine relative Naturkonstante, die Fallbeschleunigung)

Diese Funktion berücksichtigt jene biokinematischen Einflußgrößen der Kugelflugweite W_2, die durch den Kugelstoßer in stärkerem oder geringerem Maße geändert werden können, wie z.B. die Abfluggeschwindigkeit v_o, der Abflugwinkel α_o und die Abflughöhe h_o. Über die Auswirkung der jeweiligen Änderung auf die Kugelflugweite W_2 informiert Tab. 1.4.

Nach o.a. Funktion variiert die Kugelflugweite W_2 überproportional mit der Abfluggeschwindigkeit v_o, während W_2 sich nahezu proportional mit der Abflughöhe h_o ändert (Tab. 1.4). Die Einflußgröße Abflugwinkel α_o variiert bis zum optimalen Abflugwinkel α_{opt} ($\alpha_o \leq \alpha_{opt}$) gleichsinnig mit der Flugweite W_2. Über α_{opt} hinaus ($\alpha_o > \alpha_{opt}$) variiert α_o ungleichsinnig mit W_2, d.h. je größer α_o, desto kleiner die Flugweite W_2 (Tab. 1.4). Als optimalen Abflugwinkel α_{opt} bezeichnet man den Abflugwinkel, der bei einer vorgegebenen Abflughöhe h_o und bei einer vorgegebenen Abfluggeschwindigkeit v_o ein Maximum an Flugweite (Tab. 1.4) erzeugt.

Sofern der Voraussagezweck darin liegt, die Einflußhöhe der Abfluggeschwindigkeit v_o, des Abflugwinkels α_o und der Abflughöhe h_o auf die Kugelflugweite W_2 zu schätzen, dann ist dieser Voraussagezweck bereits mit der ersten Ableitungsstufe erfüllt. Bei der Schätzung der Einflußhöhe von v_o, α_o und h_o auf W_2 nehmen wir an, daß die zu schätzende Einflußgröße geändert werden kann, ohne daß dadurch gleichzeitig eine Änderung der beiden anderen Einflußgrößen erfolgt. Gilt es beispielsweise, die Einflußhöhe der Abfluggeschwindigkeit v_o auf die Kugelflugweite W_2 zu schätzen, werden die Abflughöhe h_o und der Abflugwinkel α_o als konstante Größen angenommen. So entnehmen wir Tab. 1.4:

Tabelle 1.4 Schätzung der Einflußhöhe der Abfluggeschwindigkeit v_o, des Abflugwinkels α_o und der Abflughöhe h_o auf die Kugelflugweite W_2 (aus *Ballreich, Kuhlow:* Biomechanik des Kugelstoßes. In: *Ballreich, Kuhlow* (Hrsg.): Biomechanik der Leichtathletik. Enke, Stuttgart 1986, S. 91)

Zielgröße	Einflußgröße	Leistungsbereich		Einflußhöhe	
W_2	v_o	17–22 m;	h_o = 2,20 m	Δv_o	= 0,1 m/s → ΔW_2 = 0,25 m – 0,28 m
			α_{opt} = 41°/42°	(ΔW_2	~ 2,5 Δv_o)
W_2	α_o	17–22 m;	h_o = 2,20 m	α_{opt}	– 5° (–10°) → ΔW_2 (12,1 m/s) = 0,18 m (0,74m)
			v_o = 12,1–14,0 m/s	α_{opt}	– 5° (–10°) → ΔW_2 (14,0 m/s) = 0,34 m (1,20m)
W_2	h_o	17–22 m;	v_o = 12,1–14,0 m/s	Δh_o	= 0,1 m → ΔW_2 = 0,09 m
			α_o = 41°/42°	Δh_o	~ ΔW_2

Im Bereich der Stoßweiten zwischen 17 m und 22 m erzeugt eine Zunahme der Abfluggeschwindigkeit um 0,1 m/s ($\Delta v_o = 0{,}1$ m/s) eine Zunahme der Kugelflugweite um 0,25 m bis 0,28 m ($\Delta W_2 =$ 0,25–0,28 m), sofern $h_o = 2{,}2$ m und $\alpha_o = \alpha_{opt} = 41/42°$ unverändert beibehalten werden können. Rein zahlenmäßig formuliert entspricht die Zunahme der Kugelflugweite etwa dem 2,5fachen der Zunahme des Zahlenwerts der Abfluggeschwindigkeit ($\Delta W_2 \approx 2{,}5 \cdot \Delta v_o$).

Im Bereich der Stoßweiten zwischen 17 m und 22 m erzeugt bei unveränderter Abflughöhe $h_o =$ 2,2 m und jeweils unveränderter Abfluggeschwindigkeit $v_o = (12{,}1/14)$ m/s eine Abweichung vom optimalen Abflugwinkel $\alpha_{opt} = 41/42°$ um $-5°$ ($-10°$) auf 36/37° (31/32°) bei 17 m eine Abnahme der Flugweite W_2 um 0,18 m (0,74 m) und bei 22 m eine Abnahme der Flugweite W_2 um 0,34 m (1,20 m).

Im Bereich der Stoßweiten von 17 m bis 22 m erzeugt bei jeweils unveränderter Abfluggeschwindigkeit $v_o = (12{,}1/14)$ m/s und unverändertem Abflugwinkel $\alpha_o = 41/42°$ eine Abnahme der Abflughöhe von 2,2 auf 2,1 m eine Abnahme der Flugweite W_2 um ca. 0,09 m. Faustregel: Einer Abnahme (Zunahme) der Abflughöhe um 1 cm entspricht eine Abnahme (Zunahme) der Kugelflugweite W_2 um 1 cm.

Über weitere Einflußgrößen der Flugweite und Stoßweite der Kugel aus der zweiten und dritten Ableitungsstufe informiert die o.a. „Biomechanik der Leichtathletik“ (Enke, Stuttgart 1986).

Die am Beispiel des Kugelstoßes erläuterte Aussage über die relative Autonomie wissenschaftlicher Disziplinen, wonach bereits innerhalb einer monodisziplinären Beschreibung von Ereignissen eine Erklärung dieser Ereignisse und damit eine rational begründete Voraussage ermöglicht wird, ist widerspruchsfrei gegenüber der Feststellung: Wenn für die Erklärung sportlicher Bewegungen nur *ein* wissenschaftsdisziplinärer Ansatz herangezogen wird, dann erhöht sich – sofern weitere wissenschaftsdisziplinäre Ansätze berücksichtigt werden – i.a. der empirische Gehalt der Bewegungserklärung und damit ihre prognostische Wahrscheinlichkeit.

Als Indikator für den mono- und interdisziplinären Erklärungswert bewegungswissenschaftlicher Ereignisse kann der aus der Erklärung abgeleitete Grad an Voraussagegenauigkeit dieser Ereignisse herangezogen werden. Am Beispiel der Kooperation zwischen Leistungsbiomechanik und Leistungsphysiologie erläutern wir die Zunahme des empirischen Gehalts einer Bewegungserklärung.

Leistungsphysiologische Untersuchungen der Laufausdauer ziehen als leistungsbestimmendes Merkmal u.a. das maximale Sauerstoffaufnahmevermögen heran. Mit Hilfe dieser und weiterer physiologischer Einflußgrößen kann die lokomotorische Ausdauer(leistung) nur unzureichend beschrieben werden, da der Zusammenhang zwischen physiologischen Einflußgrößen und der Ausdauerleistung nicht funktional (deterministisch) sondern statistisch (indeterministisch) ist. Zu einem funktionalen tendiert dieser Zusammenhang durch Berücksichtigung leistungsbestimmender biomechanischer Merkmale, die die Qualität der Technomotorik, d.h. u.a. die Ökonomie des muskulären Krafteinsatzes, kennzeichnen (z. B. das Verhältnis von vertikalem Brems- und Beschleunigungskraftstoß oder der Quotient aus vertikalem Kraftstoß und Körpermasse). Damit nehmen der Gehalt einer Erklärung der Laufausdauerleistung und ihre prognostische Treffsicherheit zu.

1.2.2 Methodologische Barrieren bei interdisziplinären Lösungsansätzen

Methodologische Barrieren bedingen das Defizit der Bewegungsforschung an integrativen Funktionsmodellen. Wenn auch die Formalwissenschaft Kybernetik „weitgehend zur Klärung der verschiedenen Formen der Kausalität und zur Möglichkeit einer mathematisch exakten Systematisierung der verschiedenen Formen des Kausalzusammenhanges beitragen kann“ (*Klaus* 1964), so hängt das Maß, in dem die Anwendung der Kybernetik erst fruchtbar wird, vom Grad der Mathematisierung der einzelnen Wissenschaft ab (vgl. *Klaus* 1964). Angesichts des unterschiedlichen Quantifizierungsniveaus bewegungswissenschaftlicher Parameter und des unterschiedlichen Exaktheitsgrades bewegungswissenschaftlicher Beobachtungsmethoden, einschließlich Experiment und Test (vgl. *Selg* und *Bauer* 1971), ist die Entwicklung systemtheoretisch orientierter Funktionsmodelle der Bewegungsforschung zumindest erschwert.

Das unterschiedliche Quantifizierungsniveau bewegungswissenschaftlicher Parameter ist darauf zurückzuführen, daß der Zugang zur quantitativen Parameter-Charakteristik von der Entwicklung problemangemessener Beobachtungsmethoden und vom Stand der mathematischen Forschung (vgl. *Albert* 1967) abhängig ist und diese Entwicklung in den einzelnen bewegungswissenschaftlichen Disziplinen unterschiedlich verläuft. Biowissenschaftliche Parameter sind i.a. metrisch skaliert (Meßwerte), sozial- und verhaltenswissenschaftliche i.a. rangskaliert (Rangziffern) oder nominalskaliert (Häufigkeitsziffern).

Eine zweite, eng mit der ersten zusammenhängende methodologische Barriere interdisziplinärer Bewegungsforschung stellt die Exaktheit im Sinne der Objektivität, Reliabilität und Validität dar. Diese Exaktheitskriterien beziehen wir auf die Methoden der Beobachtung bewegungswissenschaftlicher Parameter. Unter der Objektivität einer Beobachtungsmethode verstehen wir den Grad, in dem die Ergebnisse dieses Verfahrens vom Untersucher unabhängig sind. Der Bedeutungsüberschuß des Begriffs Objektivität wird im Sinne des wissenschaftstheoretischen Kriteriums der intersubjektiven Prüfbarkeit durch die inhaltliche Festlegung auf „interpersonelle Übereinstimmung der Untersucher" eingeengt. Da ein solcher Grad der Unabhängigkeit oder Objektivität u.a. vom quantitativen Informationsgehalt der zu untersuchenden Parameter abhängt, weisen die biowissenschaftlichen Beobachtungsmethoden in Übereinstimmung mit den Ausführungen zum Quantifizierungsniveau bewegungswissenschaftlicher Parameter i.a. einen höheren Grad an Objektivität auf als die sozial- und verhaltenswissenschaftlichen.

Zwischen den „Beobachtungsgütekriterien" (*Lienert* 1973) Objektivität, Reliabilität und Validität bestehen Wechselbeziehungen, wonach die „Objektivität eine notwendige, wenngleich nicht hinreichende Voraussetzung der Reliabilität darstellt ... und wie für die Objektivität, so ist für die Validität die Reliabilität eine notwendige, aber nicht hinreichende Voraussetzung" (*Lienert* 1973). Infolge dieser Abhängigkeit der Reliabilität einer Beobachtung – im Sinne der Reproduzierbarkeit ihrer Ereignisse unter gleichbleibenden Bedingungen (*Lienert* 1973) – von ihrer Objektivität und der Abhängigkeit der Validität einer Beobachtung – im Sinne der diagnostischen Eindeutigkeit der Erfassung des zu untersuchenden Merkmals – von ihrer Objektivität bestätigt sich der o.a. Trend bezüglich des quantitativen Informationsgehalts bewegungswissenschaftlicher Parameter. Biowissenschaftliche Beobachtungsmethoden tendieren i.a. zu einem höheren Grad an Exaktheit als sozial- und verhaltenswissenschaftliche, d.h. bewegungswissenschaftliche Disziplinen erfassen i.a. ihre Parameter unterschiedlich exakt.

1.2.3 Interdisziplinäre Lösungsansätze

Als ein perspektivisch konzipierter Lösungsansatz im Rahmen eines gestuften Verfahrens zur Erstellung systemtheoretisch orientierter Funktionsmodelle ist der im konkreten Einzelfall noch zu präzisierende Ansatz von *Daugs* (1978) zu werten, der drei Integrationsebenen unterscheidet. „Auf der untersten Integrationsebene stellt sich die Aufgabe einer Integration der Biomechanik in die Neurophysiologie ... Der Integrationskomplex Biomechanik/Neurophysiologie als Produkt der 1. Integrationsebene muß hier seinerseits funktionell mit psychologischen Aspekten wie beispielsweise des Antriebs, der Planung, der Antizipation, der Kontrolle und der Bewertung sensomotorischen Verhaltens ausgestattet werden. Hierfür scheinen insbesondere systemtheoretisch-kybernetisch orientierte Modelle der Handlungspsychologie geeignet, da diese unter formalen Gesichtspunkten ebenfalls von informationell kreisrelationalen Mensch-Umwelt-Beziehungen ausgehen ... Der Integrationskomplex Biomechanik/Neurophysiologie/Handlungspsychologie als mögliches Produkt der 2. Integrationsebene muß auf der obersten Ebene schließlich eine funktionale Einordnung in die gesellschaftlich-historischen Rahmenbedingungen erfahren" (*Daugs* 1978).

Ob und inwieweit Funktionsmodelle der Bewegungsforschung ein Spektrum von Variablen wie Funktionszustand des kardiopulmonalen Systems sowie des aktiven und passiven Bewegungsapparates, Bedürfnisse nach, Interesse an und Einstellung zu sportmotorischen Aktivitäten, Planung, Antizipation, Kontrolle und Bewertung sportmotorischen Verhaltens, Teamwork, Vorbildwirkung durch Hochleistungsathleten, Sportausrüstung, Berufsaussichten und Freizeitgestaltung abbilden können, ist ein noch nicht gelöstes Problem. Darüber hinaus läßt das hierarchische Funktionsmodell bewegungswissenschaftlich relevante Disziplinen (u.a. Anthropometrie) ebenso vermissen wie einen konkreten Lösungshinweis für die Formulierung qualitativ/quantitativer Relationen zwischen den verschiedenen Integrationsebenen.

Im Hinblick auf die obengenannten Bio-, Sozial- und Verhaltenswissenschaften ist die Frage nach dem Informationsgehalt der jeweiligen Wissenschaftsdisziplinen für die Bewegungsforschung von Interesse. Zur Klärung dieser Frage kann man auf verschiedene Lösungsansätze zurückgreifen. Sofern man versucht, den Informationsgehalt der einzelnen Wissenschaftsdisziplinen an der Einflußhöhe ihrer Einflußgrößen (Parameter) auf die Bewegung, d.h. an der Kovariation zwischen Einflußgröße und Bewegung(shandlung), zu messen, wird man rasch auf interpretative Probleme dieses Verfahrens stoßen. Da zwischen Einflußgrößen mehr oder weniger enge Zusammenhänge bestehen, ist es im Sinne einer konditional- oder kausalanalytischen Interpretation notwendig, eine Deutung der Korrelationen nach der Art ihrer Steuerung (einseitig, gegenseitig, drittseitig, komplex) vorzunehmen.

Ein sozialwissenschaftlich orientierter Lösungsansatz stammt von *Parsons* und geht davon aus, daß die Bewegung(shandlung) wie jedes Handlungssystem aus vier Subsystemen besteht: Einem kulturellen, einem sozialen, einem personalen und einem organischen System. „Die Hierarchie der Bedingung verläuft dabei vom organischen bis zum kulturellen System. Ohne organische Voraussetzungen kann kein Handeln ablaufen; und der kulturellen bedarf es dabei am allerwenigsten. Umgekehrt ist es mit der Hierarchie der Kontrolle. Sie ist am stärksten auf der Ebene des kulturellen, sie ist am schwächsten auf der des organischen Systems“ (*Lüschen* 1971).

Konkretisieren wir diese allgemeinen Aussagen in bezug auf die sportliche Bewegung(shandlung), so ist festzustellen, daß eine „gute Kondition“ (organisches System) Bedingung für eine Höchstleistung „(zutreffender: für eine sportliche Bewegungsleistung“, d. Verf.) ist und daß Motivation (personales System), die Bedingungen des sozialen Systems (einer Gruppe, einer Gesellschaft) und einer ganzen Kultur dafür nicht so wichtig sind. Aber ob überhaupt so etwas wie eine sportliche Leistung zustandekommt, hängt erst einmal vom kulturellen System ab, das die allgemeinsten Orientierungen (Werte) als Kontrolle für die Leistung setzt“ (*Lüschen* 1971).

Eine solche ambivalente Betrachtung systembezogener Bedingungen sportlicher Bewegungshandlungen spiegelt sich bei der Beantwortung der Frage nach dem Informationsgehalt einzelner Wissenschaftsdisziplinen für die Bewegungsforschung darin wider, daß – sofern die sportliche Bewegungshandlung von dem kulturellen System akzeptiert wird – der biowissenschaftliche Erklärungswert der sportlichen Bewegung(shandlung) vor dem sozialwissenschaftlichen einzuordnen ist.

1.2.4 Zur Abgrenzung der Biomechanik des Sports gegenüber anderen bewegungswissenschaftlichen Disziplinen

Im Zusammenhang mit der relativen Autonomie wissenschaftlicher Disziplinen im Rahmen interdisziplinärer Bewegungsforschung stellt sich die Frage nach einer Standortbeschreibung im Sinne einer Be-/Einschränkung oder Überschreitung einzelner bewegungswissenschaftlicher Disziplinen. Aus thematischen Erwägungen steht hier lediglich eine Standortbeschreibung der Biomechanik des Sports zur Diskussion. Orientiert man sich an den Extremvarianten „Einschränkung“ und „Überschreitung“, dann sind in der Vergangenheit Tendenzen erkennbar, wonach sich die Biomechanik des Sports zwischen den Polen einer reinen Bewegungsmechanik und eines Disziplinverbunds aus Anatomie, Mechanik, Biophysik, Biochemie, Physiologie und Psychologie bewegt. Diese entgegengerichteten Tendenzen sind u.a. auf eine relativ junge Tradition und rasche Entwicklung der Biomechanik zurückzuführen. Jedoch bereits in ihrem Bericht über das 4. Internationale Seminar für Biomechanik (Pennsylvania 1973) stellten *Gutewort* und *Marhold* (1974) fest: „Die Auffassung von der Biomechanik als integrierender Wissenschaft von der Bewegung trat kaum noch zutage. Dieser Umstand ist als Entwicklungsfortgang zu werten.“

Der gegenwärtige Entwicklungsstand der Biomechanik des Sports unter dem Aspekt ihrer relativen Autonomie gegenüber der Mechanik ist dadurch gekennzeichnet, daß sie nicht eine ausschließliche Anwendung der Mechanik auf das Bewegungsverhalten (Funktionieren), die Struktur (Aufbau) und das Material (Substrat) des belebten (Mensch/Tier während der Sportausübung) und unbelebten Bewegungsträgers (Sportgerät) darstellt, sondern Funktionieren, Aufbau und Substrat dieser Bewegungsträger „unter Verwendung von Begriffen, Methoden und Gesetzmäßigkeiten der Mechanik“ untersucht. Hierbei relativiert – wie im Zusammenhang mit der Begriffsbestimmung von „Biomechanik des Sports“ ausgeführt – die Formulierung „unter Verwendung ...“ den methodologischen Ausschließlichkeitsanspruch der Mechanik in bezug auf die Biomechanik.

1.3 Systematische Ansätze für biomechanische Lehr- und Forschungskonzeptionen

Analysiert man in der Literatur vorliegende oder adaptierbare systematische Ansätze für Lehr- und Forschungskonzeptionen der Biomechanik des Sports, dann lassen sich vier Richtungen unterscheiden:

1. physikalisch-mechanischer Ansatz,
2. biowissenschaftlicher Ansatz,
3. bewegungsstruktureller Ansatz,
4. zweckorientierter Ansatz.

(1) Zum physikalisch-mechanischen Ansatz (Tab. 1.5)

Tabelle 1.5 Teilgebiete der Biomechanik des Sports (physikalisch-mechanischer Ansatz)

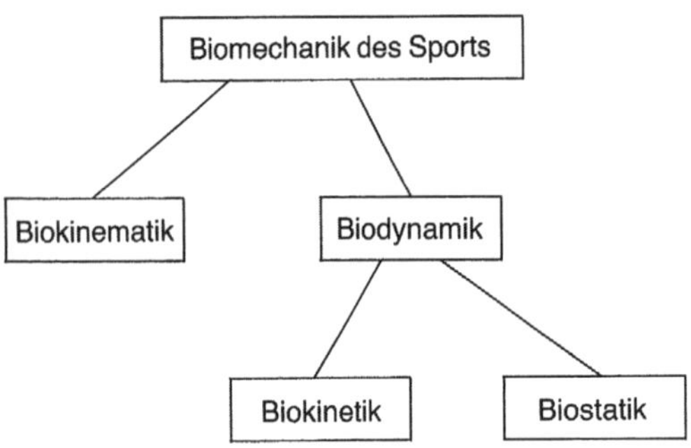

Nach dem Vorbild der Mechanik (vgl. u.a. *Reckling* 1968, *Kabus* 1973, *Winkler* 1973), eines Teilgebietes der Physik, kann die Biomechanik des Sports in Biokinematik (Lehre von den Bewegungen biologischer Systeme [Mensch und Tier im Umfeld Sport] bei Vernachlässigung wirkender Kräfte) und Biodynamik (Lehre von den Kräften und ihren Wirkungen auf biologische Systeme [Mensch und Tier im Umfeld Sport]) unter Berücksichtigung zusätzlich differenzierender Teilgebiete der Mechanik (Biodynamik unterteilt in Biostatik [Lehre vom Gleichgewicht der Kräfte an biologischen Systemen] und Biokinetik [Lehre von der Änderung des Bewegungs-, Form- und Spannungszustandes biologischer Systeme durch Einwirkung von Kräften]) gegliedert werden (vgl. u.a. *Hatze* 1971, *Fetz* 1974).

Dem Informationsgewinn aufgrund der hochdifferenzierten, relativ disjunktiv abgegrenzten Systematik einer tradierten wissenschaftlichen Disziplin stehen klassifikatorische Informationsdefizite in bezug auf Struktur-, Material- und Funktionseigenschaften des primären Objekts der Biomechanik des Sports, dem „sporttreibenden Menschen", gegenüber.

(2) Zum biowissenschaftlichen Ansatz

Analog einem Vorgehen in tradierten Biowissenschaften kann man das primäre Objekt der Biomechanik des Sports, den sporttreibenden Menschen, unter dem Aspekt seines Funktionierens (Verhaltens), seiner Struktur (seines Aufbaus) und seines Substrats (Materials) in Einzelobjekte gliedern (*Matthies* und *Pliquett* 1972). Unter dem Aspekt seines Verhaltens (Funktionierens) sind sowohl die Funktionsprozesse als auch das Funktionsprodukt einzuordnen.

Funktionsprozesse:

1. Zusammenwirken innerer (Muskelkräfte) und äußerer Kräfte (Schwer-, Reibungs-, Widerstands-, Stütz-, Trägheitskräfte) → Biodynamik
2. Bewegungssteuerung und -regelung: Innervationsdauer oder zeitliche Koordination von Muskelkontraktionen, Intensitäts-Zeit-Verläufe von Muskelkontraktionen → Elektromyogramme als Indikatoren für sog. Bewegungsmuster (Abb. 6.1)

Funktionsprodukte:

1. Änderung des Bewegungszustands – sportliche Bewegung → Biokinematik (Abb. 2.1 und 2.2).
2. Änderung von Form- und Spannungszustand des aktiven und passiven Bewegungsapparats → Biodynamik (Abb. 2.3).

Zur Struktur (Aufbau) des Bewegungsapparats zählen biomechanische Eigenschaften wie Längen-, Breiten-, Umfangs-, Flächen-, Volumenmaße; Masse, Massenverteilung; Trägheitsmomente des Körpers um die Hauptachsen in definierten Posen, Trägheitsmomente der Körperteile um die Gelenkachsen; Körperteil-Proportionen, Hebelverhältnisse; Freiheitsgrade der Gelenke, Freiheitsgrade der Bewegung; kinematische Ketten (7.4).

Zum Substrat (Material) des Bewegungsapparats zählen biomechanische Eigenschaften des aktiven (Muskelsystem) und passiven (Knochen-, Gelenksystem) Bewegungsapparats wie Festigkeit (Elastizität, Plastizität) hinsichtlich Druck-, Zug-, Biege- und Verdreh-Beanspruchung (2.4).

Eine an diesem Ansatz orientierte Konzeption der Biomechanik des Sports ist zum einen umfassend und differenziert sowie gegenstandsbezogen, weist jedoch zum anderen ein klassifikatorisches Informationsdefizit hinsichtlich der ihre Einzelobjekte (Funktion, Struktur und Substrat) übergreifenden Problemfelder (u.a. Analyse sportmotorischer Techniken, Analyse der mechanischen Belastung, Ansteuerung sportmotorischer Techniken) auf.

(3) Zum bewegungsstrukturellen Ansatz

Bewegungsstrukturelle Ansätze liegen von *Donskoi* sowie *Hochmuth* und *Marhold* vor. *Donskoi* (1975) gliedert die „Biomechanik der Körperübungen“ in 1. „Die Beibehaltung der Körperhaltungen“, 2. „Bewegungen am Ort“, 3. „Bewegungen um die Achse (Drehbewegungen)“, 4. „Fortbewegungen“, 5. „Verlagernde Bewegungen“, 6. „Die biomechanischen Grundlagen der sportlichen Technik“.

Abgesehen von einer nicht disjunktiven Klassifikation der Körperübungen (1.–5.) ergeben sich bei diesem Ansatz nur bedingt informations- und darstellungsökonomische Vorteile, da jede Klasse von Körperübungen heterogene biomechanische Bewegungsziele (u.a. Zeitminimierung oder Geschwindigkeitsmaximierung, Energiezuführung und -umwandlung) beinhaltet und damit auch ein inhomogenes untersuchungsmethodisches Vorgehen erfordert.

Im Unterschied zu *Donskoi*s Klassifikation weist die bewegungsstrukturelle Einteilung von *Hochmuth* und *Marhold* (1978) infolge ihrer zusätzlichen Berücksichtigung biomechanischer Bewegungsziele (Zeitminimierung oder Geschwindigkeitsmaximierung, optimale Veränderung der Massenträgheitsmomente, optimale Energiezuführung und -umwandlung, maximaler Wirkungsgrad der Vortriebsleistung) verfahrens- und damit informations- und darstellungsökonomische Vorteile auf.

Nach o.a. Autoren ist „folgende Grobunterteilung in sieben Gruppen vorerst ausreichend:

1. Absprung / Abdruck / Abwurf / Abstoß vom starren Widerlager (maximale Geschwindigkeit oder minimale Zeit).
2. Absprung / Abdruck vom elastischen Widerlager (maximale Geschwindigkeit oder minimale Zeit).
3. Drehungen im freien Flug (optimale Veränderung der Massenträgheitsmomente).
4. Drehungen um feste und elastische Achsen in Ebenen der Schwerkraftwirkung (optimale Energiezuführung und -umwandlung).
5. Abstoß vom Wasser bei zyklischen Bewegungen (maximaler Wirkungsgrad der Vortriebsleistung).
6. Vorder- und Hinterstütz bei zyklischen Bewegungen (maximaler Wirkungsgrad der Vortriebsleistung).
7. Bein- und Armkraftvortrieb bei zyklischen Bewegungen mittels Sportgeräten (Boot, Rad, Ski, Schlittschuh) (maximaler Wirkungsgrad der Vortriebsleistung)“.

Beide bewegungsstrukturelle Ansätze ergeben jedoch erst im Verbund mit dem biowissenschaftlichen Ansatz eine genügend breite Grundlage für eine Lehr- und Forschungskonzeption der Biomechanik des Sports.

(4) Zum zweckorientierten Ansatz

Die relativ unpräzise Bezeichnung dieses Ansatzes beinhaltet, daß die grundlegenden Informationsbereiche (in perspektivischer Sicht Lehr- und Forschungsgebiete) der Biomechanik des Sports nach den übergreifenden Zwecken (Zielkategorien) „Leistung“, „Eignung“ und „Prävention“ unter Berücksichtigung eines akzentuierenden Ansatzes systematisiert werden können in: Leistungsbiomechanik, Anthropometrische Biomechanik und Präventive Biomechanik (vgl. Tab. 1.6).

Tabelle 1.6 Teilgebiete der Biomechanik des Sports (zweckorientierter Ansatz)

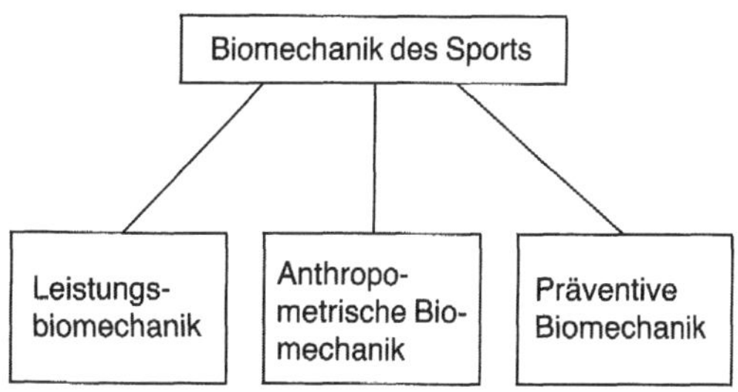

Die Vorteile des zweckorientierten Ansatzes liegen zum einen im unmittelbaren Bezug zur Sportpraxis (Leistung, Eignung, Prävention), zum anderen in einer gewissen Affinität zum biowissenschaftlichen Ansatz (Leistungsbiomechanik → Funktionsprozesse und -produkte des sporttreibenden Menschen; Anthropometrische Biomechanik → Strukturmerkmale des sporttreibenden Menschen; Präventive Biomechanik → Materialeigenschaften des Bewegungsapparats). Seine Nachteile sind die einer jeden problemorientierten (bewegungsstruktureller Ansatz, zweckorientierter Ansatz) gegenüber einer objektorientierten (physikalisch-mechanischer Ansatz, biowissenschaftlicher Ansatz) Konzeption, wonach das Problembewußtsein oder Erkenntnisinteresse einer nicht unerheblichen zeitlichen Veränderung unterliegt.

1.4 Literatur

Albert, H.: Probleme der Wissenschaftslehre in der Sozialforschung. In: *R. König* (Hrsg.), Handbuch der empirischen Sozialforschung. Stuttgart 1967

Ballreich, R., A. Kuhlow (Hrsg.), Biomechanik der Leichtathletik. Enke, Stuttgart 1986

Beier, W.: Biophysik. In: *R. Lenk, W. Gellert* (Hrsg.), Fachlexikon abc Physik, Bd. 1. Leipzig 1974

Buchmann, R. und Mitarb.: Gegenstand, Aufgaben und Einordnung der Biomechanik sportlicher Bewegungen, Theorie und Praxis der Körperkultur, Jg. 23, 1974

Daugs, R.: Bewegungslehre zwischen Biomechanik und Kybernetik. Sportwissenschaft, Jg. 8, 1978

Donskoi, D.D.: Grundlagen der Biomechanik. In: *D.D. Donskoi* (Hrsg.), Trainerbibliothek, Bd. 16. Bartels & Wernitz, Berlin-München-Frankfurt 1975

Fetz, F.: Biomechanik. In: *F. Fetz, R. Ballreich* (Hrsg.), Grundbegriffe der Bewegungslehre der Leibesübungen. Studientexte zur Leibeserziehung, Bd. 13. Limpert, Frankfurt 1974

Gutewort, W., G. Marhold: Biomechanische Verfahren zur Analyse der sportlichen Technik und ihrer Anwendungsaspekte. Theorie und Praxis der Körperkultur, Jg. 23, 1974

Hatze, H.: Was ist Biomechanik? Jugend und Sport, 1971

Hatze, H.: Eine Fundamentalhypothese der Bewegungslehre. Sportwissenschaft, Jg. 6, 1976

Hochmuth, G.: Biomechanik sportlicher Bewegungen, 5. Aufl. Berlin 1982

Hochmuth, G., G. Marhold: Zur Weiterentwicklung der biomechanischen Prinzipien. Theorie und Praxis der Körperkultur, Jg. 27, 1978

Kabus, K.: Mechanik und Festigkeitslehre. München 1973

Klaus, G.: Kybernetik und Gesellschaft. Berlin 1964

Lienert, G.A.: Verteilungsfreie Methoden in der Biostatistik. Meisenheim am Glan 1973

Lüschen, G.: Soziokulturelle Determinanten der Leistungsmotivation im Sport. In: ADL (Hrsg.), Motivation im Sport. Schorndorf 1971

Matthies, H.J., F. Pliquett (Hrsg.): Mathematische Modellierung von Lebensprozessen. Berlin 1972

Miller, D.I., R.C. Nelson: Biomechanics of Sport. Philadelphia 3, 1973

Opp, K.D.: Methodologie der Sozialwissenschaften. Hamburg 1970

Reckling, K.A.: Mechanik I. Braunschweig 1968

Reichenbach, H.: Der Aufstieg der wissenschaftlichen Philosophie. Berlin o.J.

Selg, H., W. Bauer: Forschungsmethoden der Psychologie. Stuttgart 1971

Stegmüller, W.: Der Begriff des Naturgesetzes. Studium Generale 1966

Stegmüller, W.: Das Problem der Kausalität. In: *L. Krüger* (Hrsg.), Erkenntnisprobleme der Naturwissenschaft. Köln 1970

Wartenweiler, J.: Biomechanische Grundlagenerkenntnisse im Sport. In: *O. Grupe, D. Kurz, M. Teipel* (Red.): Sport in unserer Welt – Chancen und Probleme. Springer, Berlin-Heidelberg-New York 1973

Winkler, J. und Mitarb.: Technische Mechanik für Ingenieurschulen, Bd. I. Leipzig 1973

2 Untersuchungsziele des Sports

Rainer Ballreich

2.1 Übersichtsdarstellung der Untersuchungsziele

Die Lehr- und Forschungsgebiete der Biomechanik des Sports können unter Berücksichtigung eines zweckorientierten Ansatzes (vgl. 1.3) nach den übergreifenden Zielsetzungen „Leistung", „Eignung" und „Vorbeugung" nicht trennscharf, jedoch schwerpunktmäßig gegliedert werden in: Leistungsbiomechanik, Anthropometrische Biomechanik und Präventive Biomechanik. In Übereinstimmung mit diesen Gebieten erstreckt sich das Spektrum an Untersuchungszielen der Biomechanik des Sports auf Leistungsbiomechanik, Anthropometrische Biomechanik und Präventive Biomechanik. Tab. 2.1 enthält eine – keinen Anspruch auf Vollständigkeit erhebende – Übersichtsdarstellung über die Untersuchungsziele der Biomechanik des Sports. Aus informationsökonomischen Erwägungen wählten wir für die Benennung der einzelnen Untersuchungsziele plakative Bezeichnungen. Die folgende Einzeldarstellung der Untersuchungsziele orientiert sich an dem zweigliedrigen Formalschema „Formulierung der Untersuchungsziele" sowie „Erläuterung der Untersuchungsziele".

Zentraler Untersuchungsgegenstand der Biomechanik des Sports ist die sportmotorische Leistung bzw. der sportmotorische Leistungszustand. Am Zustandekommen dieses Zustands sind drei Leistungskomponenten beteiligt: die technomotorische, die konditionelle und die taktische Komponente. Da ein Zugriff der Biomechanik – beim derzeitigen Forschungsstand – nahezu ausschließlich auf die technomotorische und konditionelle Leistungskomponente zu verzeichnen ist, sind diese beiden Komponenten ihr primärer Untersuchungsgegenstand. Betrachtet man die diesem Gegenstand zugeordneten Untersuchungsziele, dann läßt sich unschwer fest-

Tabelle 2.1 Spektrum von Untersuchungszielen der Biomechanik des Sports

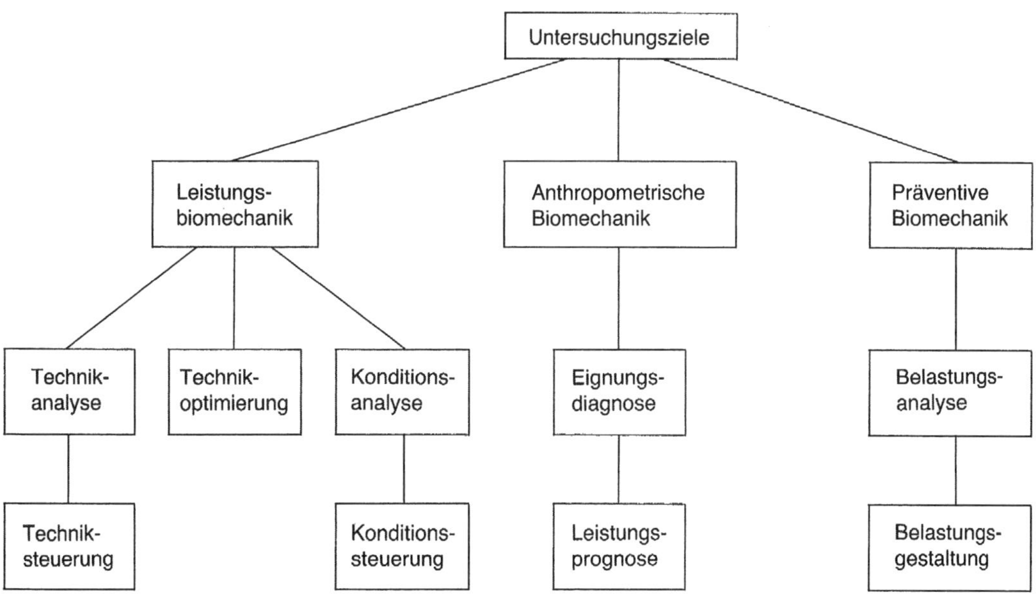

stellen, daß diese Ziele sowohl die Analyse des sportmotorischen Leistungszustands (Technikanalyse, Konditionsanalyse, Eignungsdiagnose und Belastungsanalyse) als auch seine Steuerung (Techniksteuerung, Konditionssteuerung, Leistungsprognose und Belastungsgestaltung) beinhalten.

2.2 Untersuchungsziele der Leistungsbiomechanik

2.2.1 Technikanalyse (Analyse des technomotorischen Leistungszustands)

(1) Formulierung der Untersuchungsziele

(1.1) Identifikation (Erkennung/Bestimmung) von biomechanischen Einflußgrößen des technomotorischen Leistungszustands bzw. der sportmotorischen Technik. Bemerkung: In vielen Fällen wird „Technikanalyse" gleichbedeutend mit „biomechanischer Bewegungsanalyse" verwendet.

(1.2) Schätzung der Einflußhöhe von biomechanischen Einflußgrößen auf die Zielgrößen „sportmotorische Technik bzw. auf die sportmotorische Leistungshöhe" (s. 6.5.2.1).

(1.3) Individualdiagnose des technomotorischen Leistungszustands in bezug auf bewegungstechnische Defizite.

(2) Erläuterung der Untersuchungsziele

Zu (1.1): Identifikation von biomechanischen Einflußgrößen des technomotorischen Leistungszustands bzw. der sportmotorischen Technik

Die Identifikation von biomechanischen Einflußgrößen des technomotorischen Leistungszustands ist notwendig, um über eine Variation (Änderung) dieser Einflußgrößen die individuelle sportmotorische Leistung in Richtung eines angesteuerten Sollwerts zu verändern. Erläuterndes Beispiel: Bei jeder Fortbewegung (Gehen, Laufen, Schwimmen, Rudern, Radfahren, Skilanglaufen, Eisschnellaufen, ...) sind Zyklenlänge l_z (Schrittlänge, Zuglänge, Schlaglänge, Radtretlänge, ...) und Zyklenfrequenz f_z (Schrittfrequenz, Zugfrequenz, Schlagfrequenz, Tretfrequenz ...) biomechanische Einflußgrößen der mittleren Zyklengeschwindigkeit $\overline{v}_z$ (mittlere Schrittgeschwindigkeit, mittlere Zuggeschwindigkeit, mittlere Schlaggeschwindigkeit, mittlere Tretgeschwindigkeit, ...), wobei aus der Definition der mittleren Geschwindigkeit $\overline{v} = {}^{\Delta s}/_{\Delta t}$ für $\Delta s = l_z$ und ${}^{1}/_{\Delta t} = f_z$ folgt $\overline{v}_z = l_z \cdot f_z$. Nur über eine Änderung dieser Einflußgrößen kann die Zyklengeschwindigkeit zu- oder abnehmen und eine Zeitminimierung erfolgreich angesteuert werden.

Zur weiteren Erläuterung dieses Untersuchungsziels informieren wir über „Biomechanische Beschreibungsmerkmale sportmotorischer Techniken" sowie über die „Unterscheidung zwischen biomechanischem Beschreibungsmerkmal und biomechanischer Einflußgröße".

Biomechanische Beschreibungsmerkmale sportmotorischer Techniken: Sportmotorische Techniken sind Verfahren zur Ansteuerung von Bewegungszielen (Zeitminimierung, Distanzmaximierung, Treffermaximierung, Fehlerminimierung, ...). Wir können eine bestimmte sportmotorische Technik und den ihr zugeordneten Bewegungsablauf weder als „Ganzes" beschreiben noch als „Ganzes" messen, sondern lediglich Merkmale an diesem Ablauf. Daher ist es notwendig, die Merkmale eines sportlichen Bewegungsablaufs aufzulisten und festzuhalten, ob sie beobachtbar oder/und meßbar sind. An einem Bewegungsablauf können qualitative und quantitative Merkmale (vgl. Tab. 2.2) beobachtet werden. Zu den qualitativen Merkmalen zählen nach *Meinel* (1976):

- Bewegungsrhythmus (Merkmal der zeitlichen Ordnung),
- Bewegungskopplung (Merkmal des Zusammenhangs der Teilbewegung und der Bewegungsübertragung),
- Bewegungsfluß (Merkmal der Kontinuität im Bewegungsablauf),
- Bewegungsgenauigkeit (Merkmal der Übereinstimmung von Plan und Ergebnis),
- Bewegungskonstanz (Merkmal der Reproduzierbarkeit),
- Bewegungsumfang (Merkmal der räumlichen Ausdehnung),
- Bewegungstempo (Merkmal der Schnelligkeit),
- Bewegungsstärke (Merkmal des Krafteinsatzes).

Hierbei ist zu erwähnen, daß jede Qualität und damit auch qualitative Bewegungsmerkmale eine quantitative Charakteristik besitzen (vgl. *Klaus* und *Buhr* 1965), wobei jedoch diese Charakteristik nicht – wie im Falle der qualitativen Bewegungsmerkmale – das Ergebnis einer allgemein anerkannten Übereinkunft darstellt, sondern von den jeweiligen Beobachtern/Untersuchern abhängig ist und somit eine subjektive Begriffsbestimmung beinhaltet.

Tabelle 2.2 Qualitative und quantitative Bewegungsmerkmale

- Bewegungsablauf
  - Qualitative Bewegungsmerkmale
    - Bewegungsrhythmus
    - Bewegungskopplung
    - Bewegungsfluß
    - Bewegungsgenauigkeit
    - Bewegungskonstanz
    - Bewegungsumfang
    - Bewegungstempo
    - Bewegungsstärke
  - Quantitative Bewegungsmerkmale
    - Merkmale der kinematischen Bewegungsstruktur
      - Längenmerkmale
      - Zeitmerkmale
      - Körpergelenkwinkelmerkmale
      - Lagemerkmale
      - Geschwindigkeitsmerkmale
      - Beschleunigungsmerkmale
    - Merkmale der dynamischen Bewegungsstruktur
      - Kräfte, Kraftstöße, Drehmomente, Drehmomentenstöße
      - Verschiebungsarbeit
        - Hubarbeit
        - Verformungsarbeit
      - → potentielle Energie
        - → Energie der Lage
        - → Spannungsenergie
      - Beschleunigungsarbeit
        - translatorische Beschleunigungsarbeit
        - rotatorische Beschleunigungsarbeit
      - → kinetische Energie
        - → Translationsenergie
        - → Rotationsenergie

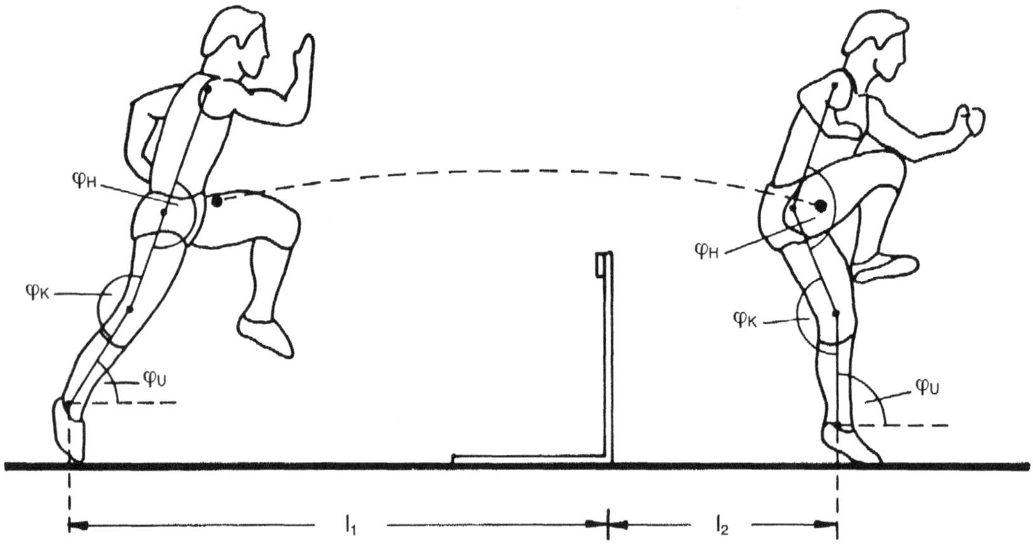

Abb. 2.1 Kinegramm eines Hürdenschritts zu den Zeitpunkten: Stützende vor der Hürde und Stützbeginn nach der Hürde (nach *Schwirtz* und Mitarb.: Biomechanik des Hürdenlaufs. In: *Ballreich, Kuhlow* (Hrsg.), Biomechanik der Leichtathletik, Enke, Stuttgart 1986, S. 25)

Bezeichnung:

φ_U Unterschenkelwinkel, Winkel zwischen der Verbindungslinie Fußgelenk/Kniegelenk und der Horizontalen
φ_K Kniewinkel
φ_H Hüftwinkel
l_1 Absprungentfernung vor der Hürde
l_2 Landungsentfernung hinter der Hürde
● Körperschwerpunkt (KSP)

Zu den quantitativen Bewegungsmerkmalen zählen Beschreibungsgrößen der kinematischen und dynamischen Bewegungsstruktur. Kinematische Merkmale sind der räumlichen (Geometrie der Bewegung) und der raum-zeitlichen Bewegungsstruktur zugeordnet. Während die räumliche über die Lageordnung der Körperteile in bestimmten Bewegungsphasen (Vorbereitungs-, Haupt-, Endphase; Beuge-, Streckphase; Auftreff-, Abflugphase) informiert, orientiert die raum-zeitliche Bewegungsstruktur über die Änderungsgeschwindigkeit von Körperteilen zwischen aufeinanderfolgenden Bewegungsphasen. Die Abb. 2.1 und 2.2 informieren über kinematische Merkmale der räumlichen Bewegungsstruktur (Abb. 2.1 Längen- und Gelenk-/Lagewinkelmerkmale eines Hürdenschritts) und der raumzeitlichen Bewegungsstruktur (Abb. 2.2 Längen- und Geschwindigkeitsmerkmale beim Speerabwurf ergänzt durch Lagewinkelmerkmale).

Dynamische Merkmale beschreiben jene mechanische Ursache der Orts- und Lageänderung des Bewegungsträgers (Sportler, Sportgerät), die sowohl in Form von Reaktionskräften auf die zum Körperstütz hin wirkenden Muskelkräfte (Ortsänderung) als auch in Form einer Wechselwirkung von Kräften zwischen den Körperteilen (Lageänderung) auftritt. Da Kräfte qualitativ betrachtet nicht nur Körper bewegen (Orts- und Lageänderung), sondern auch verformen können, informieren sie zusätzlich über die mechanische Belastung und Beanspruchung des Bewegungsapparats auf Zug, Druck, Biegung, Scherung und Verdrehung. Abb. 2.3 zeigt den Verlauf der Stützkräfte (Bodenreaktionskräfte) beim Hürdensprint.

Wie bereits erwähnt, stellen quantitative – im Unterschied zu qualitativen – Merkmalen das Ergebnis einer allgemein (international) anerkannten Übereinkunft dar und sind somit in ihrer Begriffsbestimmung unabhängig von den jeweiligen Beobachtern/Untersuchern. Während beispielsweise unter Beschleunigung in New York, Moskau und Tokio die Änderung der Geschwindigkeit in der Zeiteinheit verstanden wird, liegt eine solche Übereinkunft in bezug auf qualitative Bewegungsmerkmale (Bewegungsrhythmen, Bewe-

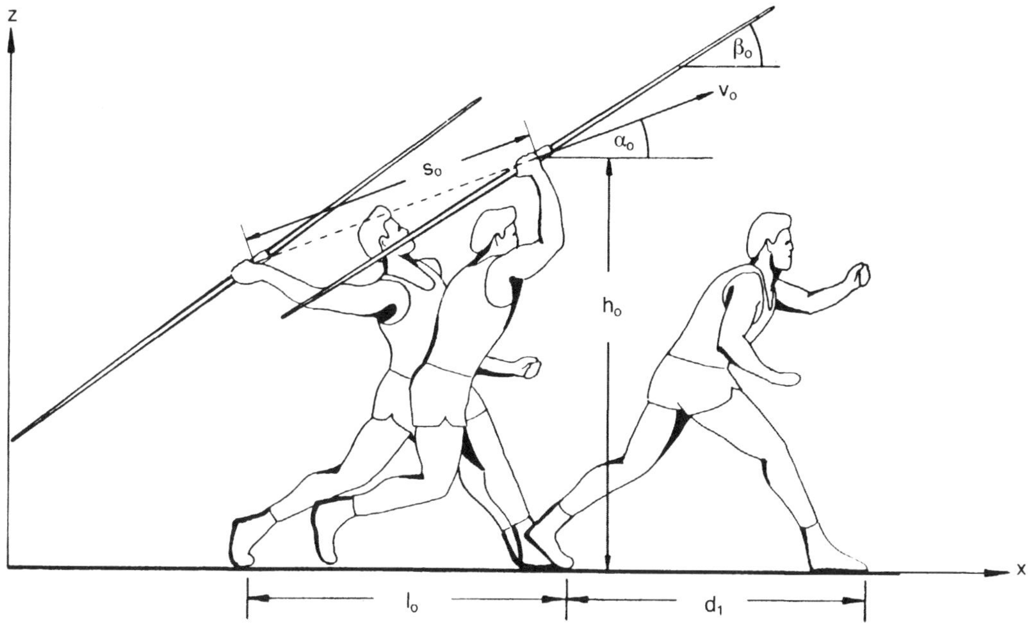

Abb. 2.2 Längen-, Lage-und Geschwindigkeitsmerkmale während der beidbeinigen Stütz- und Bremsphase beim Speerabwurf (nach *Menzel:* Biomechanik des Speerwurfs. In: *Ballreich, Kuhlow* (Hrsg.), Biomechanik der Leichtathletik, Enke, Stuttgart 1986, S. 110)

Bezeichnung:

l_o Stemmschrittlänge

d_1 Endphasenweite: (Schrittlänge(n) des (der) Bremsschritte(s) nach dem Abwurf

s_o Beschleunigungsweg des Speeres (Weg, den der Speer während der beidbeinigen Stützphase bis zum Verlassen der Wurfhand zurücklegt)

h_o Abwurfhöhe (Höhe der Speerwicklung zum Abwurfzeitpunkt)

α_o Abflugwinkel des Speeres (Winkel zwischen der resultierenden Abfluggeschwindigkeit v_o und der Horizontalen)

β_o Anstellwinkel zum Abflugzeitpunkt (Winkel zwischen der Speerlängsachse und der Horizontalen)

v_o Abfluggeschwindigkeit

x Wurfnormrichtung

gungskopplung) nicht vor. Orientiert man sich an einer Unterscheidung zwischen qualitativen und quantitativen Bewegungsmerkmalen, dann sind quantitative, d.h. kinematische und dynamische Bewegungsmerkmale, zentraler Gegenstand der biomechanischen Messung. Qualitative Bewegungsmerkmale unterliegen nur insoweit dem Zugriff der biomechanischen Messung, als sie eine quantitative Charakteristik besitzen. Wenn man dem Bewegungsrhythmus nach *Donskoi* (1975) die quantitative Charakteristik "Verhältnis zweier Zeitperioden“ (u.a. Stütz und Flug beim Lauf) oder „Verhältnis zweier Phasen der Periode“ (u.a. Amortisationsphase und Abstoßphase in der Stützperiode beim Lauf) zuordnet, dann ist der Bewegungsrhythmus biomechanisch meßbar.

Sportmotorische Beispiele biomechanischer Beschreibungsmerkmale bzw. Einflußgrößen: Aus biomechanischer Sicht sind Gegenstand der Ansteuerung kinematische (räumliche, zeitliche, raum-zeitliche) und dynamische (Kraft-)Merkmale (vgl. Tab. 2.3). Daher gliedern wir die folgenden Beispiele nicht gesondert nach Sportarten sondern nach kinematischen Merkmalen und spezifizieren diese an sportmotorischen Beispielen (Tab. 2.3). Hierbei bleiben dynamische Merkmale unberücksichtigt, da diese vermutlich nicht direkt sondern nur indirekt über die kinematischen Wirkungen wie Längen-, Winkel- oder Geschwindigkeitsänderungen wahrgenommen werden können und vorliegende Beispiele sich auf direkt beobachtbare Merkmale aus dem Erfahrungsbereich des Trainers beschränken (vgl. *Ballreich* und *Baumann* 1983).

Zur Unterscheidung zwischen biomechanischem Beschreibungsmerkmal und biomechani-

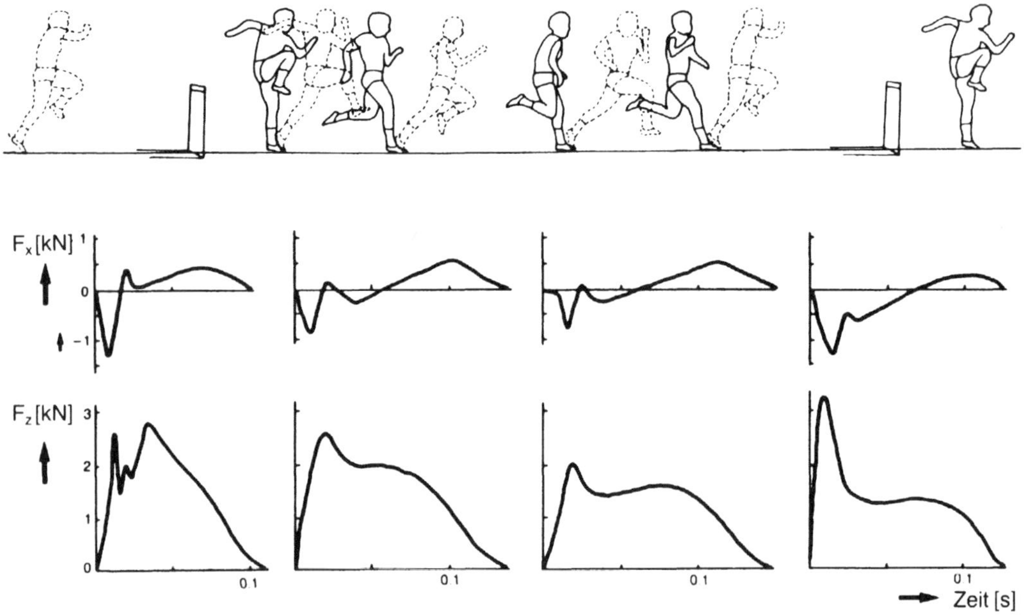

Abb. 2.3 Kinegramm und zeitlicher Verlauf der horizontalen F_x und vertikalen Bodenreaktionskräfte F_z beim Zwischenhürdenlauf (aus *Schwirtz* und Mitarb: Biomechanik des Hürdenlaufs. In: *Ballreich, Kuhlow* (Hrsg.), Biomechanik der Leichtathletik, Enke, Stuttgart 1986, S. 23)

scher Einflußgröße: Bei der Untersuchung einer sportmotorischen Technik können viele biomechanische Beschreibungsmerkmale herangezogen werden. Welches Beschreibungsmerkmal sich als biomechanische Einflußgröße einstufen läßt, hängt davon ab, ob mit der Variation des Beschreibungsmerkmals die Zielgröße, d.h. der Istwert der sportmotorischen Leistung in Richtung eines angesteuerten Sollwerts verändert wird. Liegt eine Kovariation vor, spricht man von einer Einflußgröße. Ergänzend ist anzumerken, daß das Abgrenzungskriterium zwischen Zielgröße und Einflußgröße im Sinne einer bewirkten und einer einwirkenden Größe ihre zeitliche Folge ist; das zeitlich Vorangehende ist eine notwendige Bedingung für die Einflußgröße, das zeitlich Nachfolgende für die Zielgröße.

In diesem Zusammenhang heben wir hervor, daß biomechanische Merkmale bzw. Einflußgrößen innerhalb eines Merkmalskomplexes miteinander kovariieren können. Diese Kovariation ist darauf zurückzuführen, daß biomechanische Merkmale sogenannte organismische Variable sind, die dem untersuchten Organismus anhaften. „Organismische Variable ... sind immer konfundiert, sie hängen immer mit anderen Variablen im Organismus zusammen, wer weiß mit welchen" (*Wormser* 1974). So sind beispielsweise Beschleunigungswege stets an Gelenkwinkelwege gekoppelt und die Zykluslänge an die Zyklusfrequenz oder bei monozyklischen Bewegungsabläufen der Beschleunigungskraftstoß an den Bremskraftstoß. Hieraus kann abgeleitet werden, daß biomechanische Technikanalysen als Ergebnis nicht ein Konglomerat von biomechanischen Einflußgrößen hervorbringen, sondern nach den Prinzipien von Ursache und Wirkung bzw. Wechselwirkung systematisch geordnete Merkmalskomplexe.

Zu (1.2): Schätzung der Einflußhöhe von biomechanischen Einflußgrößen auf die sportmotorische Technik bzw. auf die sportmotorische Leistungshöhe

Für eine differenzierte Kennzeichnung von Einflußgrößen zur Abgrenzung von wichtigeren gegenüber zweitrangigen Größen kann auf das allgemeine Kriterium der Einflußhöhe zurückgegriffen werden. Die Einflußhöhe der Einflußgröße X einer Zielgröße Y läßt sich wie folgt definieren:

Höhe der Änderung der Zielgröße Y, wenn die Einflußgröße X um einen standardisierten (vergleichbaren) Betrag Δx geändert wird. Je größer

Tabelle 2.3 Sportmotorische Beispiele biomechanischer Beschreibungsmerkmale bzw. Einflußgrößen

Kinematische Merkmalskategorien	Biomechanische Merkmale bzw. Einflußgrößen
Räumliche Merkmale	Zyklenlänge, Zyklenbreite, Zyklenlängen-Index, ...; Länge von Arbeitswegen (Brems-, Beschleunigungswege; Hubhöhe, ...); Distanzökonomie (Abwurfökonomie, Landeökonomie), Richtungsökonomie, Zielpräzision, ...; Ablaufspräzision, ...; Körperwinkelmerkmale (Fuß-, Knie-, Hüftgelenkwinkel, ...), Lagemerkmale (Körpervor-, -rücklage, Absprung-, Landehaltung; ..., Umsetzwinkel, ...)
Zeitliche Merkmale	Polyzyklische Bewegungsabläufe bei Fortbewegungen: Dauer des Bewegungsvorgangs, Dauer des positiven Beschleunigungsabschnitts, Dauer des gleichförmigen Geschwindigkeitsabschnitts, Dauer des negativen Beschleunigungsabschnitts
	Monozyklische Bewegungsabläufe: Dauer des Vorbereitungsabschnitts, Dauer des Hauptabschnitts, Dauer des Endabschnitts; spezielle Zeitintervalle: Zyklendauer, Stütz- und Flugdauer; Streck-, Beugedauer; ...
	Zeitverhältnisse: Flug-Stützzeit-Verhältnis, Quotient aus Streck- und Beugedauer, ...
	Frequenzmerkmale: Zyklenfrequenz (Schritt-, Zug-, Schlag-, Tretfrequenz, ...); Klimmzug-, Liegestützfrequenz, Sit-up-Frequenz, ...
Raum-zeitliche Merkmale	Momentane Lineargeschwindigkeit: Abflug-, Absprung-, Abstoß-, Lande-, Auftreffgeschwindigkeit. ...)
	Mittlere Lineargeschwindigkeiten: Mittlere Zyklengeschwindigkeit (mittlere Schritt-, Tretgeschwindigkeiten, ...); mittlere Fortbewegungsgeschwindigkeit (mittlere Lauf-, Schwimm-, Ruder-, Gleitgeschwindigkeit, ...); mittlere Winkelgeschwindigkeiten (Beuge-, Streckgeschwindigkeit, ...)

die Änderung der Zielgröße Δy, desto größer ist die Einflußhöhe der Einflußgröße X.

Die Schätzung der Einflußhöhe von Einflußgrößen ist ein Maß für die voraussichtliche Wirksamkeit einflußgrößenorientierter Verfahren der Optimierung bzw. Ansteuerung. Einflußgrößen, die eine große Einflußhöhe aufweisen, ermöglichen – sofern sie über wirksame Optimierungsverfahren angesteuert werden – eine entsprechend große Änderung der sportmotorischen Leistungshöhe. Damit ist eine empirisch gehaltvolle Entscheidungsgrundlage über die Rangfolge der zu optimierenden Einflußgrößen gegeben. Unter der Annahme einer vergleichbaren Änderung verschiedener Einflußgrößen läßt sich eine Wirkungsproportion jener Größen erstellen, welche die voraussichtliche Änderung der sportmotorischen Leistungshöhe schätzt.

Erläuterndes Beispiel: Bei jeder Fortbewegung (Gehen, Laufen, Schwimmen, Rudern, Radfahren, Skilanglaufen, Eisschnellaufen, ...) sind Zyklenlänge l_z (Schrittlänge, Zuglänge, Schlaglänge, Radtretlänge, ...) und Zyklenfrequenz f_z (Schrittfrequenz, Zugfrequenz, Schlagfrequenz, Tretfrequenz ...) biomechanische Einflußgrößen der mittleren Zyklengeschwindigkeit $\overline{v}_z$ (mittlere Schrittgeschwindigkeit, mittlere Zuggeschwindigkeit, mittlere Schlaggeschwindigkeit, mittlere Tretgeschwindigkeit, ...), wobei $\overline{v} = l_z \cdot f_z$. Nur über eine Änderung dieser Einflußgrößen kann die Zyklengeschwindigkeit zu- oder abnehmen und eine Zeitminimierung erfolgreich angesteuert werden.

Aus der quantitativen Beziehung $\overline{v} = l_z \cdot f_z$ zwischen mittlerer Zyklengeschwindigkeit $\overline{v}$ einerseits und Zyklenlänge l_z sowie Zyklenfrequenz f_z andererseits leiten sich fünf logische Möglichkeiten einer Zunahme der mittleren Zyklengeschwindigkeit und damit der Fortbewegungsgeschwindigkeit ab.

In qualitativer Form:

1. zunehmende Zyklenlänge bei relativ konstanter Zyklenfrequenz
2. relativ konstante Zyklenlänge bei zunehmender Zyklenfrequenz
3. zunehmende Zyklenlänge und zunehmende Zyklenfrequenz
4. zunehmende Zyklenlänge und abnehmende Zyklenfrequenz, wobei die Zunahme die Abnahme überkompensiert
5. abnehmende Zyklenlänge und zunehmende Zyklenfrequenz, wobei die Zunahme die Abnahme überkompensiert.

In quantitativer Form:

1. $\bar{v}_z + \Delta\bar{v}_z = (l_z + \Delta l_z) \cdot f_z$ ($f_z \approx$ konstant)
2. $\bar{v}_z + \Delta\bar{v}_z = l_z \cdot (f_z + \Delta f_z)$ ($l_z \approx$ konstant)
3. $\bar{v}_z + \Delta\bar{v}_z = (l_z + \Delta l_z) \cdot (f_z + \Delta f_z)$
4. $\bar{v}_z + \Delta\bar{v}_z = (l_z + \Delta l_z) \cdot (f_z - \Delta f_z)$; $[(l_z + \Delta l_z) \cdot (f_z - \Delta f_z) > l_z \cdot f_z]$
5. $\bar{v}_z + \Delta\bar{v}_z = (l_z - \Delta l_z) \cdot (f_z + \Delta f_z)$; $[(l_z - \Delta l_z) \cdot (f_z + \Delta f_z) > l_z \cdot f_z]$

Welche der fünf logischen Möglichkeiten sich empirisch bestätigt, wurde an 32 weltbesten Kurzstreckenläuferinnen während der Olympischen Spiele (1972) untersucht (vgl. 6.4.4.1; Tab. 6.7 und 6.8). Bei diesen Kurzstreckenläuferinnen war ein Gruppentrend erkennbar, wonach die Zunahme der Schrittfrequenz einen höheren Geschwindigkeitsanstieg – und damit eine größere Laufzeitverbesserung (ca. 0,1 bis 0,2 sec) – bewirkt als die vergleichbare Zunahme der Schrittlänge, wobei eine Zunahme der einen Einflußgröße stets an eine Abnahme der anderen gekoppelt ist. Somit wird auf diesem Leistungsniveau von den fünf logischen Möglichkeiten zur Verbesserung der Laufzeit um 0,1 bis 0,2 sec die zunehmende Schrittfrequenz bei abnehmender Schrittlänge, wobei die Zunahme die Abnahme überkompensiert – d.h. die an fünfter Stelle aufgeführte Möglichkeit – empirisch bestätigt. Die Rangfolge der zu optimierenden Einflußgrößen „Schrittlänge und Schrittfrequenz" lautet demnach für o.a. Sprintergruppen: Schrittfrequenz vor Schrittlänge. Da dieses statistisch (kovarianzanalytisch) ermittelte Ergebnis wegen der multifaktoriellen und wissenschaftlich nicht geklärten Abhängigkeit der Schrittlänge und Schrittfrequenz von anthropometrischen Einflußgrößen (Beinlänge, Längenproportionen des Beins, Massenverteilung der Beinsegmente, ...), von kinematischen Einflußgrößen (Stemm-, Abdruck-, Flugweite des Schritts, „Laufvor-, -rücklage", „Bewegungsführung des Schwungbeines", Flug-Stützzeit-Verhältnis des Schritts, ...) sowie von dynamischen Einflußgrößen (Verlauf und Koordination der sprintspezifischen Muskelkräfte, ...) wahrscheinlich nicht verallgemeinert werden kann, engen wir den Geltungsbereich des Ergebnisses auf o.a. Sprinterstichprobe ein.

Die Schätzung der Einflußhöhe biomechanischer Einflußgrößen auf die sportmotorische Leistung setzt sowohl die Kenntnis eines funktionalen (universellen) oder zumindest statistischen (regelhaften) Zusammenhangs zwischen einer Ziel- und ihren Einflußgrößen voraus als auch die Kenntnis der Zusammenhänge zwischen den Einflußgrößen (vgl. 6.4.4.1).

Wenn diese Informationen nicht vorliegen, kann keine Einflußhöhenschätzung vorgenommen werden. Als eine Ersatzinformation steht der Leistungstrend einer Einflußgröße zur Verfügung.

Der Leistungstrend einer Einflußgröße informiert in Form einer Größer-kleiner-Relation über den Zusammenhang zwischen ihrer Zunahme und der Zu- bzw. Abnahme der zugeordneten Zielgröße. Man unterscheidet drei Arten von Leistungstrends (Abb. 2.4): Maximaltrend (eine monotone Zunahme der Einflußgröße bewirkt eine monotone Zunahme der Zielgröße). Minimaltrend (eine monotone Zunahme der Einflußgröße bewirkt eine monotone Abnahme der Zielgröße) und Optimaltrend (eine monotone Zunahme der Einflußgröße bewirkt dann eine monotone Zunahme [Abnahme] der Zielgröße, wenn die Intensität kleiner [größer] als ihr Optimalwert ist).

In Tab. 2.4 sind Beispiele für unterschiedliche Gruppentrends von Einflußgrößen dargestellt. Individualtrends können in Einzelfällen von den Gruppentrends abweichen.

Zu (1.3): Individualdiagnose des technomotorischen Leistungszustands in bezug auf bewegungstechnische Defizite

Jede Feststellung über das Vorliegen eines bewegungstechnischen Defizits geht von dem Vergleich zwischen einem bewegungstechnisch defizitären Istzustand und einem anzusteuernden – defizitreduzierten oder defizitfreien – Sollzustand aus. In Abhängigkeit von der diagnostischen Grundlage eines bewegungstechnisch defizitären Istzustands und eines defizitreduzierten/-freien Sollzustands lassen sich u.a. das statistische und realnormorientierte bewegungstechnische Defizit unterscheiden. Beide Defizitvarianten werden nachstehend erläutert (vgl. 8).

Bei der Diagnose des technomotorischen Leistungszustands orientiert sich der bewegungstechnische Ist- und Sollzustand an jenen biomechanischen Einflußgrößen, die diesen Zustand kennzeichnen. Die Bewertungsgrundlage des „statistischen Bewegungsdefizits" geht von der Annahme aus, daß der Betrag (die Intensität) einer individuellen biomechanischen Einflußgröße nicht absolut, d.h. losgelöst von einem vergleichbaren Datenmaterial anderer Individuen interpretiert werden kann, sondern die relative Position der individuellen Intensität dieser Einfluß-

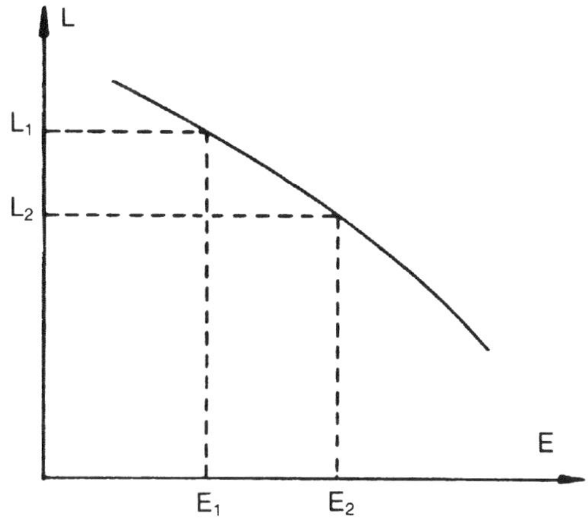

Minimaltrend

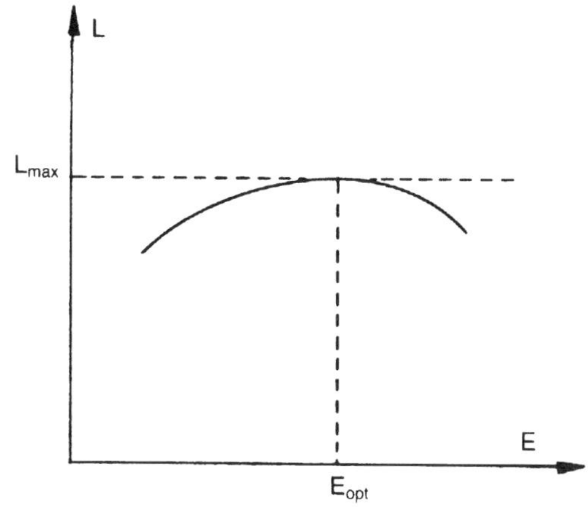

Optimaltrend

Abb. 2.4 Leistungstrends von biomechanischen Einflußgrößen

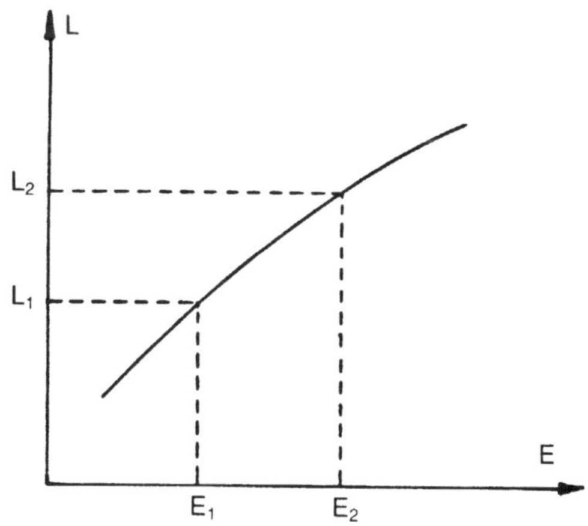

Maximaltrend

Maximaltrend/Minimaltrend
E_1 Einflußgröße A der Intensitätsstufe 1
E_2 Einflußgröße A der Intensitätsstufe 2
L_1 Leistungsniveau 1
L_2 Leistungsniveau 2

Optimaltrend
E_{opt} Einflußgröße A mit optimaler Intensität
L_{max} maximales Leistungsniveau

Tabelle 2.4 Gruppentrends biomechanischer Einflußgrößen

Sportart/-disziplin	Biomechanische Einflußgröße	Leistungstrend
Laufsprint	Schrittlänge	Optimaltrend
Laufsprint	Schrittfrequenz	Optimaltrend
Schwimmsprint	Zuglänge	Optimaltrend
Schwimmsprint	Zugfrequenz	Optimaltrend
Weit-/Drei-/Stabhochsprung	Anlaufgeschwindigkeit	Maximaltrend
Hochsprung	Anlaufgeschwindigkeit	Optimaltrend
Kugelstoß Diskus-/Speerwurf	Dauer der einstützigen Abstoß-/wurfphase	Minimaltrend
Hoch-/Stabhochsprung	Lattenüberhöhung*	Minimaltrend
Handstützüberschlag beim Pferdsprung	Dauer der ersten Flugphase	Minimaltrend

* Lattenüberhöhung H_3: Differenz zwischen der Höhe des Scheitelpunkts der KSP-Flugkurve und der Sprunglattenhöhe (Abb. 2.9)

Tabelle 2.5 Bewertungsklassen der Wurfweite im Diskuswurf der Frauen

Wurfweitenklassen	Bewertungsklasse	Bewertungsziffer
65 m - 61,01 m	extrem überdurchschnittlich	1
61 m - 57,01 m	überdurchschnittlich	2
57 m - 53,01 m	durchschnittlich	3
53 m - 49,01 m	unterdurchschnittlich	4
49 m - 45 m	extrem unterdurchschnittlich	5

größe innerhalb einer Bezugsgruppe zu bestimmen ist. Das folgende Beispiel dient der Verdeutlichung: Eine bei Hochleistungsathleten praktikable Einschätzung eines individuellen bewegungstechnischen Defizits in bezug auf das biomechanische Merkmal X ist die durchschnittliche oder nur unterdurchschnittliche Ausprägung dieses Merkmals in bezug auf ein leistungsaffines überindividuelles Bezugssystem (A/B/C-Kader). Hierbei wird im Falle des Diskuswurfs die Leistungsbreite der Wurfweite des Kaders (65 m – 45 m) durch die als praktikabel erkannte Anzahl der Bewertungsklassen, nämlich 5, geteilt (Tab. 2.5) und eine Zuordnung zwischen Wurfweitenklasse und Bewertungsziffer vorgenommen.

Die Bewertung der biomechanischen Einflußgrößen durch eine Bewertungsziffer von 1 bis 5 wird entsprechend dem Bewertungsvorgang der Wurfweite vorgenommen. Dabei ist zu beachten, daß dem größten Merkmalswert die Bewertungsziffer 1 zugeordnet wird – sofern das Merkmal gleichsinnig mit der Leistung variiert (Maximaltrend) und daß dem kleinsten Merkmalswert die Bewertungsziffer 1 zugeordnet wird – sofern das Merkmal ungleichsinnig mit der Leistung variiert (Minimaltrend); kurvilineare Zusammenhänge zwischen Leistung und Merkmal werden im „aufsteigenden Ast" („absteigenden Ast") wie im Falle des (un-)gleichsinnigen Zusammenhangs bewertet (Optimaltrend). Angenommen die Diskuswurfweite der Athletin A gehört der Bewertungsklasse 3 (durchschnittlich) an und die Dauer ihrer am Minimaltrend orientierten einstützigen Abwurfphase von 130 ms ist in die Bewertungsklasse 5 (extrem unterdurchschnittlich) einzuordnen, dann wird versucht, eine Phasendauer mit einer Bewertungsklasse von 4 oder 3 anzusteuern.

Die Anwendung des „statistischen Bewegungsdefizits" setzt zumindest eine qualitative, wünschenswerterweise auch eine quantitative Übereinstimmung zwischen Gruppen- und Individualtrend voraus. Eine solche Übereinstimmung wird mit Hilfe des „realnormorientierten Bewegungsdefizits" festgestellt. Hierbei beurteilt man im Unterschied zum statistischen Bewegungsdefizit das Defizit nicht relativ zu einer Bezugsgruppe, d.h. hinsichtlich eines Gruppentrends, sondern in bezug auf einen individuellen Leistungstrend. Sofern der individuelle Leistungstrend bezüglich Ziel- und Einflußgrößen aufgrund intraindividueller Leistungsvariation im maximalen Leistungsbereich (z. B. technikanalytisch untersuchte unterschiedliche maximale Leistungen während einer Wettkampfsaison) erstellt wird, verringert einerseits das Verfahren der Extrapolation den Grad der Zuverlässigkeit des prognostizierten individuellen Sollwerts, andererseits besteht jedoch ein hoher Grad an Wahrscheinlichkeit, daß der am Individualtrend orientierte Sollzustand dem am Gruppentrend orientierten an empirischem Gehalt überlegen ist. Sofern beide Defizitvarianten bestimmt werden, ist bei der Festlegung der Ist-Sollwertdifferenz im Falle einer qualitativen bzw. quantitativen Nichtübereinstimmung zwischen beiden Varianten das realnormorientierte Bewegungsdefizit vorzuziehen. Letzteres ist „sinngemäß" – in Abhängigkeit von den verfügbaren Individualanalysen – wie das statistische zu quantifizieren.

2.2.2 Techniksteuerung (Ansteuerung des technomotorischen Leistungszustands)

(1) Formulierung der Untersuchungsziele

(1.1) Änderung des technomotorischen Leistungszustands bzw. der sportmotorischen Leistung in Richtung eines anzusteuernden Sollwerts (Reduktion der technomotorischen Ist-Sollwertdifferenz).

(1.2) Reduktion der technomotorischen Ansteuerungsdauer.

(1.3) Biomechanisch gestützte Entwicklung einer Technomotorik der Lernschritte.

(2) Erläuterung der Untersuchungsziele

Zu (1.1): Änderung des technomotorischen Leistungszustands bzw. der sportmotorischen Leistung in Richtung eines anzusteuernden Sollwerts

Konzeptionell sind technikanalytische Informationen sehr differenziert in bezug auf den Umfang der untersuchten Einflußgrößen (z. B. bewegt sich die Anzahl biomechanischer Einflußgrößen im allgemeinen in einer Größenordnung von 10 bis 100). Dieser starken Differenzierung stehen relativ komplexe und undifferenzierte Verfahren der Ansteuerung gegenüber. So liegen weder für eine anzusteuernde Änderung des Beschleunigungswegs um beispielsweise 0,04 m noch für eine anzusteuernde Änderung des Beschleunigungskraftstoßes um beispielsweise 50 Ns (Newtonsekunden) erprobte Ansteuerungsprogramme vor. Im allgemeinen werden solche Änderungen über sogenannte „kumulative Trainingseffekte" (*Zaciorskij* 1972) mit unterschiedlicher Zielpräzision und Dauer angesteuert. Aus diesem Mißverhältnis zwischen in hohem Maße differenzierten technikanalytischen Informationen und technomotorischen Ansteuerungsprogrammen mit breitbandspektraler Wirkung läßt sich die Forderung nach einer wechselseitigen Abstimmung zwischen dem Grad der technikanalytischen Differenzierung und der Zielpräzision von Ansteuerungsprogrammen für bestimmte Einflußgrößen ableiten. Es erscheint plausibel, daß diese Forderung vorzugsweise im Verbund von Analyse (Diagnose) und Ansteuerung erfüllt werden kann. Als *ein* überprüfbares Kriterium der Ansteuerbarkeit biomechanischer Merkmale legen wir die nach dem Ansteuerungsvorgang noch vorhandene Differenz zwischen dem technomotorischen Ist- und Sollzustand fest. Nach den Untersuchungen von *Farfel* und Mitarb. (1977) läßt sich die in Tab. 2.6 aufgeführte Ansteuerungsgüte biomechanischer Merkmale erstellen.

Theoretische Grundlage der biomechanischen Techniksteuerung ist das von *Farfel* bereits 1962 formulierte Trainingsprinzip „der objektiv ergänzenden Schnellinformation". Der bei Anwendung dieses Trainingsprinzips eintretende motorische Optimierungseffekt beruht auf einem Rückkopplungsprozeß zwischen noch vorhandener subjektiver Bewegungsempfindung und objektiv ergänzenden bewegungsdiagnostischen Informationen; hierzu zählen Befunde über individuelle Defizite in der Ausprägung biomechanischer Einfluß-/Anforderungsgrößen. Nach *Pöhlmann* und *Thorhauer* (1983) ist für den Optimierungseffekt „von wesentlicher Bedeutung ... die Übereinstimmung der Form der Information mit dem Adressaten, d.h. die Zusatzinformation muß vom Lernenden aufnehmbar und zu verarbeiten sein. Die ständige Konfrontation mit dem (subjektiven) Selbsteinschätzungsvermögen führt – über ein verbessertes (objektiviertes) Selbsteinschätzungsvermögen, d. Verf. – zu einer erhöhten Selbstregulationsfähigkeit im Ablaufgeschehen der motorischen Tätigkeit. Das bedeutet jedoch, daß für den Trainierenden, der sich eine Fertigkeit aneignet oder der eine angeeignete vervollkommnet, jene Informationen besonderen Wert haben, die sein Bewußtsein erreichen."

Tabelle 2.6 Ansteuerungsgüte von biomechanischen Merkmalen

Merkmalsart	Ist-Sollwertdifferenz (Ansteuerungsgüte)	
	absolut	relativ
Räumliche Merkmale	0,01 m-Bereich	–
Zeitliche Merkmale	0,01 s-Bereich	–
Raum-zeitliche Merkmale	–	< 1 Prozent
Kraftmerkmale (statisch)	–	< 2 Prozent

Als Verfahren zur Ansteuerung biomechanischer Merkmale stehen zur Verfügung:

1. Analytische (zeitversetzte) Verfahren der biomechanischen Sofort-/Schnellinformation: Die Hauptparameter der Bewegung werden nacheinander angesteuert.

2. Synthetische (zeitgleiche) Verfahren der biomechanischen Sofort-/Schnellinformation: Die Hauptparameter der Bewegung werden zeitgleich angesteuert.

Die von *Farfel* und Mitarb. (1977) getroffene Unterscheidung zwischen analytischen (zeitversetzten) und synthetischen (zeitgleichen) Verfahren läßt in bezug auf beide Verfahren eine kriterienbezogene Definition des Begriffs „Hauptparameter der Bewegung" vermissen. Die zur Beschreibung des Informationsfeldes „Sportliche Bewegung" mögliche Anzahl von Parametern erfordert die Anwendung von Selektionskriterien zur Identifikation jener Parameter, die rückgekoppelt den Grad der Ansteuerung biomechanischer Bewegungsziele (u.a. Zeitminimierung, Distanzmaximierung – vgl. *Göhner* 1979) verbessern; notwendiges jedoch nicht hinreichendes Kriterium für einen „Hauptparameter der Bewegung" ist seine Eigenschaft als biomechanische Einflußgröße sportlicher Bewegungsabläufe.

Unter Berücksichtigung trainingsmethodischer Erfahrungen eignen sich für die Ansteuerung biomechanischer Merkmale (Einflußgrößen) bevorzugt elementare Merkmale (Längen-, Richtungs-, Lage- und Zeitmerkmale) bzw. Merkmale von niedrigem Komplexitätsgrad (z.B. Geschwindigkeiten von Bewegungsphasen).

Biomechanische Merkmale eines höheren Komplexitätsgrades wie Kraftstöße sind über ihre elementaren Einflußgrößen wie Arbeitsweg, Arbeitswinkel, Verhältnis von Beuge- und Streckgeschwindigkeit ... anzusteuern.

Soll als Zielgröße die Flughöhe H_2 eines Hochspringers vergrößert werden, so bieten sich bei einer schrittweisen Ableitung (vgl. 6.4) folgende anzusteuernden Einflußgrößen aus der Übersichtsdarstellung in Abb. 2.5 an.

Zur Erläuterung der Übersichtsdarstellung (Abb. 2.5):

Erste Ableitungsstufe: Sieht man von der räumlichen Ausdehnung des menschlichen Körpers ab und idealisiert ihn in Form seines Schwerpunkts zu einem Massepunkt – wobei u.a. aerodynamische Bedingungen vernachlässigt werden –, dann ist nach kinematischen Gesetzen (Gesetze des senkrechten Wurfes; physikalisch-mechanisch entspricht „Springen“ einem „Werfen des eigenen Körpers“):

$$H_2 = \frac{v_{oz}^2}{2g}$$

Die Flughöhe H_2 ist damit – eine konstante Fallbeschleunigung g vorausgesetzt – eindeutig durch die vertikale Abfluggeschwindigkeit v_{oz} bestimmt.

Zweite Ableitungsstufe: Die vertikale Abfluggeschwindigkeit v_{oz} als neue Zielgröße ist nach dem aus dem Grundgesetz der Dynamik ableitbaren Impulssatz eindeutig durch den vertikalen Beschleunigungskraftstoß Δp_z und durch die Masse m des Hochspringers festgelegt:

$$v_{oz} = \frac{1}{m} \Delta p_z$$

Dritte Ableitungsstufe: Als Zielgröße kann Δp_z (vertikaler Beschleunigungskraftstoß während der Absprungstreckung) sowohl vollständig als auch unvollständig mit Hilfe von Einflußgrößen beschrieben werden. Bei einer vollständigen Beschreibung ist Δp_z nach *Hay* (1978) als resultierender Kraftstoß auf Teilkraftstöße zurückzuführen, die während bestimmter Zeitintervalle der Absprungdauer wirken. Diese wiederum sind durch ihre biomechanischen Ursachen in Form von (mittleren) Drehmomenten in bezug auf die Körpergelenke (Gelenkmomente) und durch die Dauer ihrer Wirkung bestimmt. Da diese vollständige Beschreibung von Δp_z auf eine hochkomplexe Einflußgröße wie Gelenkmoment zurückgreift, führen wir eine zweite, jedoch unvollständige Beschreibung von Δp_z mit solchen Einflußgrößen an, für die eine Reihe quantitativer Untersuchungsbefunde vorliegt und die sich ihres elementaren Charakters wegen – im Unterschied zum Gelenkmoment – als ansteuerbare Einflußgrößen eignen. Zu diesen Einflußgrößen des vertikalen Beschleunigungskraftstoßes Δp_z bzw. der Flughöhe H_2 zählen u.a. (Abb. 2.5) die Anlaufgeschwindigkeit v_{An} (Optimaltrend zwischen v_{An} und H_2), die Reduktion der horizontalen Anlaufgeschwindigkeit Δv_x während des Absprungs (Optimaltrend zwischen Δv_x und H_2), der vertikale Beschleunigungsweg Δs_z (Optimaltrend zwischen s_z und H_2), sowie das vertikale $\varkappa_z$-Verhältnis bzw. das Verhältnis zwischen maximaler Beu-

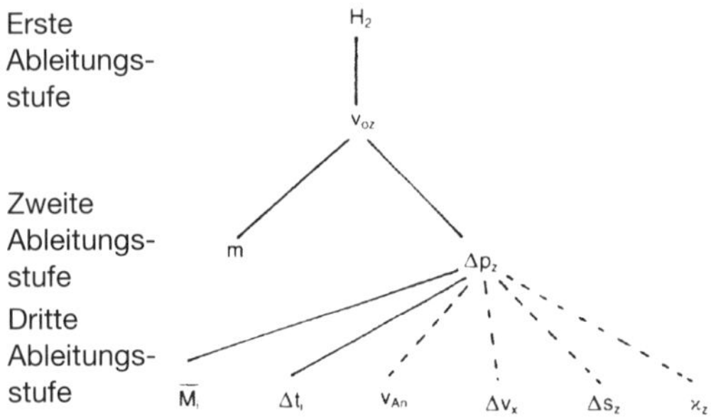

Abb. 2.5 Übersichtsdarstellung einer schrittweisen Bestimmung biomechanischer Einflußgrößen der Flughöhe H_2

Bezeichnung:

H_2	Flughöhe
v_{oz}	vertikale Abfluggeschwindigkeit
v_{An}	Anlaufgeschwindigkeit (momentane Geschwindigkeit des KSP zu Beginn des Absprungs)
Δv_x	Reduktion der Horizontalgeschwindigkeit des KSP während des Absprungs
Δp_z	vertikaler Beschleunigungskraftstoß während des Absprungs
m	Gesamtmasse des Springer
$\bar{M}_i, \Delta t_i$	mittleres Gelenkmoment des i-ten Gelenks, Dauer des i-ten Moments während der Absprungstreckung
$\varkappa_z$	Quotient aus vertikalem Brems- und Beschleunigungskraftstoß
Δs_z	vertikaler Beschleunigungsweg (des KSP) während des Absprungs
——	Linie: vollständige Beschreibung einer Zielgröße durch ihre Einflußgrößen
- - - - -	Linie: unvollständige Beschreibung einer Zielgröße durch ihre Einflußgrößen

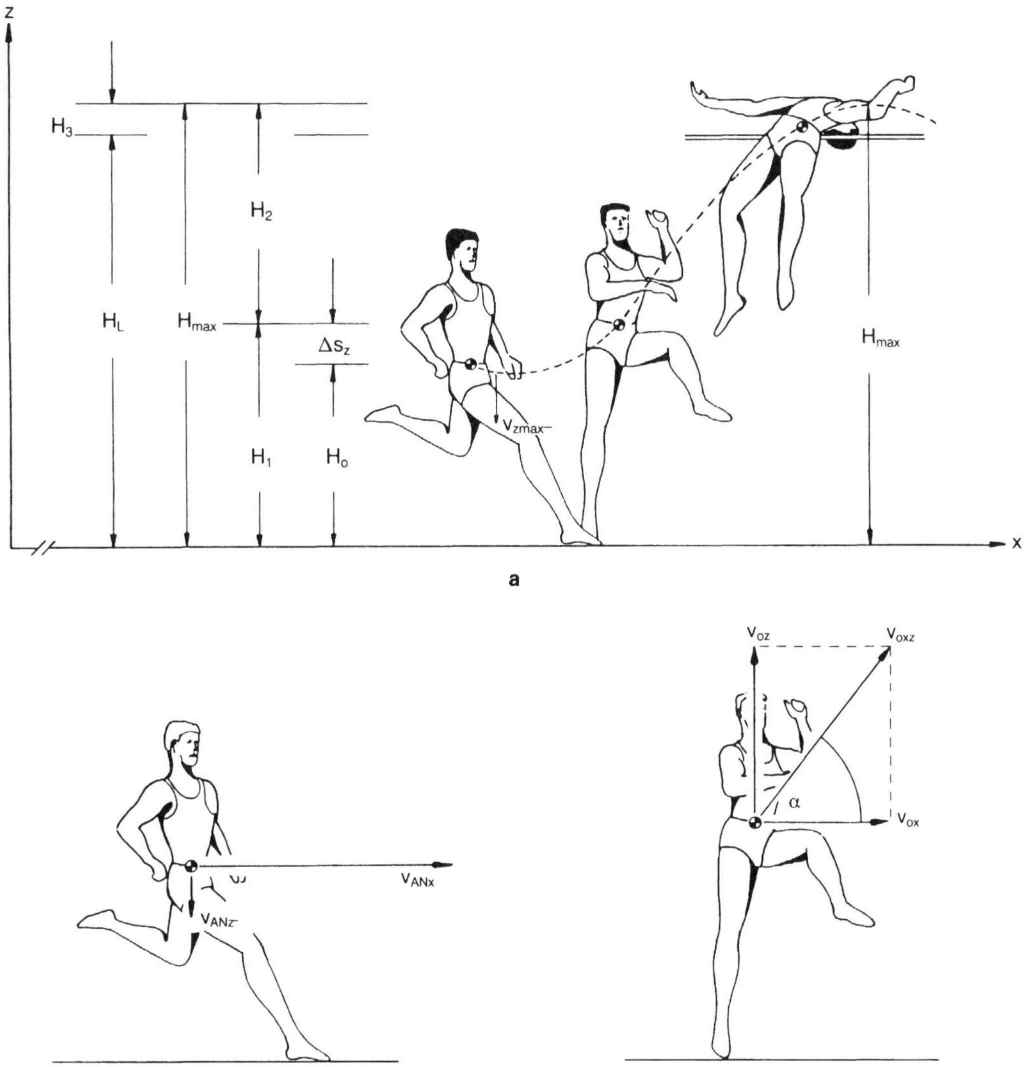

Abb. 2.6 Merkmale des Absprungs und der KSP-Flugparabel beim Hochsprung (nach *Müller:* Biomechanik des Hochsprungs. In: *Ballreich, Kuhlow* (Hrsg.), Biomechanik der Leichtathletik, Enke, Stuttgart 1986, S. 54)

Bezeichnung:

H_o	Auftreffhöhe
H_1	Abflughöhe
H_2	Flughöhe
H_3	Lattenüberhöhung
H_L	Sprunglattenhöhe
H_{max}	Scheitelhöhe der KSP-Flugbahn
Δs_z	vertikaler Beschleunigungsweg
v_{ox}	horizontale Komponente der Abfluggeschwindigkeit
v_{oz}	vertikale Komponente der Abfluggeschwindigkeit
α	KSP-Abflugwinkel
◐	KSP
$\Delta v_x = v_{ANx} - v_{ox}$	horizontale Geschwindigkeitsreduktion
$v_{ANz}-$	vertikale Anlaufgeschwindigkeit
v_{ANx}	horizontale Anlaufgeschwindigkeit
$v_{zmax}-$	maximale vertikale Beugegeschwindigkeit
$\varkappa_z = v_{zmax}- : v_{oz}$	Verhältnis von maximaler vertikaler Beugegeschwindigkeit und vertikaler Abfluggeschwindigkeit

gegeschwindigkeit und maximaler Streck-(Abflug-)geschwindigkeit während des Absprungs (Optimaltrend zwischen $\varkappa_z$ und H_2). Damit können wir die unmittelbar nicht ausführbare Bewegungsanweisung: „Versuche, eine um x cm (oder um y%) größere als Deine maximale Flughöhe zu erreichen“ über eine Änderung elementarer Einflußgrößen wie Anlaufgeschwindigkeit, Reduktion der horizontalen Anlaufgeschwindigkeit während des Absprungs, vertikaler Beschleunigungsweg sowie das Verhältnis zwischen Beuge- und Streckgeschwindigkeit schrittweise erfolgreich ansteuern (Abb. 2.6).

Führt die biomechanische Technikanalyse in o.a. Beispiel zu dem Ergebnis, daß bspw. ein unterdurchschnittlicher Betrag der Anlaufgeschwindigkeit und ein durchschnittlicher Betrag des vertikalen Beschleunigungswegs vorliegen, dann werden diese beiden defizitären Einflußgrößen nacheinander in Richtung ihres Sollwerts angesteuert. Hierbei wird dem Hochspringer im Falle der zu steigernden Anlaufgeschwindigkeit (z. B. um 0,3 m/s) in Abhängigkeit von der Rückinformationsfrequenz nach jedem bzw. jedem zweiten (dritten, ...) Hochsprungversuch die Ist-Sollwert-Differenz der Anlaufgeschwindigkeit mitgeteilt, wobei nach *Pöhlmann* und *Thorhauer* (1983) „die ständige Konfrontation mit dem (subjektiven) Selbsteinschätzungsvermögen zu einer erhöhten Selbstregulationsfähigkeit im Ablaufgeschehen der motorischen Tätigkeit“ und damit zu einem frühzeitigen motorischen Trainingseffekt führt.

Ergänzend weisen wir darauf hin, daß die vertikale Abfluggeschwindigkeit (Abb. 2.5: 2. Ableitungsstufe) und damit die Flughöhe auch von der Masse des Hochspringers abhängen. Deshalb läßt sich über eine Reduktion des Körpergewichts bei Konstanz des Sprungkraftvermögens – d.h. durch eine Verbesserung des Last-Kraftverhältnisses – eine Zunahme der Flughöhe erzielen. Diese liegt bei einem Körpergewicht zwischen 70 und 80 kp und Sprüngen über ca. 2,10 m bei 2 cm pro kp Gewichtsabnahme. Eine solche Ansteuerung ist jedoch nicht technomotorisch, sondern diätetisch orientiert.

Zu (1.2): Reduktion der technomotorischen Ansteuerungsdauer

Wenn man die biomechanische Sofort-/Schnellinformation – d.h. eine objektive Ergänzungsinformation – bezüglich des zeitlichen Verlaufs ihrer Ansteuerungsgüte mit herkömmlichen Verfahren der subjektiven Ergänzungsinformation bzw. keiner Ergänzungsinformation vergleicht, dann ist nach den Untersuchungen von *Farfel* und Mitarb. (1977) festzustellen, daß nach derselben Anzahl von Trainingseinheiten (ca. 10–20) die Ansteuerungsgüte der objektiven gegenüber der subjektiven oder keiner Ergänzungsinformation in der Regel um ein Vielfaches von 10% verbessert wurde und damit indirekt die kürzere Dauer des Ansteuerungsvorgangs der biomechanischen Sofort-/Schnellinformation nachgewiesen werden konnte.

Die Reduktion der technomotorischen Ansteuerungsdauer ist u.a. abhängig von der Meßgenauigkeit, dem Rückwirkungsgrad, der Zeitstruktur, der Frequenz, der Genauigkeit sowie Darbietungsform der objektiven Ergänzungsinformation.

Die Forderung an die Meßgenauigkeit biomechanischer Schnellinformationssysteme zur Ermittlung (Meßwertdarstellung/-registrierung) biokinematischer (Kurzzeit-, Geschwindigkeits-, Beschleunigungs-, Längen-, Winkelmeßsysteme) und biodynamischer Merkmale (universelle Stützkraftmeßsysteme, Spezialkraftmeßsysteme) besteht insoweit als interindividuelle bzw. intraindividuelle Intensitätsunterschiede in den anzusteuernden Merkmalen größer sein müssen als ihre meßtechnisch erfaßbaren Unterschiede. Diese Anforderung erfüllen in der Regel die biomechanischen Schnellinformationssysteme.

In bezug auf den Grad der Rückwirkung biomechanischer Schnellinformationssysteme auf den zu untersuchenden Bewegungsablauf liegen eine Reihe (quasi-) berührungslos messender Systeme vor (u.a. Kurzzeitmeßsysteme nach dem Prinzip des Kontaktschalters – z. B. Druckschalter im Schuh – oder des berührungslosen Schalters – z. B. Lichtschranken; Ultraschall-Geschwindigkeitsmeßsysteme auf der Basis des akustischen Dopplereffekts; Kraftmessung mit Dehnungsmeßstreifen oder piezoelektrischen Gebern wie Meßplattformen zur Messung der Stützkräfte beim Gehen, Laufen und Springen; Spezialdynamometer wie Startblock-, Reck-, Tretkurbel-, Ski-, Ruderdynamometer; fotografische (Mehrfach-)Sofortbildkameras; videografische Systeme, ...). Informationen über Meßsysteme können Kapitel 4 entnommen werden.

Die Zeitstruktur umfaßt einerseits die Zeitdauer zwischen dem Ende einer Bewegungsausführung und dem Vermittlungszeitpunkt der Rückinformation durch die objektive Ergänzungsinformation (Postintervall) sowie andererseits die Zeitdauer zwischen dem Vermittlungszeitpunkt und der erneuten Bewegungsausführung (Präintervall). Als Gesamtzeitintervall bezeichnet man die Summe aus Post- und Präintervall. Die Unterscheidung zwischen Sofort-, Schnell- und Spätinformation orientiert sich am Vermittlungszeitpunkt der Rückinformation, d.h. an der Dauer des Postintervalls. Objektive Nachrichten über Bewegungsmerkmale, die noch während der Bewegungsausführung übermittelt werden, bezeichnet man als Sofort- oder Synchroninformation. Erfolgt die Übermittlung während eines Zeitraumes, der einen Rückkopplungsprozeß zwischen objektiver Ergänzungsinformation und noch vorhandener subjektiver Bewegungsempfindung (Eigeninformation) ermöglicht, dann spricht man von Schnellinformation. Dieser als psychische (psychomotorische) Präsenzzeit bezeichnete Zeitraum variiert – je nach Autor – zwischen 10 Sek. und 60 Sek. Nach Beendigung dieses Zeitraumes ohne Rückkopplung liegt eine Spätinformation vor. *Mechling* (1984) kennzeichnet den Stand des Wissens über die Zeitstruktur durch den Hinweis „mit vorschnellen Praxisentscheidungen vorsichtig zu sein und als gesichert publizierte methodische Hinweise differenziert für eigenes Lehrhandeln zu prüfen". Selbst die i.a. als gesichert angenommene These der gegensinnigen Variation von Postintervall und Lerneffekt wird durch eine Untersuchung von *Pöhlmann* (1979) in Frage gestellt.

Rahmenbedingung für die Planung der Zeitstruktur ist die Dauer für die Erstellung der Rückinformation. Da nach *Pöhlmann* und *Thorhauer* (1983) für die Höhe des Lerneffekts die Akzeptanz – auch in zeitlicher Hinsicht – der Rückinformation durch die Versuchsperson „von wesentlicher Bedeutung" ist, sollte die Dauer von Prä- und Postintervall in Abhängigkeit von den technischen Möglichkeiten und wissenschaftlichen Erkenntnissen/Erfahrungen mit dem Trainierenden abgestimmt werden.

Die Rückinformationsfrequenz – sie beschreibt die Häufigkeit der Rückmeldungen während eines Ansteuerungsvorgangs (Trainingseinheit) hängt sowohl vom technomotorischen Fertigkeitsniveau (Grob-, Fein-, Feinstform) als auch von der Kompliziertheit der motorischen Aufgabenstellung, d.h. von schwer zu objektivierenden Einflußfaktoren, ab. Eine pragmatische Richtschnur für die Wahl der optimalen Rückinformationsfrequenz ist die vom Trainierenden selbstgewählte Informationsfrequenz, die nach *Bauer* (1980) zu den „leistungswirksamsten" zählt, „da sie die optimale Nutzung motivationaler und kapazitativer Komponenten der Informationsverarbeitung fördert".

Die Genauigkeit der Rückinformation ist bei der Techniksteuerung nicht zuletzt deshalb von großem Einfluß, da relativ geringe Änderungen in den angesteuerten Einflußgrößen zu relativ großen Änderungen in der sportmotorischen Leistung führen können. So bewirkt eine Zunahme der Anlaufgeschwindigkeit um 0,1 m/s bei Sprungweiten von 7,00 m – eine unveränderte Absprung- und Landeausführung vorausgesetzt – eine Weitenzunahme um ca. 0,10 m.

Unterschiedliche Grade in der Genauigkeit der Rückinformation verdeutlicht das folgende Beispiel aus dem Kugelstoßen (vgl. *Rockmann* 1985):

Ansteuerungsaufgabe: Erreichen eines Abflugwinkels der Kugel von 40° (Sollwert) bei einem Ausgangs-Istwert von 37°.

Die bei einem Ansteuerungsversuch festgestellte Ist-Sollwertdifferenz von –3° kann in dreifacher Weise kodiert werden:

1. (Sollwert) erreicht – (binäre Information).
2. (Sollwert) unterschritten – erreicht – überschritten (ternäre Kodierung).
3. (Sollwert) um 3° unterschritten (numerische Kodierung).

Während *Bauer* (1980) zu dem Ergebnis kommt, daß „die Genauigkeit von Informationen erst mit höherem Fertigkeitsniveau von größerer Bedeutung für den Aktiven ist", relativiert *Rockmann* (1985) diesen Befund mit dem Hinweis: Bei einem hohen Fertigkeitsniveau „besteht einerseits die Möglichkeit, daß erst jetzt eine sehr differenzierte Information (numerische Kodierung) zu einer sehr differenzierten Korrektur genutzt werden kann; andererseits kann das Bewegungsgefühl bzgl. der Aufgabe schon so ausgeprägt sein, daß auch die pauschale Korrektur „richtig" bzw. „falsch" (binäre Kodierung) für eine differenzierte Bewegungskorrektur ausreicht". Somit scheint auch die Informationsgenauigkeit wie die Zeitstruktur und die Rückinformationsfrequenz einer individuellen Abstimmung zu bedürfen.

Die Darbietungsform der anzusteuernden Einflußgrößen hängt sowohl von der Wahl des Nachrichtenträgers (Ton, Sprache, Licht, Schrift) als auch von der Kodierung (binär, ternär, numerisch) ab. Hierbei fördern nach *Bauer* (1980): „Möglichkeiten des schnellen Vergleichs einzelner Parameter des Handlungsresultats mit vorherigen Leistungen bzw. Zielvorhaben die Entwicklung des Selbsteinschätzungsvermögens in hohem Maße und gehören anschaulich aufbereitete Informationen bei vorheriger Kenntnisvermittlung zu den leistungswirksamsten Formen. So können in Verbindung mit gezielter Kenntnisvermittlung Aspekte des ideomotorischen Trainings im Prozeß der Schnellinformation erfolgreich integriert werden."

Zusammenfassend kann festgestellt werden, daß nicht unbeträchtliche Informationsdefizite bezüglich der Optimierung von Zeitstruktur, Rückinformationsfrequenz, Informationsgenauigkeit und Darbietungsform bestehen, deren Abbau nur über eine interdisziplinäre Zusammenarbeit von Biomechanik, Psychologie, Physiologie und Trainingsmethodik zu erreichen ist.

Zu (1.3): Biomechanisch gestützte Entwicklung einer Technomotorik der Lernschritte

Lösungsansätze für die biomechanisch gestützte Entwicklung einer Technomotorik der Lernschritte sind zum einen die Analyse des biomechanischen Arbeitsaufwands der zu erlernenden sportmotorischen Fertigkeit und zum anderen das biomechanische Arbeitspotential in Form von Muskelkräften, die zur Verrichtung der jeweiligen Arbeit herangezogen werden können, die Nutzung äußerer Kräfte (u.a. Schwerkraft bei Verwendung von Schiefebenen) sowie die lerneffiziente Nutzung oder Anwendung (bio)mechanischer Gesetze (Wechselwirkung, Impulserhaltung) und Prinzipien (optimaler Beschleunigungsweg, Anfangskraft, optimale Tendenz im Beschleunigungsverlauf, zeitliche Koordination von Einzelimpulsen).

Exemplarische Erläuterung zur Analyse des biomechanischen Arbeitsaufwands: Ihrem geometrischen Verlauf nach überlagern sich bei sportmotorischen Fertigkeiten Translation und Rotation, d.h., der Körper dreht sich um eine Achse, während die Achse selbst fortschreitet. An Arbeitsarten sind daher Verschiebungsarbeit

Abb. 2.7 Felgaufschwung vorlings rückwärts: Reduktion der Hubarbeit durch Reduktion der Hubhöhe von h_1 (**Abb. 2.7a**) auf h_2 (**Abb. 2.7b**) im Rahmen von vorbereitenden Übungen

i.a. in Form der Hubarbeit und Beschleunigungsarbeit bei Verschiebungen (Translationen) sowie Beschleunigungsarbeit bei Drehungen (Rotationen) zu verrichten. Bei einer schrittweisen Annäherung des Ausgangsverhaltens in Richtung des Zielverhaltens kann über eine allmähliche Veränderung der Bewegungsform und eine sukzessive Erhöhung des Arbeitsaufwands das Zielverhalten erfolgreich angesteuert werden. Bspw. kann die nur vom Gewicht des zu hebenden Körpers und dem Höhenunterschied zwischen den Lagen des Körperschwerpunkts (KSP) in der Ausgangsstellung und der Endstellung abhängige Hubarbeit durch Lernschritte reduziert werden, die gegenüber der Zielbewegung kleinere KSP-Höhenunterschiede aufweisen (Abb. 2.7a, b). Möglichkeiten zur Reduktion der Rotationsarbeit gegenüber der Zielbewegung liegen bei der Gestaltung von Lernschritten – wie im Falle der Hubarbeit – in den beiden Einflußgrößen der Rotationsarbeit, dem Massenträgheitsmoment des Körpers um die Bewegungsdrehachse und der Änderung der Dreh(Winkel-)geschwindigkeit um diese Achse. Hierbei gilt es, Lernschritte zu entwikkeln, die o.a. Massenträgheitsmoment u.a. durch eine gebeugte/gehockte anstatt gestreckter Bewegungsführung reduzieren und die Drehgeschwindigkeit auf das zur erfolgreichen Bewältigung des Lernschritts notwendige Maß beschränken (Abb. 2.8).

Abb. 2.8 Zweckmäßige Nutzung des Prinzips der (Dreh)Impulserhaltung bei Stützkontakt. Erhöhung der Drehgeschwindigkeit gegenüber der Anfangsdrehgeschwindigkeit durch Einnehmen einer Hüftbeugung (Reduktion des Massenträgheitsmoments um die Drehachse – Reckstange –) beim Felgaufschwung vorlings rückwärts

Aus der Fülle von Möglichkeiten einer lerneffizienten Nutzung (bio)mechanischer Gesetze und Prinzipien führen wir das Gesetz der Impulserhaltung und das Prinzip der Anfangskraft an. Der Impulserhaltungssatz kann bei allen Drehbewegungen zur Steigerung der Drehgeschwindigkeit angewandt werden, indem das Massenträgheitsmoment um die Drehachse durch Annäherung achsenferner Körperteile an die Drehachse (u.a. Saltibewegungen: gestreckte → gehechtete → gehockte Bewegungsführung) reduziert wird. Das Prinzip der Anfangskraft ist erfolgreich bei allen Fertigkeiten einzusetzen, die eine relativ hohe Startgeschwindigkeit erfordern. So erzeugt eine vorbereitende – der Hauptbewegungsrichtung – entgegengesetzt verlaufende Teilbewegung bei einer optimalen Relation ihrer Bewegungsgeschwindigkeit zu jener der Hauptbewegung und bei einer flüssigen Bewegungsumkehr eine solche Anfangskraft, die zur erfolgreichen Bewältigung von Lernschritten sofort zur Verfügung steht und nicht später wie der infolge eines längerfristigen speziellen Krafttrainings erzielte Kraftzuwachs.

2.2.3 Technikoptimierung (Fortschreitende Optimierung sportmotorischer Techniken)

(1) Formulierung der Untersuchungsziele

(1.1) Analyse konkurrierender sportmotorischer Techniken auf Effektivität, um festzustellen, welche dieser Techniken einen höheren Grad der Ansteuerung von Bewegungszielen im Sport (Zeitminimierung, Distanzmaximierung, Treffermaximierung, Fehlerminimierung, ... vgl. Göhner 1979) *aufweist*

(1.2) Entwicklung einer – gegenüber bereits verfügbaren – in höherem Maße zielangepaßten neuartigen sportmotorischen Technik

(2) Erläuterung der Untersuchungsziele (1.1) und (1.2)

Aufgabe ist, konkurrierende motorische Lösungsverfahren zur Ansteuerung von Bewegungszielen im Sport nach dem Grad ihrer Zielansteuerung zu analysieren (u.a. konkurrierende Starttechniken in den Sportarten Leichtathletik, Schwimmen, Skilauf, Rodeln unter der Zielsetzung Zeitminimierung oder konkurrierende Sprungtechniken in Leichtathletik, Spielsportarten, Gerätturnen, Trampolinspringen mit der Zielsetzung Distanzoptimierung bzw. -maximierung) sowie neue, in höherem Maße zielangepaßte motorische Lösungsverfahren zu entwickeln.

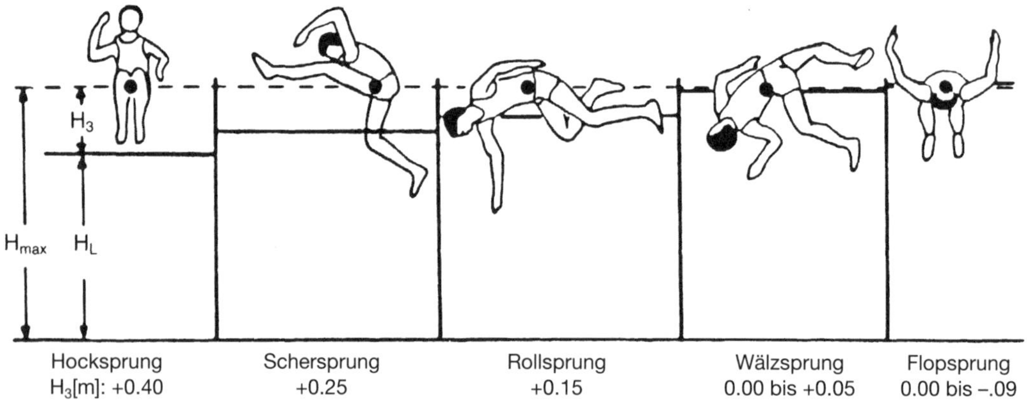

Abb. 2.9 Lattenüberhöhung (H_3–H_L) in Abhängigkeit von der Sprungtechnik (aus: *Müller:* Biomechanik des Hochsprungs. In: *Ballreich, Kuhlow* (Hrsg.), Biomechanik der Leichtathletik, Enke, Stuttgart 1986, S. 48)

Bezeichnung:
H_3 Lattenüberhöhung
H_{max}(---) Scheitelpunkt der Körperschwerpunktsbahn
H_L(—) Sprunglattenhöhe
● Körperschwerpunkt (KSP)

Während erstgenannte Aufgabe im wesentlichen auf eine „Reproduktion von Fakten" hinausläuft, eröffnet die Lösung der zweiten Aufgabe den „Zutritt in biomechanisches Neuland".

Am Beispiel des Hochsprungs lassen sich beide Untersuchungsziele anschaulich erläutern. Die Bearbeitung des Untersuchungsziels „Analyse konkurrierender Techniken" kann bei der Beurteilung unterschiedlicher Hochsprungtechniken u.a. auf das biomechanische Merkmal „Lattenüberhöhung" H_3 zurückgreifen (vgl. *Müller* 1986). H_3 ist definiert als Differenz aus der Scheitelhöhe H_{max} der Flugbahn des Körperschwerpunkts und der Sprunglattenhöhe H_L ($H_3 = H_{max} - H_L$). Analysiert man die Lattenüberhöhung unterschiedlicher Hochsprungtechniken, dann nimmt mit fortschreitender Optimierung der Hochsprungtechnik – vom Hocksprung bis zum Flopsprung – die Lattenüberhöhung ab (Abb. 2.9), so daß für das Überspringen einer vorgegebenen Sprunglattenhöhe immer weniger an Hubarbeit zu verrichten ist. Anders formuliert: Moderne Hochsprungtechniken (Wälz-, Flopsprung) ermöglichen eine zwischen 30–50 cm geringere Lattenüberhöhung als Techniken aus den Anfängen des Sports (Hocksprung, Schersprung) und damit eine um ca. 30–50 cm größere Sprunglattenhöhe.

Das Untersuchungsziel – Entwicklung einer neuartigen sportmotorischen Technik – wird zunächst am Beispiel des Hochsprungs und anschließend am Beispiel des gehockten Dreifachsaltos als Abgang vom Reck erläutert.

Während das Hochsprungbeispiel eine fehlgeschlagene Technikentwicklung kennzeichnet, ist die Technik des Reckabgangs Beispiel einer erfolgreichen Entwicklung.

Fehlgeschlagene Technikentwicklung: In konsequenter Fortsetzung der o.a. Entwicklungslinie von Hochsprungtechniken konstruierte *Hay* (1978) die nach ihm benannte *Hay*-Technik, welche eine theoretisch errechnete Lattenüberhöhung von –26 cm (d.h. die Scheitelhöhe H_{max} der Flugbahn des Körperschwerpunkts liegt 26 cm unter der Sprunglattenhöhe H_L) ermöglichen soll. Diese Hochsprungtechnik weist folgende von *Hay* biomechanisch begründete Bewegungscharakteristika (Abb. 2.10) auf.

1. *Anlauf:* Richtung senkrecht zur Latte; „schnelle" Anlaufgeschwindigkeit.
2. *Absprung:* Sprungbein – völlige Streckung im Fuß- und Kniegelenk; Schwungbein – gebeugte Bewegungsführung; Oberkörper aufrecht.
3. *Lattenüberquerung:* Klappmesserposition.

Nach *Hay* maximieren die Bewegungscharakteristika des Anlauf- und Absprungverhaltens die Flughöhe H_2 (Abb. 2.6a), und die Klappmesserposition erzeugt die optimale Lattenüberquerung.

Preiß (1987) konstruierte ein aus 6 Körpersegmenten bestehendes Modell, das die Änderung der motorisch gesteuerten Flugbewegungen des

Abb. 2.10 Kinegramm der Hay-Technik (nach *Hay:* The Biomechanics of Sports Techniques. New Jersey 1978, S. 433)

menschlichen Körpers in der Hauptbewegungsebene in Abhängigkeit von ihren biomechanischen Einflußgrößen beschreibt (Anfangswerte: Abflugort und -geschwindigkeit, Anfangslagewinkel sowie -drehimpuls; Randwerte: Winkel-Zeit-Verläufe der Schulter- sowie der Hüft- und Kniegelenke). Mit Hilfe der Simulation von Anfangs- und Randwerten des Modells (Abb. 2.11) kommt *Preiß* zu dem Ergebnis, „daß die *Hay*-Technik zwar in einem gewissen Grade ausführbar ist, aber keine optimale Hochsprungstechnik darstellt. Vielmehr ergibt sich zum einen eine größere Lattenüberhöhung als bei den derzeit verwendeten Techniken Straddle und Flop, zum anderen führt die *Hay*-Technik zu einer verletzungsträchtigen Landeposition.

Einerseits darf der Rumpf des Athleten, um über die Latte geführt werden zu können, in der Steigphase des Flugs nicht nach vorne rotieren, andererseits muß er jedoch bei der Lattenüberquerung sehr schnell nach vorne rotieren, um die Klappmesserposition zu erreichen und anschließend diese Position wieder aufzulösen. Diese Doppelanforderung widerspricht dem Satz von der Erhaltung des Gesamtdrehimpulses des Systems. Durch Gegenbewegungen der Arme und Beine kann zwar eine verminderte Drehung des Rumpfes erreicht werden, die funktionell-anatomischen Bedingungen lassen allerdings nur teilweise eine – mit wachsender Sprunghöhe abnehmende – Kompensation zu. Einnehmen und Auflösen der Klappmesserposition über der Latte können nur über Lagen des Körpers erfolgen, in denen der tiefste Körperoberflächenpunkt weitaus näher zum KSP liegt als es *Hay* für die optimale Lage des Körpers errechnete. Diese Ergebnisse erklären den Mißerfolg der bisher durchgeführten praktischen Realisierungsversuche der *Hay*-Technik".

Beispiel einer erfolgreichen Technikentwicklung: Das Untersuchungsziel „Entwicklung einer neuartigen sportmotorischen Technik" kann auch unter dem Aspekt der individuellen Machbarkeit einer sportmotorischen Technik betrachtet werden, insbesondere dann, wenn Entwicklung und Anwendung der Technik in denselben Zeitraum fallen.

Angenommen Turner A ist in der Lage, den Doppelsalto gestreckt als Abgang vom Reck durchzuführen (Abb. 2.12). Unter welchen Bedingungen vermag er einen bis zu diesem Zeitpunkt nahezu unbekannten Dreifachsalto gehockt als Reckabgang auszuführen? Diese Frage beantworten *Preiß* und Mitarb. (1983) mit Hilfe der Bewegungssimulation des o.a. Modells. Aus dem Modelloriginal (Doppelsalto gestreckt von Turner A) wurden die Anfangswerte „Abflugort und -drehimpuls" bestimmt. Mit diesen Anfangswerten und angenommenen Randwerten, die ein relativ langsames Beugen bzw. Strecken im Hüft- und Kniegelenk beschreiben, kommt die Bewegungssimulation zu dem Ergebnis eines $2^1/_4$fachen Saltos mit Landung in der Bauchlage (Abb. 2.13). Schnelleres Beugen bzw. späteres und schnelleres Strecken im Hüft- und Kniegelenk ermöglichen den angesteuerten Dreifachsalto gehockt mit regelkonformer Landung (Abb. 2.14). Der mögliche Einwand, dieses Simulationsergebnis auf der Grundlage eines aufwendigen theorieorientierten Modellkonzepts könne bereits aus dem Drehimpulserhaltungssatz und den Gesetzen des schiefen Wurfs abgeleitet werden, ist wie folgt zu entkräften. Ausschließlich die Simulationsstudie informiert in quantitativer Form über

Abb. 2.11 Modell-Kinegramme der HAY-Technik in der xz-Ebene bei raumrichtigem Bezug (x: horizontale Anlaufrichtung; z: vertikale Sprungrichtung) (nach *Preiß:* Computersimulation zur Entwicklung sportmotorischer Techniken. In: *Czwalina* (Hrsg.), Sportwissenschaft und Sportpraxis, Bd. 59. Czwalina, Hamburg 1987, S. 97)

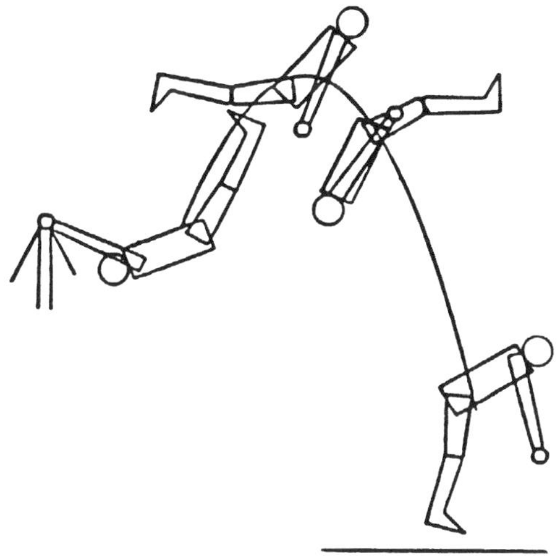

Abb. 2.12 Modelloriginal – Doppelsalto gestreckt

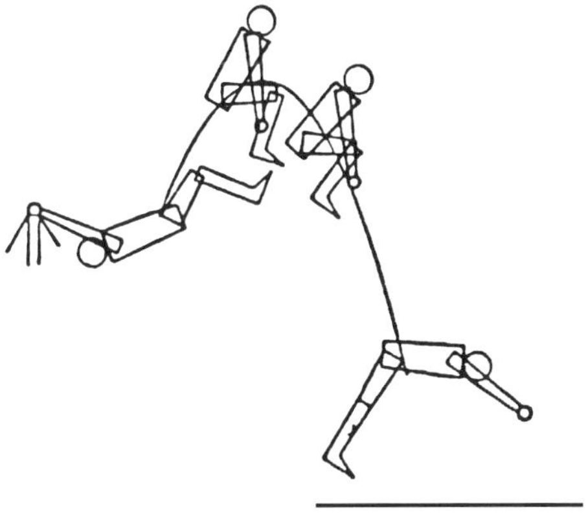

Abb. 2.13 Simulationsstudie 1–1¼-fachsalto gehockt (mit langsamem Beugen bzw. Strecken im Hüft- und Kniegelenk)

die Anfangswerte, d.h. über die KSP-Koordinaten des Abflugorts, über Betrag und Richtung der Abfluggeschwindigkeit sowie über Betrag und Richtung des Anfangslagewinkels und -drehimpulses. Darüber hinaus informiert die Simulationsstudie nicht nur qualitativ, sondern auch quantitativ über die zur erfolgreichen Ansteuerung des Dreifachsaltos gehockt notwendige höhere Beuge- und Streckgeschwindigkeit (Winkelgeschwindigkeit) in den Hüft- und Kniegelenken. Damit liegt – in quantitativer Form – ein technomotorisches Anforderungsprofil des Dreifachsaltos gehockt für Turner A als Grundlage für eine erfolgreiche und ökonomische Technikansteuerung vor. Ergänzend bleibt festzustellen, daß Turner A inzwischen den Dreifachsalto gehockt beherrscht.

Abb. 2.14 Simulationsstudie 2 – Dreifachsalto gehockt (mit sofortigem und schnellem Beugen bzw. spätem und schnellem Strecken im Hüft- und Kniegelenk)

Abschließend ist zu vermerken, daß sowohl die Analyse bestehender als auch die Entwicklung neuer sportmotorischer Techniken der Biomechanik in unterschiedlichem Maße zugänglich sind, je nachdem, ob es sich um „resultatoptimierende Bewegungen" (Zeitminimierung, Distanzmaximierung, …) oder „verlaufsoptimierende Bewegungen" (Optimierung der Ablaufpräzision, Fehlerminimierung, …) handelt (*Göhner* 1979). Es ist einsichtig, daß resultatoptimierende Bewegungen infolge ihres quantitativ festgelegten Bewegungsziels dem biomechanischen Zugriff in höherem Maße unterliegen als verlaufsoptimierende Bewegungen mit vorwiegend qualitativ formulierten Bewegungszielen.

2.2.4 Konditionsanalyse (Analyse des konditionellen Leistungszustands)

Vorbemerkung: Die Einordnung der Untersuchungsziele (1.5) und (1.6) in den Aufgabenbereich der Konditionsanalyse ist austauschbar mit der Einordnung in den Aufgabenbereich der Technikanalyse. Eine gewisse Ausgewogenheit im Bearbeitungsumfang der Aufgabenbereiche Technik- und Konditionsanalyse spricht für die getroffene Entscheidung über ihre Einordnung.

(1) Formulierung der Untersuchungsziele

(1.1) Identifikation (Erkennung, Feststellung) von validen (diagnostisch eindeutigen) Leistungsindikatoren (Kenngrößen) und biomechanischen Einflußgrößen der konditionellen Komponenten

motorische Kraft, motorische Schnelligkeit und Gelenkigkeit.

(1.2) Schätzung der Einflußhöhe konditioneller Komponenten auf die sportmotorische Leistung.

(1.3) Individualdiagnose des konditionellen Leistungszustands in bezug auf konditionelle Defizite.

(1.4) Bewegungsstrukturelle Affinität zwischen konditionellen Übungen und sportart(disziplin-)-spezifischen Bewegungsabläufen.

(1.5) Ermüdungsresistente Technik: Steigerung der Bewegungsökonomie bei Ausdauerleistungen (Verhältnis von antriebshemmenden und -unterstützenden Kräften).

(1.6) Kraftunterstützende Technik: Bewegungsübertragung (Impulsübertragung) bei Schnellkraft- und Kraftdisziplinen.

(2) Erläuterung der Untersuchungsziele

Zu (1.1): Identifikation (Erkennung, Feststellung) von validen (diagnostisch eindeutigen) Leistungsindikatoren (Kenngrößen) und biomechanischen Einflußgrößen der konditionellen Komponenten motorische Kraft, motorische Schnelligkeit und Gelenkigkeit

Konditionelle Komponenten wie motorische Kraft, motorische Schnelligkeit, motorische Ausdauer, Gelenkigkeit, motorisches Gleichgewicht beeinflussen die sportmotorische Leistung bzw. Bewegungsabläufe im Sport. Hinsichtlich dieser Komponenten erstreckt sich das bisherige biomechanische Erkenntnisinteresse vorzugsweise auf die motorische Kraft, die motorische Schnelligkeit und die Gelenkigkeit. In der gegenwärtigen Sportpraxis ist das Bewegungsverhalten des Sportlers ein Indikator für den individuellen Ausprägungsgrad dieser Leistungskomponenten. Da eine angesteuerte Änderung dieses Verhaltens in hohem Maße vom bewegungsanalytischen Informationsniveau des Sportlers/Trainers abhängig ist, d.h. von diagnostisch verfügbaren objektiven und validen Leistungsindikatoren für diese konditionellen Komponenten, ist die Messung bzw. Bestimmung solcher Indikatoren sowie ihrer biomechanischen Einflußgrößen Aufgabe der Biomechanik.

Die Identifikation valider biomechanischer Leistungsindikatoren versuchen wir am Beispiel der Sprungkraftmessung zu erläutern. Die Sprungkraft kann zumindest durch drei Leistungsindikatoren bestimmt werden, die auf verschiedenen diagnostischen Verfahren beruhen (zwei sportmotorische Verfahren: „Jump-and-reach-Test" sowie „Sprunggürtel-Test"; ein biomechanisches Verfahren: „Dynamometrischer Test").

Erstes Verfahren: „Jump-and-reach-Test"

Indikator für die Sprungkraft ist bei diesem Test die Differenz zwischen Reich- und Sprunghöhe (wobei die im Stand erreichbare maximale Körperstreckung mit Hilfe der Fingerkuppen markiert wird). Diese Differenz ist zum einen von der Reichhöhe abhängig (Abb. 2.15). Allerdings liegen hier bereits interindividuelle Unterschiede zwischen der symmetrischen Handmarkierung bei horizontaler Stellung der Hüft- und der Schulterachse gegenüber der asymmetrischen Markierung der maximalen Reichhöhe bei Schiefstand von Hüft- und Schulterachse vor. Zum anderen ist die Höhendifferenz von der Sprunghöhe abhängig, die über das Sprungvermögen hinaus sowohl vom individuellen Unterschied zwischen Fersen- und Zehenstand als auch vom Timing der Versuchsperson, d.h. vom Grad der Synchronisation zwischen der Tippbewegung der Hand und der Umkehrbewegung des Körpers beeinflußt wird. Gelenkigkeit und Dehnfähigkeit einerseits und die Fähigkeit zu einem optimalen Timing andererseits sind Faktoren, welche die Höhendifferenz von Athlet zu Athlet verändern, so daß der Jump-and-reach-Test nur bedingt zur Feststellung der Sprungkraft herangezogen werden kann.

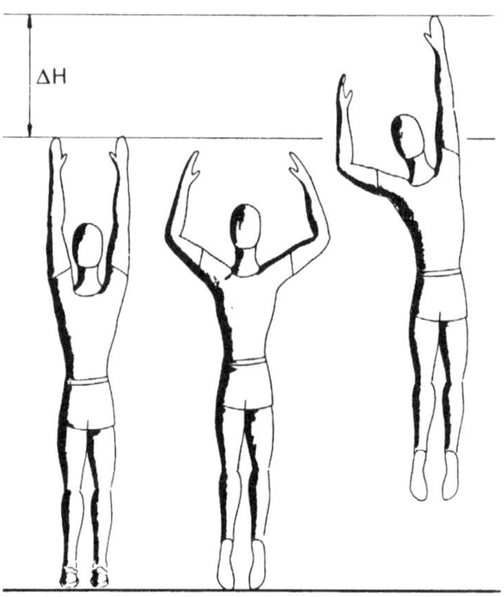

Abb. 2.15 Jump-and-reach-Test: Leistungsindikator der Sprungkraft ist die Differenz ΔH zwischen Sprung- und Reichhöhe

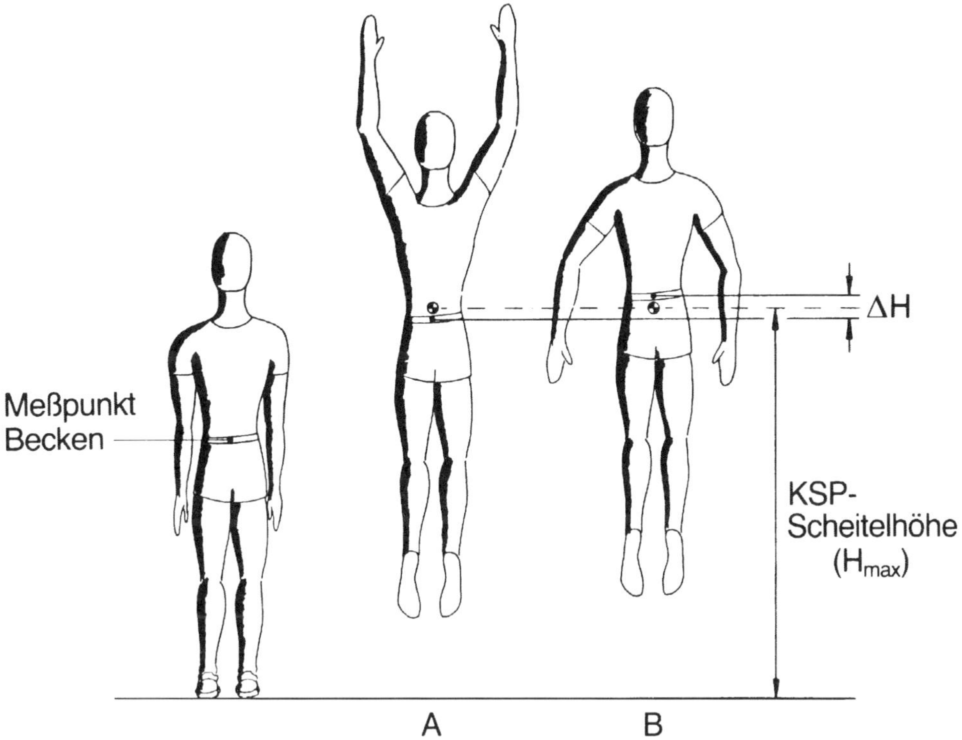

Abb. 2.16 Bei identischem Flugweg und identischer Scheitelhöhe H_{max} der Flugbahn des Körperschwerpunkts (KSP) beträgt der Höhenunterschied ΔH des Beckens zwischen Bewegungsausführung A (erhobene und unveränderte Armposition während der Steigphase) und B (die zum Abflugzeitpunkt erhobenen Arme werden während der Steigphase gesenkt) ca. 5 cm

Zweites Verfahren: Sprunggürtel-Test

Dieser ist ebenfalls ein sportmotorischer Test (Abb. 2.16). Der Sportler zieht beim Schlußsprung unter einer Bodenklemme ein Bandmaß hindurch, auf dem die Sprunghöhe abgelesen wird (Bestimmung des quasi-vertikalen Flugwegs eines Beckenpunkts). Die am Bandmaß ablesbare Sprunghöhe ist individuell von der Differenz zwischen Sohlen- und Zehenstand abhängig und von der unterschiedlichen Bewegungsführung der Arme in der Steigphase des Flugs, die im Falle der Abwärtsbewegung der Arme nach dem Impulserhaltungssatz zu einer zusätzlichen Verlängerung des quasi-vertikalen Flugwegs des Beckenpunkts und damit zu einer am Bandmaß ablesbaren Zunahme der Sprunghöhe um ca. 5 cm führt.

Nach dem Absprung ist die Flugbahn des Körperschwerpunkts eindeutig festgelegt. Wird also während des Flugs ein Körperteil gesenkt, so müssen sich wegen des Impulserhaltungssatzes andere Körperteile „ausgleichend" heben. Wenn ein Körperteil mit der Masse m um den Weg Δs_z (m) gesenkt wird, dann hebt sich der ‚Restkörper' mit der Masse (M–m) – wobei M die Masse des Gesamtkörpers ist – um den Weg $\Delta s_z(M-m)$ nach oben. Dieser Weg bestimmt sich nach der Formel

$$\Delta s_z(M-m) = \frac{m \cdot \Delta s_z(m)}{M-m}$$

Um den Einfluß der vertikalen Verschiebung der Arme auf den Meßpunkt „Becken" abzuschätzen, berechnen wir ein Beispiel: Senkt ein Standhochspringer während der Steigphase die in vertikaler Richtung angehobenen Arme nach unten, verschiebt sich der Schwerpunkt beider Arme um ca. 0,45 m nach unten. Nach *Dempster* (1955) beträgt die Masse beider Arme 10% der Gesamtmasse des Körpers. Gehen wir von einer Gesamtmasse von 70 kg der Versuchsperson aus, dann beträgt die Armmasse 7 kg. Somit berechnet sich der aufwärtsgerichtete vertikale Verschiebungsweg des „Restkörpers" (Beine, Rumpf und Kopf) $\Delta s_z(M-m)$ nach:

$$\Delta s_z\,(M\!-\!m) = \frac{7 \cdot 0{,}45}{70\!-\!7}\ (m) = 0{,}05\ m$$

Infolge dieser Anhebung des Restkörpers um 5 cm verschiebt sich der Meßpunkt „Becken" um ca. 5 cm nach oben und somit nimmt seine am Bandmaß ablesbare Zunahme der Sprunghöhe um ca. 5 cm zu.

Drittes Verfahren: Biomechanischer (dynamometrischer) Test

Die exakte Bestimmung des vertikalen Flugwegs des KSP beim Standhochsprung erfolgt mit Hilfe eines Dynamografen, der den Intensitäts-Zeit-Verlauf der vertikalen Bodenreaktionskräfte (Kraft-Zeit-Diagramm, Abb. 2.17) registriert und somit die Berechnung des vertikalen Flugwegs ermöglicht. Nach der aus dem dynamischen Grundgesetz von Newton ableitbaren Berechnung gilt:

$$\int_{t_1}^{t_2} F(t)dt = m(v_2 - v_1)$$
$$\Delta p = m(v_2 - v_1)$$

Kraftstoß ≙ Änderung des Bewegungsimpulses

Mechanische Ursache für die Änderung der Geschwindigkeit eines Körpers mit der Masse m von der Geschwindigkeit v_1 zum Zeitpunkt t_1 nach der Geschwindigkeit v_2 zum Zeitpunkt t_2 ist demzufolge das Produkt aus der mittleren beschleunigenden oder verzögernden Kraft und der Dauer ihrer Wirkung (Kraft-Zeit-Produkt oder Kraftstoß Δp); genauer der Flächeninhalt zwischen den Zeitpunkten t_1 und t_2 unter dem Kraft-Zeit-Verlauf F(t) und der Abszisse (Integration des F-t-Verlaufs von t_1 nach t_2).

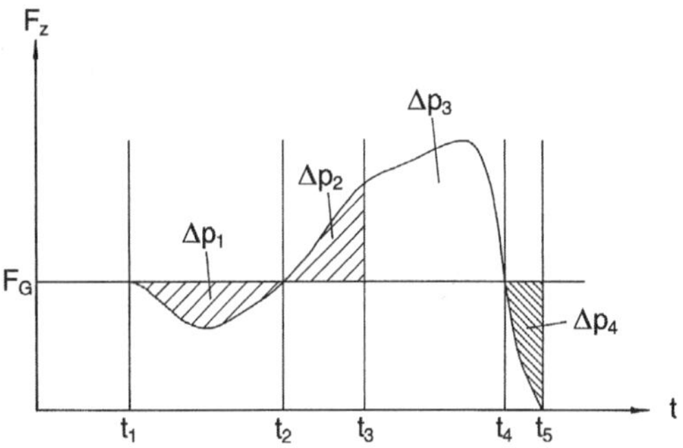

Abb. 2.17 Kraft-Zeitdiagramm (F_z-t) des Standhochsprungs

Bezeichnung:
- F_z vertikale Bodenreaktions(Absprung-)kraft
- F_G Körpergewicht(skraft)
- Δp_1 vertikaler Beschleunigungskraftstoß abwärts
- Δp_2 vertikaler Bremskraftstoß abwärts
- Δp_3 vertikaler Beschleunigungskraftstoß aufwärts
- Δp_4 vertikaler Bremskraftstoß aufwärts
- t_1 Beginn der Beugebewegung (Sprungbeginn)
- t_2 Zeitpunkt der maximalen Beugegeschwindigkeit
- t_3 Zeitpunkt der Bewegungsumkehr von Beuge- und Streckbewegung
- t_4 Zeitpunkt der maximalen Aufwärtsgeschwindigkeit
- t_5 Absprungzeitpunkt (Sprungende)

Aus dem Kraft-Zeit-Diagramm (Abb. 2.17) ist ersichtlich, daß beim Standhochsprung 4 Teilkraftstöße Δp_{1-4} in bezug auf die Eigengewichtslinie F_G als Abszisse und Integrationszeitachse wirken. Δp_1 überführt den Standhochspringer aus dem Ruhezustand in die maximale Abwärtsgeschwindigkeit t, Δp_2 bremst die maximale Abwärtsgeschwindigkeit auf den Wert Null in der tiefsten Körperstellung (Umkehrpunkt der Bewegung) ab. Δp_3 steigert in der Aufwärtsbewegung die Geschwindigkeit von Null (Umkehrpunkt) auf die maximale Aufwärtsgeschwindigkeit. Δp_4 reduziert die Maximalgeschwindigkeit in geringem Maße infolge der Wirkung verletzungsvorbeugender Bremskräfte am Ende der Streckbewegung auf die Abfluggeschwindigkeit v_{oz}, somit gilt:

$$\Delta p_3 + \Delta p_4 = \int_{t_3}^{t_5} \hat{F}_z(t)dt = m(v_{z5} - v_{z3})$$
$$(\text{da } v_{z5} = v_{oz},\ v_{z3} = 0)$$
$$= m(v_{oz} - 0);\ \hat{F}_z = F_z - F_G$$

$$v_{oz} = \frac{1}{m} \int_{t_3}^{t_5} \hat{F}_z(t)dt \qquad (1)$$

Da der Kraft-Zeit-Verlauf $\hat{F}_z(t)$ nicht durch eine mathematische Funktion exakt beschrieben werden kann, ist die Integration mit Hilfe grafischer oder elektronischer Verfahren durchzuführen.

Der Zusammenhang zwischen vertikaler Abfluggeschwindigkeit v_{oz} und der Flughöhe H_2 ist nach kinematischen Gesetzen (Gesetze des senkrechten Wurfes; physikalisch-mechanisch entspricht „Springen" einem „Werfen des eigenen Körpers":

$$H_2 = \frac{v_{oz}^2}{2g} \qquad (2)$$

Die Flughöhe H_2 ist damit – eine konstante Fallbeschleunigung g vorausgesetzt – eindeutig durch die vertikale Abfluggeschwindigkeit v_{oz} bestimmt.

Aus (1) und (2) folgt:

$$H_2 = \frac{\left[\int_{t_3}^{t_5} \hat{F}_z(t)dt\right]^2}{2g \cdot m^2} \qquad (3)$$

Nach Gleichung (3) läßt sich die Flughöhe H_2 über die Integration des vertikalen Kraft-Zeit-Verlaufs $\hat{F}_z(t)$ zwischen den Zeitpunkten der Bewegungsumkehr (t_3) und des Abflugs (t_5) sowie über die Masse m (Körpergewicht) des Standhochspringers und über die Fallbeschleunigung g exakt bestimmen.

Ordnet man diese Indikatoren nach dem Exaktheitsgrad oder der diagnostischen Eindeutigkeit (Validität) der Sprungkraftmessung, dann steht der biomechanische Test an erster Stelle (Indikator der Sprungkraft: vertikaler Flugweg des KSP), der Sprunggürteltest an zweiter und der Jump-and-reach-Test an dritter Stelle (vgl. *Marhold* 1963, *Nigg* 1974). Nach den Ergebnissen von *Marhold (Nigg)* überschätzt der Jump-and-reach-Test infolge seiner Abhängigkeit von motorischen Fähigkeiten wie Gelenkigkeit, Dehnfähigkeit und optimales Timing zwischen der Tippbewegung der Hand und der Umkehrbewegung des Körpers im Flug die Sprungkraft gegenüber dem biomechanischen Test um durchschnittlich 0,20 m (0,16 m). Beim Sprunggürtel-Test können verschiedenartige Sprungausführungen eine Vergrößerung der am Bandmaß ablesbaren Sprunghöhe bis zu ca. 5 cm bewirken.

Die erheblichen Unterschiede in der Sprungkraftmessung zwischen den beiden sportmotorischen Tests und dem biomechanischen Test sind primär darauf zurückzuführen, daß der Höhenunterschied zwischen Sohlen- und Zehenstand bei den sportmotorischen Tests in diagnostisch nicht vertretbarer Weise als ein Teilergebnis der Sprungkraft gewertet wird, nicht jedoch im Falle des biomechanischen Tests.

Je nachdem, welches dieser Verfahren man für die Bestimmung der Sprungkraft heranzieht, erhält man unterschiedlich exakte oder valide Angaben über die Größe der Sprungkraft. Dem Vorteil des biomechanischen Tests an diagnostischer Eindeutigkeit (Validität) und Exaktheit gegenüber den sportmotorischen Tests steht der Nachteil eines relativ hohen technisch-apparativen Aufwands gegenüber

Über die Bestimmung von Leistungsindikatoren für die konditionellen Komponenten motorische Kraft, motorische Schnelligkeit und Gelenkigkeit hinaus, sind nach dem Untersuchungsziel (1.1) biomechanische Einflußgrößen dieser Komponenten zu bestimmen. Beispiele für Einflußfaktoren/-größen der Muskelkraft sind die Kraft-Dehnungs-Charakteristik und Kraft-Geschwindigkeits-Charakteristik des Muskels sowie morphometrische Angaben über die Krafthebel von Muskeln, über die Wirkungslinien der Kraft eines Muskelzugs und über den physiologischen Durchmesser der Muskeln (*Zaciorskij* und Mitarb. 1984).

Zu (1.2): Schätzung der Einflußhöhe konditioneller Komponenten auf die sportmotorische Leistung

Analog zur technomotorischen wird die Schätzung der konditionellen Leistungskomponente vorgenommen. Die Schätzung der Einflußhöhe von konditionellen Leistungskomponenten auf die sportmotorische Leistung ist ein Maß für die voraussichtliche Wirksamkeit komponentenorientierter Verfahren der Optimierung bzw. Ansteuerung. Konditionelle Leistungskomponenten, die eine große Einflußhöhe aufweisen, ermöglichen – sofern sie über wirksame Optimierungsverfahren angesteuert werden – eine entsprechend große Änderung der sportmotorischen Leistungshöhe. Damit ist eine empirisch gehaltvolle Entscheidungsgrundlage über die Rangfolge der zu optimierenden Leistungskomponenten gegeben. Unter der Annahme einer vergleichbaren Änderung verschiedener konditioneller Leistungskomponenten läßt sich eine Wirkungsproportion dieser Komponenten erstellen, welche die voraussichtliche Änderung der sportmotorischen Leistungshöhe schätzt.

Erläuterndes Beispiel:

Ein Weitspringer steht vor der Entscheidung, seine Sprung- oder Sprintfähigkeit bevorzugt zu trainieren, d.h. seine Anlaufgeschwindigkeit „besser" zu übersetzen zugunsten der vertikalen und damit zu Lasten der horizontalen Abfluggeschwindigkeit oder „schlechter" zu übersetzen zugunsten der horizontalen und damit zu Lasten der vertikalen Abfluggeschwindigkeit; er steht vor der Frage: Erzeugt eine vergleichbare Zunahme der horizontalen oder der vertikalen Abfluggeschwindigkeit eine größere Zunahme der Sprung- bzw. Flugweite? Diese Frage kann – wie in Abschnitt 6.4.4.1 ausführlich dargestellt – über eine simulierte und vergleichbare Änderung der horizontalen und vertikalen Abfluggeschwindigkeit und der Bestimmung ihrer Einflußhöhen auf die Zunahme der Flugweite beantwortet werden.

Zu (1.3): Individualdiagnose des konditionellen Leistungszustands in bezug auf konditionelle Defizite

Grundlage für die Feststellung konditioneller Defizite ist die nach Untersuchungsziel (1.1)

durchzuführende Identifikation von validen biomechanischen Leistungsindikatoren und biomechanischen Einflußgrößen der zu diagnostizierenden konditionellen Leistungskomponente. Die Identifikation erfolgt theorie- und nicht datenorientiert. Wie der ausführlich dargestellte Fall der vertikalen Sprungkraft zeigt, ist bspw. als ein zutreffender Leistungsindikator (Kenngröße) neben der Masse des Sportlers für die Sprungkraft nicht die dem common-sense nach als plausibel erscheinende maximale vertikale Absprungkraft, sondern das Produkt aus der mittleren vertikalen Beschleunigungskraft und der Dauer ihrer Wirkung, d.h. der sogenannte Beschleunigungskraftstoß, heranzuziehen.

Analog zur Bewertungsgrundlage für die Individualdiagnose des technomotorischen Leistungszustands in bezug auf bewegungstechnische Defizite kann die Individualdiagnose des konditionellen Leistungszustands hinsichtlich konditioneller Defizite vorgenommen werden. Bewertungsgrundlage für das Defizit einer konditionellen Leistungskomponente ist die Ausprägung dieser Komponente in bezug auf ein vergleichbares überindividuelles Bezugssystem (Hochleistungs-, Nachwuchsathleten, Gesundheitssportler, ...) oder in bezug auf ein individuelles Bezugssystem aufgrund der intraindividuellen Variation des konditionellen Leistungszustands.

Zu (1.4): Bewegungsstrukturelle Affinität zwischen konditionellen Übungen und sportart-(disziplin-)spezifischen Bewegungsabläufen

Grundlage der an den Kriterien Ökonomie und Zweckmäßigkeit orientierten Zielvorstellungen einer „bewegungsstrukturellen Affinität zwischen konditionellen Übungen und sportart-(disziplin)-spezifischen Bewegungsabläufen" ist das „Prinzip der dynamischen Übereinstimmung" (*Adam* und *Werschoshanskij* 1972), allgemein das Prinzip der Übereinstimmung von kinematischer und dynamischer Struktur der konditionellen Übungen mit den Wettkampfübungen. Auf der Grundlage biomechanischer Ähnlichkeitskriterien (u.a. biomechanischer Kennlinien, d.h. Intensitäts-Zeit-Verläufe kinematischer und dynamischer Merkmale wie Weg, Geschwindigkeit, Beschleunigung, Kraft und Muskelkraftmoment) kann mit Hilfe statistischer Verfahren der Grad der Übereinstimmung beurteilt werden. Im Rahmen eines Untersuchungsberichts (*Brüggemann* und Mitarb. 1983) zur „Analyse der kinematischen und dynamischen Bewegungsstruktur von Zielübung und vorbereitenden Übungen bei Sprungbewegungen" konnte in Abhängigkeit von den Affinitätskriterien ein unterschiedlicher Grad der Übereinstimmung zwischen Kinematik und Dynamik von Zielübung und vorbereitenden Übungen festgestellt werden; ein Ergebnis, das den resultativen Einfluß der Affinitätskriterien unterstreicht und ihre fundierte theorieorientierte Auswahl nahelegt.

Wenn auch ein relativ hoher und partiell empirisch bestätigter Grad an Wahrscheinlichkeit dafür spricht, daß eine Orientierung am Prinzip der dynamischen Übereinstimmung bezüglich der Auswahl der konditionellen Übungen zu einer Beschleunigung in der angesteuerten Entwicklung der konditionellen Leistungskomponenten führt, so darf hierbei die erfolgreiche Anwendung eines alternativen trainingsmethodischen Prinzips, des sog. Über-/Unterlast-Prinzips (over/underload-Prinzip) nicht übersehen werden.

Beide Prinzipien sind gegenläufig orientiert, je restriktiver das eine praktiziert wird, in um so geringerem Umfang kann das andere berücksichtigt werden. So bewirkt das nach dem Über-(Unterlast-)Prinzip durchgeführte Stoßen überschwerer („superleichter") Kugelgewichte mit zunehmendem (abnehmendem) Kugelgewicht einen abnehmenden Grad an Übereinstimmung zwischen der Kinematik und Dynamik der Wettkampfstoßbewegung mit den Trainingsstoßbewegungen überschwerer („superleichter") Kugelgewichte. Eine unterschiedliche Periodisierung bei der bevorzugten Anwendung beider Trainingsprinzipien (Vorwettkampfsaison: Überlastprinzip; Wettkampfsaison: Übereinstimmungsprinzip) ist ein möglicher Lösungsansatz.

Zu (1.5): Ermüdungsresistente Technik: Steigerung der Bewegungseffektivität bei Ausdauerleistungen (Verhältnis von antriebshemmenden und -unterstützenden Kräften).

Ein Maß für die Effektivität einer Bewegung ist der Wirkungsgrad. In allgemeiner Formulierung ist unter dem Wirkungsgrad das Verhältnis von Nutzen und Aufwand zu verstehen. Je nachdem, ob Nutzen und Aufwand in Form der Begriffe Arbeit, Energie oder Leistung operationalisiert werden, finden sich unterschiedliche Definitionen für den Wirkungsgrad:

$$\eta = \frac{\text{umgesetzte (nutzbare) Arbeit}}{\text{aufgewandte Gesamtarbeit}}$$

$$= \frac{\text{abgegebene (nutzbare) Energie (Leistung)}}{\text{zugeführte Energie (Leistung)}}$$

Die häufig in Prozenten angegebene Maßzahl des Wirkungsgrads ist unabhängig von seinen unterschiedlichen Definitionen, da ein Körper genau in dem Maße sein Arbeitsvermögen, d.h. seinen Energiezustand vergrößert, in dem an ihm Arbeit verrichtet wird (Identität von Arbeit und Energie). Auch der Begriff Leistung führt zu derselben Maßzahl des Wirkungsgrads wie Arbeit und Energie, denn bei dem Begriff Leistung – als der während einer Zeitdauer verrichteten Arbeit – führt die Quotientenform des Wirkungsgrads bei einer gemeinsamen Zeitdauer von abgegebener und zugeführter Leistung – wie sie bei sportlichen Bewegungen üblich ist – zum Kürzen des Faktors Zeitdauer:

$$\eta = \frac{\text{abgegebene Leistung}}{\text{zugeführte Leistung}} = \frac{P_a}{P_z} = \frac{\frac{W_a}{\Delta t}}{\frac{W_z}{\Delta_t}} = \frac{W_a}{W_z}$$

($P_{a,z}$: abgegebene, zugeführte Leistung; $W_{a,z}$: aufgewandte, zugeführte Arbeit; Δt: Dauer der abgegebenen, zugeführten Arbeit).

Die Steigerung der Bewegungseffektivität führt in Ausdauerdisziplinen zu einer Zunahme der Ausdauerleistung, wie das folgende Ruderbeispiel zeigt. Nach o.a. Definition der Effektivität bzw. des Wirkungsgrads bestimmt *Nolte* (1985) die Effektivität im Rudern durch den „Vergleich der in Vortrieb umgesetzten Arbeit (oder Leistung) zu der vom Ruderer aufgewandten mechanischen Gesamtarbeit (oder Leistung)".

Nolte konnte nachweisen, daß Hochleistungsruderer die Effektivität der Rudertechnik durch eine Schlagtechnik steigern, die zu „möglichst geringen" Geschwindigkeitsschwankungen des Boots führt. Damit reduziert bzw. minimiert sich die aufgewandte Beschleunigungsarbeit, ohne die in Vortrieb umgesetzte Arbeit zu ändern, d.h. die Effektivität nimmt zu. Rudertechnisch betrachtet kann dieser Forderung nach *Nolte* u.a. „dadurch entsprochen werden, daß unter Beibehaltung der Schlaglänge der Weg des Körperschwerpunkts (KSP) relativ zum Bootsschwerpunkt (BSP) möglichst gering gehalten wird. Hierzu gibt Abb. 2.18 eine schematische Vorstellung.

Führt der Ruderer bei gleicher Dauer der Freiluftphase einen kürzeren Weg des KSP gegenüber dem Boot aus, so sind hierfür weniger große Beschleunigungen des KSP notwendig. Die Geschwindigkeitsschwankungen des Boots werden somit geringer. Der Rollweg muß also begrenzt

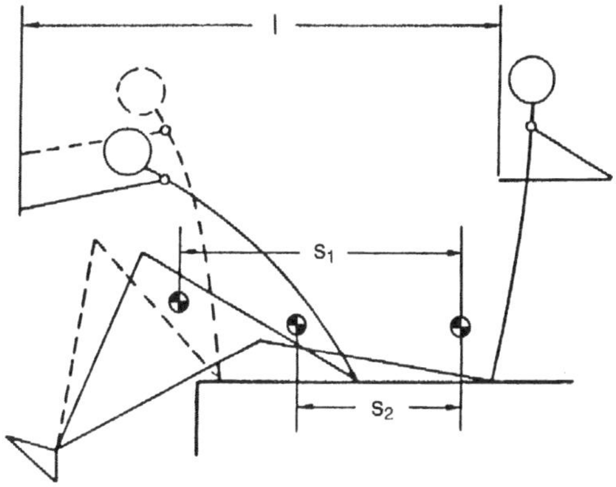

Abb. 2.18 Schematische Darstellung zur Verkürzung des Horizontalweges des Körperschwerpunktes (KSP) relativ zum Bootsschwerpunkt unter Beibehaltung der Schlaglänge l (aus *V. Nolte:* Die Effektivität des Ruderschlags. In: *Fetz, Ballreich* (Hrsg.), Sportwissenschaftliche Arbeiten, Bd. 13. Bartels & Wernitz, Berlin 1985, S. 177)

Bezeichnung:
l Schlaglänge
s_1 Horizontalweg des KSP bei normaler Rollweglänge
s_2 Horizontalweg des KSP bei verkürzter Rollweglänge
⊕ KSP

werden, um den Weg des KSP relativ zum BSP in Fahrtrichtung zu verkleinern. Damit ist eine Abkehr von langen Rollbahnschienen verbunden, wie sie von *Adam* (1977) gefordert wurden".

Abschließend ist zu ergänzen, daß eine Untersuchung der Bewegungseffektivität nicht nur bei Ausdauerdisziplinen sondern auch bei Kraft- und Schnellkraftdisziplinen informative Ergebnisse liefert. Beispielsweise können verschiedenartige Sporttechniken einer Disziplin daraufhin untersucht werden, welche der Techniken das gemeinsame Bewegungsziel mit einem höheren Grad an Effektivität ansteuert. So weisen erste Befunde eines körpersegmentbezogenen Effektivitätsvergleichs von Rückenstoß- und Drehstoßtechnik im Kugelstoßen (*Legleitner* und *Ballreich* 1984) auf unterschiedliche Wirkungsgrade in den Abschnitten der Stoßbewegung, nicht jedoch im abschnittsübergreifenden Gesamtwirkungsgrad der beiden Kugelstoßtechniken von Bewegungsbeginn bis zum Ausstoß der Kugel hin.

Kraft- und Schnellkraftdisziplinen liefern u.a. Beispiele für einen gegensinnigen oder indifferenten Zusammenhang zwischen Bewegungseffektivität und sportmotorischer Leistung. Zur Erläuterung ein Beispiel: In allen Wurf- und Stoßdisziplinen wird das System Werfer/Wurfgerät bis unmittelbar vor dem Abwurf beschleunigt; bei optimaler Bewegungsausführung bremst der Werfer in der letzten Abwurfphase seine Körperbewegung intensiv ab, um infolge der Bremsbewegung eine partielle Geschwindigkeits(Impuls-)übertragung von den Beinen über Hüfte, Rumpf und Schulter auf Stoßarm und Kugel zu erzeugen. Die hierbei aufgewandte Bremsarbeit ist unter der Zielsetzung „Maximierung von Wurf-/Stoßweite" so lange effektiv wie sie zu einer auch noch so geringen Zunahme der Beschleunigungsarbeit am Wurfgerät und damit zu einer Zunahme seiner Abfluggeschwindigkeit und seiner Wurf-/Stoßweite führt. Mit anderen Worten, die Forderung nach hoher Effektivität einer (Teil-)bewegung tritt bei azyklischen Kraft- und Schnellkraftdisziplinen hinter der Forderung zurück: Die Zunahme an aufgewandter Gesamtarbeit ist so lange effektiv wie sie zu einer auch noch so geringen Zunahmc der umgesetzten (nutzbaren) Arbeit führt, d.h. selbst dann, wenn der Wirkungsgrad nur in einer Größenordnung von 1 Prozent liegt.

Zu (1.6): Kraftunterstützende Technik: Bewegungsübertragung (Impulsübertragung) bei Schnellkraft- und Kraftdisziplinen

Bei sportlichen Drehbewegungen, in denen eine Eigenlast (Körperteile) oder eine Fremdlast (Spiel-, Kampfpartner, Wurf-, Stoß-, Schlaggerät, ...) beschleunigt wird, kann durch eine zweckmäßige Nutzung des Impulserhaltungssatzes die zur Beschleunigung einer Eigenlast (u.a. Kippbewegung im Geräteturnen; Abb. 2.19) oder einer Fremdlast (u.a. Abwurfbewegung des Diskus; Abb. 2.20) eingesetzte Beschleunigungskraft unterstützt werden.

Nach dem Impulserhaltungssatz für Drehbewegungen bleibt der Gesamtdrehimpuls während einer Drehung konstant:

$$\begin{array}{c}\text{Drehimpuls } L_1\\ \text{zum Zeitpunkt } t_1\end{array} = \begin{array}{c}\text{Drehimpuls } L_2\\ \text{zum Zeitpunkt } t_2\end{array}$$

$$J_1 \cdot \omega_1 = J_2 \cdot \omega_2$$

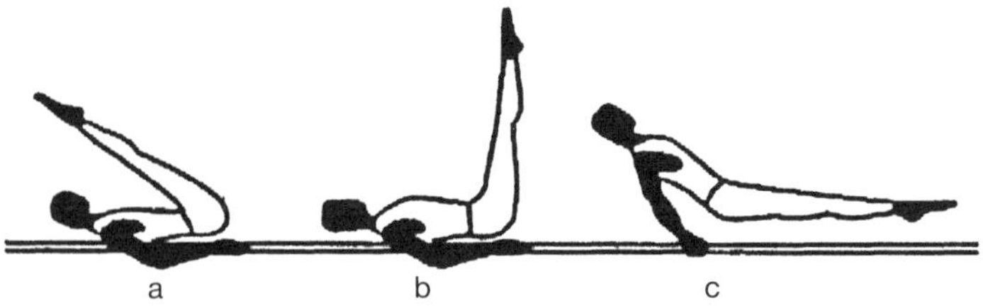

Abb. 2.19 Oberarmkippbewegung (nach *Bäumler, Schneider: Sportmechanik.* BLV München 1981, S. 64)

Abb. 2.20 Charakteristische Bewegungsposen aus (a) zweistützen, (b) einstützen Andrehphase und (c) einstützer Übergangsphase beim Diskuswurf

Hierbei ist der Drehimpuls L definiert als Produkt aus der (trägen) Drehmasse oder Massenträgheitsmoment J um eine Drehachse und der Dreh-(Winkel-)geschwindigkeit ω um diese Achse. Im Unterschied zur trägen Masse bei Translationen kann der Wert des Massenträgheitsmoments momentan verändert werden durch Annäherung oder Entfernung der Körperteile von der Drehachse. Nach *Hochmuth* (1982) „spielt das Prinzip der Impulserhaltung bei den Drehbewegungen des Menschen auch dann eine wesentliche Rolle, wenn kein freibewegtes System vorliegt, wenn also ein Stütz mit der Erdoberfläche gegeben ist. Die Wechselbeziehung zwischen Massenträgheitsmoment und Winkelgeschwindigkeit ist dann lediglich mit den zusätzlichen Kraftwirkungen überlagert". Zur Erläuterung führen wir ein Beispiel aus dem Geräteturnen und aus der Leichtathletik an.

Geräteturnen: Bei der Oberarmkippe am Barren (Abb. 2.19) werden die Beine nach Einnehmen der Kipplage (a) durch eine vorwärts aufwärts gerichtete schnellkräftige Bewegung im Hüftgelenk gestreckt (a–b) und anschließend abrupt gestoppt (b–c). Der hierbei entwickelte Drehimpuls des Unterkörpers (Beine) bleibt nach dem Prinzip der Impulserhaltung fortbestehen und wird auf den Restkörper (Rumpf-Schulter-Arme-Kopf) übertragen. Die Übertragung bewirkt ein Anheben des Restkörpers und unterstützt damit die mit Hilfe der Arme zu verrichtende Hubarbeit. Je größer bei einem Turner die Abnahme der Winkelgeschwindigkeit während der Bremsphase der Hüftbewegung (d.h. je intensiver die beschleunigende und bremsende Streckbewegung der Beine im Hüftgelenk), desto größer wird der Drehimpuls und damit der Anteil an der zu verrichtenden Hubarbeit.

Leichtathletik: Der Diskuswerfer nutzt das Prinzip der Impulserhaltung in allen Wurfabschnitten aus (Startabschnitt, abwurfvorbereitender Abschnitt, Abwurfabschnitt; Abb. 2.20). Er startet seine Drehbewegung mit einem möglichst großen Massenträgheitsmoment bezüglich seiner vertikalen Drehachse, indem er eine Art sitzende Körperhaltung einnimmt (a) und mit einer horizontalen und gestreckten Bewegungsführung des Wurfarms sowie einem abgespreizten Schwungbein die einbeinige und relativ schnelle Drehbewegung beginnt (b). Der zu Beginn der Drehumsprungphase erzeugte Drehimpuls bezüglich der vertikalen Drehachse erzeugt nach dem Impulserhaltungssatz während der stützlosen Drehumsprungphase und während der einstützigen Übergangsphase durch die Annäherung von Schwungbein sowie Wurfarm an die Drehachse (c) eine Erhöhung der Drehgeschwindigkeit. Diese Erhöhung unterstützt über eine Optimierung der Abfluggeschwindigkeit die erfolgreiche Ansteuerung des Bewegungsziels ‚Maximierung der Wurfweite'. Biomechanisch betrachtet ist die dargestellte Nutzung des Impulserhaltungssatzes die einzige Möglichkeit, um während der Drehumsprungphase die Drehgeschwindigkeit zu erhöhen und eine nicht ersetzbare Möglichkeit hinsichtlich einer weiteren Zunahme der Drehgeschwindigkeit während der einstützigen Übergangsphase. Entsprechende Überlegungen können zur Nutzung des Impulserhaltungssatzes für die Steigerung der Abfluggeschwindigkeit des Diskus im Abwurfabschnitt angestellt werden.

2.2.5 Konditionssteuerung (Ansteuerung des konditionellen Leistungszustands)

(1) Formulierung der Untersuchungsziele

(1.1) Änderung des konditionellen Leistungszustands in Richtung eines anzusteuernden Sollwerts (Reduktion der konditionellen Ist-Sollwert-Differenz).

(1.2) Reduktion der konditionellen Ansteuerungsdauer.

(2) Erläuterung der Untersuchungsziele (1.1) und (1.2)

Wenn die Analyse der konditionellen Leistungskomponenten mit Hilfe diagnostisch eindeutiger (valider) biomechanischer Leistungsindikatoren durchgeführt wird, ist es notwendig, die jeweiligen individuellen Ist- und Sollwerte bzw. Ist-Sollwert-Differenzen der konditionellen Leistungskomponenten über biomechanische Indikatoren zu erfassen („Kontroll-Diagnose" des individuellen konditionellen Leistungszustands).

Darüber hinaus liegen Ansteuerungsprogramme vor, die relativ eindeutig festgelegte biomechanische Bedingungsfaktoren wie definierte Prozentwerte der individuellen maximalen Kontraktionsdauer (u.a. *Starischka* 1978) berücksichtigen, wobei der Grad ihrer Berücksichtigung im allgemeinen mit der Dauer des Ansteuerungsvorgangs gegensinnig variiert.

Damit ist die Verwirklichung der Zielvorstellung „Ökonomisierung bzw. rationelle Gestaltung des sportmotorischen Trainings" sowohl bei der „Kontroll-Diagnose" des individuellen konditionellen Leistungszustands als auch bei der gezielten Durchführung konditioneller Ansteuerungsprogramme von trainingsbegleitenden biomechanischen Maßnahmen abhängig.

Die oben angeführten trainingsbegleitenden biomechanischen Maßnahmen sind für Zwecke der „Kontroll-Diagnose“ auf in der Trainingspraxis routinemäßig einsetzbare Meßinstrumente (zur Sofortdiagnose der konditionellen Leistungskomponenten) angewiesen. Für die Durchführung von Ansteuerungsprogrammen sind Trainingsgeräte erforderlich, die eine bewegungsstrukturelle Affinität zu konditionellen Übungen und sportart(disziplin)spezifischen Bewegungsabläufen sicherstellen und über die Einhaltung von Bedingungsfaktoren der jeweiligen Ansteuerungsprogramme informieren (vgl. *Starischka* 1978).

2.3 Untersuchungsziele der Anthropometrischen Biomechanik

2.3.1 Eignungsdiagnose (Diagnose der biomechanisch-anthropometrischen Eignung für sportartspezifische Anforderungen)

(1) Formulierung der Untersuchungsziele

(1.1) Identifikation (Erkennung/Bestimmung) von biomechanisch-anthropometrischen Einflußgrößen/Anforderungsgrößen der sportmotorischen Leistung.

(1.2) Erstellung von biomechanisch-anthropometrischen Anforderungsprofilen für sportartspezifische Leistungen

(2) Erläuterung der Untersuchungsziele (1.1) und (1.2)

Über die herkömmlichen anthropometrischen Merkmale (u.a. Längen-, Umfangs-, Breiten-, Gewichtsmaße, ...) hinaus werden insbesondere die sog. Massenträgheitscharakteristika [Masse und Lage der Massenmittelpunkte von Körpersegmenten (Kopf, Rumpf, Ober-, Unterschenkel, Fuß, Ober-, Unterarm, Hand) sowie vom Gesamtkörper; Massenträgheitsmomente der Körpersegmente um ihre Gelenkachsen bzw. des Gesamtkörpers um seine Hauptachsen (Längs-, Breiten-, Tiefenachse)] von Körpersegmenten bzw. des Gesamtkörpers erfaßt (vgl. 7.4).

Da sportliche Bewegungen sich im allgemeinen aus einer fortschreitenden Bewegung (Translation) und einer Drehbewegung (Rotation) zusammensetzen, lassen Masse und Drehmasse (Massenträgheitsmoment) von Körpersegmenten empirisch gehaltvolle Informationen über biomechanisch-anthropometrisch orientierte Eignungskriterien für die sportmotorische Leistung bzw. über biomechanisch-anthropometrisch orientierte Anforderungsprofile in bezug auf sportartspezifische Leistungen erwarten.

Darüber hinaus ist es zweckmäßig, die o.a. biomechanisch-anthropometrischen Merkmalsstichproben um „funktionelle Merkmale“ wie Schrittlängen-Index (Quotient aus Schrittlänge und Beinlänge) oder Schrittfrequenz-Index (Produkt aus Schrittfrequenz und Beinlänge) zu erweitern, wie das nachstehende Beispiel zeigt. In der Biomechanik leichtathletischer Disziplinen untersuchte *Hoffmann* (1960) die Abhängigkeit der Schrittlänge und Schrittfrequenz von der Körperhöhe bzw. Beinlänge. Trotz seines originären und trainingspraktisch verwertbaren Untersuchungsergebnisses, wonach Weltklassesprinter unterschiedlichster Körperhöhe und somit auch unterschiedlichster Schrittlänge und -frequenz im maximalen Geschwindigkeitsbereich sowohl im Schrittlängen-Index (lX) – Schrittlänge: Beinlänge – als auch im Schrittfrequenz-Index (fX) – Schrittfrequenz x Beinlänge – zu Grenzwerten mit geringer Variationsbreite tendieren (lX = 2,37 – 2,40 [–]; fX = 4,7 – 4,8 [m/s] wurden bisher nur in Ansätzen Konzepte der Bildung „biomechanisch-anthropometrischer Indexe“ entwickelt und systematisch angewandt. Ergänzend kann in diesem Zusammenhang auf die Auffassung von *Easterby* u. Mitarb. (1982) verwiesen werden. Der von *Easterby* und Mitarb. herausgegebene Symposiumsbericht „Anthropometry and Biomechanics – Theory and Application“ vertritt die Auffassung, daß über die herkömmlichen anthropometrischen Merkmale hinaus andere Merkmalskategorien wie kinematische (Punkt-, Körpersegmentkinematik) und dynamische Parameter (Statik, Kinetik) der menschlichen Körperbewegung zum Konzept einer umfassenden anthropometrischen Datenbank zählen.

2.3.2 Leistungsprognose (Prognose der Entwicklung des [individuellen] sportartspezifischen Leistungszustands)

(1) Formulierung der Untersuchungsziele

(1.1) Erstellung von biomechanisch-anthropometrisch orientierten prognostischen Modellen in bezug auf die zu erwartende Entwicklung des (individuellen) sportartspezifischen Leistungszustands.

(1.2) Überprüfung der prognostischen Treffsicherheit o.a. Modelle.

(2) Erläuterung der Untersuchungsziele (1.1) und (1.2)

Verfahrensgemäß beziehen sich Persönlichkeitsprognosen und damit auch die Prognose der individuellen sportmotorischen Entwicklung auf verschiedenartige und wissenschaftsdisziplinär betrachtet unterschiedliche Einflußgrößen (biowissenschaftliche, sozial- und verhaltenswissenschaftliche, ...). Ziel der o.a. Aufgaben ist, intersubjektiv prüfbar festzustellen, welchen Grad an Treffsicherheit biomechanisch anthropometrisch orientierte prognostische Modelle in bezug auf die zu erwartende Entwicklung des individuellen sportartspezifischen Leistungszustands aufweisen. *Ballreich* u. Mitarb. (1983) konnten nachweisen, daß der empirische Gehalt (Anteil der erklärten Varianz) von Erklärungsmodellen für sportmotorische Leistungen und damit ihre prognostische Treffsicherheit zunehmen, wenn die Modellvariablen sich nicht nur aus herkömmlichen anthropometrischen sondern ergänzend aus biomechanisch-anthropometrischen Merkmalen (Massenträgheitscharakteristika) zusammensetzen. Mit einem hohen Grad an Wahrscheinlichkeit wird die prognostische Treffsicherheit o.a. Modelle weiter zunehmen, wenn im Sinne der Auffassung von *Easterby* u. Mitarb. zusätzlich kinematische und dynamische Merkmale sportmotorischer Leistungen als Modellvariablen herangezogen werden.

2.4 Untersuchungsziele der Präventiven Biomechanik

2.4.1 Belastungs-/Beanspruchungsanalyse (Analyse der mechanischen Belastung und Beanspruchung des Bewegungsapparats)

(1) Formulierung der Untersuchungsziele

(1.1) Identifikation (Erkennung/Feststellung) von mechanischen Faktoren der Belastung und Beanspruchung des passiven und aktiven Bewegungsapparats.

(1.2) Analyse der Wirkung (Beanspruchung) von mechanischen Belastungsfaktoren auf den passiven und aktiven Bewegungsapparat.

(2) Erläuterung der Untersuchungsziele (1.1) und (1.2)

Um die mechanische Belastung bzw. Beanspruchung in ein Bezugssystem einordnen zu können, benötigt man Informationen über das komplexe Belastungs- bzw. Beanspruchungssystem. In der Arbeitswissenschaft werden vier Belastungsarten unterschieden:

„Physikalische Belastung: Mechanische (statische und dynamische), thermische Belastung, Strahlungsbelastung, ...

Physiologische Belastung: Physiologische Anfangsermüdung einzelner Organe, Umstellung, Anpassung, Verdauung, Rekonvaleszenz, Schwangerschaft, körperliche Minderleistung ...

Sensorische Belastung: Sensorische Anfangsermüdung, Sehbelastung, Hörbelastung, Tastbelastung, Belastung des Gleichgewichtsorgans, sonstige, ...

Psychische Belastung: Psychische Anfangsermüdung, Bewegungskoordination, Zielgenauigkeit, Vigilanz, Monotonie, gezwungenes Arbeitstempo, Zeitdruck, Verantwortungsdruck, Entscheidungsdruck, ...“ (*Jenik* 1973).

Nach diesem System ist die mechanische Belastung eine elementare Belastung im Bereich der physikalischen Belastung. Analog diesem systematischen Ansatz können die Beanspruchungsfaktoren in vier Beanspruchungsbereiche klassifiziert werden.

Die Beziehung zwischen Belastung und Beanspruchung entspricht dem Input und Output in einem Wirkungssystem. „Auf die Einwirkung der Belastung reagiert der menschliche Organismus durch Beanspruchung, die sich entsprechend der Struktur auf den Zustand und die Funktionsfähigkeit des Organismus auswirkt. Nach *Rohmert* (1970) lassen sich die Begriffe „Belastung“ und „Beanspruchung“ des Menschen dem Sprachgebrauch der Technik entsprechend einander zuordnen wie „Aktion“ und „Reaktion“. In Übereinstimmung hiermit werden als Belastungsfaktoren solche Einflußgrößen bezeichnet, die im Menschen eine Reaktion erfordern beziehungsweise auslösen, während gleichzeitig unter Beanspruchung die Reaktion selbst zu verstehen ist. Demzufolge kann man als mechanische Belastung des Bewegungsapparats die Einwirkung äußerer Kräfte wie Gewichts-, Bodenreaktions-, Wind-, Gleitreibungskraft auf die Teilsysteme des Bewegungsapparats (Knochen-, Knorpel-, Muskelsystem, ...) bezeichnen und als Beanspruchung die Reaktion dieser Teilsysteme auf die Einwirkung mechanischer Kräfte. Belastung und Beanspruchung sind über die individuelle Belastbarkeit miteinander verbunden. Zur Erläuterung: Eine mittlere Belastung wird einen Menschen mit hoher Belastbarkeit nur gering beanspruchen, während die Beanspruchung durch die gleiche Belastung bei einem Menschen mit geringer Belastbarkeit hoch sein wird" (*Jenik* 1973).

Der empirische Informationsgehalt einer Unterscheidung zwischen Belastung und Beanspruchung liegt darin, daß die Belastung unabhängig von dem Wirkungssystem existiert und erst die innere Struktur dieses Systems Art (Beanspruchungsfaktoren) und Intensität (Beanspruchungsgröße) der Beanspruchung bedingt. So bewirkt dieselbe vertikale Kraftbelastung während des Laufs in bezug auf eine X-Beinstellung – im Vergleich zur Normalvariante – nicht nur eine andere Beanspruchungsgröße der Druckbelastung des Kniegelenks, sondern vermutlich zusätzlich auch andere Beanspruchungsfaktoren (Verdrehbeanspruchung, Biegebeanspruchung ...).

Im Anschluß an die allgemeine Erläuterung der Begriffe Belastung, Belastbarkeit und Beanspruchung konkretisieren wir diese Begriffe in bezug auf den Bewegungsapparat als dem zentralen Gegenstand der Präventiven Biomechanik. Nach *Debrunner* (1985) können die Teilsysteme des Bewegungsapparats (Knochen-, Knorpel-, Muskelsystem, ...) hinsichtlich ihrer Funktion und mechanischen Eigenschaften wie in Tab. 2.7 gekennzeichnet werden.

Äußere Kräfte (Gewichtskraft, Bodenreaktionskraft, Krafteinwirkung durch Gegner, Windkraft, Gleitreibungskraft, ...) belasten den Bewegungsapparat. Sie werden als Belastung bezeichnet und ihre Wirkung auf den Bewegungsapparat als Beanspruchung. Die äußeren Kräfte, welche auf Teilsyteme des Bewegungsapparats wirken, erzeugen in den Teilsystemen innere Kräfte. Diese inneren Kräfte sind Spannkräfte, weil sie unter Spannung den Molekularverband der Teilsysteme bis zur Deformation zusammenhalten. Die Deformation ist innerhalb eines systemspezifischen Wirkungsbereichs (Elastizitätsbereichs) der äußeren Kräfte elastisch, d.h. nach Beendigung der Krafteinwirkung bildet sich die Deformation vollständig zurück. Übersteigen die äußeren Kräfte die Elastizitätsgrenze, dann wachsen die Spannkräfte nicht weiter an, d.h. sie sind nicht mehr in der Lage, den Molekularverband eines Teilsystems zusammenzuhalten und es tritt eine dauerhafte plastische Deformation ein. Die plastische Deformation liegt zwischen der Elastizitätsgrenze (Untergrenze) und der Zerreißgrenze (Obergrenze). Oberhalb der Elastizitätsgrenze eines Teilsystems des Bewegungsapparats beginnt seine pathogenetische Verformung (Abb. 2.21).

Je nach Angriffspunkt, Größe und Richtung der Kräfte sowie in Abhängigkeit von der Skelettgeometrie und Lageanordnung der Körpersegmente können fünf Grundbeanspruchungsar-

Tabelle 2.7 Funktion und mechanische Eigenschaften der Teilsysteme (aus *Debrunner:* Orthopädie. Huber, Bern-Stuttgart-Toronto 1985, S. 26)

Teilsystem	Funktion	Mechanische Eigenschaften	Vergleichbares Merkmal in der Technik
Knochen Knorpel	Stützelemente	druck- und zugfest, biegefest, scherfest druckfest, elastisch, Stoßdämpfer	Hartholz Hartgummei
Knorpel	Gelenke	minimale Reibung	Kugellager
Synovialflüssigkeit	Gelenkschmierung	minimale Reibung	Öl
Bänder	Gelenkführung	zugfest	Seil
Muskeln	Motor	kontraktil	in der Technik nicht bekannt
Sehnen	Kraftüberträger	zugfest	Seil
Nervensystem	Kontroll- und Steuerorgane		Regelsysteme, Computer
Gefäßsystem	Versorgung	feinste Verzweigung (Kapillarnetz)	nur in lebenden Systemen
Haut	Schutz	zugfest (zweidimensional)	Leder

Abb. 2.21 Belastungs-Beanspruchungsdiagramm (Prinzipdarstellung) nach *Donskoi* (1975). Beschreibungsgröße der Belastung ist die Spannung als Quotient aus innerer Spannkraft und beanspruchter Querschnittsfläche [N/mm²], wobei σ die Normalspannung bezeichnet. Beschreibungsgröße der Beanspruchung ist die Dehnung (Stauchung) ε, eine Verhältniszahl aus Längenzunahme (Längenabnahme) und Ausgangslänge

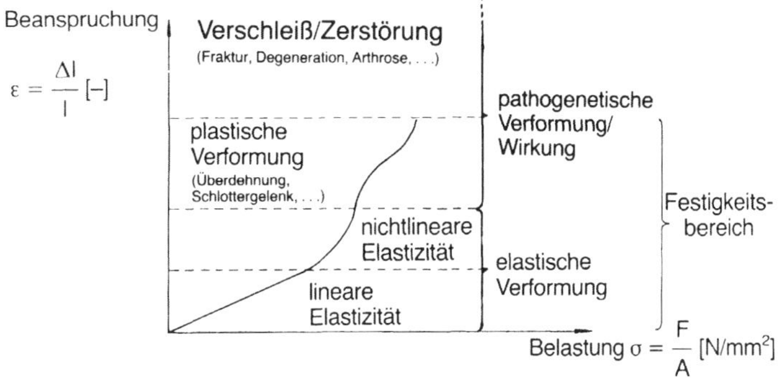

Tabelle 2.8 Pathogenetische Wirkung mechanischer Beanspruchung auf die Teilsysteme des Bewegungsapparats (aus *Debrunner:* Orthopädie. Huber, Bern-Stuttgart-Toronto 1985, S. 86)

Teilsystem	Spezifische mechanische Beanspruchung	Pathogenetische Wirkung
Knochen	Biege-, Scherbeanspruchung	Fraktur, Ermüdungsbruch, „schleichende Fraktur“
Gelenkknorpel	Scher-, Druckbeanspruchung	Verschleiß, Degeneration, Arthrose
Bänder	Zugbeanspruchung	Überdehnung, Schlottergelenk
Muskulatur	Zugbeanspruchung	Spannungen, Verkrampfungen, Schmerzen, Myogelosen, Kontrakturen
Sehnenansätze	Zugbeanspruchung	Tendoperiostitis

ten auftreten: Zug-, Druck-, Scher-, Biege- und Verdrehbeanspruchung. Die Teilsysteme des Bewegungsapparats übernehmen bestimmte Funktionen (Tab. 2.7), wodurch jedes Teilsystem eine spezifische Beanspruchung und pathogenetische Wirkung zeigt. Nach *Debrunner* (1985) sind in Tab. 2.8 die spezifische mechanische Beanspruchung und pathogenetische Wirkung von Teilsystemen des Bewegungsapparats dargestellt.

Nachstehende Ausführungen illustrieren die fünf Grundbeanspruchungsarten an Teilsystemen des Bewegungsapparats.

Zugbeanspruchung tritt auf, wenn äußere Kräfte (Zugbelastung) in Richtung der Längsachse eines Teilsystems (Bänder, Sehnen, Muskulatur) wirken und innerhalb des Systems eine Zugspannung erzeugen. Abb. 2.22a veranschaulicht am Beispiel der Achillessehne Zugbelastung und Zugbeanspruchung. Bei jedem Übergang von einer Flug- zur Stützphase oder bei Beugebewegungen werden Bremskräfte hervorgerufen, die als Zugkräfte die Achillessehne belasten und diese auf Zug beanspruchen. Die Zugbeanspruchung erzeugt in den Kollagenfasern der Achillessehne Spannkräfte, die beim Überschreiten der Zugfestigkeit dieser Fasern zu Sehnenfaserrissen führt. Reißnennspannung σ_{max} bzw. Reißdehnung ε_{max} (Längenänderung in Einheiten der Ausgangslänge) kennzeichnen in quantitativer Form die Zugfestigkeit. Im Falle der Achillessehne beträgt σ_{max} = 60 N/mm² und ε_{max} = 0,1 (*Viidik* 1980). Bei einer Fläche des minimalen Achillessehnenquerschnitts von 30–40 mm² liegt die Zugfestigkeit bei 1800–2400 N. Die Reißdehnung ist dann erreicht, wenn die Achillessehne um 10% ihrer Ausgangslänge gedehnt wurde. Sie ist weder eine belastungs- noch alterskonstante Größe. Mit wachsender Belastungsgeschwindigkeit nimmt sie innerhalb ihrer Adaptionsbreite zu und mit dem Alter etwas ab (*Cochran* 1983, S. 72 f.).

Druckbeanspruchung wird wie die Zugbeanspruchung durch Druckkräfte in Richtung der Längsachse eines Teilsystems des Bewegungsapparats (Gelenkknorpel), jedoch mit entgegengesetztem Richtungssinn, hervorgerufen. Die Druckkräfte sind den Zugkräften entgegengerichtet und erzeugen innerhalb des Teilsystems

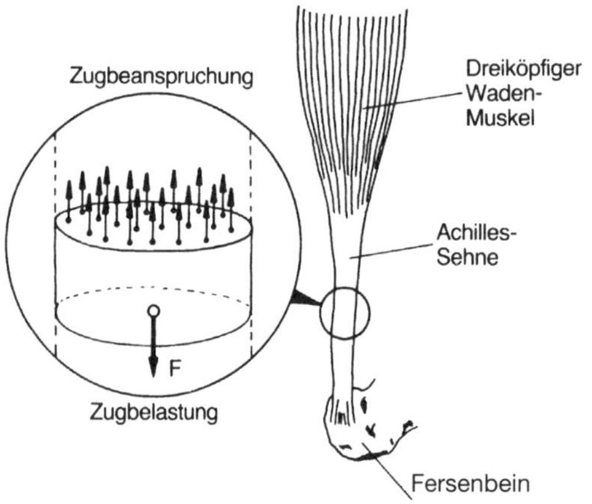

Abb. 2.22a Zugbelastung und Zugbeanspruchung der Achillessehne (aus *Peterson, Renström:* Verletzungen im Sport. Köln 1987, S. 81)

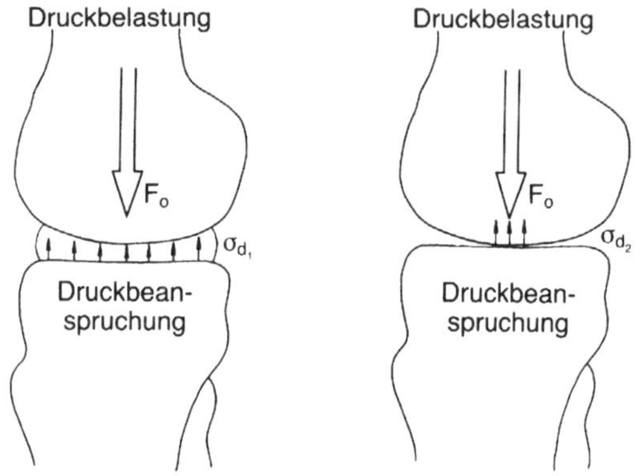

Abb. 2.22b Druckbelastung und Druckbeanspruchung einer Gelenkfläche am Beispiel des Kniegelenks (aus *Peterson, Renström:* Verletzungen im Sport. Köln 1987, S. 81)

Bezeichnung:

F_o Druckkraft (Belastungsgröße)

σ_{d_1} Druckspannung mit Meniskus (Beanspruchungsgröße)

σ_{d_2} Druckspannung ohne Meniskus (Beanspruchungsgröße)

$\sigma_{d_2} \gg \sigma_{d_1}$

den Zugspannungen entgegengerichtete Druckspannungen. Abb. 2.22b veranschaulicht die Druckbelastung und -beanspruchung einer Gelenkfläche am Beispiel des Kniegelenks. Bei einer statischen Beanspruchung wird die Druckbelastung der Gelenkfläche in etwa durch die Hälfte des über der Gelenkfläche lastenden Körpergewichts (0,5 x 0,86 KG) erzeugt. Bei vorhandenen Meniski verteilt sich die Druckbelastung auf die gesamte Gelenkfläche und die Druckspannung σ_{d1} als Kraft pro Flächeneinheit fällt sehr viel kleiner aus als bei operativ entfernten Meniski und höherer Druckspannung σ_{d2} infolge stark reduzierter Angriffsfläche der Druckbelastung.

Scherbeanspruchung tritt auf, wenn äußere Kräfte (Scherbelastung) senkrecht zur Längsachse eines Teilsystems (Knochen, Gelenkknorpel) des Bewegungsapparats angreifen und auf gleichen oder nur wenig voneinander entfernten Wirkungslinien liegen. Scherkräfte verschieben Gewebeteilchen gegeneinander und erzeugen innerhalb des Teilsystems Querkräfte und rufen Tangentialspannungen hervor. In Abb. 2.22c wird durch eine Drehung des Ober- gegenüber dem Unterschenkel um ihre Längsachsen eine Scherbelastung erzeugt, die zu einer Scherbeanspru-

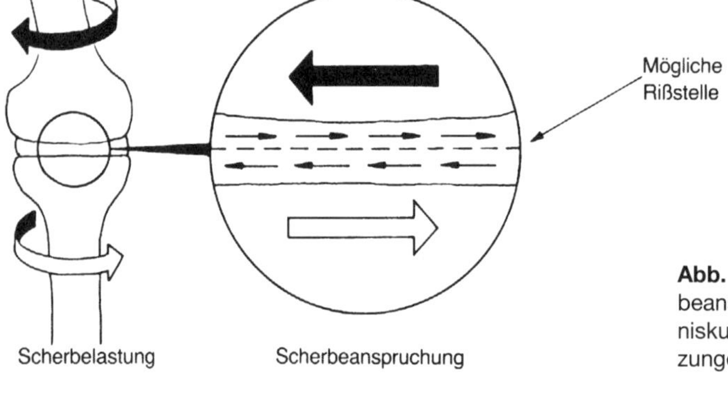

Abb. 2.22c Scherbelastung und Scherbeanspruchung bei einem horizontalen Meniskusriß (aus *Peterson, Renström:* Verletzungen im Sport. Köln 1987, S. 83)

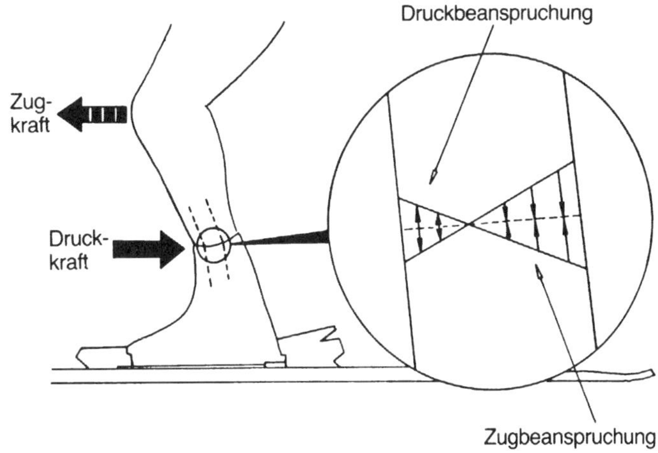

Abb. 2.22d Knochenbruch als Folge einer Biegebeanspruchung (aus *Peterson, Renström:* Verletzungen im Sport. Köln 1987, S. 82)

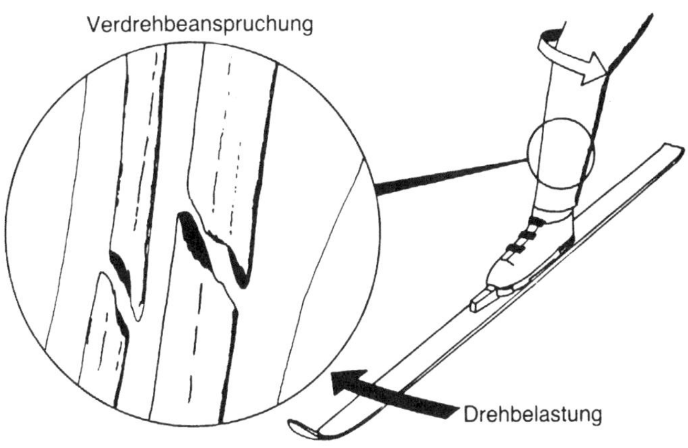

Abb. 2.22e Knochenbruch als Folge einer Verdrehbeanspruchung (aus *Peterson, Renström:* Verletzungen im Sport. Köln 1987, S. 82)

chung der Meniski führt, indem über die Gelenkknorren des Oberschenkels der proximale Teil der Meniski in der einen und über die Gelenkflächen des Schienbeins der distale Teil der Meniski gegenläufig verschoben werden. Die hierbei auftretenden Scherspannungen können zu Querrissen führen, wenn die Scherfestigkeit des Knorpelgewebes überschritten wird (*Peterson* und *Renström* 1987).

Biegebeanspruchung liegt vor, wenn äußere Kräfte (Biegebelastung) quer zur Längsachse eines Knochens wirken. Hierbei tritt auf der Außenseite der Biegung eine Zugbelastung und auf ihrer Innenseite eine Druckbelastung auf. Die Zugbelastung erzeugt als innere Kraft Zugspannungen, die Druckbelastung bewirkt Druckspannungen. Der in Abb. 2.22d erläuterte Vorgang einer Skischuh-Fraktur des Unterschenkels entsteht beim Sturz vorwärts, wenn durch Versagen der Sicherheitsbindung der Schuh nicht freigegeben wird. Der Knochen bricht immer an der Dehnungsseite (zugbelastete Seite), da die Dehnungs(Zug-)belastbarkeit eines Knochens geringer ist als seine Druckbelastbarkeit" (*Peterson* und *Renström* 1987).

Verdrehbeanspruchung tritt auf, wenn äußere Kräfte eine gegenseitige Verdrehung der Querschnitte eines Teilsystems (Knochen) bewirken. „Bei einem Skifahrer kann der Unterschenkelknochen brechen (wie dies in Abb. 2.22e gezeigt wird, d. Verf.), wenn der Fuß während eines Sturzes bei Einwirkung erheblicher Drehkräfte nicht aus der Bindung freikommt" (*Peterson* und *Renström* 1987) und das durch diese Kraft erzeugte Drehmoment das Verdrehwiderstandsmoment der Unterschenkelknochen übersteigt.

Im Anschluß an die Erläuterung der Begriffe Belastung, Beanspruchung und Belastbarkeit werden zwei aktuelle Aufgabenbereiche der Präventiven Biomechanik des Sports skizziert. Der eine Bereich bezieht sich auf die Frage: Welches sind valide Indikatoren der mechanischen Belastung? Als mögliche und auf Validität hin noch nicht überprüfte mechanische Indikatoren stehen u.a. zur Verfügung (vgl. *Nigg* 1978): Kraftmaxima, Beschleunigungsmaxima, maximale Drehmomente, maximale Kraftänderungen sowie Kraftstöße und Drehmomentstöße und deren Wirkungsdauer (3.4).

Unabhängig davon, ob valide mechanische Faktoren der Belastung des Bewegungsapparats verfügbar sind, ist die komplexe Erfassung der mechanischen Belastung bei sportmotorischen Aktivitäten an die Berücksichtigung spezifischer Belastungskategorien und damit an einen weiteren Aufgabenbereich gebunden. In einer nicht disjunktiven Abgrenzung bezeichnen wir diese Kategorien als Technomotorische Belastung, Konditionelle Belastung sowie Belastung durch Sportgeräte und -terrain.

Technomotorische Belastung: Sportmotorische Aktivitäten in bezug auf eine Disziplin beschränken sich nicht auf *eine* Bewegungstechnik. Anzahl und Art der im Rahmen des sportmotorischen Trainings praktizierten Bewegungstechniken (z. B. bei den Sprungdisziplinen: Zieltechnik, Technik der Tiefsprünge, Technik der Mehrfachsprünge, Technik des Laufs, ...) bestimmen den Grad der technomotorischen Belastung. Darüber hinaus liegt in Abhängigkeit vom Ausmaß der standardisierten situativen Bedingungen ein unterschiedlicher Grad der Variabilität einer Bewegungstechnik (z. B. Schlagwurf) vor (Speerwurf – Sprungwurf).

Bei der *Konditionellen Belastung* spielen Beschreibungsgrößen wie Belastungsumfang, -intensität, -verteilung (Belastungsdauer – Belastungspause), -häufigkeit eine Rolle.

Sportgeräte und -terrain stellen nach *Nigg* (1978) eine weitere Kategorie nicht vernachlässigbarer Belastungsfaktoren und -größen dar; diese Belastungskategorie unterliegt starken intraindividuellen Schwankungen und ist daher nicht leicht zu bestimmen.

Zusammenfassend ist anzumerken, daß bereits diese begrenzte Auswahl von Aufgabenbereichen (Validität von Indikatoren der mechanischen Belastung; komplexe Erfassung der mechanischen Belastung bei sportmotorischen Aktivitäten) zu schwer lösbaren Problemen führt.

2.4.2 Belastungsgestaltung (Abstimmung der mechanischen Beanspruchung auf die Belastbarkeit des Bewegungsapparats)

(1) Formulierung der Untersuchungsziele

(1.1) Abstimmung der mechanischen Beanspruchung (Druck-, Zug-, Biege-, Scher- und Verdrehbeanspruchung) auf die Belastbarkeit des passiven und aktiven Bewegungsapparats mit dem Ziel einer verletzungsvorbeugenden Belastungsgestaltung.

(1.2) Entwicklung von sportmotorischen Techniken und Sportgeräten/-böden sowie Sportbekleidung mit dem Ziel einer Minimierung von Sportverletzungen und Sportschäden.

(2) Erläuterung der Untersuchungsziele (1.1) und (1.2)

Die Belastbarkeit des Bewegungsapparats ist keine zeitlich invariante Größe und von einer Vielzahl exogener (Trainingsaufbau, Trainingsterrain, sportmotorische Technik, Sportgerät, Klima ...) und endogener Faktoren (konditioneller und technomotorischer Leistungszustand, Regenerationsfähigkeit, Ermüdungszustand, Infekte, ...) abhängig (*Segesser* 1978). Aus trainingswissenschaftlicher Sicht ist die Ansteuerbarkeit dieser Faktoren von besonderem Interesse. Unter einem biomechanischen Aspekt reduzieren sich die ansteuerbaren Faktoren in erster Linie auf die Belastungsgestaltung mit Hilfe der sportmotorischen Technik, der Sportgeräte/-bekleidung sowie mit Hilfe des Sportterrains. Die folgenden Ausführungen beziehen sich zunächst auf den Zusammenhang von Belastung, Belastbarkeit und Beanspruchung im Rahmen eines Belastungs-Beanspruchungs-Konzepts und abschließend auf Beispiele der Belastungsgestaltung.

Gegenstand des Belastungs-Beanspruchungskonzepts ist die mechanische Belastung und Beanspruchung des Bewegungsapparats (*Rohmert* 1983). Das in Tab. 2.9 veranschaulichte Konzept orientiert sich an den plakativen Bezeichnungen: Belastung, Belastbarkeit und Beanspruchung.

Als mechanische Belastung des Bewegungsapparats bezeichnet man die Einwirkung äußerer Kräfte wie Gewichtskraft, Bodenreaktionskraft, Krafteinwirkung durch Gegner, Windkraft und Gleitreibungskraft auf die Teilsysteme des Bewegungsapparats. Nach Angriffspunkt, Größe und Richtung festgelegte Kräfte wirken in Abhängigkeit von der Skelettgeometrie und der jeweiligen Lageanordnung der Körpersegmente während eines Bewegungsablaufs als Zug-, Druck-, Scher-, Biege- und Verdrehkräfte. Diese Kräfte bean-

Tabelle 2.9 Rückkopplungsfreies Belastungs-Beanspruchungskonzept für den Bewegungsapparat

Belastung	Belastbarkeit	Beanspruchung
Teilbelastungen aus äußeren Kräften: Gewichtskraft Bodenreaktionskraft Krafteinwirkung durch Gegner Windkraft Gleitreibungskraft	Individuelle Eigenschaften: Skelettgeometrie Knochenfestigkeit Knorpelfestigkeit Muskelfestigkeit Bandfestigkeit	1. Teilbeanspruchungen von: Knochen, Knorpel, Sehnen, Muskulatur, Bänder Beanspruchungsrichtung: Zug, Druck, Scherung, Biegung, Verdrehung Beanspruchungshöhe: elastische Verformung, plastische Verformung, Riß, Bruch
Belastung: Höhe Dauer	Individuelle Fähigkeiten: Koordinationsfähigkeit Kraftfähigkeit	2. Teilbeanspruchung von: Koordinations- und Kraftfähigkeit
Zusammensetzung der Teilbelastungen: summativ-alternativ simultan-sukzessiv	Individuelle Fertigkeiten: sportmotorisches Fertigkeitsniveau	3. Teilbeanspruchung des sportmotorischen Fertigkeitsniveaus

spruchen die Zug-, Druck-, Scherfestigkeit,... von Knochen, Knorpelgewebe, Bändern, Muskulatur und Sehnen. Der Grad einer solchen Beanspruchung ist zum einen abhängig von o.a. definierter Belastung und zum anderen von individuellen Eigenschaften wie Skelettgeometrie, spezifischer Festigkeit von Knochen-, Knorpel-, Sehnengewebe,... sowie von Fähigkeiten wie motorische Koordination und Kraft und Fertigkeiten im Sinne der Verfügbarkeit von Bewegungsmustern, die die Lageanordnung der Körpersegmente während eines Bewegungsablaufs bestimmen. Darüber hinaus ist die Belastung zum einen abhängig von ihrer Höhe und Dauer und zum anderen von der Zusammensetzung der Teilbelastungen (summativ-alternativ) und von ihrem Wirkungszeitpunkt (simultan-sukzessiv).

Als Sammelbezeichnung für das belastungsreaktive Handlungssystem aus individuellen Eigenschaften, Fähigkeiten und Fertigkeiten wählen wir „Belastbarkeit". Unter der Bezeichnung „Beanspruchung" subsummieren wir Gegenstand, Richtung und Höhe der Teilbeanspruchungen des Bewegungsapparats (Tab. 2.9).

Im Unterschied zum rückkopplungsfreien Belastungs-Beanspruchungskonzept berücksichtigt das erweiterte Konzept die Anpassung der auf Druck, Zug, Scherung,... beanspruchten Teilsysteme des Bewegungsapparats (Knochen, Knorpel, Sehnen,...) in Richtung einer Zunahme ih-

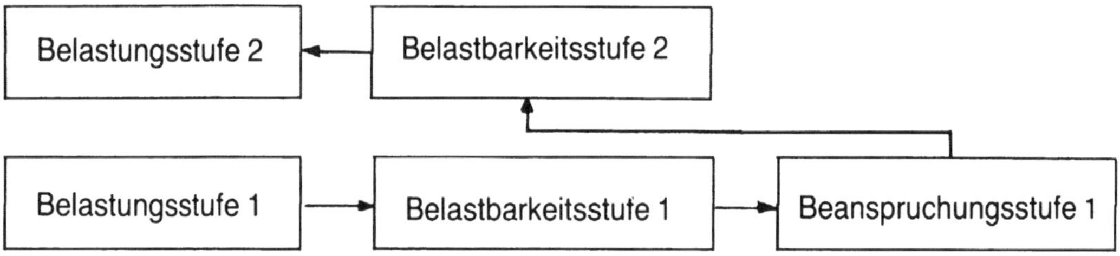

Abb. 2.23 Rückgekoppeltes Belastungs-Beanspruchungskonzept

rer Gewebe- und Strukturfestigkeit, einer Steigerung von Koordinations- und Kraftfähigkeit sowie eine Anhebung des sportmotorischen Fertigkeitsniveaus infolge ihrer trainingswirksamen Beanspruchung.

Infolge dieser Anpassungseffekte erhöht sich die Belastbarkeit und damit die Höhe der Belastung (Stufe 2). Abb. 2.23 veranschaulicht das rückgekoppelte Belastungs- und Beanspruchungskonzept.

Die folgenden Beispiele erläutern drei Möglichkeiten der Belastungsgestaltung.

1. Belastungsgestaltung mit Hilfe der Bewegungstechnik

In bezug auf den Lendenwirbelabschnitt wird bei allen Hebevorgängen insbesondere der 5. Lendenwirbelkörper beansprucht. Wie unterschiedlich drei verschiedene Hebetechniken HT_{1-3} den fünften Lendenwirbelkörper unter der vereinfachten Annahme einer statischen Belastung beanspruchen, demonstriert Abb. 2.24. Auf die Versuchsperson wirken zwei Kräfte: das Gewicht G_F = 200 N der zu hebenden Fremdlast und die oberhalb des 5. Lendenwirbelkörpers wirkende

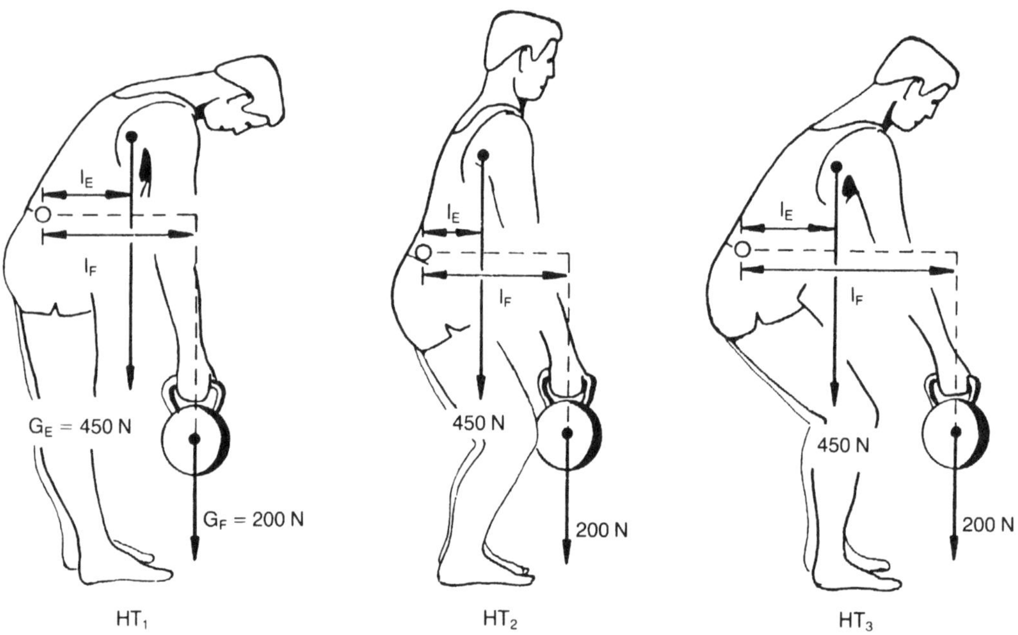

Abb. 2.24 Belastungsgestaltung mit Hilfe der Bewegungstechnik (Belastung des 5. Lendenwirbelkörpers bei unterschiedlichen Hebetechniken HT_{1-3}) (nach *Frankel, Nordin:* Basic Biomechanics of the Skeletal System. Lea & Febiger, Philadelphia 1980, S. 276)

Bezeichnung:

G_E Eigengewicht des Körpers
G_F Gewicht der zu hebenden Fremdlast
l_E Eigenlastarm
l_F Fremdlastarm
O 5. Lendenwirbelkörper

Tabelle 2.10 Lastmomente von 3 Hebetechniken

Hebetechniken	HT_1	HT_2	HT_3
Fremdlastmoment 200 N x l_F	200 N x 0,4 m = 80 Nm	200 N x 0,35 m = 70 Nm	200 N x 0,5 m = 100 Nm
Eigenlastmoment 450 N x l_E	450 N x 0,25 m = 112,50 Nm	450 N x 0,18 m = 81 Nm	450 N x 0,25 m = 112,5 Nm
Gesamtlast-moment	192,5 Nm	151 Nm	212,5 Nm
Zugkraft Rückenmuskulatur	3850 N	3020 N	4250 N

Eigenlast des Körpers G_E = 450 N. Da die Wirkungslinien beider Kräfte nicht durch den 5. Lendenwirbelkörper verlaufen, wirken auf diesen zwei Lastmomente, die sich als Produkt aus Lastarm und Last berechnen. Wir bezeichnen das durch die Hebelast erzeugte Moment mit Fremdlastmoment und das von der Eigenlast des Körpers erzeugte mit Eigenlastmoment sowie die zugeordneten Lastarme mit Fremdlastarm l_F und Eigenlastarm l_E (Tab. 2.10 und Abb. 2.24).

Hebetechnik HT_2 erzeugt das kleinste Gesamtlastmoment auf den 5. Lendenwirbelkörper bei kleinstem Fremd- und kleinstem Eigenlastmoment. Bedingungen des Fremdlastmoments sind das Anheben der Fremdlast zwischen den Knien bei relativ aufrechter Rumpfstellung. Diese Rumpfstellung bewirkt den kleinsten Eigenlastarm und damit das kleinste Eigenlastmoment. Hebetechnik HT_3 demonstriert, wie trotz einer ausgeprägten Kniebeugung infolge einer relativ extremen Rumpfbeugestellung, das größte Gesamtlastmoment entsteht. Im Unterschied hierzu veranschaulicht Hebetechnik HT_1, wie ohne Kniebeugung bei vorgebeugtem Rumpf ein gegenüber HT_2 und HT_3 mittleres Gesamtlastmoment zustande kommt. Die dargestellten Hebetechniken erläutern Einflußgrößen und -faktoren der statischen Belastung des 5. Lendenwirbelkörpers. Ihr Anwendungsbereich ist die Alltags- und die Sportmotorik. Ergänzend ist anzumerken, daß zur Aufrechterhaltung des Gleichgewichtszustandes ein dem jeweiligen Gesamtlastmoment entgegenwirkendes Muskelkraftmoment von der Rückenmuskulatur (m. erector spinae) erzeugt werden muß. Bei einem durchschnittlichen Muskelkraftarm von 5 cm sind die in Tab. 2.10 dargestellten Zugkräfte von der Rückenmuskulatur zu erbringen. Wie aus den Vergleichszahlen der Zugkräfte entnommen werden kann, ist eine belastungsreduzierende auch eine „kraftschonende“ Hebetechnik.

2. Belastungsgestaltung mit Hilfe des Sportterrains

Die Eigenschaften des Bodenbelages eines Sportterrains lassen sich nach sportfunktionellen und technischen Aspekten untergliedern. Zu den sportfunktionellen Merkmalen zählen Eigenschaften wie Gleit-, Ballspring- und Dämpfungs-

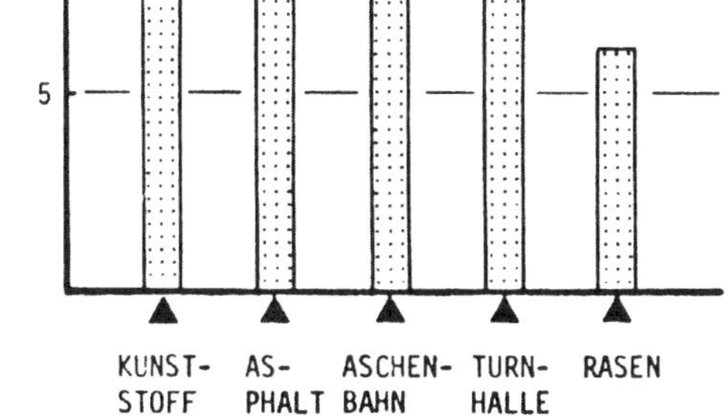

Abb. 2.25 Belastungsgestaltung mit Hilfe des Sportterrains (Belastung des Fußes bei verschiedenen Bodenbelängen); Mittelwerte der maximalen Beschleunigungsamplituden $a_{Fuß}$ auf verschiedenen Bodenbelägen beim Laufen über die Ferse mit Trainingsschuhen; g: 9,81 m/s² (aus *Nigg:* Der Einfluß des Bodenbelages. In: *Nigg* (Hrsg.), Biomechanische Aspekte zu Sportplatzbelägen. Juris, Zürich 1978, S. 55)

verhalten. Beispiele von technischen Merkmalen sind Verschleißverhalten und Alterung.

Nigg und Mitarb. untersuchten das Dämpfungsverhalten unterschiedlicher Bodenbeläge durch Messung der maximalen Beschleunigung des Fußes beim Laufen über die Ferse mit Trainingsschuhen. Abb. 2.25 ist u.a. zu entnehmen, daß die Beschleunigungswerte auf „Asphalt etwa 75% höher liegen als auf Rasen. Das weist auf die Probleme des Asphalts als Sportplatzbelag hin. Aufgrund dieser Messungen muß die Schlußfolgerung gezogen werden, daß die Belastung des Bewegungsapparates auf Asphalt bedeutend höher liegt als auf Rasen, was mit den Erfahrungen übereinstimmt“ (*Nigg* 1978).

3. Belastungsgestaltung mit Hilfe der Sportbekleidung

Die folgende Anmerkung bezieht sich auf die Fußbekleidung, d.h. die Sportschuhe. Nach *Nigg* (1978) erstreckt sich das Anforderungsprofil von Sportschuhen auf Eigenschaften wie Dämpfungs-, Gleit- und Drehverhalten.

Wie unterschiedlich das Drehverhalten bei demselben Sohlenprofil jedoch verschiedenartigem Sohlenmaterial ausfallen kann, demonstriert Abb. 2.26. „Dieser Unterschied im Material hat zur Folge, daß sich die beiden Schuhe (in bezug auf das maximale Drehmoment) signifikant unterscheiden. Dabei ist die Wahl des Sohlenmaterials auch vom Boden abhängig. Dies bedeutet, daß es Materialien gibt, mit denen die Belastung bezüglich Rotation vermindert werden kann. Dabei muß jedoch darauf hingewiesen werden, daß das Problem des Rutschens und Ausrutschens in diesem Zusammenhang nicht behandelt wurde“ (*Nigg* 1978).

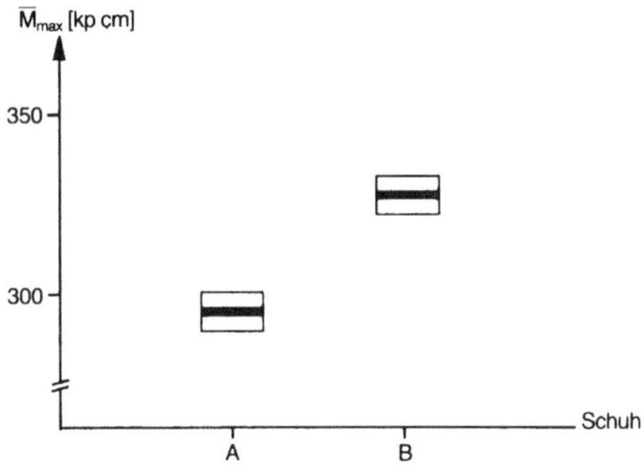

Abb. 2.26 Belastungsgestatlung mit Hilfe der Sportbekleidung (mittleres maximales Drehmoment $\overline{M}_{max}$ bei demselben Sohlenprofil, jedoch verschiedenem Sohlenmaterial: A, B) (aus *Denoth:* Der Einfluß der Schuhe. In: *Nigg* (Hrsg.), Biomechanische Aspekte zu Sportplatzbelägen. Juris, Zürich 1978, S. 53)

Bezeichnung:
A Schuhmaterial I
B Schuhmaterial II
$\overline{M}_{max}$ mittleres maximales Drehmoment

4. Belastungsgestaltung mit Hilfe von Sportgeräten und Bewegungstechnik

Nach *Menzel* (1992) lassen sich „die Ursachen für das Auftreten eines Tennisellenbogens in materialspezifische und technikspezifische Faktoren differenzieren (Tab. 2.11).

Tabelle 2.11 Ursachen des Tennisellenbogens

materialspezifische Faktoren	technikspezifische Faktoren
Griffstärke (Griffdurchmesser)	Griffhaltung
Schwingungsdämpfung	Treffpräzision
	Griffestigkeit

Materialspezifische Faktoren sind die Griffstärke (Durchmesser des Griffs) und das Dämpfungsverhalten des Schlägers. Technikspezifische Faktoren können eine unzweckmäßige Griffhaltung, insbesondere beim Rückhandschlag, eine geringe Zielpräzision in bezug auf das Treffen des Balls mit dem Sweetpoint und eine zu hohe Griffestigkeit sein. Detaillierte Ausführungen zur material- und technikspezifischen Belastungsgestaltung beim Tennisspiel sind dem Beitrag von *H.J. Menzel* (1992, S. 130 ff.) zu entnehmen.

2.5 Literatur

Adam, K. und Mitarb.: Rudertraining. Bad Homburg 1977

Adam, K., J.V. Werschoshanskij: Modernes Krafttraining im Sport. Berlin 1972

Bäumler, G., K. Schneider: Sportmechanik. BLV, München 1981

Ballreich, R., W. Baumann (Hrsg.): Biomechanische Leistungsdiagnostik. Trainerbibliothek des dsb. Bd. 14. Bartels & Wernitz, Berlin 1983

Ballreich, R. und Mitarb.: Vergleichende Analyse sportanthropometrischer Typensysteme. (Unver. Forschungsbericht an das Bundesinstitut für Sportwissenschaft). Frankfurt 1983

Bauer, H.: Das Prinzip der sogenannten objektivergänzenden Schnellinformation – Ansätze zur Präzisierung einer Trainingsmethodik. Theorie und Praxis der Körperkultur. Jg. 29, 9, 1980

Brüggemann, G. und Mitarb.: Analyse der kinematischen und dynamischen Bewegungsstruktur von Zielübung und vorbereitenden Übungen bei Sprungbewegungen. (Unver. Forschungsbericht an das Bundesinstitut für Sportwissenschaft). Frankfurt 1983

Cochran, G. van B.: Orthopädische Biomechanik. Enke, Stuttgart 1988

Debrunner, A.M.: Orthopädie. Huber, Bern-Stuttgart-Toronto 1985

Dempster, W.T.: Space requirements of the seated operator. (WADC-TR-55-159) Wright-Pattersson Air Force Base. Ohio 1955

Denoth, J., P.A. Neukomm: Der Einfluß der Schuhe. In: *B.M. Nigg* (Hrsg.), Biomechanische Aspekte zu Sportplatzbelägen. Juris, Zürich 1978

Donskoi, D.D.: Grundlagen der Biomechanik. In: *D.D. Donskoi* (Hrsg.), Trainerbibliothek, Bd. 16. Bartels & Wernitz, Berlin-München-Frankfurt 1975

Easterby, R. und Mitarb.: Anthropometry and Biomechanics. Plenum Press, New York 1982

Farfel, W.S. und Mitarb.: Bewegungssteuerung im Sport, Berlin 1977

Frankel, V.H., M. Nordin: Basic Biomechanics of the Skeletal System. Lea & Febiger, Philadelphia 1980

Göhner, U.: Bewegungsanalyse im Sport. Schorndorf 1979

Hay, J.G.: The Biomechanics of Sports Techniques. New Jersey 1978

Hay, J.G.: The identification and ordering of the technical factors limiting performance. Vortrag auf dem Weltkongreß für Sportmedizin, Brasilien 1978

Hochmuth, G.: Biomechanik sportlicher Bewegungen, 5. Aufl. Berlin 1982

Hoffmann, K.: Die Abhängigkeit der Schrittlänge und Schrittfrequenz von der Körpergröße bzw. Beinlänge (Unver. Arbeit) 1960

Jenik, P.: Biomechanische Analyse ausgewählter Arbeitsbewegungen des Armes. Berlin 1973

Klaus, G., N. Buhr: Philosophisches Wörterbuch. Leipzig 1965

Legleitner, P., R. Ballreich: Kriterienbezogener Vergleich zwischen dem phasenübergreifenden und phasenbezogenen Wirkungsgrad der von Hochleistungsathleten praktizierten Dreh- und Rückenstoßtechnik. (Unver. Forschungsbericht an das Bundesinstitut für Sportwissenschaft). Frankfurt 1984

Marhold, G.: Biomechanische Untersuchungen sportlicher Hochsprünge. Leipzig 1963

Mechling, H.: Ergänzungsinformation. Unver. Vortragsmanuskript. Berlin 1984

Meinel, K.: Bewegungslehre. Berlin 1976

Menzel, H.-J.: Biomechanik des Speerwurfs. In: *Ballreich, R., A. Kuhlow* (Hrsg.), Biomechanik der Leichtathletik. Enke, Stuttgart 1986

Menzel, H.-J.: Tennis. In: *Ballreich, R., A. Kuhlow-Ballreich* (Hrsg.): Biomechanik der Sportspiele, Teil I: Einzel- und Doppelspiele. Enke, Stuttgart 1992

Müller, A.: Biomechanik des Hochsprungs. In: *Ballreich, R., A. Kuhlow* (Hrsg.), Biomechanik der Leichtathletik. Enke, Stuttgart 1986

Nigg, B.M.: Sprung, Springen, Sprünge. Zürich 1974

Nigg, B.M. (Hrsg.): Biomechanische Aspekte zu Sportplatzbelägen. Juris, Zürich 1978

Nigg, B.M.: Der Einfluß des Bodenbelages. In: *B.M. Nigg* (Hrsg.), Biomechanische Aspekte zu Sportplatzbelägen. Juris, Zürich 1978

Nolte, V.: Die Effektivität des Ruderschlags. In: *F. Fetz, R. Ballreich* (Hrsg.), Sportwissenschaftliche Arbeiten, Bd. 13. Bartels & Wernitz, Berlin-München-Frankfurt 1985

Peterson, L., P. Renström: Verletzungen im Sport. Köln 1987

Pöhlmann, R.: Trainingsmethodisch relevante Zeitstrukturen der Informationsgebung. Theorie und Praxis der Körperkultur. Jg. 28, 3, 1979

Pöhlmann, R., H.-A. Thorhauer: Theorie und Praxis der Körperkultur 1983

Preiß, R.: Computersimulation zur Entwicklung sportmotorischer Techniken. In: *C. Czwalina* (Hrsg.), Sportwissenschaft und Sportpraxis, Bd. 59. Czwalina, Ahrensburg 1987

Preiß, R. und Mitarb.: Biomechanisch gestützte Entwicklung neuer Flugteile beim Reckturnen. (Unver. Forschungsbericht an das Bundesinstitut für Sportwissenschaft). Frankfurt 1983

Rockmann, U.: Zum Einfluß der Zeitstruktur der Feedback-Vermehrung auf sensomotorische Optimierungsprozesse. Diss., Berlin 1985

Rohmert, W.: Physische Beanspruchung. In: *H. Schmidtke* (Hrsg.), Ergonomie. München 1970

Rohmert, W., J. Rutenfranz (Hrsg.): Praktische Arbeitsphysiologie. Thieme, Stuttgart-New York 1983

Schwirtz, A. und Mitarb.: Biomechanik des Hürdenlaufs. In: *R. Ballreich, A. Kuhlow* (Hrsg.), Biomechanik der Leichtathletik. Enke, Stuttgart 1986

Segesser, B.: Die Belastung des menschlichen Bewegungsapparates aus der Sicht des Sportmediziners. In: *B.M. Nigg* (Hrsg.), Biomechanische Aspekte zu Sportplatzbelägen. Juris, Zürich 1978

Starischka, S.: Trainingswissenschaftliche Beiträge zum Gerätturnen. In: *F. Fetz, R. Ballreich* (Hrsg.), Sportwissenschaftliche Arbeiten, Bd. 8. Bartels & Wernitz, Berlin-München-Frankfurt 1978

Viidik, A.: Elastomechanik biologischer Gewebe. In: *H. Cotta* und Mitarb. (Hrsg.), Die Belastungstoleranz des Bewegungsapparates. Thieme, Stuttgart-New York 1980

Wormser, R.: Experimentelle Psychologie. Basel 1974

Zaciorskij, V.M.: Kybernetik – Mathematik – Sport (IV). Theorie und Praxis der Körperkultur. 1972

Zaciorskij, V.M. u.a.: Biomechanik des menschlichen Bewegungsapparates. Sportverlag, Berlin 1984

3 Biomechanische Merkmale

Rüdiger Preiß

3.1 Übersicht und Vorbemerkung

Die in Tab. 3.1 aufgeführten und in Abb. 3.1 geordneten biomechanischen Merkmale bestehen als physikalische Größe aus einem Zahlenwert und einer Einheit.

Größe = Zahlenwert · Einheit

Beispielsweise enthält die Angabe, ein Sprinter durchlief die 100 m-Strecke in 9,9 s, die Information, daß der zurückgelegte Weg eine Länge des 100fachen der Längeneinheit besitzt und daß die dabei verstrichene Zeit das 9,9fache der Zeiteinheit beträgt. Weder der Zahlenwert noch die Einheit dürfen weggelassen werden.

Beispiele von speziellen Merkmalen und ihren durchschnittlichen Werten geben wir in tabellarischer Form am Ende jedes Unterabschnitts.

Die drei ersten Merkmale von Tab. 3.1 – Zeit, Länge und Masse – sind die mechanischen Basisgrößen. Aus ihren Einheiten werden die Einheiten der anderen Merkmale abgeleitet (s.u.).

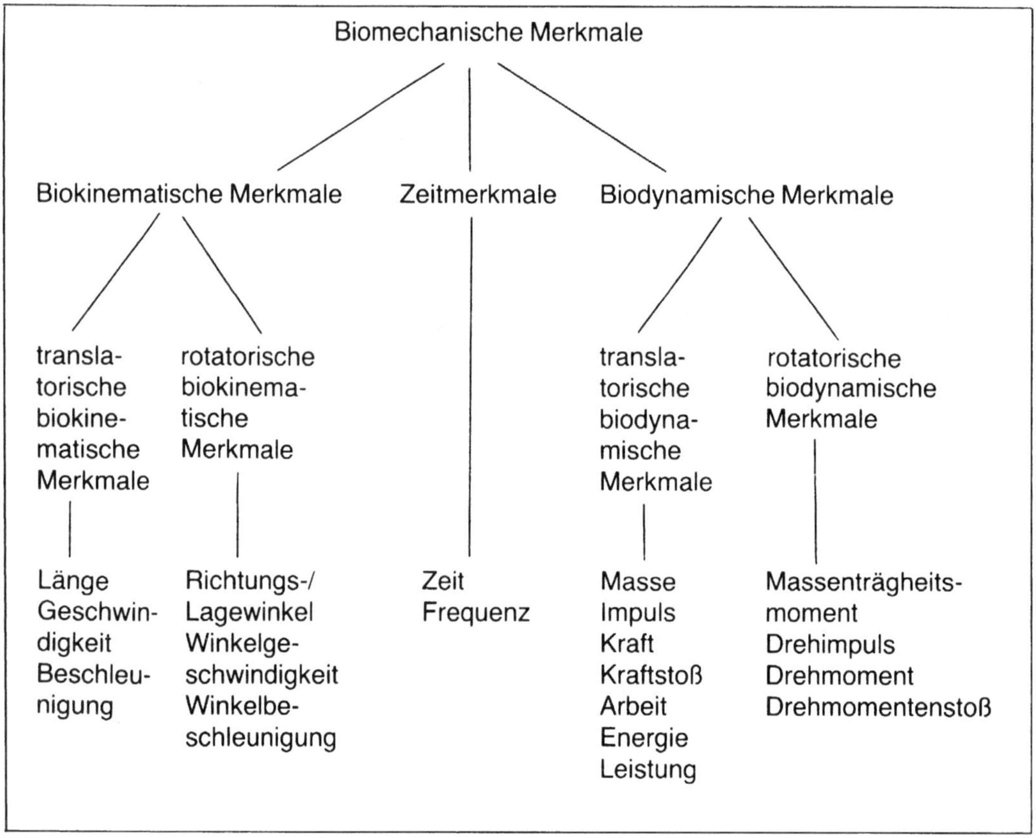

Abb. 3.1 Übersichtsdarstellung biomechanischer Merkmale

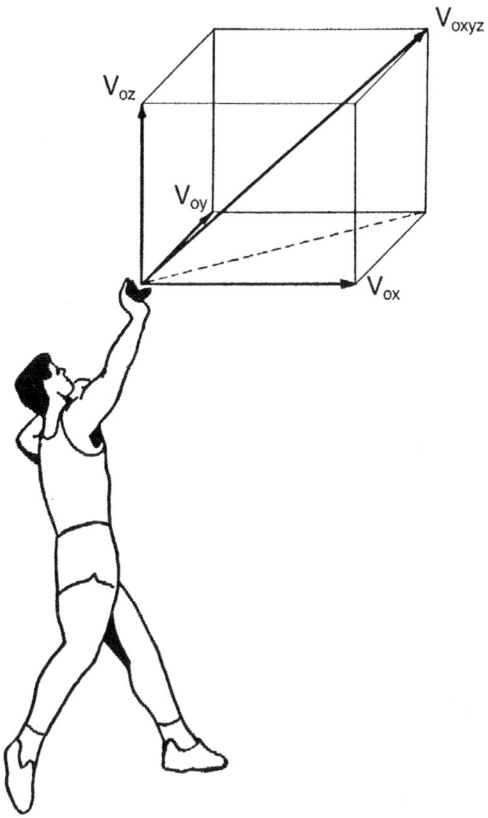

Abb. 3.2 Abfluggeschwindigkeit der Kugel beim Stoß

Tabelle 3.1 Biomechanische Merkmale: Bezeichnung, Symbol, Einheit

Bezeichnung	Symbol	Einheit
Zeit	t	[s]
Länge	s	[m]
Masse	m	[kg]
Winkel	φ	[rad], [°]
Massenträgheitsmoment	J	[kgm²]
Frequenz	f	[1/s]
Geschwindigkeit	v	[m/s]
Beschleunigung	a	[m/s²]
Winkelgeschwindigkeit	ω	[1/s]
Winkelbeschleunigung	α	[1/s²]
Impuls	p	[kg m/s]
Kraft	F	[N]
Kraftstoß	Δp	[Ns]
Arbeit	W	[Nm]
Drehimpuls	L	[kgm²/s]
Drehmoment	M	[Nm]
Drehmomentenstoß	ΔL	[Nms]
Energie	E	[J]
Leistung	P	[W]

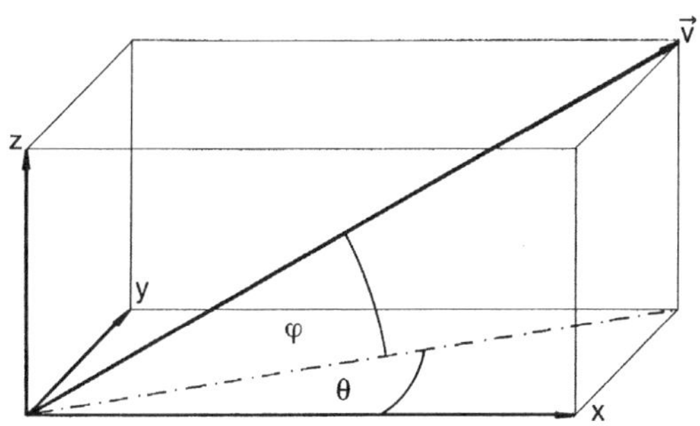

Abb. 3.3 Beschreibung eines Vektors $\vec{v}$ durch Komponenten (x, y, z) sowie durch Betrag |v| und Richtungswinkel φ, θ

Biomechanische Merkmale unterscheiden sich mathematisch in Skalare und Vektoren.

Skalare sind Größen, die nur Zahlenwert und Einheit, jedoch keine Richtung aufweisen. Die biomechanischen Merkmale Zeit, Masse, Winkel (mit Einschränkungen), Frequenz, Arbeit, Energie und Leistung sind Skalare.

Die Mehrzahl der in Tab. 3.1 aufgezählten Merkmale sind Vektoren. Sie besitzen außer Zahlenwert und Einheit eine Richtung im dreidimensionalen Raum. Zur Verdeutlichung der Vektoreigenschaften setzen wir einen Pfeil über das Symbol, z. B. $\vec{v}$.

Als Beispiel dient die Abfluggeschwindigkeit der Kugel beim Kugelstoß, die in Abb. 3.2 veranschaulicht wird.

Eine vektorielle Größe wird entweder durch ihre Komponenten parallel zu den Achsen des Koordinatensystems beschrieben oder durch Betrag und zwei Winkel (Abb. 3.3).

Die Wahl des Koordinatensystems wird durch allgemeine Übereinkunft so getroffen, daß x-, y- und z-Achse ein rechtshändiges Koordinatensystem bilden. Die z-Achse ist entgegen der Gravitation (nach „oben“) orientiert, damit liegen x- und y-Achse in der Horizontalebene.

Die x-Achse wird in Normbewegungsrichtung orientiert, z. B. in Laufrichtung oder in Richtung der Sektormitte bei Würfen. Die y-Achse weist dann horizontal nach links. Für spezielle Betrach-

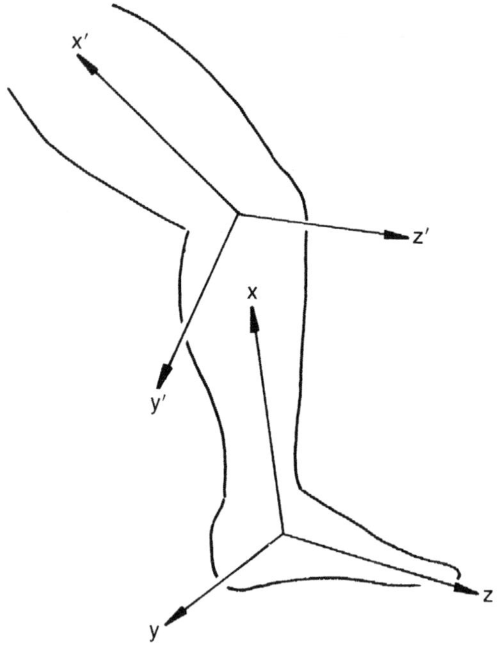

Abb. 3.4 Lokale Koordinatensysteme am Unter- und Oberschenkel

tungen kommen auch andere Orientierungen des Koordinatensystems in Betracht. So kann es bei Betrachtungen von Gelenkkräften zweckmäßig sein, lokale Koordinatensysteme mit der x-Achse entlang der Körperteilachse und mit der y-Achse entlang der Gelenkachse zu orientieren (Abb. 3.4 zeigt dies am Beispiel des Beins).

Prinzipiell ist jede beliebige Orientierung des Koordinatensystems erlaubt, eine Abweichung von der oben genannten Übereinkunft sollte jedoch deutlich gemacht werden.

Das Auftreten von Vektoren muß bei Berechnungen berücksichtigt werden, d.h. die Richtung darf nicht außer acht gelassen werden. Es ist falsch, zwei Vektoren zu addieren, indem man ihre Zahlenwerte addiert und als Richtung die Richtung eines der Vektoren wählt (s. $\vec{v}_F$ in Abb. 3.5).

Vielmehr muß das Verfahren der Superposition gewählt werden. Grafisch bedeutet dies, daß man den Beginn des zweiten Vektors an das Ende des ersten Vektors verschiebt; der Vektor vom Beginn des ersten Vektors zum Ende des zweiten Vektors ist der Summenvektor (s. $\vec{v}_s$, $\vec{v}_w$ und $\vec{v}_R$ in

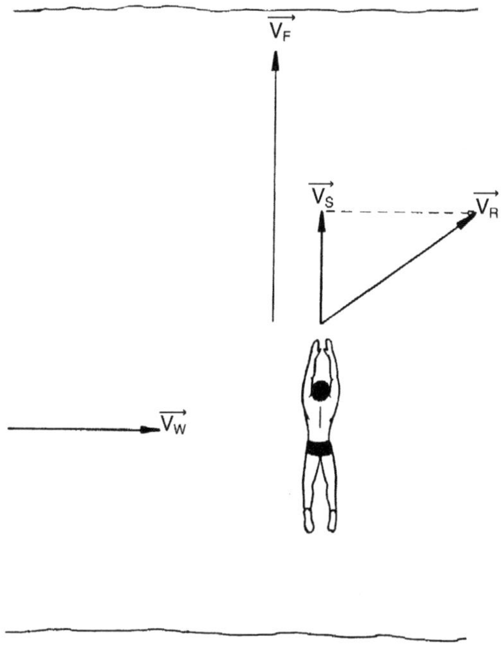

Abb. 3.5 Superposition von Vektoren am Beispiel der Geschwindigkeit eines Schwimmers in einem Fluß

Bezeichnung:

- $\vec{v}_s$ Geschwindigkeit des Schwimmers durch seine Bewegung in bezug auf das ihn umgebende Wasser
- $\vec{v}_w$ Geschwindigkeit des Wassers in bezug auf das Ufer
- $\vec{v}_R$ Geschwindigkeit des Schwimmers in bezug auf das Ufer
- $\vec{v}_F$ Fehlerhafte Geschwindigkeit bei betragsmäßiger Addition

Abb. 3.5). Algebraisch wird die Superposition durchgeführt, indem die zu addierenden Vektoren bezüglich eines Koordinatensystems in Komponenten zerlegt werden. Die x-, y- und z-Komponenten werden jeweils addiert und ergeben die drei Komponenten des Summenvektors.

3.2 Zeitmerkmale

3.2.1 Zeit

Die Größe „Zeit" wird mit dem Symbol „t" bezeichnet und in „Sekunden [s]" gemessen.

Zeit	t	[s]

Die Zeiteinheit ist das 9 192 631 770fache der Periodendauer der Strahlung eines definierten Übergangs des Isotops 138 des chemischen Elements Cäsium.

Dieser Übergang ist im Labor jederzeit meßbar und von äußeren Einflüssen weitestgehend unabhängig.

Im Sport werden Zeiten auch in Minuten und Stunden gemessen, es gilt:

1 Minute = 60 Sekunden
1 Stunde = 60 Minuten

Alle biomechanischen Merkmale zeigen Veränderungen mit dem Ablauf der Zeit. Eine solche Veränderung des Merkmals X mit der Zeit stellt man symbolisch mit „X (t)" dar. Durchschnittswerte über ein Zeitintervall kennzeichnet man durch Überstreichen des Symbols $\overline{X}$.

Zeitliche Merkmale orientieren sich deshalb an Ausprägungen anderer Merkmale. Als Zeitmerkmale kommen in Betracht:

- Ausführungsdauer sportlicher Bewegungen bzw. Bewegungsabläufe
- Ausführungsdauer von Teilen sportlicher Bewegungen (Phasendauer)
- Zeiten bis zum Erreichen eines vorgegebenen Wertes eines biomechanischen Merkmals (z. B. Ort, Lage, Kraft ...).

Tabelle 3.2 Ausgewählte Zeitmerkmale

Merkmale	durchschnittlicher Wert [s]
Dauer des Ballkontaktes beim Tennis (Vorhand)	0,004
Zeit bis zum Maximum der Stützkraft beim Weitsprung-Absprung ($\overline{W}$ = 8 m)	0,01
Absprungdauer beim Weitsprung ($\overline{W}$ = 8 m)	0,12
Stützzeit eines Schrittes beim 100-m-Lauf ($\overline{t}$ = 11,2 s)	0,12
Dauer eines Schrittes beim 100-m-Lauf ($\overline{t}$= 11,2 s)	0,23
Ballkontakt beim Dribbling (Basketball)	0,32
Laufzeit für 100 m (WR 27.7.96)	9,84

3.2.2 Frequenz

Die Größe „Frequenz" wird mit dem Symbol „f" bezeichnet und in „[1/s]" gemessen

Frequenz	f	[1/s]

Die Einheit [1/s] wird auch „Hertz [Hz]" genannt. Bei zyklischen Bewegungen (Schritte über eine Laufstrecke, Pedaldrehungen beim Radfahren, Ruderschläge ...) kann es zweckmäßig sein, nicht die Zeit pro Bewegung, sondern die Anzahl von Bewegungen pro Zeiteinheit, d.h. die „Frequenz", anzugeben. So werden bspw. bei einer Schrittfrequenz von 4,4/s während einer Sekunde 4,4 Schritte ausgeführt.

Tabelle 3.3 Ausgewählte Frequenzmerkmale

Merkmale	durchschnittlicher Wert [1/s]
Schläge beim Rudern	0,5
Pedalumdrehungen beim Radfahren	1,1
Herzschlag in Ruhe	1,2
Herzschlag am Ende eines 400-m-Laufs	4
Schrittfrequenz beim Sprint ($\overline{t}$ = 11,2 s)	4,4
Trillern beim Klavierspiel	10

3.3 Biokinematische Merkmale

3.3.1 Translatorische biokinematische Merkmale

Die translatorischen biokinematischen Merkmale beschreiben die Bewegung eines Punktes, d.h. einer gedanklichen Abstraktion, die keine räumliche Ausdehnung besitzt und Form sowie Größe des betrachteten Objekts vernachlässigt.

Als Beispiel kann ein Sprinter herangezogen werden, dessen Bewegung entlang der Laufbahn an dem Körperoberflächenpunkt gemessen wird, der als erster die Lichtschranke am Ziel durchbricht. Nur für diesen Punkt gilt die Zeitangabe, der Rest des Körpers überschreitet die Ziellinie früher oder später.

In der Bewegungswissenschaft wird häufig ein ausgedehnter, massebehafteter Körper durch seinen Schwerpunkt oder ein Gelenk in einer dreidimensionalen Betrachtung durch den Mittelpunkt der Gelenkachse dargestellt.

Schwierigkeiten für die Anschauung entstehen insofern, als (abgesehen von Punkten auf der Körperoberfläche) ein Punkt wegen seiner ideellen Konstruktion nicht markierbar und i.a. im Körper nichts ortsfest ist. Beispielsweise kann beim menschlichen Körper der Schwerpunkt auch außerhalb der Körperoberfläche liegen (Abb. 3.6).

Abb. 3.6 Beispiel einer Körperlage, bei der der Körperschwerpunkt (●) außerhalb der Körperoberfläche liegt

3.3.1.1 Länge

Die „Länge" wird mit dem Symbol „$\vec{s}$" bezeichnet und besitzt die Einheit „Meter [m]".

Länge	$\vec{s}$	[m]

Die Längeneinheit wurde mit dem 1 650 763,73fachen der Wellenlänge einer bestimmten Strahlung des Isotops 86 des Elementes Krypton festgelegt.

Eine Länge wird durch den räumlichen Ort zweier Punkte begrenzt. Beide Punkte können zum einen verschiedene Objekte zur gleichen Zeit oder zum anderen ein Objekt zu zwei verschiedenen Zeiten sein.

In die erste Kategorie fallen sowohl der Abstand eines Punktes vom Ursprungspunkt des Koordinatensystems (als Ort $\vec{r}$ des Punktes bezeichnet) als auch die Länge einer durch zwei Punkte begrenzten Strecke (Abb. 3.7).

In der zweiten Kategorie unterscheidet man zwei Längen, zum einen die Distanz der beiden Ortslagen des Objekts (zum ersten und zum zweiten Zeitpunkt) und zum anderen die Länge des Weges, die das Objekt vom ersten Zeitpunkt (im Verlauf der Zeit) bis zum zweiten Zeitpunkt zurücklegte.

Tabelle 3.4 Ausgewählte Längenmerkmale

Merkmale	durchschnittlicher Wert [m]
Rollbahnlänge beim Rudern (Einer)	0,71
Körperhöhe (Sportler, männl.)	1,75 ± 0,1
Abdruckweite vor der Hürde (110-m-Lauf; $\overline{t}$ = 15 s)	1,92
Schrittlänge beim 100-m-Lauf ($\overline{t}$ = 11,2 s)	2,2
Länge des Kugelweges beim Stoß ($\overline{W}$ = 20,8 m)	2,28
Abwurfhöhe beim Basketball-Freiwurf	2,45

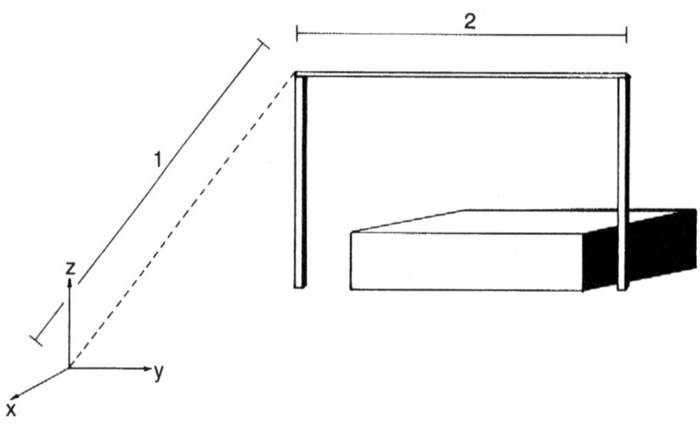

Abb. 3.7 Verschiedene Längen (1 Abstand des linken Lattenendes vom Koordinatenursprung; 2 Abstand zwischen linkem und rechtem Lattenende)

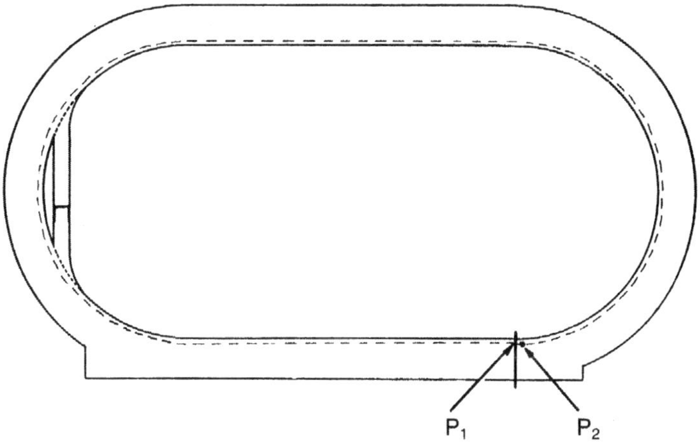

Abb. 3.8 Distanz und Weglänge am Beispiel eines 400-m-Läufers (s. Text)

In Abb. 3.8 wird dies am Beispiel eines 400-m-Läufers erläutert, wobei der Punkt P_1 eine Hand beim Start und der Punkt P_2 dieselbe Hand beim Überqueren der Ziellinie darstellt. Die Distanz beider Punkte beträgt weniger als 1 m, die Weglänge zwischen beiden Punkten beträgt dagegen ca. 400 m.

3.3.1.2 Geschwindigkeit

Die Größe „Geschwindigkeit" wird mit dem Symbol „$\vec{v}$" bezeichnet und in „Meter/Sekunde [m/s]" gemessen.

Geschwindigkeit	$\vec{v}$	[m/s]

Die Geschwindigkeit beschreibt die Ortsänderung eines Punktes während der Zeit.

Der Orts-Zeit-Verlauf wird mit $\vec{r}(t)$ symbolisiert. Die Geschwindigkeit ist als Ableitung (der mathematische Aspekt der „Ableitung" kann hier außer Betracht bleiben, da entweder ein direktes Meßverfahren existiert oder die unten erläuterte Näherung über endliche Differenzen Anwendung findet) dieses Verlaufs nach der Zeit definiert und existiert damit als Geschwindigkeits-Zeit-Verlauf:

$$\vec{v}(t) = \frac{d\vec{r}(t)}{dt}$$

Sofern keine direkte Messung der Geschwindigkeit von Körperoberflächenpunkten mit speziellen Verfahren (z. B. über den Doppler-Effekt bei Mikro- oder Ultraschallwellen) durchgeführt wird, mißt man anstatt der Differentiale von Weg und Zeit ihre endlich langen Differenzen und kann mit der mathematischen Beziehung

$$\lim_{\Delta t \to 0} \frac{\Delta\vec{r}(t)}{\Delta t} = \frac{d\vec{r}(t)}{dt} = \vec{v}(t)$$

die Geschwindigkeit näherungsweise bestimmen.

Wenn das Zeitintervall (und damit das Längenintervall) nicht mehr beliebig klein ist, mißt man die Durchschnittsgeschwindigkeit, auch mittlere Geschwindigkeit genannt. Diese wird i.a. mit $\bar{v}$ bezeichnet.

In Abb. 3.9 wird der Zusammenhang von Orts-Zeit-Verlauf und Geschwindigkeits-Zeit-Verlauf am Beispiel der Horizontalbewegung des Speeres beim Abwurf erläutert; die Durchschnittsge-

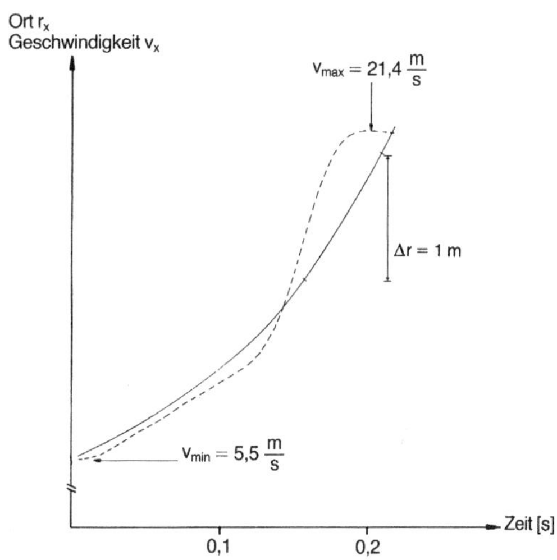

Abb. 3.9 Orts-Zeit-Verlauf (—) und Geschwindigkeits-Zeit-Verlauf (---) der Horizontalkomponente des Schwerpunkts des Speers in der Abwurfphase

Tabelle 3.5 Ausgewählte Geschwindigkeitsmerkmale

Merkmale	durchschnittlicher Wert [m/s]
Geschwindigkeitsänderung während eines Zuges, Brustschwimmen	1,7
Abfluggeschwindigkeit vertikal beim Hochsprung ($\overline{H}$ = 2,15 m)	5
Anlaufgeschwindigkeit zum Handstützüberschlag beim Pferd	7,5
Abfluggeschwindigkeit beim Weitsprung ($\overline{W}$ = 8 m)	9,5
Abfluggeschwindigkeit beim Speerwurf ($\overline{W}$ = 70 m)	27

schwindigkeit des Speeres während der Abwurfphase beträgt

$$\overline{v} = \frac{2.5\,m}{0.2\,s} = 12.5\,\frac{m}{s}$$

im Unterschied zur momentanen Abfluggeschwindigkeit von 21,4 m/s.

3.3.1.3 Beschleunigung

Die Größe „Beschleunigung" wird mit dem Symbol „$\vec{a}$" bezeichnet und in „Meter pro Sekunde zum Quadrat [m/s²]" gemessen.

Beschleunigung $\vec{a}$ [m/s²]

Die Beschleunigung ist definiert als die Ableitung der Geschwindigkeit nach der Zeit:

$$\vec{a}(t) = \frac{d\vec{v}(t)}{dt}$$

Wie bei der Geschwindigkeit mißt man in der Praxis über endliche Zeitintervalle mit endlichen Geschwindigkeitsdifferenzen, da auch hier gilt:

$$\vec{a}(t) = \lim_{\Delta t \to 0} \frac{\Delta\vec{v}(t)}{\Delta t}$$

Aufgrund der Definition der Geschwindigkeit folgt:

$$\vec{a} = \frac{d\vec{v}(t)}{dt} = \frac{d^2\vec{r}(t)}{dt^2}$$

Dieser Zusammenhang zwischen Ort, Geschwindigkeit und Beschleunigung wird beispielhaft in Abb. 3.10 dargestellt.

Zur Veranschaulichung des Begriffes „Beschleunigung" dienen folgende Überlegungen:

- Ändert sich die Geschwindigkeit eines Körpers während einer Bewegung nicht, so ist der Zahlenwert der Beschleunigung Null;
- bei konstanter Beschleunigung wächst die Geschwindigkeit in gleichen Zeitintervallen um gleiche Beträge;
- eine Beschleunigung kann auch allein die Richtung der Geschwindigkeit ändern, nicht aber den Betrag (die Fußspitze eines Radfahrers ändert fortwährend ihre Richtung auf

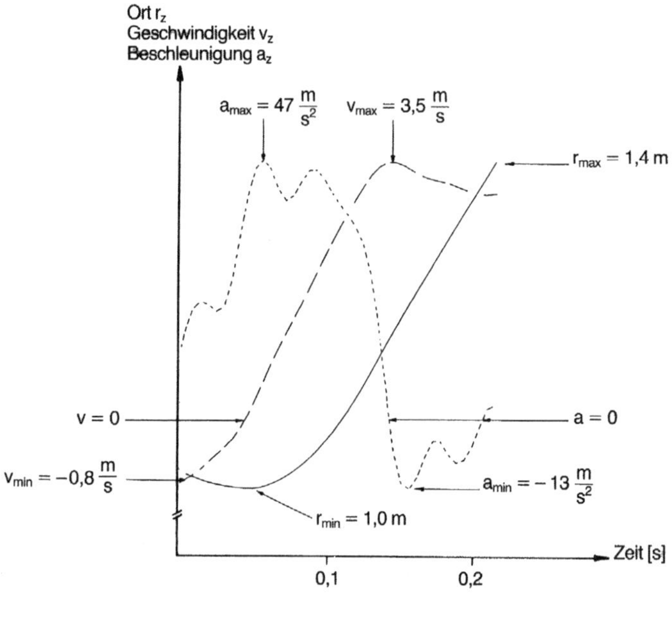

Abb. 3.10 Zeitlicher Verlauf von Ort (r) —, Geschwindigkeit (v) --- und Beschleunigung (a) ··· der vertikalen Komponente des KSP beim Weitsprung-Absprung

einer Kreisbahn, behält jedoch bei konstanter Tretgeschwindigkeit ihre Umlaufgeschwindigkeit bei).

Die „Beschleunigung" kann sowohl in (die Geschwindigkeit erhöht sich) als auch entgegen (die Geschwindigkeit vermindert sich) der Bewegungsrichtung verlaufen. Entsprechend dem Alltagsgebrauch spricht man bei einer gegen die Bewegung gerichteten Beschleunigung von „Bremsbeschleunigung".

Tabelle 3.6 Ausgewählte Beschleunigungsmerkmale

Merkmale	durchschnittlicher Wert [m/s²]
mittlere Schrittbeschleunigung der ersten Schritte beim Sprint ($\overline{t}$ = 11,2 s)	2,1
Beschleunigung beim Rennrodelstart	4
Kugelbeschleunigung in der Ausstoßphase ($\overline{W}$ = 20,8 m)	10
Beschleunigung des Tennisballs beim Schlag (Vorhand)	10 000

3.3.2 Rotatorische biokinematische Merkmale

Die rotatorischen biokinematischen Merkmale beschreiben vorwiegend die Bewegung von ausgedehnten Körpern um sich selbst, ein Punkt dagegen kann nicht um sich rotieren.

Die vollständige Beschreibung der allgemeinen Bewegung eines ausgedehnten, massebehafteten Körpers bedarf translatorischer – auf den Schwerpunkt bezogener – Merkmale, die eine Bewegungsbeschreibung des Körpers im äußeren Raum ergeben und rotatorischer – auf die Verteilung der Masse bezogener – Merkmale, die eine Bewegungsbeschreibung der inneren Körperlage darstellen.

Eine Ausnahme von dieser Klassifikation sind diejenigen Winkelmerkmale, die bei der Beschreibung von Vektoren durch Betrag und Richtung auftreten (Abb. 3.3).

3.3.2.1 Winkel

Ein Winkel wird von zwei Strecken begrenzt, die im selben Punkt beginnen (die Strecken nennt man „Schenkel", den gemeinsamen Punkt „Scheitel").

Dreht man nun den einen Schenkel auf den anderen, so legt der Endpunkt dabei einen gewissen Weg zurück. Der Wert des Winkels ergibt sich, indem man die Länge dieses Weges durch die Länge des Schenkels dividiert (Abb. 3.11).

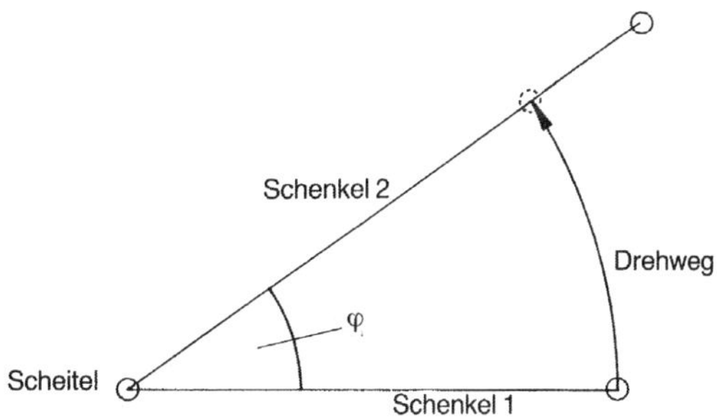

Abb. 3.11 Definition des Merkmals ‚Winkel'

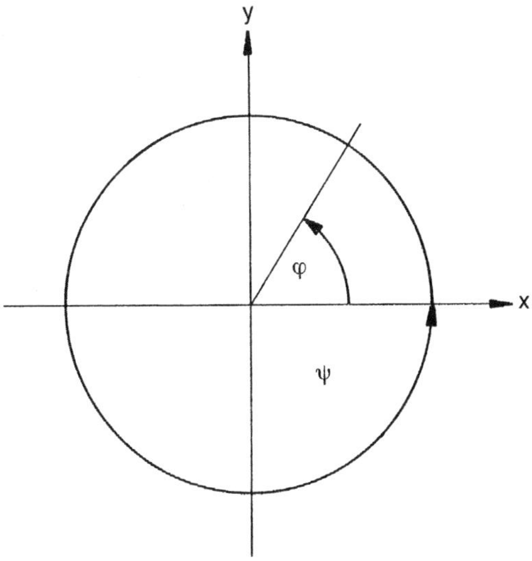

Abb. 3.12 φ Winkel von 1 rad (57.29...°)
ψ Winkel von 2π rad (360°)

Da sich bei der Division die Längeneinheit [m] herauskürzt, gibt es keine Einheit des Winkels.

Um zu verdeutlichen, daß bei der Messung des Merkmals „Winkel" das dargestellte Verfahren angewendet wurde, hat man die Pseudo-Einheit „Radius [rad]" eingeführt. In Abb. 3.12 sind Winkel von 1 rad und von 2 π rad (dies entspricht einem vollständigen Kreis) dargestellt.

Eine andere (üblicherweise verwendete) Pseudo-Einheit ist das „Grad [°]", das man erhält, indem man einen vollen Kreis in 360 Teile teilt (Abb. 3.12).

Als Symbol für Winkel werden griechische Buchstaben verwendet. Zweckmäßigerweise sollte man α und ω nicht für Winkel benutzen, da sie für Winkel-Beschleunigung bzw. -Geschwindigkeit stehen.

Tabelle 3.7 Ausgewählte Winkelmerkmale

Winkelmerkmale	durchschnittlicher Wert [°]	[rad]
Rückwärtsneigung der Rumpfachse bei Beginn des Speer-Abwurfs	26	0,45
Abflugwinkel beim Kugelstoßen ($\overline{W}$ = 20 m)	37	0,65
Abflugwinkel beim Hochsprung ($\overline{H}$ = 2,20 m)	50	0,87
Arbeitssektor beim Rudern (Vierer)	80	1,4
minimaler Kniegelenkwinkel des Stoßbeines beim Kugelstoß	90	1,57

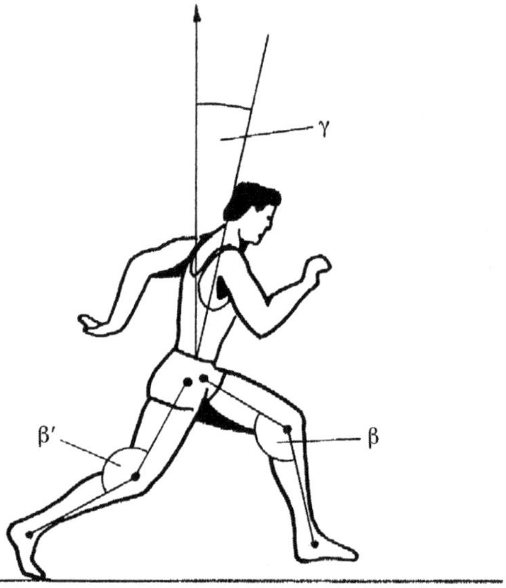

Abb. 3.13 Körperbezogene Winkel am Beispiel eines Läufers

Bezeichnung:
β(') Kniegelenkwinkel
γ Rumpfvorlagewinkel

Es gibt zwei Klassen biomechanischer Winkelmerkmale: körperbezogene und richtungsbezogene.

Die erste Klasse beschreibt Winkel zwischen der Achse eines Körperteils und der Achse eines anderen Körperteils bzw. einer äußeren Bezugslinie (Abb. 3.13). Die zweite Klasse beschreibt die Richtung eines Vektors im Koordinatensystem (Abb. 3.14).

Anmerkung:
Der Winkel ist nach seiner Definition als Verhältnis eine Zahl, also ein Skalar. Die räumliche Orientierung ist jedoch nicht vernachlässigbar, da die beiden Schenkel des Winkels i.a. eine Ebene im Raum aufspannen, in der der Winkel liegt. Daraus folgt, daß zwei Winkel nur dann addiert werden können, wenn beide Drehebenen übereinstimmen.

In Abb. 3.15 kann man erkennen, daß die Drehungen eines Würfels um 90° um die y- bzw. z-Achse zu unterschiedlichen Endlagen führen, je nach der Reihenfolge, in der die Drehungen ausgeführt werden.

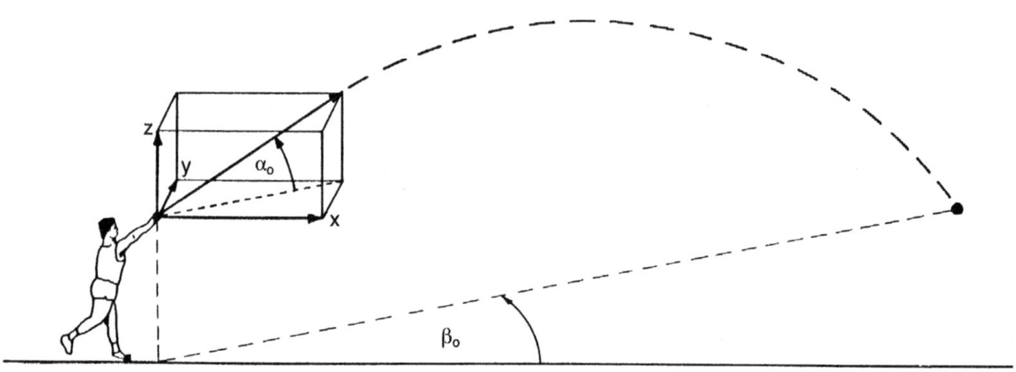

Abb. 3.14 Punktbezogene Winkel am Beispiel der Abfluggeschwindigkeit der Kugel

Bezeichnung:
α_o Abflugwinkel
β_o Abweichung der Flugbahn von der Normstoßrichtung

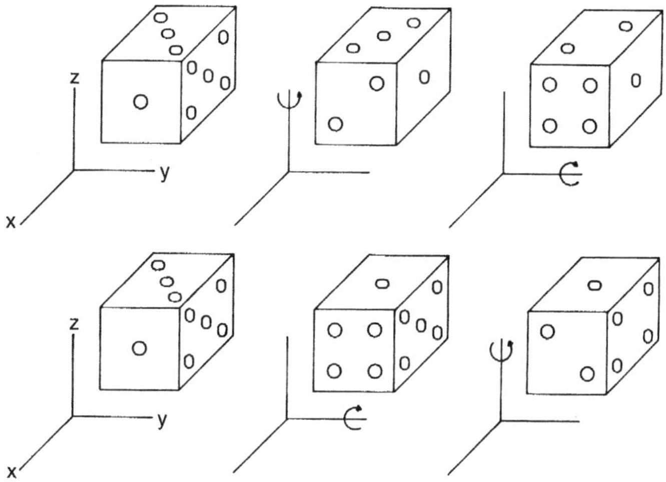

Abb. 3.15 Die Drehungen eines Würfels um jeweils 90° in der Reihenfolge z–y (obere Reihe) ergeben eine andere Endlage als die Reihenfolge y–z (untere Reihe)

3.3.2.2 Winkelgeschwindigkeit

Die Größe „Winkelgeschwindigkeit“ wird mit dem Symbol „$\vec{\omega}$“ bezeichnet und in „1/Sekunde [1/s]“ gemessen.

Winkelgeschwindigkeit	$\vec{\omega}$	[1/s]

Entsprechend den oben eingeführten Pseudo-Einheiten für den Winkel kann man die Winkelgeschwindigkeit auch in [rad/s] und [°/s] messen.

Die Winkelgeschwindigkeit beschreibt die Änderung eines Winkels mit der Zeit und ist analog zur Geschwindigkeit über die Ableitung des Winkels nach der Zeit definiert:

$$\vec{\omega} = \frac{d\varphi}{dt}$$

wobei auch hier in der Anwendung meist endliche Differenzen verwendet werden:

$$\vec{\omega} = \lim_{\Delta t \to 0} \frac{\Delta\varphi}{\Delta t}$$

Die Winkelgeschwindigkeit ist ein Vektor. Ihr Betrag ergibt sich aus der vorstehend erläuterten Ableitung des Winkels nach der Zeit, ihre Richtung daraus, daß sie senkrecht auf der momentanen – vom Winkel aufgespannten – Ebene (s. oben) steht (diese Eigenschaft erschwert die anschauliche Erfassung der Größe „Winkelgeschwindigkeit“).

Verbleiben die beiden Schenkel des Winkels während der zeitlichen Bewegung in einer Ebene, so steht die Winkelgeschwindigkeit im Raum still, nur ihr Betrag ändert sich (dies gilt z. B. für die Kniewinkelgeschwindigkeit beim Weitsprung-Absprung). Bewegen sich die Schenkel aber aus der anfänglichen Ebene heraus, so dreht sich der Vektor der Winkelgeschwindigkeit im Raum entsprechend mit (z. B. die Ellenbogen-Winkelgeschwindigkeit beim Speer-Abwurf).

An diesen Beispielen wird deutlich, daß die momentane Größe $\vec{\omega}(t)$ sich sowohl im Betrag als auch in der Richtung von der mittleren Größe $\overline{\omega}$ unterscheiden kann.

Tabelle 3.8 Ausgewählte Winkelgeschwindigkeitsmerkmale

Merkmale	durchschnittlicher Wert [rad/s]
Maximale Hüftwinkelbeugungsgeschwindigkeit beim Abgang vom Reck mit Dreifachsalto	7,4
Kniestreckungsgeschwindigkeit des Stützbeines beim Weitsprungabsprung ($\overline{W}$ = 7,24 m)	14,3
Rotation beim Doppelaxel im Eiskunstlaufen	28
Rotation des Männerdiskus im Flug	38,5

3.3.2.3 Winkelbeschleunigung

Die Größe „Winkelbeschleunigung“ wird mit dem Symbol „$\vec{\alpha}$“ bezeichnet und in „1/Sekunde zum Quadrat [1/s²]“ gemessen.

Winkelbeschleunigung	$\vec{\alpha}$	[1/s²]

Auch hier sind die Pseudo-Einheiten [rad/s²] und [°/s²] verwendbar. Die Winkelbeschleunigung ist definiert als die Ableitung der Winkelgeschwindigkeit nach der Zeit:

$$\vec{\alpha}(t) = \frac{d\vec{\omega}(t)}{dt}$$

Analog zur Winkelgeschwindigkeit mißt man die Winkelbeschleunigung in der Praxis über endliche Intervalle mit der mehrfach aufgeführten Näherung

$$\vec{\alpha}(t) = \lim_{\Delta t \to 0} \frac{\Delta\vec{\omega}(t)}{\Delta t}$$

Die Größe „Winkelbeschleunigung" wird in praxi selten benutzt, da sie relativ unanschaulich ist und ihre Interpretation ein geschultes räumliches Vorstellungsvermögen erfordert.

3.4 Biodynamische Merkmale

Die bisher betrachteten biokinematischen Merkmale betreffen die geometrische Beschreibung der Bewegung. Die biodynamischen Merkmale beinhalten dagegen Eigenschaften der Stoffe, aus denen die sich bewegenden Körper bestehen und beschreiben die Ursachen und Auswirkungen der Wechselwirkung zwischen Körpern.

3.4.1 Translatorische biodynamische Merkmale

3.4.1.1 Masse

Die Größe „Masse" wird mit dem Symbol „m" bezeichnet und in „Kilogramm [kg]" gemessen.

Masse	m	[kg]

Die Masse 1 kg wird durch Vergleich mit dem sog. „Urkilogramm" bestimmt, das in Paris unter streng kontrollierten Umweltbedingungen aufbewahrt wird.

Die Größe „Masse" bezieht sich nicht auf die Geometrie eines Körpers, sondern auf seine stoffliche Substanz. Es ist eine Alltagserfahrung, daß zwei gleichgroße Körper aus zwei verschiedenen Materialien (z. B. Holz und Eisen) unterschiedliche Masse besitzen.

Die Größe „Masse" zeigt sich darin, daß zwei massebehaftete Körper aufeinander eine Kraft ausüben, die Schwerkraft oder Gravitation. Da die Erde eine sehr große Masse aufweist ($m_e \approx 5{,}97 \cdot 10^{24}$ kg) ist ihre Anziehungskraft eine Einflußgröße jeder sportlichen Bewegung.

Die Massenanziehungskraft der Erde auf einen Körper auf ihrer Oberfläche bezeichnet man als „Gewicht" des Körpers.

Tabelle 3.9 Ausgewählte Massemerkmale

Merkmale		durchschnittlicher Wert [kg]
Schlagballmasse	(Schüler C)	0,08
Speermasse	(Männer)	0,8
Kugelmasse	(Männer)	7,257
durchschnittliche Körpermasse einer Stichprobe von 100 Turnern		61,7 ± 8,4
Hantelmasse (Olympiasieg 1984 Superschwergewicht Zweikampf Stoßen und Reißen)		412,5

3.4.1.2 Impuls

Die Größe „Impuls" wird mit dem Symbol „$\vec{p}$" bezeichnet und in „Kilogramm mal Meter pro Sekunde [kg m/s]" gemessen.

Impuls	$\vec{p}$	[kg m/s]

Der Impuls ergibt sich aus der Multiplikation von Masse und Geschwindigkeit: $\vec{p} = m \cdot \vec{v}$.

Der Impuls ist eine der zentralen Größen zur Beschreibung der Bewegung massebehafteter Körper, da für ihn (genauer: für jede seiner Komponenten) ein Erhaltungssatz gilt. In einfachster Form besagt dieser, daß sich der Impuls nicht ändert, solange keine Kräfte von außen auf den Körper wirken. Innere Kräfte (z. B. Muskelkräfte) können den Impuls im Unterschied zu äußeren (z. B. Stützkräfte) nicht ändern.

Tabelle 3.10 Ausgewählte Impulsmerkmale

Merkmale	durchschnittlicher Wert [kg m/s]
Abflugimpuls der Männerkugel ($\overline{W}$ = 22 m)	100
Abflugimpuls eines Weitspringers ($\overline{m}$ = 100 kg, $\overline{W}$ = 8 m)	950

Ein Athlet (bzw. ein Sportgerät) ändert seine Masse während einer Bewegung nicht, so daß der Erhaltungssatz des Impulses in diesem Fall beinhaltet, daß auch die Geschwindigkeit des Athleten (bzw. des Geräts) gleich bleibt, solange keine äußere Kraft auf ihn einwirkt.

Die Formen der Impulsübertragung (elastischer Stoß, unelastischer Stoß) werden bei einigen Sportarten (Billard, Eisstockschießen) benutzt. Ein Eisstockschütze, der einen gut plazierten gegnerischen Stock zentral trifft, wird diesen fortbewegen, wobei sein eigener Stock (da beide Massen gleich sind) an der Auftreffstelle (also in der günstigen Position) verbleibt; der Impuls wird dabei vollständig von dem einen Körper auf den anderen übertragen.

3.4.1.3 Kraft

Die Größe „Kraft“ wird mit dem Symbol „$\vec{F}$“ bezeichnet und in „Newton [N]“ gemessen.

Kraft	$\vec{F}$	[N]

Das Vorhandensein einer Kraft zeigt sich daran, daß ein Körper auf einen anderen einwirkt. Die beiden im Sport bemerkbaren Kräfte sind die Schwerkraft und die elektromagnetische Kraft. Die Erwähnung der ersteren erfolgte bereits im Abschnitt über die Masse, die letztere bedarf einer Erläuterung, da sie aus dem Alltagsleben nicht als solche bekannt ist.

Die Erklärung beispielsweise der Muskelkräfte oder der Kraftübertragung von einem Körper auf einen anderen kann nur nach einem Exkurs in den atomaren Aufbau aller Körper erfolgen. Die Atome – die jeden makroskopischen Körper aufbauen – bestehen aus elektrisch verschieden geladenen Elementarteilchen, deren Anordnung einem energetischen Gleichgewicht entspricht.

Wird in der Muskelzelle Energie von einem ATP-Molekül auf die Atome der Aktin- bzw. Myosin-Filamente übertragen, ändert sich deren Anordnung. Die makroskopische Auswirkung sehr vieler gleichzeitiger Energieübertragungen wird in einer Bewegung des Muskels und einer Kraftausübung sichtbar.

Nähern sich zwei Körper (z. B. zwei Billardkugeln) bis zum Kontakt, dann wirkt sich die Anordnung der verschieden geladenen Elementarteilchen bei Abständen der Körper in der Größe eines Atomdurchmessers so aus, daß gleich geladene Teilchen beider Körper (hier die Elektronen) abstoßende Kräfte aufeinander ausüben, die sich in ihrer vielfachen Summe über die Teilchenanordnung beider Körper auch makroskopisch ausbreiten.

Aus dieser Ableitung ergibt sich, daß nie eine Kraft von einem Körper ausgehen kann, sondern daß Kräfte stets zwischen zwei Körpern wirken. Beispielsweise führt die Kraftausübung des Sprinters auf den Startblock (und des daran befestigten Planeten „Erde“) zu einer gleichgroßen Gegenkraft des Startblocks, die die Masse des Sportlers bewegt.

Dieses Naturgesetz wurde von *Newton* entdeckt und wird allgemein mit „actio = reactio“ bezeichnet.

Makroskopisch hat eine Kraft zwei mögliche Auswirkungen: eine Beschleunigung und eine Verformung. Beschleunigende Kräfte finden wir z. B. bei Abwürfen, verformende Kräfte z. B. am Sprungbrett im Turnen und Wasserspringen (meist treten beide Wirkungen zusammen auf).

Über die beschleunigende Wirkung einer Kraft kann die Einheit „Newton“ aus den Basisgrößen abgeleitet werden: Die Kraft 1 N beschleunigt einen Körper mit der Masse 1 kg um 1 m/s².

$$1\,\text{N} = 1\,\text{kg m/s}^2$$

Die verformende Wirkung einer Kraft kann man zu ihrer Messung benutzen. Beispielsweise ist die Länge einer Feder, die zwischen zwei aufeinander wirkenden Körpern angebracht ist, der Kraft proportional.

Als Beispiel für im Sport auftretende Kräfte zeigt Abb. 3.16 den zeitlichen Verlauf der Vertikalkraft während des Hebens eines Gewichtes (Reißen). In Abb. 3.16 ist der Unterschied zwischen dem Maximalwert der Kraft (ca. 1750 N) und dem mittleren Wert (ca. 1000 N) deutlich zu

Tabelle 3.11 Ausgewählte Kraftmerkmale

Merkmale	durchschnittlicher Wert [N]
Maximalkraft beim Weitsprung-Absprung ($\overline{m}$ = 100 kg, $\overline{W}$ = 7,50 m)	12 000
Mittelwert der Kraft beim Weitsprung-Absprung	2 500
Maximalwert an einem Ring bei der Riesenfelge ($\overline{m}$ = 60 kg)	2 500
Maximale Stemmkraft beim Absprung zum Handstützüberschlag ($\overline{m}$ = 60 kg)	1 800
Handkraft beim Rudern (Vierer)	300

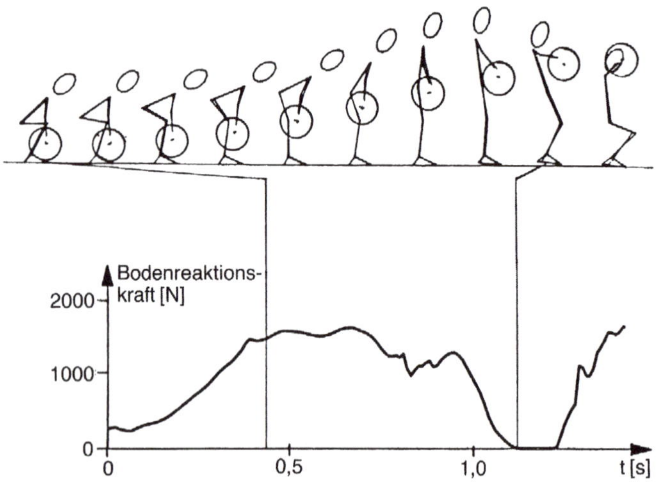

Abb. 3.16 Verlauf der Vertikalkraft während des Gewichthebens (Reißen) [aus: *Baumann:* Komplexe biomechanische Analyse der Technik im Gewichtheben, unveröffentlichter Forschungsbericht des BISp, VF 0407/06/02/86. Köln 1987]

erkennen. Noch extremer ist der Unterschied bei der Vertikalkraft während des Weitsprung-Absprungs in Abb. 3.18 (ca. 10 000 N bzw. 2 500 N). Beide Werte sind wichtige Parameter. Beispielsweise muß der Maximalwert der Kraft von der Struktur aller beteiligten Systemelemente des Bewegungsapparates (Knochen, Muskeln, Sehnen ...) übertragen werden können, sonst kommt es zu einer bleibenden Verformung bzw. Zerstörung. Die mittlere Kraft ist eng mit der beschleunigenden Wirkung verbunden, wie im folgenden Abschnitt über den Kraftstoß ausgeführt wird.

Kräfte, die entgegen der Bewegungsrichtung wirken und damit die Geschwindigkeit eines Körpers mindern, nennt man akzentuierend Bremskräfte.

Bremsend wirken zumeist Reibungskräfte. Sie entstehen, wenn ein Körper in der Horizontalebene auf einem anderen Körper bewegt wird (Gleitreibung). Sie nehmen ab, wenn die Kontaktflächen geglättet und durch Flüssigkeiten (z. B. Wasser oder Öl) geschmiert werden.

Wenn der reibende Körper auf der Unterlage still liegt, muß zunächst eine größere Kraft an ihm angreifen, um ihn in Bewegung zu versetzen (Abb. 3.17). Diese Anfangskraft nennt man Haftreibung.

Das geschickte Ausnutzen der unterschiedlichen Reibungskräfte erlaubt dem Skilangläufer die Fortbewegung. Er nutzt die relativ hohe Haftreibung, um den Körper mit dem einen kurzzeitig stillstehenden Ski abzustoßen und die niedrige Gleitreibung, um auf dem anderen Ski möglichst weit zu gleiten.

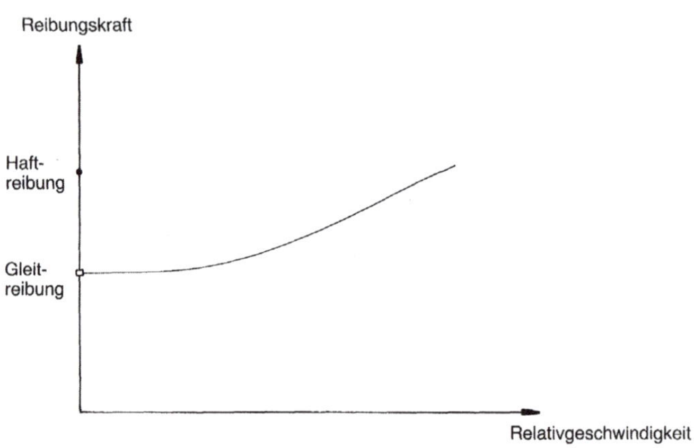

Abb. 3.17 Reibungskraft zwischen Ski und Schnee in Abhängigkeit von der Relativgeschwindigkeit

3.4.1.4 Kraftstoß

Die Größe „Kraftstoß“ wird mit dem Symbol „$\overrightarrow{\Delta p}$“ bezeichnet und in „Newtonsekunden [Ns]“ gemessen.

Kraftstoß	$\overrightarrow{\Delta p}$	[Ns]

Die Größe „Kraftstoß“ wird in der Mechanik selten, wegen ihrer Anschaulichkeit in der Biomechanik häufiger verwendet.

Sie ist definiert als das Zeitintegral der Kraft:

$$\overrightarrow{\Delta p} = \int_{t_1}^{t_2} \vec{F}(t)dt$$

Graphisch ist dies die Fläche unter der Kraft-Zeit-Kurve (Abb. 3.18).

Bei einer konstanten Kraft, die von t_1 bis t_2 wirkt, vereinfacht sich das Integral zu:

$$\overrightarrow{\Delta p} = \vec{F}(t_2 - t_1)$$

Aufgrund der mathematischen Eigenschaften der an biologischen Systemen auftretenden Kraft-Zeit-Funktionen $\vec{F}(t)$ existiert immer ein Mittelwert der Kraft $\overline{F}$, für den gilt:

$$\overrightarrow{\Delta p} = \int_{t_1}^{t_2} \vec{F}(t)dt = \overline{F}(t_2 - t_1)$$

Aus den Definitionen der Größen „Impuls“, „Kraft“ und „Kraftstoß“ leitet sich der Impulssatz in allgemeiner Form (auch bei nicht verschwindenden Kräften) ab. Der Kraftstoß ist gleich der Änderung des Impulses

$$\overrightarrow{\Delta p} = \vec{p}(t_2) - \vec{p}(t_1)$$

Da ein Athlet seine Masse im Verlauf einer sportlichen Bewegung i.a. nicht ändert, gilt:

$$\overrightarrow{\Delta p} = m(\vec{v}(t_2) - \vec{v}(t_1))$$

Diese Gleichung verknüpft biokinematische und biodynamische Meßgrößen und erlaubt die wechselweise Bestimmung fehlender Merkmale.

Beispielsweise kann man aus einer kinematografischen Untersuchung anhand der Geschwin-

Abb. 3.12 Ausgewählte Kraftstoßmerkmale

Merkmale	durchschnittlicher Wert [Ns]
Horizontaler Kraftstoß beim Weitsprung-Absprung (Beschleunigungskraftstoß – Bremskraftstoß $\overline{W}$ =7,5 m, $\overline{m}$ = 90 kg)	100
Kraftstoß während eines Ruderschlags (Vierer)	140
Vertikaler Kraftstoß beim Weitsprung-Absprung ($\overline{W}$ = 7,5 m, $\overline{m}$ = 90 kg)	300
Horizontaler Startkraftstoß beim Rennrodeln	500

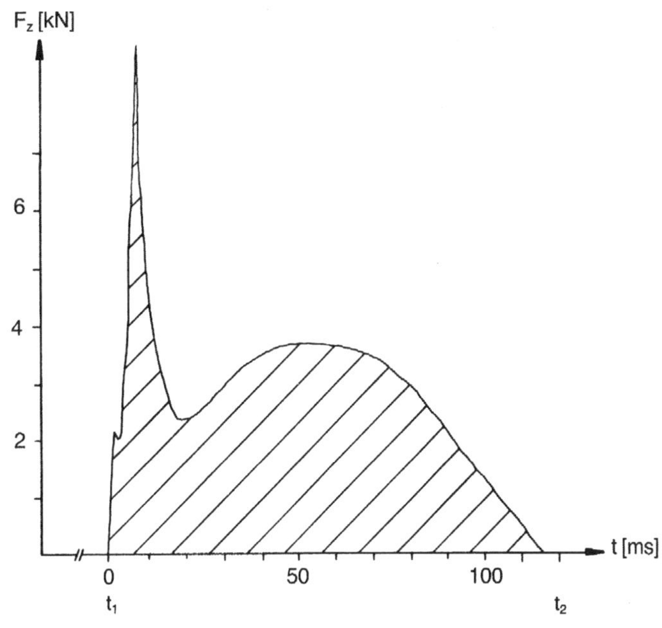

Abb. 3.18 Kraft-Zeit-Verlauf eines Weitsprung-Absprungs mit Kraftstoß (schraffiert)

digkeitsdifferenz des Körperschwerpunkts bei bekannter Körpermasse den Kraftstoß und mit der gemessenen Wirkungsdauer (z. B. Stützdauer) die mittlere Kraft berechnen.

Umgekehrt kann man aus der Messung der mittleren Kraft und ihrer Wirkungsdauer bei bekannter Masse eines Sportlers seine Geschwindigkeitsänderung berechnen und erhält so eine rückwirkungsfreie Schnellinformation(smethode).

3.4.1.5 Arbeit

Die Größe „Arbeit" wird mit dem Symbol „W" bezeichnet und in „Newtonmeter [Nm]" gemessen.

Arbeit	W	[Nm]

Wird ein Körper 1 m weit durch eine gleichbleibende Kraft von 1 N bewegt, hat die äußere Kraft eine Arbeit von 1 Nm verrichtet.

Physikalisch exakt berechnet sich der Skalar „Arbeit" aus dem Skalarprodukt der beiden Vektoren „Kraft" und „Weg" bzw. aus dem Integral des Momentanwerts der Kraft (bei betrags- und richtungsmäßig variierender Kraft):

$$W = \int_{s_1}^{s_2} \overrightarrow{F(s)} \cdot \overrightarrow{ds}$$

Je nach der Auswirkung der Kraft (Beschleunigung, Reibung, Hub, Verformung, ...) benennt man die Arbeit (Beschleunigungsarbeit, Reibungsarbeit, Hubarbeit, Verformungsarbeit, ...).

Eine weitere Betrachtung der Größe „Arbeit" folgt nach der Einführung der Größe „Energie".

3.4.1.6 Energie

Die Größe „Energie" wird mit dem Symbol „E" bezeichnet und in „Joule [J]" gemessen.

Energie	E	[J]

Der Zusammenhang zwischen Arbeit und Energie ist einfach: ein Körper, an dem die Arbeit 1 Nm verrichtet wurde, ändert seine Energie um 1 J.

Die Energie ist eine wichtige Beschreibungsgröße, denn auch für sie gilt ein Erhaltungssatz:

Die Energie eines Systems (z. B. Athlet und Gerät) bleibt konstant, sofern keine Wechselwirkung mit einem äußeren Körper (z. B. Boden) vorliegt.

Die Arten der Energie werden nach ihrer Entstehung bezeichnet:

- kinetische Energie (E_{kin}):
  ein Körper der Masse m und der Geschwindigkeit v hat die kinetische Energie:
  $$E_{kin} = \frac{m}{2} v^2$$
  Die kinetische Energie der Männerkugel beim Abflug beträgt bei Stoßweiten um 20 m ca. 670 J.
- potentielle Energie (E_{pot}):
  ein Körper mit der Masse m in der Höhe h über dem Boden hat die potentielle Energie:
  $$E_{pot} = m\,g\,h$$
  wobei $g = 9{,}81\ m/s^2$.
  Allein das Heben der Kugel beim Stoß um 1,1 m (bei Männern zwischen dem Beginn des Angleitens und dem Abflug) verleiht ihr eine Energie von 78 J.
- thermische Energie (E_{therm}):
  ein Körper, der von einer Beschleunigungskraft gegen eine Reibungskraft bewegt wurde und dabei weder kinetische noch potentielle Energie gewonnen hat, erhöht seine Temperatur um Δt[°C]. Es gilt:
  $$E_{therm} = c\,m\,\Delta t$$
  mit c = spezifische Wärme. Unter der Annahme totaler thermischer Isolation führt die Arbeit 4,187 Nm zu einer Temperaturerhöhung eines Grammes Wasser (= 1 cm^3 Wasser) um 1 °C.
  Im Normalfall verteilt sich die thermische Energie unmerklich vom Entstehungsort, in ungünstigen Fällen kann jedoch beispielsweise die lokale Erzeugung starker Reibungskräfte zu Verbrennungen führen (z. B. zu schnelles Abseilen beim Klettern).
- metabolische Energie (E_{met}):
  sie quantifiziert die an Stoffwechselvorgänge gebundene Energieerzeugung eines Sportlers. Im Körper sind energiereiche chemische Verbindungen gespeichert, die ihre Energie aufgrund neuraler Stimulation abgeben können. Am nahezu trivialen Beispiel, daß ein austrainierter, gut ernährter Zehnkämpfer eine erheblich größere Arbeit verrichten kann als ein unterernährtes Kind, wird deutlich, daß die metabolische Energie schwierig zu bestimmen ist und eine Reihe von Einflußgrößen aufweist.

Als komplexes Beispiel betrachten wir die Riesenfelge am Reck (Abb. 3.19):

Potentielle Energie am Scheitel der Bahn wechselt mit kinetischer Energie am Tiefpunkt,

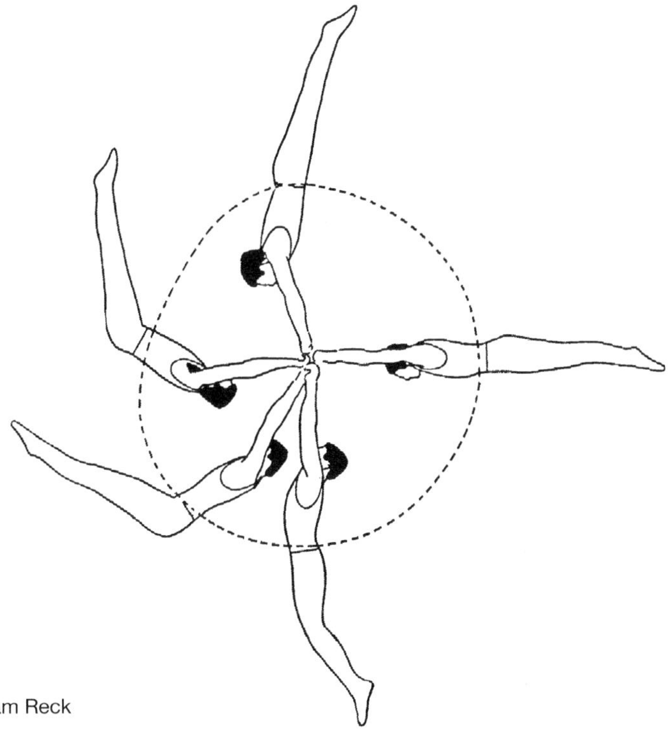

Abb. 3.19 KSP-Bahn der Riesenfelge am Reck

wobei metabolische Energie über die Schulter- und Hüftbewegung eingesetzt wird, um zum einen die Reibung an den Händen zu kompensieren und zum anderen die kinetische Energie am Ende der Riesenfelge für nachfolgende Flugteile oder Abgänge zu erhöhen.

Im Prinzip kann jede Energieform in eine andere umgewandelt werden und ein Energie besitzender Körper kann an einem anderen Körper Arbeit verrichten, der wiederum die an ihm verrichtete Arbeit als Energie speichert. Im Realfall entsteht stets Reibungswärme, die als „verlorene“ Energie an die Umgebung weitergegeben wird, da ein Athlet keine Wärmekraftmaschine ist, die die Temperaturerhöhung (zumindest teilweise) wieder in mechanische Arbeit umsetzen kann.

3.4.1.7 Leistung

Die Größe „Leistung“ wird mit dem Symbol „P“ bezeichnet und in „Watt [W]“ gemessen

Leistung	P	[W]

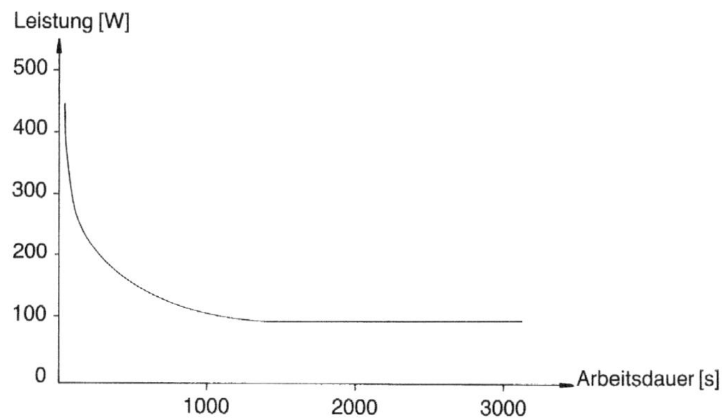

Abb. 3.20 Zeitdauer der Leistungserbringung in Abhängigkeit von der Leistung (nach: *DeMareés:* Sportphysiologie. In: Medizin von heute. Bd. 10. Köln-Mühlheim 1981)

Die Leistung gibt an, wieviel Arbeit ein System pro Zeiteinheit an einem anderen System verrichtet. Dabei gilt:

1 W = 1 Nm/s

Die Zeitdauer, während der ein Athlet eine Leistung abgeben kann, ist – im Unterschied zu einem Motor – stark von der Höhe der Leistung abhängig (Abb. 3.20).

Dieser Befund weist darauf hin, daß die Energiebereitstellung im Körper eines Lebewesens ein komplizierter Stoffwechselvorgang ist.

3.4.2 Rotatorische biodynamische Merkmale

Die rotatorischen biodynamischen Merkmale beinhalten nicht nur stoffliche Eigenschaften der betrachteten Körper, sondern auch die räumliche Verteilung dieser Eigenschaften innerhalb der Körper. Es ist deshalb leicht einzusehen, daß die Bestimmung dieser Merkmale schwierig ist und ihre Analyse tiefergehende Überlegungen erfordert.

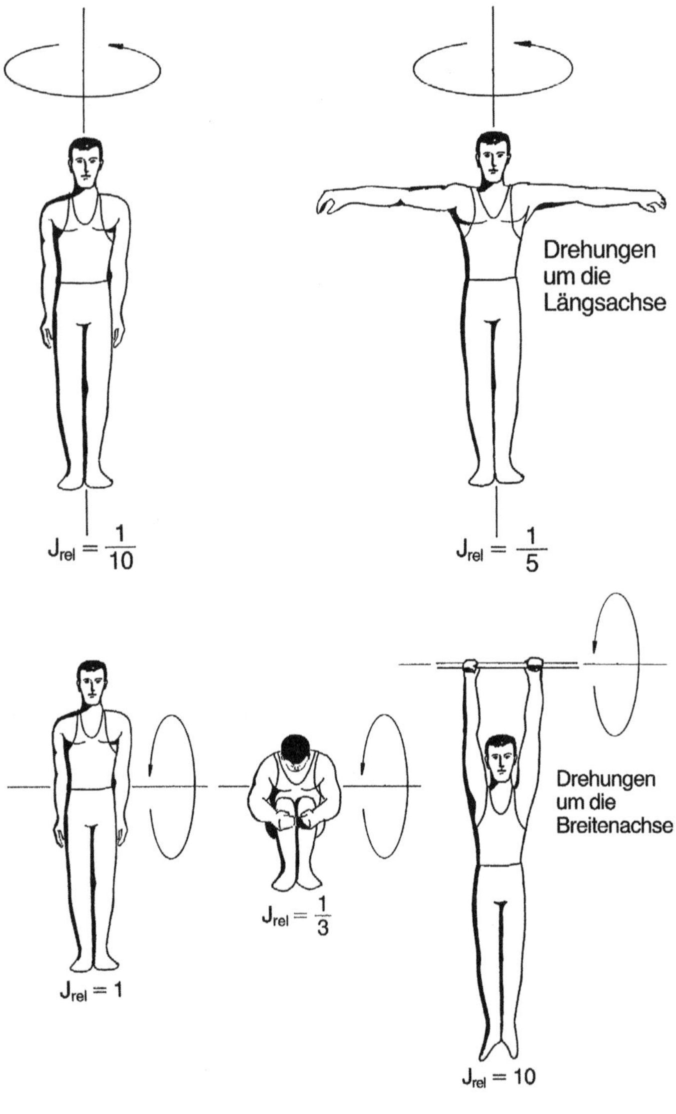

Abb. 3.21 Relative Massenträgheitsmomente J_{rel} eines Turners in ausgewählten Körperposen

3.4.2.1 Massenträgheitsmoment

Die Größe „Massenträgheitsmoment" wird mit dem Symbol „J" bezeichnet und in „Kilogramm mal Quadratmeter [kgm^2]" gemessen.

Massenträgheitsmoment	J	[kgm^2]

Analog zur Masse, die angibt, welchen Widerstand ein Körper einer Kraft entgegensetzt, gemäß $a \cdot m = F$ (je größer die Masse, desto kleiner die entstehende Beschleunigung bei gleicher Kraft), gibt das Massenträgheitsmoment an, welche Winkelbeschleunigung bei einem wirkenden Drehmoment (s.u.) entsteht:

$$\alpha \cdot J = M$$

Das Massenträgheitsmoment berechnet sich als das Volumenintegral

$$J = \iiint \rho(x,y,z) r^2 dxdydz$$

wobei ρ (x, y, z) die Dichte am Punkt (x, y, z) ist (= Masse pro Volumenelement) und r der Abstand des Volumenelements von der Drehachse.

Während ein Körper eine bestimmte Masse aufweist, ist das Massenträgheitsmoment sowohl von der Lage der Drehachse als auch – bei zusammengesetzten beweglichen Körpern – von der Lageanordnung des Körpers abhängig. Abb. 3.21 zeigt dies am Beispiel eines Turners.

Eine wichtige Beziehung zwischen Massenträgheitsmomenten um parallele Achsen bei fester Körperlage wurde von *Steiner* entdeckt. Wenn A eine Achse durch den Schwerpunkt des Körpers und B eine dazu parallele, um d entfernte Achse ist, gilt:

$$J_B = md^2 + J_A$$

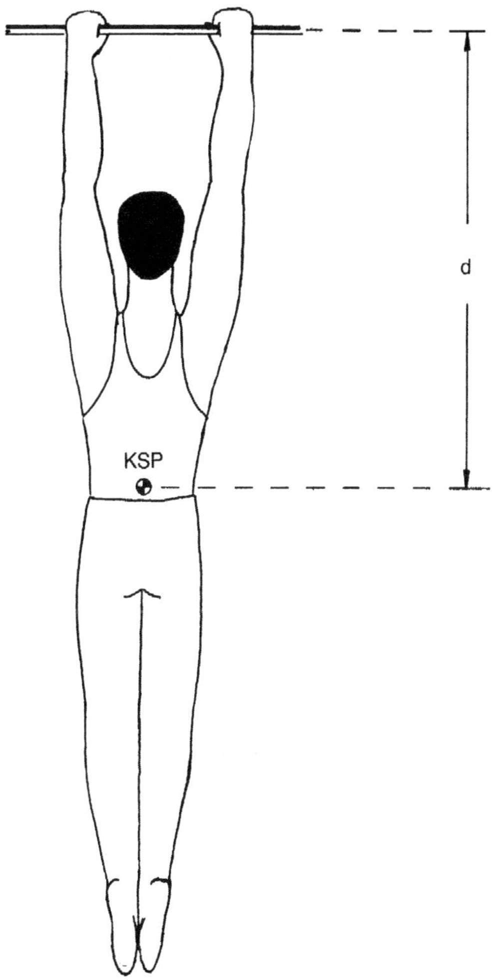

Abb. 3.22 Anwendung des Satzes von *Steiner* am Beispiel eines Reckturners

Am Beispiel von Abb. 3.22 sehen wir: J_A ist das Massenträgheitsmoment des Turners mit erhobenen Armen bezüglich der Querachse durch den KSP, J_B ist sein Massenträgheitsmoment bezüglich der Reckachse, d ist der Abstand beider Achsen und m ist die Körpermasse des Turners.

Bei einem Turner mit m = 70 kg beträgt $J_A \sim 19$ kgm^2. Bei einer Körperhöhe von 1,7 m beträgt d ca. 1,3 m. Aus diesen Werten berechnet sich $J_B \sim 118 + 19$ kgm^2, also $J_B \sim 137$ kgm^2.

Das Massenträgheitsmoment J_{ges} des menschlichen Körpers läßt sich in jeder Pose aus den Massenträgheitsmomenten J_i der i Körperteile berechnen. Jedoch darf man die J_i nicht einfach addieren, da sie um Achsen durch die Körperteil-Schwerpunkte (TSP) und nicht um Achsen durch den KSP definiert sind. Die Transformation ist mit dem Satz von *Steiner* für jeden Körperteil durchzuführen. Hierbei betrachtet man, welche Achse des Körperteils parallel zu der Achse durch den KSP verläuft. Zu dem dazu gehörenden Massenträgheitsmoment J_i addiert man das Produkt der Körperteilmasse m_i mit dem Quadrat des Abstands KSP-TSP d_i und erhält damit den Beitrag eines Körperteils zum Gesamtkörper-Massenträgheitsmoment J_{ges}.

$$J_{ges} = \Sigma(J_i + m_i d_i^2)$$

Abb. 3.23 Änderung der Rotationsgeschwindigkeit eines Eiskunstläufers bei Pirouetten mit unterschiedlichen Körperposen

3.4.2.2 Drehimpuls

Die Größe „Drehimpuls“ wird mit dem Symbol „$\vec{L}$“ bezeichnet und in „Kilogramm mal Quadratmeter pro Sekunde [kgm²/s]“ gemessen.

Drehimpuls	$\vec{L}$	[kgm²/s]

Der Impuls (s. oben) beschreibt den translatorischen Bewegungszustand eines Körpers, der Drehimpuls den rotatorischen. Auch hier gilt ein Erhaltungssatz, wonach alle drei Komponenten des Drehimpulses beim Fehlen äußerer Drehmomente konstant sind. Der Drehimpuls berechnet sich als Produkt von Winkelgeschwindigkeit und Massenträgheitsmoment um die Drehachse.

$$\vec{L} = J\vec{\omega}$$

Aus dieser Gleichung läßt sich ein grundlegender Unterschied zum Impuls bei Translationen ableiten. Während die Geschwindigkeit eines sich frei (ohne äußere Kräfte) bewegenden Körpers unabhängig von der Wirkung innerer Kräfte konstant ist, kann sich die Winkelgeschwindigkeit desselben Körpers dadurch ändern, daß der Körper eine andere Lage einnimmt.

Das klassische Beispiel dieses Sachverhalts ist die Pirouettenbewegung eines Eiskunstläufers (Abb. 3.23), wobei sich die Drehgeschwindigkeit verdoppelt, wenn die zuvor seitlich weggestreckten Arme an den Körper gelegt werden, da sich das Massenträgheitsmoment um die Körperlängsachse dabei halbiert.

3.4.2.3 Drehmoment

Die Größe „Drehmoment“ wird mit dem Symbol „$\vec{M}$“ bezeichnet und in „Newtonmeter [Nm]“ gemessen.

Drehmoment	$\vec{M}$	[Nm]

Eine Drehbewegung (ohne überlagerte translatorische Bewegung) entsteht dadurch, daß an einem Körper ein sog. Kräftepaar angreift. Darunter sind zwei entgegengesetzt gerichtete Kräfte $\vec{F}$ zu verstehen, deren Wirkungslinien um die Distanz d getrennt sind (Abb. 3.24). Die Distanz d entspricht dem Hebelarm, wobei zu berücksichtigen ist, daß die Hebelgesetze nur im statischen Fall (wenn sich alle Drehmomente gegenseitig aufheben) gelten.

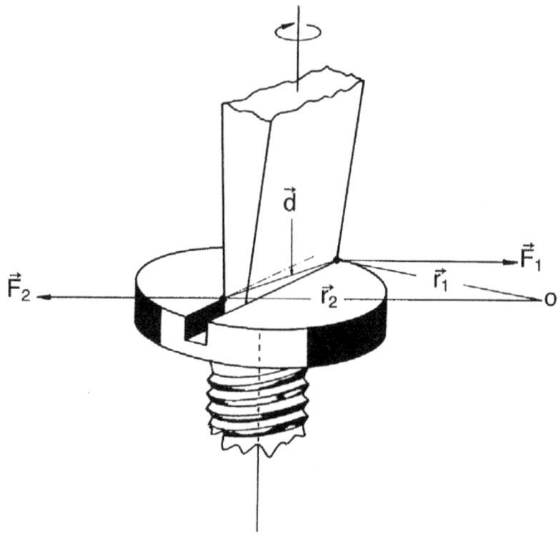

Abb. 3.24 Drehmoment am Beispiel eines Schraubendrehers

Das so ausgeübte Drehmoment M berechnet sich zu:

$$M = d \cdot F$$

im allgemeinen Fall als Vektorprodukt:

$$\vec{M} = \vec{d} \times \vec{F}$$

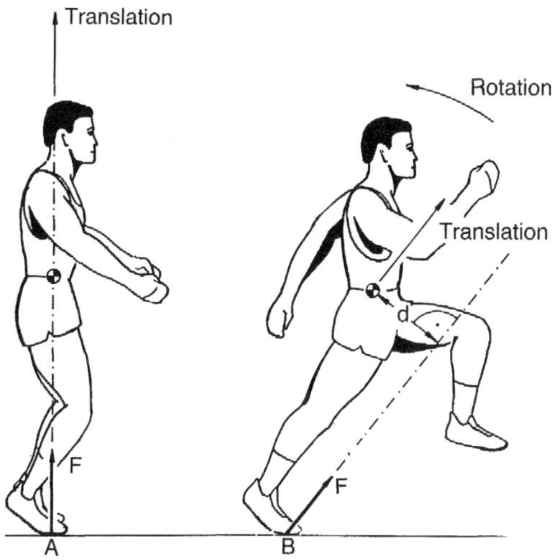

Abb. 3.25 Beispiel für eine zentrische (A) und eine exzentrische (B) Krafteinwirkung bei Absprungbewegungen
A vertikaler Strecksprung
B Weitsprung-Absprung
Bezeichnung:
F Absprungkraft
d Abstand des KSP zur Wirkungslinie der Absprungkraft

Greift an einem Körper nur eine Kraft an, so gibt es zwei Fälle: die Wirkungslinie der Kraft verläuft durch den Schwerpunkt (zentrische Krafteinwirkung) oder an ihm vorbei (exzentrische Krafteinwirkung). Im ersten Fall entsteht nur eine Translation, keine Rotation, im zweiten Fall sowohl eine Translation als auch eine Rotation.

Die Beziehung zwischen Drehmoment und Änderung der Winkelbewegung (= Winkelbeschleunigung) ist:

$$\vec{M} = \vec{\alpha} \cdot J$$

Daraus folgt, daß ein und dasselbe Drehmoment am gleichen Körper entsprechend der Lageanordnung des Körpers unterschiedliche Winkelbeschleunigungen hervorrufen kann.

3.4.2.4 Drehmomentenstoß

Die Größe „Drehmomentenstoß" wird mit dem Symbol „$\overrightarrow{\Delta L}$" bezeichnet und in „Newtonmetersekunden [Nms]" gemessen.

Drehmomentenstoß	$\overrightarrow{\Delta L}$	[Nms]

Der Drehmomentenstoß wird als Zeitintegral des Drehmoments berechnet:

$$\overrightarrow{\Delta L} = \int_{t_1}^{t_2} \vec{M}dt$$

Der Drehimpulssatz kann damit allgemein angegeben werden:

$$\vec{L}(t_2) - \vec{L}(t_1) = \overrightarrow{\Delta L} = \int_{t_1}^{t_2} \vec{M}dt$$

Nur unter der speziellen Voraussetzung, daß der Athlet im Zeitintervall von t_1 bis t_2 seine Pose beibehält, gilt:

$$\vec{\omega}(t_2) - \vec{\omega}(t_1) = \frac{\overrightarrow{\Delta L}}{J}$$

3.4.2.5 Arbeit, Energie und Leistung bei Rotationen

Die Betrachtung der Größen Kraft, Hebelarm und Drehwinkel führen zur Gleichung für die Bestimmung der Dreharbeit:

$$W_{rot} = \int_{\varphi_1}^{\varphi_2} Md\varphi$$

bzw. bei konstantem Drehmoment:

$$W_{rot} = M(\varphi_2 - \varphi_1)$$

Die Größe Winkel besitzt keine Einheit, so daß die Einheit der Rotationsarbeit ebenfalls Newtonmeter [Nm] ist.

Aufgrund der Eigenschaften des Winkels – kein Vektor, aber eine Drehebene – kann man bei der Rotationsarbeit nicht das Skalarprodukt von Drehmoment und Winkel heranziehen, vielmehr muß man bei freien Anordnungen der Größen das Drehmoment auf die Senkrechte zur Winkelebene projizieren und diese Projektion in die Gleichungen einsetzen.

Die Rotationsenergie eines rotierenden Körpers ist die in ihm gespeicherte Arbeit; sie kann in jede der oben (3.4.1.6) genannten Energieformen umgewandelt werden.

Umgekehrt lassen sich andere Energieformen in Rotationsarbeit umwandeln. Als komplexes Beispiel dieser Umwandlungen betrachten wir einen Bodenturner, der die Kombination: Anlauf, Radwende, Flick-Flack und Salto ausführt. Während des Anlaufs wird kinetische Energie gespeichert, die bei den Stützkontakten vor Radwende und Flick-Flack zum großen Teil in rotatorische Energie gewandelt und beim Stütz vor dem Salto teilweise wieder in kinetische Energie zurückgewandelt wird. Die Translation ist jetzt jedoch senkrecht nach oben gerichtet und nicht (wie beim Anlauf) horizontal.

Darüber hinaus finden noch weitere Umwandlungen statt: Bei jedem Stütz wird kinetische Energie in Spannungsenergie der Muskeln und Bänder gewandelt und wieder zurückgewandelt; zusätzlich wird metabolische Energie freigesetzt. Am Ende der Übung kommt der Turner zum ruhigen Stand und wandelt dabei sämtliche translatorische und rotatorische Energie über die innere Reibung des Körpers und Bodens in thermische Energie um.

Die Leistung bei rotatorischen Bewegungen ist wie bei Translationen Arbeit pro Zeit.

3.5 Literatur

Marées, H. de: Sportphysiologie. In: Medizin von heute, Bd. 10. Köln-Mühlheim 1981

Martienssen, W.: Einführung in die Physik. Wiesbaden 1983

4 Biomechanische Meßverfahren

Wolfgang Baumann und Rüdiger Preiß

Jede biomechanische Untersuchung ist zur Gewinnung von Zahlenwerten biomechanischer Merkmale an die Bestimmung mechanischer Größen gebunden, die als meßbare Eigenschaften des menschlichen Körpers und seiner Bewegungszustände vorliegen. Die Anwendung der physikalischen Meßtechnik auf den menschlichen Körper stellt einen grundlegenden Teil der biomechanischen Arbeitsmethodik dar.

4.1 Allgemeine Grundlagen

4.1.1 Grundbegriffe des Messens

Eine physikalische und somit auch eine biomechanische Größe messen heißt, sie mit einer als Einheit gewählten Größe gleicher Art ins Verhältnis setzen. Der sich bei diesem Vergleich ergebende Zahlenwert zeigt an, wie oft die Einheit in der zu messenden Größe enthalten ist:

$$\frac{\text{physikalische Größe}}{\text{Einheit}} = \text{Zahlenwert}$$

Der Meßwert der physikalischen Größe ist gegeben durch das Produkt aus Zahlenwert und Einheit.

Beispiel:

$$\underbrace{\text{Wurfweite}}_{\text{Größe}} = \underbrace{19}_{\text{Zahlenwert}} \times \underbrace{\text{Meter}}_{\text{Einheit der Größenart Länge}}$$

Meßgrößen sind entweder direkt meßbar oder lediglich aus anderen Meßgrößen berechenbar. Als *Meßwert* bezeichnet man das unmittelbar erhaltene Produkt aus gemessenem Zahlenwert und gewählter Einheit (z.B. 19,37 Meter; 10,7 Meter/Sekunde) einer direkt meßbaren Größe (z.B. Schrittlänge, Laufgeschwindigkeit, Abstoßkraft). Der Wert der zur Bestimmung eines biomechanischen Merkmals dienenden Größe, das *Meßergebnis,* kann gleich dem Meßwert sein (direkte Messung) oder es wird über bekannte Zusammenhänge aus einem bzw. mehreren Meßwerten berechnet (indirekte Messung).

Beispiel: Die mittlere Geschwindigkeit eines Geräts wird aus der Zeitmessung über eine vorgegebene Meßstrecke berechnet.

Sämtliche Geräte und Hilfsmittel, die zur Bestimmung des Meßergebnisses einer Meßgröße erforderlich sind, bezeichnet man als *Meßeinrichtung* (Meßkette). Diese besteht im allgemeinen aus einem Meßgrößenwandler (Meßgrößenumformer, Geber, Transducer, Sensor), einem Meßwertumformer (Meßwertwandler) und – im einfachsten Fall – einem Anzeige- bzw. Registriergerät. Letztere werden immer häufiger durch (Personal) Computer ersetzt, die in der Datenspeicherung, Datenverarbeitung und Ergebnisausgabe so außerordentlich leistungsfähig und flexibel sind, daß sie in keiner modernen Meßeinrichtung mehr fehlen.

Der *Meßgrößenwandler* formt die Eingangsgröße in eine ihr zugeordnete Ausgangsgröße um, die von der Eingangsgröße physikalisch verschieden ist. So formt eine Federwaage die Eingangsgröße Kraft in eine ihr proportionale Auslenkung, in die Ausgangsgröße Länge um (Mechanischer Meßgrößenwandler); ein Drehpotentiometer formt die Eingangsgröße Winkel in eine proportionale Änderung eines elektrischen Widerstandes um (Mechanisch-elektrischer Meßgrößenwandler). Es können auch mehrere Meßgrößenumformungen in einer Meßeinrichtung stattfinden wie z.B. bei der Kraftmessung mit dem Dehnungsmeßstreifenverfahren: Kraft in Länge, Länge in elektrischen Widerstand, Widerstand in Spannung.

Ein *Meßwertwandler* formt die Eingangsgröße in eine Ausgangsgröße physikalisch gleicher Art um, verändert aber dabei den Meßbereich der Größe so, daß er innerhalb des Bereichs des nachgeschalteten Anzeige-/Registriergeräts liegt. Der Meßwertwandler dient also zur Anpassung des Meßwerts an den Eingang des Anzeige-/Registriergeräts. Am häufigsten werden elektrische Meßwertwandler eingesetzt (z.B. Verstärker), die den Wert der Spannung verändern, nicht aber die Größe Spannung selbst.

Anzeige- bzw. *Registriergeräte* bilden das Ende der Meßkette und dienen zur fortlaufenden Anzeige und/oder zur dauerhaften Speicherung der Meßergebnisse. Die Anzeige wird nur bei Einzelwerten, bei zeitlich konstanten oder langsam veränderlichen Meßergebnissen angewandt, während schnell veränderliche Meßergebnisse in der Regel gespeichert werden müssen. Nach der Form der Anzeige bzw. Registrierung unterscheiden wir analoge und digitale Meßeinrichtungen. Eine *analoge* Anzeige/Registrierung folgt kontinuierlich der Änderung des Meßergebnisses; sie entspricht in jedem Augenblick dem Meßergebnis, ist dem Meßergebnis analog. Beispiele sind: Zeigerinstrumente (der Zeigerausschlag ist dem Meßergebnis analog), Schreiber, Oszillographen, Magnetbandgeräte. Eine *digitale* Anzeige stellt das Meßergebnis in Form von Ziffern dar. Bei veränderlichem Meßergebnis ändert sich die Anzeige in Sprüngen, die der Einheit der letzten dargestellten Ziffer entsprechen. Die Anzeige/Registrierung erfolgt nicht kontinuierlich. Beispiele sind: Digitaluhr, Zähler, Ziffernanzeige.

Eine zeitgemäße Meßtechnik ist u.a. geprägt durch den Einsatz des *Computers*. Meist in Form eines Personal Computers übernimmt dieses Hilfsmittel bei entsprechender Ausstattung (hardware) und Programmierung (software) alle Aufgaben der Datenerfassung, der Synchronisation mehrerer Meßstellen, der Datenverarbeitung und -speicherung und schließlich der Ergebnisausgabe in vielfältiger Weise. Der Computer übernimmt digitalisierte Daten direkt, analoge Daten über Analog-Digital-Wandler (Analog-Eingänge) und verarbeitet sie i.a. ohne weitere Genauigkeitseinbuße gemäß den programmierten Rechenvorschriften zu den endgültigen Meßergebnissen. Die hohe Arbeitsgeschwindigkeit, die große Speicherkapazität und die niedrige Fehlerquote der Computer sind häufig unabdingbare Voraussetzung für die Durchführbarkeit von Meßaufgaben. Die Entwicklung stark miniaturisierter Computersysteme ermöglicht ihre Mitnahme in Sportfahrzeugen (Boot, Rennrad) und bei Verzicht auf Anzeige und Tastatur als reines Speichergerät sogar am Körper des Sportlers mit geringer Rückwirkung.

4.1.2 Gütekriterien von Meßverfahren

Unter Meßverfahren versteht man die einer Meßaufgabe (Bestimmung des Zahlenwerts eines biomechanischen Merkmals) zweckdienliche Anwendung einer aus einzelnen Geräten und Hilfsmitteln zusammengesetzten Meßeinrichtung. Die Erfordernisse der Meßaufgabe betreffen

- die Randbedingungen der Messung (Meßbedingungen)
- die Genauigkeit des Meßergebnisses (Meßgenauigkeit, Fehler).

Die Meßbedingungen können die Anwendbarkeit von Meßverfahren einschränken, sei es durch nicht tolerable Rückwirkung, zu lange Dauer bis zur Verfügbarkeit des Ergebnisses oder durch zu hohen Aufwand. Die Genauigkeit ist ein Maß für das Differenzierungsvermögen einer Messung. Je höher die Genauigkeit, desto kleinere Unterschiede können zwischen Messungen verschiedener Bewegungen, Versuchspersonen oder Versuchsbedingungen festgestellt werden.

Dementsprechend kann man als Gütekriterien für Meßverfahren betrachten:

- Meßfehler
- Grad der Rückwirkung
- Informationszeitpunkt
- Möglichkeit der Fernmessung
- Personeller und materieller Aufwand.

(1) Meßfehler

Jede Messung einer physikalischen Größe ist fehlerhaft und ein Meßergebnis ist nur dann brauchbar, wenn auch der Meßfehler bekannt ist. Nach der Fehlerursache unterscheidet man systematische und zufällige Fehler, nach dem Zeitverhalten der Meßeinrichtung statische und dynamische Fehler.

Systematische Fehler werden verursacht durch Funktions- und Skalierungsfehler der Meßgeräte, die einen konstanten Einfluß auf das Meßergebnis haben. Die im allgemeinen durch Messung eines bekannten Werts (Kalibrierung) beherrschbaren systematischen Fehler werden durch eine Korrektur des Meßergebnisses berücksichtigt (kompensiert). Läuft beispielsweise eine Uhr zu schnell, dann werden alle damit gemessenen Zeitintervalle mit einem entsprechenden Faktor berichtigt, also verkleinert. In gleicher Weise werden die mit einem falschen Längenmaßstab ermittelten Meßergebnisse korrigiert.

Kennt man hingegen den systematischen Fehler nicht genau, dann wird er grob abgeschätzt, meist durch Angabe des größtmöglichen Fehlers. Diese – nicht beherrschbaren – systematischen Fehler werden in der Fehlerrechnung wie zufällige Fehler behandelt.

Zufällige Fehler sind verursacht durch unbekannte, zufällig schwankende Einflüsse wie persönliche Fehler beim Einstellen und Ablesen von Skalen oder äußere Einwirkungen wie mechanische Erschütterungen, Schwankungen der Versorgungsspannung oder Temperaturschwankungen. Zufällige Fehler verursachen eine Streuung der Meßwerte um einen Mittelwert. Dieser Mittelwert liegt dem wahren Wert der Meßgröße umso näher, je häufiger die Messung – unter stets gleichen Bedingungen – durchgeführt wird. Die durch die zufälligen Fehler gegebene Meßunsicherheit läßt sich demnach durch häufige bedingungskonstante Wiederholung der Messung verkleinern.

Der Meßfehler bzw. die Meßunsicherheit sind stets im Ergebnis anzugeben, es sei denn, die benutzten Meßverfahren sind standardisiert und ihre Meßunsicherheit kann als bekannt vorausgesetzt werden.

Die Angabe des Fehlers der Größe x kann erfolgen

als absoluter Fehler: Δx

als relativer Fehler: $\frac{\Delta x}{x}$

als relativer Fehler in %: $\frac{\Delta x}{x} \cdot 100$

Über die Güte einer Messung sagt nur der relative Fehler etwas aus. Mißt man beispielsweise Zeiten mit von Hand ausgelösten mechanischen Stoppuhren, dann kann die Meßunsicherheit auch bei erfahrenen Zeitnehmern ± 1/10 Sekunde betragen. Der absolute Meßfehler ist dann $\Delta t = \pm$ 0,1 s. Mißt man damit die 400 m-Laufzeit von 45 s, ergibt sich ein relativer Fehler von

$$\frac{\Delta t}{t} = \frac{\pm 0{,}1\,s}{45\,s} = \pm 0{,}0022 \text{ oder } \pm 0{,}22\%$$

Die Flugzeit einer gestoßenen Kugel von 1,5 s, kann bei gleichem absolutem Fehler von $\Delta t = \pm 0{,}1$ s nur mit einem relativen Fehler von

$$\frac{\Delta t}{t} = \frac{\pm 0{,}1\,s}{1{,}5\,s} = \pm 0{,}067 \text{ oder } \pm 6{,}7\%$$

also wesentlich ungenauer bestimmt werden.

Zum besseren Verständnis der Meßfehlerursachen werden im folgenden einige zusätzliche Begriffe erläutert.

Reproduzierbarkeit

Mit Reproduzierbarkeit bezeichnet man die Eigenschaft eines Meßgeräts, bei wiederholten Messungen einer konstanten Größe stets das gleiche Ergebnis zu erzielen. Diese Wiederholungsgenauigkeit einer Messung kann beeinträchtigt werden z.B. von Nullpunktsverschiebungen oder Hystereseerscheinungen.

Bei biomechanischen Messungen wird die Reproduzierbarkeit praktisch nicht von den Eigenschaften der Meßgeräte beeinflußt. Vielmehr ist es häufig die Art der Ankopplung der Meßgrößenwandler an das Meßobjekt Sportler, die unterschiedliche Meßbedingungen verursacht. Beispiele dafür sind: die Verschiebungen der Schenkel eines Winkelmessers während der Bewegung, die Abhängigkeit der mechanischen Ankopplung eines Beschleunigungsmessers vom Muskeltonus, die Bewegungen optisch erfaßter Markierungen relativ zu den tatsächlichen Gelenkachsen.

Die hier angesprochene Reproduzierbarkeit des Meßvorgangs ist jedoch nicht zu verwechseln mit der Reproduzierbarkeit des Bewegungsablaufs.

Statischer Fehler

Unter statischem Fehler versteht man die Abweichung des gemessenen Wertes vom wahren Wert der Meßgröße, wenn die *Meßgröße zeitlich konstant* oder sehr langsam veränderlich ist. Die Ursachen für statische Fehler sind: Vom Meßwert abhängige Empfindlichkeit der Meßanordnung, Nullpunktverschiebungen z.B. bedingt durch Reibung, Hysterese, d.h. Abhängigkeit des Meßwerts von zu- oder abnehmender Meßgröße, und schließlich Ablesefehler, die u.a. von Strichdicke und Konturenschärfe des Registrierschriebs oder der Feinheit der Skaleneinteilung abhängen.

Dynamischer Fehler –
Frequenzbereich der Messung

Bei der Registrierung *zeitlich veränderlicher Größen* tritt eine weitere Fehlerursache in Erscheinung, der dynamische Fehler. Die Meßeinrichtung kann dem schnellen Wechsel der Meßgröße nicht folgen, was einerseits zu zeitlich verzögerter Registrierung des Amplitudenanstiegs und Verringerung der Maximalamplitude, andererseits durch Überschwingen zu einer Amplitudenüberhöhung führt. Ursache dieser Erscheinungen ist die Trägheit von zwangsläufig im Gerät vorhandenen Energiespeichern sowohl der mechanischen Teile (Federn, Massen) als auch der elektrischen Teile (Induktivitäten, Kapazitäten) der Meßeinrichtung.

Bezeichnet man die in dem Meßsignal (= zeitlich veränderliche Meßgröße) auftretende maximale Frequenz mit f_s und die Eigenfrequenz der Meßeinrichtung mit f_0, dann kann man den maximalen Amplitudenfehler ε aus folgender Wertetafel entnehmen:

$\frac{f_0}{f_s}$	10	7,2	4,6	3,3	2,5	1,7
ε(%)	1	2	5	10	20	50

Hat beispielsweise der Quotient f_0/f_s den Wert 10, dann ist der maximale Amplitudenfehler der Meßgröße 1%. Lassen wir umgekehrt einen Meßfehler von ε = 5% zu, dann muß das Frequenzverhältnis $f_0/f_s \geq 4{,}6$ sein, d.h. die Eigenfrequenz der Meßeinrichtung muß das 4,6fache der maximalen Signalfrequenz betragen.

Bei Kenntnis der maximalen Signalfrequenz und der Eigenfrequenz der Meßeinrichtung kann der maximale Amplitudenfehler zuverlässig abgeschätzt werden. Andererseits – und das ist häufiger der Fall – kann aus Kenntnis der Eigenfrequenz der Meßeinrichtung der für einen zulässigen Fehler noch nutzbare Frequenzbereich angegeben werden.

In der Praxis ist bei der Mehrzahl der Meßaufgaben noch das Problem zu lösen, welche maximale Frequenz im Meßsignal enthalten ist. Dafür muß gelegentlich ein erheblicher meßtechnischer und rechnerischer Aufwand getrieben werden.

(2) Grad der Rückwirkung

In der Meßtechnik versteht man unter Rückwirkung einen durch die Messung auf das Meßobjekt im Sinne einer Verfälschung des zu messenden Zustands oder Vorgangs wirkenden Einfluß. Der Grad dieser unerwünschten Rückwirkung wird bestimmt von der dem Meßobjekt bei der Messung entzogenen Energie. Er kann u.a. durch eine hohe Empfindlichkeit der Meßeinrichtung klein gehalten werden.

Soll bei biomechanischen Messungen der Meßvorgang das Verhalten des Meßobjekts nicht beeinflussen, also keine meßbaren Veränderungen des Bewegungsablaufs verursachen, dann sind sowohl physische als auch psychische Störeinflüsse zu beachten.

Bezüglich der *physischen Komponente* ist zu fordern, daß neben der Einhaltung normaler Umgebungsbedingungen (etwa der Lichtverhältnisse und der Umgebungsgeräusche) jene Teile der Meßapparatur, die an der Versuchsperson selbst angebracht werden, keine gewichtsmäßige Belastung darstellen, die volle Beweglichkeit der Versuchsperson nicht beeinträchtigen und auch im Fall technischer oder sportlicher Fehler die Gesundheit der Versuchsperson nicht gefährden. Das gilt insbesondere für Zuleitungen bei drahtgebundener Meßwertübertragung.

Als kaum kontrollierbar indessen erweisen sich die Rückwirkungen einer Laborsituation auf das *psycho-physische Verhalten* des Probanden, z.B. auf seine Leistungsbereitschaft. Über subjektive Empfindungen kann das Ausmaß der Beeinflussung nur sehr grob abgeschätzt werden. Lediglich im Bereich einer relativ stabilen Leistungsfähigkeit kann die gemessene Gesamtleistung als verläßlicher Hinweis für die veränderte Leistungsbereitschaft herangezogen werden. Es ist offensichtlich, daß diesem Problem bei der Analyse und der Interpretation hoch differenzierter Bewegungstechniken (z.B. im Hochleistungssport) besondere Beachtung geschenkt werden muß.

Viele Meßeinrichtungen lassen sich so gestalten, daß sie in der Wettkampfstätte eingebaut den Ablauf des Wettkampfs weder mechanisch noch optisch noch akustisch stören, wodurch ein regelgerechter – von den Sportverbänden, nicht dem Sportwissenschaftler! – organisierter und durchgeführter Wettkampf (Meßsportfest) ermöglicht wird.

(3) Informationszeitpunkt

Je nach dem Zweck der Messung muß das Meßergebnis entweder *zeitgleich* mit dem Meßvorgang verfügbar sein oder *zeitversetzt* vorliegen, wobei eine mehr oder minder große Zeitspanne zwischen Messung und Vorliegen des Meßergebnisses toleriert werden kann, ohne den Meßzweck zu verfehlen (vgl. Kap. 2.2.2 Techniksteuerung).

Dauert die Auswertung und Erstellung der Meßergebnisse einen oder mehrere *Tage*, dann können die Ergebnisse lediglich zur fortlaufenden Kontrolle des Trainings und entsprechender Korrekturen der inhaltlichen und zeitlichen Trainingsplanung verwendet werden. Soll das Ergebnis in der Trainingseinheit noch verfügbar sein, dann muß es zeitlich in der Größenordnung von *Stunden* vorliegen. Wird das Meßergebnis in Zusammenhang gebracht mit dem subjektiven Empfinden des Athleten, dann sollte das Ergebnis innerhalb weniger *Sekunden* verfügbar sein. Dient die Messung schließlich zur fortlaufenden Kontrolle und Steuerung während der Bewegung durch den Athleten selbst, dann muß das Meßergebnis praktisch *zeitgleich* mit der Messung für den Athleten wahrnehmbar sein.

Mit dem zunehmenden Einsatz elektronischer Meßverfahren und der Verbreitung des Computers mit extrem hohen Arbeitsgeschwindigkeiten haben sich in den letzten Jahren auf dem Gebiet der Schnell- bzw. Sofortinformation erhebliche Fortschritte ergeben; die weitere Entwicklung wird – insbesondere die automatisierte kinematische Bewegungsanalyse betreffend – noch rasanter verlaufen.

(4) Möglichkeit der Fernmessung

In allen Fällen, in denen die Anzeige bzw. Registrierung der Meßgröße nicht am Ort der Messung vorgenommen werden kann, sind die Meßwerte über eine gewisse Distanz zu übertragen. Dann liegt eine Fernmessung vor (Telemetrie). Sie ist häufig erforderlich bei sportlichen Bewegungen, deren Meßgrößen simultan d.h. gleichzeitig mit der Ausführung erfaßt werden müssen. Wie in der allgemeinen Meßtechnik, so sind auch in der Biomechanik fast ausschließlich elektrische Fernmeßverfahren üblich. Fernmeßverfahren sind damit an die Möglichkeit gebunden, die mechanische Meßgröße in eine elektrische Größe zu wandeln, die dann zum Anzeige- bzw. Registriergerät übertragen wird. Dies kann erfolgen durch elektrische Leitungen (drahtgebundene Telemetrie) oder mithilfe elektromagnetischer Strahlung (drahtlose Telemetrie). Die Wahl drahtloser oder drahtgebundener Verfahren hängt u.a. ab von den physikalischen Bedingungen Distanz und Geschwindigkeit des Objekts, sowie von der Anzahl, der Genauigkeit und dem Frequenzbereich der zu übertragenden Größen, dem Grad der Rückwirkung auf das Meßobjekt (Sicherheit der Versuchsperson) und schließlich von wirtschaftlichen Erwägungen.

(5) Personeller und materieller Aufwand

Der materielle Aufwand, besonders die Gerätekosten, wachsen meist überproportional mit zunehmender Genauigkeit und Komfort der Messung; die laufenden (Personal- und Verbrauchsmaterial-) Kosten steigen mit dem Umfang der Meßaufgabe. Je einfacher die Meßeinrichtung aufgebaut ist, desto weniger muß auf geschulte Fachkräfte zurückgegriffen werden. Das Gleiche gilt, wenn durch entsprechenden materiellen Aufwand ein mit Bedienungssicherheit gekoppelter Meßkomfort erreicht wird. Im allgemeinen erfordern komplexe Meßaufgaben in der Biomechanik einen erheblichen personellen und materiellen Aufwand.

Aus diesen Gründen erscheint einerseits eine zentralisierte Nutzung von Untersuchungsstellen zweckmäßig, sowie andererseits die Entwicklung biomechanischer Prüfverfahren erforderlich, die unter Beschränkung auf leistungsdiagnostische Meßgrößen Meßsicherheit und Bedienungskomfort so weit bieten, daß in der Praxis ohne hohen Personalaufwand fortlaufende Untersuchungen durchgeführt werden können.

4.1.3 Übersicht und Einteilung der Meßverfahren

Sämtliche Größen, die in der Biomechanik gemessen werden, lassen sich auf die drei mechanischen Grundgrößen Länge, Zeit und Masse zurückführen. Die Zuordnung zu bestimmten wissenschaftlichen Teilbereichen ist nachfolgend angegeben:

Wissenschaftlicher Teilbereich	Größe	Einheit
Geometrie	*Länge*	Meter
Kinematik	Länge, *Zeit*	Sekunde
Dynamik	Länge, Zeit, *Masse*	Kilogramm

Die biomechanischen Meßverfahren werden eingeteilt nach der Art der gemessenen Größen. Die *Kinemetrie* umfaßt Verfahren zur Messung der kinematischen Größen Länge und Zeit, der daraus ableitbaren Größen Geschwindigkeit und Beschleunigung und der entsprechenden rotatorischen Größen. Die *Dynamometrie* umfaßt Verfahren zur Messung der dynamischen Größe Kraft sowie der daraus ableitbaren Größen Impuls, Arbeit, Drehmoment u.a. In der *Biomechanischen Anthropometrie* werden die Geometrie und Massengeometrie des Körpers bestimmt, z.B. Lage des Körperschwerpunkts und die Massenträgheitsmomente. Die Aufgabe der *Elektromyografie* schließlich besteht in der Erfassung und Quantifizierung der Muskelaktionspotentiale. Für eine umfassende Analyse der menschlichen Körperbewegung ist die Anwendung aller vier Verfahrensgruppen erforderlich. Man spricht dann von einer *komplexen biomechanischen Analyse* (gelegentlich auch ohne Einbeziehung der Elektromyografie).

Über das Zusammenwirken der vier Säulen der biomechanischen Meßtechnik informiert das folgende Schema.

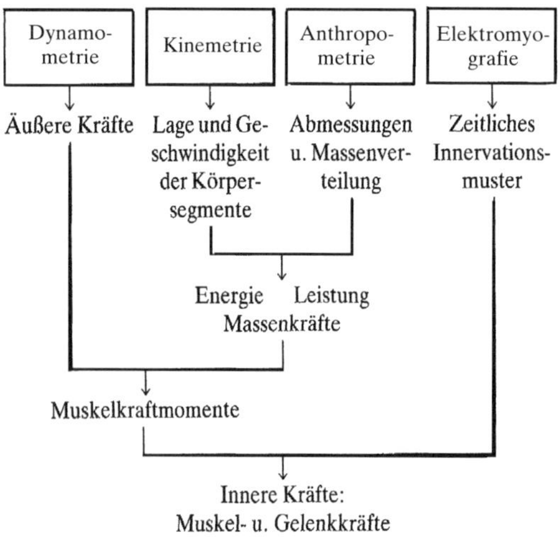

Die Meßverfahren lassen sich nach dem Meßprinzip in mechanische, elektronische oder optische Verfahren unterscheiden. Die *mechanischen* Meßverfahren sind in der Regel nur zur Messung zeitlich konstanter Größen geeignet (z. B. Längenmessung mit Maßband, Gewichtsbestimmung mit Waage), dabei jedoch einfach, robust und kostengünstig. Bei den *elektronischen* Meßverfahren werden die mechanischen Größen in elektrische Größen umgewandelt. Vorteile sind die Möglichkeit der Messung schnell veränderlicher Größen, die zumeist sofortige Ergebnisausgabe sowie die vielfältigen Möglichkeiten der Meßwertübertragung, Darstellung und Registrierung sowie der Anpassung an elektronische Datenverarbeitungsgeräte. Diesen Vorteilen stehen i.a. ein größerer Aufwand im Vergleich zu den mechanischen Meßverfahren und ein höherer Grad an Rückwirkung verglichen mit den optischen Verfahren gegenüber. Mechanische und elektrische Verfahren bezeichnet man auch als direkte Meßverfahren, da sie unmittelbar die Meßgröße ergeben. Die *optischen* Verfahren benutzen die optische Abbildung des Objekts. Die eigentliche Messung wird am Bild – einem Modell des Originals – vorgenommen. Die meisten optischen Verfahren (Film, Video) erlauben eine rückwirkungsfreie Registrierung von Bewegungen, erfordern aber einen hohen Zeitaufwand zur Auswertung.

4.2 Einzelmeßverfahren

4.2.1 Biomechanische Anthropometrie

In der biomechanischen Anthropometrie werden Meßverfahren zusammengefaßt, die die folgenden mechanischen Eigenschaften des Bewegungsapparats bestimmen lassen:

- Längenmaße der herkömmlichen Anthropometrie (Gliederlängen, Umfänge u.a.)
- geometrische Verteilung der Masse (Lage des Körperschwerpunkts, Massenträgheitsmomente)
- innere Geometrie des Bewegungsapparats (Gelenkkonstruktion, Lage der Gelenkachsen, Hebelarme der Muskulatur, Muskellängen)
- Belastbarkeit der Teilsysteme des Bewegungsapparats (Elastizität, Verformung, Bruchgrenze u.a.).

Von diesen Verfahren wird hier nur dasjenige behandelt, das in der praktischen Anwendung zur Bestimmung der Lage des Körperschwerpunkts (KSP) dient. Über die experimentelle Messung der Lage des KSP und der Massenträgheitsmomente informiert Kap. 7.4.1. Eine umfassende Darstellung der Probleme, Methoden und Ergebnisse der biomechanischen Anthropometrie ist bei *Zaciorskij, Aruin und Selujanov* (1984) zu finden.

Bestimmung der Lage des Körperschwerpunkts

Die Lage des Körperschwerpunkts ist abhängig von der gegenseitigen Lage sämtlicher Körperteile und deshalb bei unterschiedlichen Haltungen verschieden. Darüber hinaus hängt sie von den individuell unterschiedlichen Proportionen und Massenverteilungen der betrachteten Versuchsperson ab. Bei biomechanischen Analysen wird zumeist eine analytische Methode zur Bestimmung der Lage des KSP angewendet, denn die experimentelle Bestimmung des KSP ist unzweckmäßig oder nicht durchführbar, wenn

- der Proband nicht zur Verfügung steht (z.B. Analyse von Wettkämpfen)
- die Körperhaltungen nicht hinreichend genau reproduziert werden können (z.B. räumliche Haltungen)
- die Anzahl der zu untersuchenden Körperhaltungen sehr groß ist (z.B. Verlauf des KSP über ganze Bewegungsabschnitte hinweg).

Sämtliche analytischen Methoden basieren auf der optischen Messung der Gelenkkoordinaten und modellmäßigen Annahmen über die Teilmassen und die Lagen der Teilschwerpunkte (TSP) der einzelnen Körperteile.

Der KSP wird aus den Teilmassen und den Lagen der Teilschwerpunkte der folgenden 12 als starr angenommenen Körperteile berechnet:

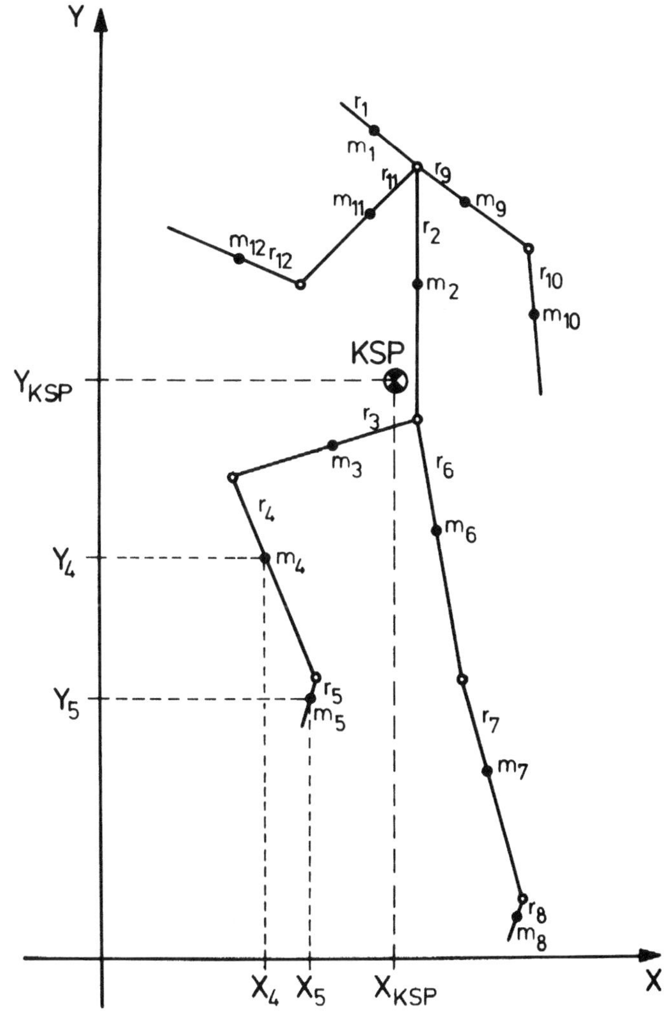

Abb. 4.1 Berechnung des KSP aus rel. Teilmassen und Lagen der Teilschwerpunkte

Kopf, Rumpf, Oberarme, Unterarme, Oberschenkel, Unterschenkel, Füße. In Abb. 4.1 ist eine ebene Körperhaltung dargestellt. Die Aufgabe ist die Bestimmung der Schwerpunkt-Koordinaten x_{KSP} und y_{KSP} in dem beliebig vorgebbaren X-Y-Koordinatensystem. Kennt man die Abstände r_i der TSP auf den Körperteillängsachsen vom proximalen (zur Körpermitte hin gelegenen) Gelenk sowie die in den TSP repräsentierten Teilmassen m_i, dann gelten die Momentenbeziehungen bezüglich der x-bzw. y-Achse:

$$m\,x_{KSP} = m_1x_1 + m_2x_2 + m_3x_3 + \ldots + m_{12}x_{12}$$
$$m\,y_{KSP} = m_1y_1 + m_2y_2 + m_3y_3 + \ldots + m_{12}y_{12}$$

Daraus ergeben sich die Schwerpunktkoordinaten:

$$x_{KSP} = \frac{1}{m}\,(m_1x_1 + m_2x_2 + \ldots + m_{12}x_{12}) = \frac{1}{m}\sum_{i=1}^{12} m_ix_i$$

$$y_{KSP} = \frac{1}{m}\,(m_1y_1 + m_2y_2 + \ldots + m_{12}y_{12}) = \frac{1}{m}\sum_{i=1}^{12} m_iy_i$$

Die Teilmassen m_i können den Tabellen 7.8–7.10 entsprechend dem Genauigkeitsanspruch entnommen werden. Für die relativen Schwerpunktradien (Abstand des TSP vom proximalen Gelenkpunkt in % der Körperteillänge) benutzt man Mittelwertstabellen oder die in 7.4 erläuterten Körperbaumodelle, die individuelle Näherungswerte ergeben. Bei der Anwendung der analytischen Methode ist stets zu beachten, daß lediglich individuell und sportartspezifisch geprägte Näherungswerte (relative Fehler ca. 3%) für die wahre KSP-Lage bestimmbar sind.

4.2.2 Kinemetrie

Die kinemetrischen Verfahren dienen zur direkten oder indirekten Ermittlung der Weg-Zeit-Funktionen von Ortsmerkmalen ausgewählter Körperpunkte sowie der daraus ableitbaren Größen Geschwindigkeit und Beschleunigung. Im Falle von Drehbewegungen werden entsprechende rotatorische Größen bestimmt.

Die Merkmals-Zeit-Funktionen liegen bei kinemetrischen Analysen mit optischen Meßverfahren als tabellarische Funktionen vor. Durch Näherungsverfahren lassen sich daraus analytische Merkmals-Zeit-Funktionen bestimmen. Wird lediglich die grafische Darstellung der Merkmals-Zeit-Funktionen betrachtet, spricht man akzentuierend von Merkmals-Zeit-Verläufen.

Mechanische Verfahren der Kinemetrie werden bei biomechanischen Messungen nur selten eingesetzt.

4.2.2.1 Elektronische Verfahren

Diese Verfahren liefern meist unmittelbar die gewünschten Meßgrößen. Selbst bei zusätzlichen Rechenoperationen, z.B. Differentiation oder Integration, kann man mit Hilfe des Computers eine mit der Bewegungsausführung quasi zeitgleiche Ergebnisausgabe sicherstellen. Die Verfahren sind vorrangig in Labor- und Trainingssituationen einsetzbar. Sie eignen sich durch die Bereitstellung objektiver Sofort-Information zur biomechanisch gestützten Technik- und Konditionssteuerung.

(1) Zeitmessung

Meßzweck: Messung von Zeitintervallen bei Bewegungen.
Meßprinzip: Zeitmessung bedeutet stets die Bestimmung eines Zeitintervalls (Zeitdauer, zeitlichen Abstands) zwischen aufeinanderfolgenden, eindeutig definierten Ereignissen im Ablauf von Bewegungen. In der Praxis stehen zwei unterschiedliche Verfahren zur Verfügung:

1. die Zeitbestimmung aus kontinuierlich registrierten Größen-Zeit-Funktionen. Als Intervallgrenzen können Maxima, Minima, bzw. Nulldurchgänge der Funktion und/oder ihrer zeitlichen Ableitungen gewählt werden.

2. die Zeitbestimmung durch ereignisgesteuertes Starten und Stoppen einer Uhr. Aus dem Bewegungsablauf werden an eindeutig definierten Phasengrenzen der sportlichen Bewegung elektrische Signale abgeleitet, die als Start- und Stoppimpuls für einen elektrischen Zähler (Uhr) dienen. Die Meßgenauigkeit ist praktisch allein von der exakten Definition und Ableitung der Auslöseimpulse abhängig.

Beispiele zu 1: Zeitbestimmung aus kontinuierlichen Größen-Zeit-Funktionen. Die Grobstrukturierung des 100 m-Laufs erfolgt an Hand des Geschwindigkeits-Zeit-Verlaufs in einen Abschnitt zunehmender, konstanter und abnehmender Geschwindigkeit. In Abb. 4.2 können die Abschnittszeiten (Intervalle) abgelesen werden.

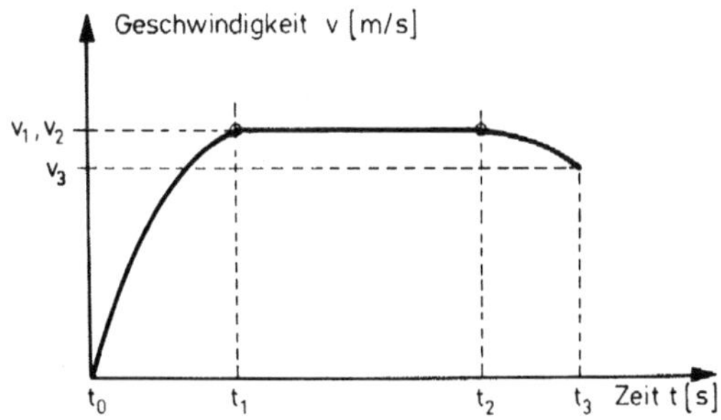

Abb. 4.2 Geschwindigkeits-Zeitdiagramm beim Kurzstreckenlauf

Bei einer Winkel-Zeit-Funktion werden Beugung und Streckung des Gelenks durch die Maxima bzw. Minima der Kurve getrennt und die Dauer der jeweiligen Teilbewegung kann entsprechend ermittelt werden (vgl. Abb. 4.3). Die Dauer vom Beginn einer Streckbewegung bis zum Erreichen der maximalen Streckgeschwindigkeit ist beispielsweise gegeben durch das Intervall zwischen dem Minimum der Winkel-Zeit-Funktion und dem Maximum der daraus abgeleiteten Winkelgeschwindigkeits-Zeit-Funktion.

Beispiel zu 2: Zeitbestimmung durch ereignisgesteuerte Auslösung des elektronischen Zählers. Die Ermittlung von Laufzeiten über bestimmte Streckenabschnitte, z.B. beim Sprint die Zwischenzeiten von 0–30 m, 30–60 m, 60–80 m erfolgt am genauesten durch Lichtschranken an den entsprechenden Streckenpunkten, deren jeweiliger Auslöse-Zeitpunkt durch den passieren-

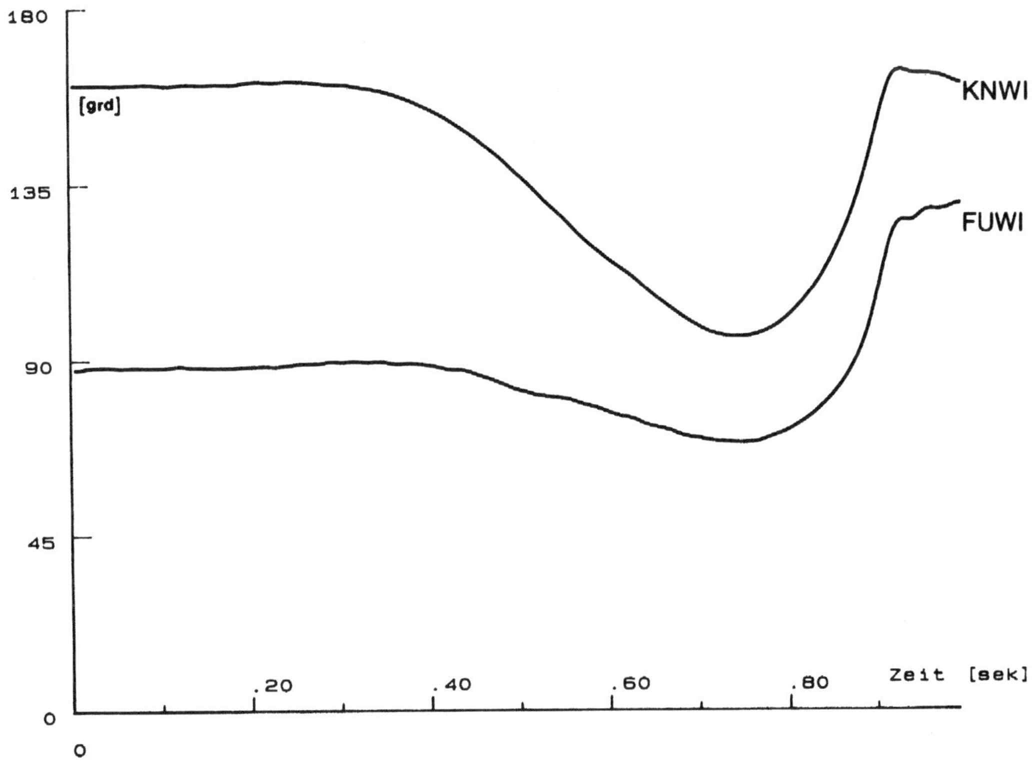

Abb. 4.3 Zeitlicher Verlauf des Kniegelenkwinkels (KNWI) und des Sprunggelenkwinkels (FUWI) beim Jump and Reach

den Läufer ein elektrisches Start- bzw. Stoppsignal für den Zähler ergibt. Diese häufig angewandte Methode der Zeitmessung wird im folgenden eingehend beschrieben. Voraussetzung ist die elektronische (für den Einsatz im Sport praktisch beliebig genaue) Uhr (Zähler) und ein Verfahren, aus dem Ereignis (der Bewegung) zeitlich genau definierte Start-/Stopp-Signale zu erhalten.

Zur Erzeugung der Start-/Stopp-Impulse kann man folgende Anordnungen unterscheiden:

- Kontakt- oder Berührungsschalter; damit können bei Beginn und am Ende einer Kontaktphase elektrische Signale abgeleitet werden. Beispiele: Druckschalter im Schuh, der bei Bodenberührung anspricht; Erschütterungsschalter am Boden oder in Geräten, die auf stoßartige Berührung reagieren.
- Berührungslose Schalter; damit können ohne mechanische Berührung entsprechende Auslösesignale abgeleitet werden. Am bekanntesten sind die Lichtschranken, die bei Unterbrechung eines direkten oder reflektierten Strahlengangs verzögerungsfrei einen Schaltimpuls abgeben. An Stelle sichtbaren Lichts kommen vor allem infrarote Strahlen in Frage. Auch Ultraschallschranken sind verwendbar. Eine weitere Ausführung berührungsloser Schalter ist die Impulsbildung durch einen über eine im Boden eingelegte Leiterschleife bewegten Dauermagneten. Diese Methode hat man z.B. beim Skispringen und Schlittensport angewandt.
- Schaltimpulsformung aus der Zeitfunktion einer Meßgröße. Damit können aus kontinuierlich gemessenen (nicht notwendig registrierten) Meßgrößen aufgrund bestimmter Kriterien wie Nulldurchgang, Maximum, Minimum, Überschreitung bestimmter Schwellwerte Schaltimpulse abgeleitet werden. Als Meßgrößengeber sind besonders geeignet: Kraftmeßplatten, Winkelmesser, Beschleunigungsmesser, Elektroden zur Ableitung von Muskelaktionspotentialen.

Die Zeitmessung mit Lichtschranken und elektronischen Zählern wird häufig auch zur Ermittlung der mittleren Geschwindigkeit eines Körpers/Körperteils über eine durch zwei Licht-

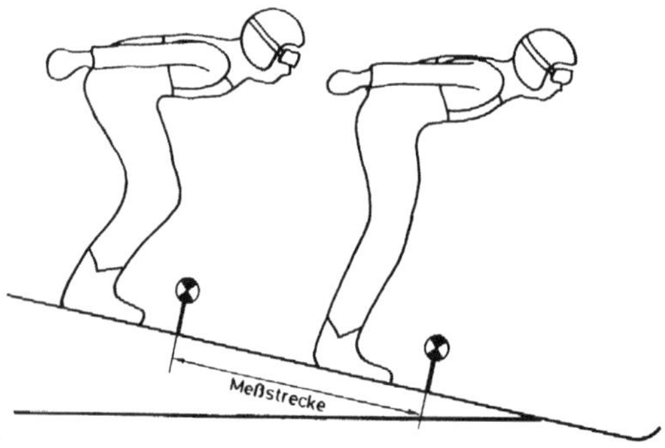

Abb. 4.4 Zeitmessung beim Skifahren

schranken definierte Meßstrecke herangezogen. Eine einfache Anordnung zeigt Abb. 4.4.

Um die Meßfehler klein zu halten, sind folgende Randbedingungen zu beachten:

- Es muß gewährleistet sein, daß die die Meßstrecke definierenden Lichtschranken von dem bewegten Körper jeweils in der gleichen Haltung durch homologe Punkte unterbrochen werden. Erfolgt die Auslösung von unterschiedlichen Körperteilen oder in veränderter Körperhaltung, wird die Meßstrecke entsprechend verändert. Der Fehler macht sich insbesondere bei kleinen Meßstrecken bemerkbar. Abhilfe schaffen Mehrfachlichtschranken, die nur bei Auslösung (Strahlunterbrechung) mehrerer Elemente ein entsprechendes Signal abgeben oder die bewegungsbezogene Aufstellung der Lichtschranken. So sollte z.B. beim Weitsprung die Messung der Anlaufgeschwindigkeit nicht über die letzten 5 m erfolgen, sondern über die letzten drei Schritte, damit die Lichtschranken in vergleichbaren Körperhaltungen ausgelöst werden; die Position der Lichtschranken ist demnach individuell unterschiedlich.
- Bei sehr kleinen Meßstrecken bzw. bei sehr hohen Bewegungsgeschwindigkeiten machen sich häufig Zeitfehler (der nur mit begrenzter Genauigkeit registrierten Zeit) bemerkbar. Um den Fehler auf ± 1% zu begrenzen, muß die Zeit zum Durchlaufen der Meßstrecke wenigstens 100mal größer sein als der letzten angezeigten Stelle der Uhr entspricht.

  Beispiel: Eine Uhr zeigt in der letzten Stelle 1 ms (ms = Millisekunde) an. Die Zeit zum Durchlaufen der Meßstrecke muß dann > 100 ms = 0,1 s sein. Ist die Bewegungsgeschwindigkeit 2 m/s, beträgt die Mindestlänge der Meßstrecke 20 cm, bei einer Geschwindigkeit von 25 m/s ist sie 2,5 m.

(2) Wegmessung

Meßzweck: Bestimmung von Positionen bzw. zurückgelegten Wegen bei translatorischen Bewegungen.

Meßprinzip: Seilzug-Wegaufnehmer mit analoger oder digitaler Meßwertausgabe. Am Körper der Versuchsperson (Meßobjekt) wird ein Faden befestigt, der auf einer Spule aufgewickelt ist. Bei Bewegung des Meßobjekts wird der translatorische Weg in einen proportionalen Drehwinkel an der Spule umgewandelt. Dieser Drehwinkel kann auf verschiedene Weise (z.B. über Potentiometer) in proportionale elektrische Größen gewandelt werden. Zwischen der Spule (fest montiert) und dem Meßobjekt muß der Faden stets gespannt sein. Dies geschieht meist durch Federn an der Spule. Die damit verbundene Rückstellkraft am Meßobjekt ist grundsätzlich zu berücksichtigen, jedoch beim bewegten Menschen meist vernachlässigbar.

Meßbereiche: ca. 0,1 m bis 10 m (bis maximal 50 m)
Meßgenauigkeit: ca. 0,1% vom Meßbereich (bei höchster Präzision)
Rückstellkraft: ca. 2–10 N

Seilzug-Wegaufnehmer können für annähernd geradlinige Bewegungen von Geräten oder des menschlichen Körpers eingesetzt werden. Bei Kombination von 2 bzw. 3 Aufnehmern kann (im Prinzip) der Weg-Zeit-Verlauf eines Punktes (am Meßobjekt) in der Ebene und im Raum (als Funktion der Zeit) gemessen werden.

Bewertung: Für Distanzen bis 10 m sehr genaue und robuste Methode der Wegbestimmung. Bei größeren Entfernungen fällt die absolute Genauigkeit ab: Beträgt der relative Fehler $\Delta x/x$ = 0,1%, dann ist bei einem Meßbereich von x = 1 m der absolute Fehler Δx = 1 mm, bei x = 25 m jedoch bereits Δx = 25 mm.

(3) Winkelmessung

Meßzweck: Vorwiegend die Bestimmung von Körperwinkeln (Gelenkwinkeln), d.h. der Lagebeziehung zwischen benachbarten Körperteilen.

Meßprinzip: Am häufigsten werden elektrische Drehpotentiometer als Winkelmesser eingesetzt (Elektrogoniometer). Die Winkelstellung des mit der Drehachse verbundenen Schleifers zu der mit dem Gehäuse fest verbundenen Widerstandswicklung ist dem elektrischen Widerstand zwischen zwei herausgeführten Anschlüssen fest zugeordnet (Abb. 4.5). Dieser Widerstand kann

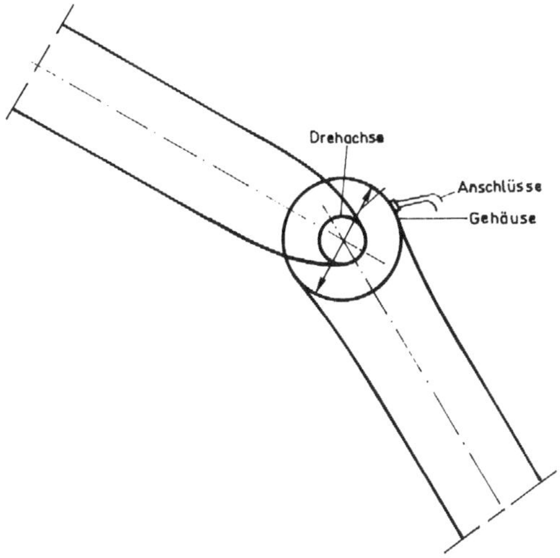

Abb. 4.5 Winkelmesser (Elektrogoniometer)

elektrisch gemessen werden. Zur Messung von Körperwinkeln werden Achse und Gehäuse mit je einem Hebelarm fest verbunden. Die beiden Hebelarme werden jeweils parallel zu den Längsachsen der an das betrachtete Gelenk angrenzenden Körperteile ausgerichtet und mit Klebeband, Gummilochband oder dgl. fixiert. Die Lage der Goniometerachse soll dabei mit der Gelenkachse möglichst übereinstimmen. Die Arme des Goniometers folgen den Bewegungen der Körperteile und erlauben so eine kontinuierliche Messung des zeitlichen Verlaufs des Gelenkwinkels.

Anwendungsbeispiel: Zweidimensionale, d.h. auf ebene Bewegungen beschränkte Gelenkwinkelmessung. Besonders einfach durchzuführen am Knie- und Ellbogengelenk, da diese Gelenke wenigstens in grober Näherung als Scharniergelenke aufgefaßt werden können und jeweils beide benachbarten Körperteile einen langen, durchgehenden Knochen aufweisen.

Bewertung: Die Winkelmessung mit einem Drehpotentiometer kann grundsätzlich sehr genau durchgeführt werden (Bruchteile eines Winkelgrads). Die Art der Anbringung und Ausrichtung auf die Körperteillängsachsen ist jedoch nur mit begrenzter Genauigkeit möglich (abhängig vom gemessenen Gelenk) und kann vor allem während der Bewegung relative Verschiebungen zwischen den Goniometerarmen und den Körperteillängsachsen sowie zwischen Goniometerachse und Gelenkachse nicht verhindern. Bereits bei statischen Posen, bzw. langsamen Bewegungen können diese Verschiebungen beträchtlich sein, da zum einen die momentane Drehachse (auch in ihrer räumlichen Orientierung) in nahezu jedem menschlichen Gelenk vom Gelenkwinkel abhängt und zum anderen eine winkelabhängige Verlagerung der Muskulatur an den Körperteilen zu beobachten ist. Vor allem bei heftigen Stößen oder bei zusätzlichen Drehbewegungen etwa um die Längsachse der Körperteile können Relativbewegungen erhebliche Verfälschungen der Meßwerte bewirken. Deshalb sollten zumindest vor und nach den eigentlichen Messungen Kontrollen in definierten Gelenkstellungen vorgenommen werden. Als Vorteil des elektrischen Winkelmessers kann neben der sofortigen Verfügbarkeit der Meßergebnisse der Umstand angesehen werden, daß der gemessene Winkel im körperfesten Bezugssystem d.h. unabhängig von der Orientierung der Segmente im Raum gemessen wird.

Die Winkel-Zeit-Funktion kann mit elektrischen Verfahren (analog oder digital) simultan differenziert werden, wodurch die Winkelgeschwindigkeit praktisch zeitgleich zur Verfügung steht und mit dem zeitlichen Verlauf des Winkels aufgezeichnet werden kann.

Dreidimensionale Winkeländerungen (Kugelgelenk) können mit entsprechenden mechanischen Anordnungen, die praktisch eine Kombination zweier ebener Winkelmesser darstellen, aufgezeichnet werden. Bezüglich der aus der mangelhaften Ankopplung an den Körper sich ergebenden Fehler gilt das oben Gesagte.

Wegen der Trägheit der Meßeinrichtung und der lockeren mechanischen Kopplung an den Körper können dynamische Messungen bis ca. 30 Hz vorgenommen werden. Der Frequenzbereich der Messungen ist abhängig von dem betroffenen Gelenk und den Details von Konstruktion und Befestigung.

(4) Geschwindigkeitsmessung

Meßzweck: Bestimmung des Geschwindigkeits-Zeit-Verlaufs des Körpers bzw. von Körperpunkten bei translatorischen Bewegungen.

Meßprinzip 1: Wie bei der Wegmessung bereits beschrieben, wird ein am Körper befestigter Faden bei der Fortbewegung von einer drehbar gelagerten Trommel abgespult. Die Drehgeschwindigkeit der Trommel ist der Bewegungsgeschwindigkeit des Körpers proportional und kann durch einen auf der Trommelachse befestigten Drehgeber in eine elektrische Größe gewandelt werden. Bei analogen Drehgebern (z.B. Tachogenerator) liegt am Ausgang eine der Geschwindigkeit proportionale elektrische Spannung an, die als kontinuierliche Geschwindigkeits-Zeit-Funktion aufgezeichnet werden kann. Bei digitalen Drehgebern wird die Geschwindigkeit in eine codierte Impulsfolge gewandelt, die unmittelbar einem Computer zur weiteren Verarbeitung zugeführt werden kann. Dieses Meßprinzip wurde erstmals von *Abalakow* (zit. in *Donskoi* 1961) in seinem Speedografen realisiert. Die heutigen, industriell gefertigten Seilzug-Geschwindigkeitsaufnehmer erlauben sehr präzise Messungen.

Meßbereich:	ca. 0–20 m/s
Meßgenauigkeit:	ca. 0,2% vom Meßbereich (bei höchster Präzision)
Rückstellkraft:	2–10 N.

Meßprinzip 2: Eine weitere Möglichkeit, den Geschwindigkeits-Zeit-Verlauf zu messen, besteht in der Ausnutzung des Doppler-Effekts bei elektromagnetischen oder akustischen Wellen. Wenn sich der Sender solcher Wellen von einem ruhenden Beobachter weg oder auf ihn zu bewegt, ändert sich die am Ort des Beobachters feststellbare Frequenz (Tonhöhe) der Welle und zwar proportional zur Geschwindigkeit des Senders. Bringt man einen Sender auf der Brust eines Läufers an, dann kann am ruhenden Empfänger über die Frequenzänderung die Geschwindigkeit des sich nähernden Läufers bestimmt werden (entfernt sich der Läufer mit dem am Rücken befestigten Sender von der Quelle, dann werden durch Luftverwirbelungen zusätzliche Störungen verursacht).

Anwendungsbeispiele: Bestimmung von Laufgeschwindigkeiten auf gerader Bahn, speziell bei Anläufen zu Sprüngen, Bestimmung von Schwimmgeschwindigkeiten, Bestimmung von Geschwindigkeiten einzelner Körperteile.

Bewertung: Bei der Fadenmethode können gelegentlich Querschwingungen des Fadens angeregt werden, die u.a. vom Fadenmaterial, der abgespulten Fadenlänge, dem umgebenden Medium und den Geschwindigkeitsschwankungen des Objekts abhängen und die das Meßsignal störend überlagern. Bei Messungen im Wasser ist diese Schwingneigung wesentlich geringer, weshalb gerade bei Untersuchungen der Schwimmgeschwindigkeit diese Methode mit Vorteil anzuwenden ist. Die Methode auf der Basis des Doppler-Effekts kann im allgemeinen auch für größere Distanzen eingesetzt werden. In Innenräumen können störende Reflexionen auftreten, im Freien wird die Genauigkeit der Messung von Luftbewegungen und Temperaturschwankungen beeinträchtigt. Im allgemeinen kann die Meßunsicherheit unter ± 0,2 m/s gehalten werden.

(5) Beschleunigungsmessung

Meßzweck: Bestimmung des Beschleunigungs-Zeit-Verlaufs von Körperpunkten bzw. von Geräten.

Meßprinzip: Ausgehend vom Newtonschen Gesetz: Kraft = Masse x Beschleunigung wird die bei einer Beschleunigung a auf die Masse m wirkende Kraft F = m x a zur Verformung eines Federelements benutzt. Die Verformung wird mittels Dehnungsmeßstreifen oder über den piezoelektrischen Effekt in eine analoge elektrische Größe umgewandelt. Derartige Meßelemente werden als Beschleunigungsgeber, Beschleunigungsaufnehmer oder Beschleunigungssensoren bezeichnet. Sie sind als ein- und dreidimensional empfindliche Geräte in großer Vielfalt der Meß- und Frequenzbereiche im Handel. Ihr Gewicht liegt unter 10 g und ihr Volumen unter 1 cm^3.

Anwendungsbeispiele: Messung des Beschleunigungsverlaufs einzelner Körperpunkte, beispielsweise der Hand des Kugelstoßers, des Speerwerfers, des Boxers oder des Karatekämpfers, Messung des Beschleunigungsverlaufs von Geräten, z.B. von Booten, von Speer, Tennisschläger und Hammerkopf, von Hanteln beim Gewichtheben und im Krafttraining. Aus dem Beschleunigungsverlauf läßt sich durch einfache zeitliche Integration der Geschwindigkeitsverlauf berechnen (bis auf einen konstanten Faktor, sofern die Anfangsgeschwindigkeit nicht bekannt ist). Ebenso kann aus der Beschleunigung bei bekannter Masse die verursachende Kraft ermittelt werden. Schließlich läßt sich aus Beschleunigung und Geschwindigkeit einer bekannten Masse die momentane Leistung bestimmen.

Bei der Vielfalt der möglichen Anwendungen erscheint es angebracht, auf einige Probleme bei der Beschleunigungsmessung hinzuweisen:

- Das Koordinatensystem des Beschleunigungsaufnehmers ist körperfest, aber nicht raumfest. Das heißt, die Richtung der ein- oder mehrdimensional gemessenen Beschleunigung ist nur definiert bezüglich der Orientierung des Körperteils, an dem der Beschleunigungsaufnehmer angebracht ist. Um die Richtung der Beschleunigung im raumfesten Koordinatensystem zu ermitteln, sind zusätzliche Informationen über die momentane Orientierung der Meßelemente notwendig, z.B. aus gleichzeitig aufgenommenen Filmbildern. Diese Zusatzinformation ist nicht notwendig, wenn der Beschleunigungsaufnehmer eine geführte Bewegung mit bekannter Raumorientierung ausführt, z. B. beim Bewegen eines Gewichts in einer Führung.

- Der Meßwert ist abhängig von der Orientierung des Aufnehmers zur Vertikalen, in der die Erdbeschleunigung wirkt. Es tritt eine Verkopplung der raumfesten Erdbeschleunigung mit der körperbezogenen Beschleunigung auf, die ebenfalls nur mit Kenntnis der räumlichen Orientierung der Meßelemente getrennt werden kann.
- Die Anbringung der Aufnehmer am Körper ist mechanisch weder eindeutig noch reproduzierbar festgelegt. Bei Befestigung auf der Haut wird der Aufnehmer bereits durch Muskelanspannungen in der Nähe der Befestigungsstelle beeinflußt. Die lockere Kopplung zwischen Haut und Skelettsystem bewirkt darüber hinaus Amplitudenänderungen und Phasenverschiebungen. Bei harten Stößen werden zusätzlich Schwingungen angeregt.

Bewertung: Die quantitative Verwendung von Beschleunigungsaufnehmern ist dann zweckmäßig, wenn durch Vorgabe oder Kontrolle die räumliche Orientierung der Meßelemente bekannt ist und außerdem durch sorgfältige Befestigung z. B. auf großflächigen Trägerlamellen eine zufriedenstellende Reproduzierbarkeit der Ankopplung erreicht wird. Bei den zu untersuchenden Bewegungen sollten harte Stöße am Körper nicht auftreten.

Andererseits kann ein Beschleunigungsaufnehmer bei stoßartigen Beschleunigungen eingesetzt werden, um den Kontaktbeginn exakt festzulegen, da er mit einem steilen Signalanstieg auf Stöße reagiert. Beispiele: Fußballstoß, Tennisschlag, Golfschlag.

4.2.2.2 Optische Verfahren

(1) Übersicht

Optische Verfahren beruhen auf der optischen Abbildung, die ein Modell des abgebildeten Objekts darstellt. Die Messungen werden nicht am Original, sondern am Modell vorgenommen. Eine Übersicht der optischen Verfahren gibt Abb. 4.6. Das Objekt wird über das abbildende System, das Objektiv, in eine Bildebene abgebildet. Werden zur Speicherung dieses Bildes fotochemische Schichten benutzt, dann haben wir es mit fotografischen Verfahren zu tun. Wird das Bild auf fotoelektrischen Schichten (zwischen-)gespeichert, dann nennen wir die Verfahren optoelektrische Verfahren. Dazu zählt auch die Videotechnik. In allen Fällen liegt mit dem Bild ein

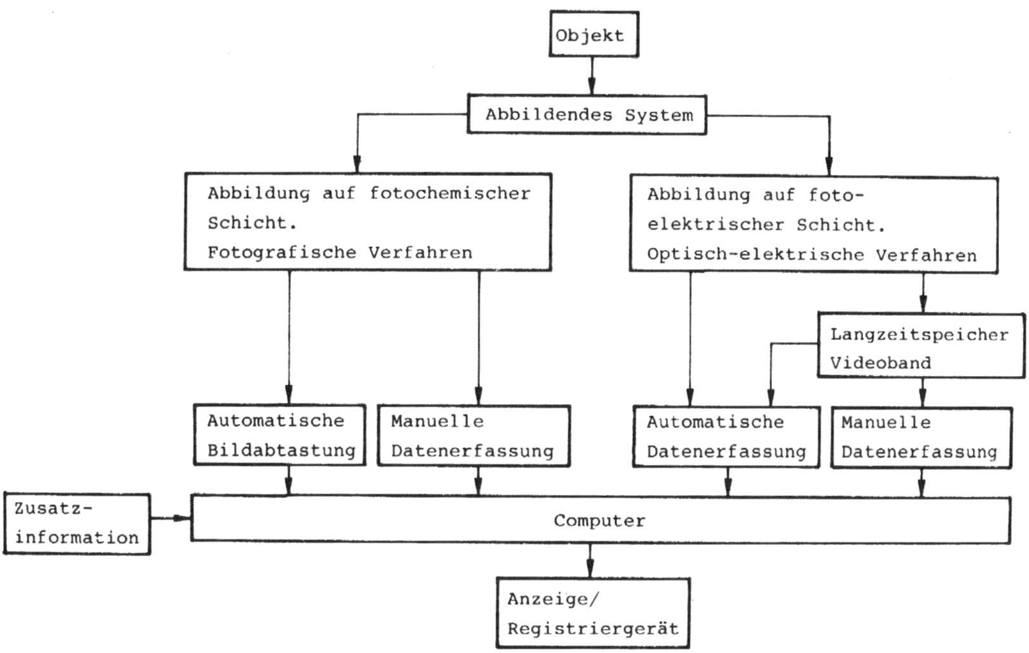

Abb. 4.6 Übersichtsdarstellung optischer Verfahren

Modell vor, an dem unter bestimmten Voraussetzungen Eigenschaften des Originals wie Form, Größe und Lage quantitativ bestimmt werden können. Bei der in einem Bild gespeicherten Information handelt es sich um die geometrische Konfiguration des Objekts bzw. seiner Projektion zum Aufnahmezeitpunkt. Bei bewegten Objekten ist zusätzlich die Zeit zu erfassen, was durch Abbildungen des Objekts in zeitlich aufeinanderfolgenden Phasen geschieht. Die numerische Erfassung der Bildinformation erfolgt durch Bestimmung der Bildkoordinaten ausgewählter Objektpunkte und zwar Bild für Bild, etwa durch Antasten der Objektpunkte im projizierten Bild auf speziellen Auswertgeräten (Auswertprojektor mit Digitalisiergerät).

Automatische computergestützte Auswertungsverfahren verlangen meist eine geeignete Markierung der Abtastpunkte an der Versuchsperson. Verfahren, die Gelenkachsenkoordinaten aus der Körperkontur in wechselnden Posen rekonstruieren können, sind in Entwicklung, verlangen aber einen sehr hohen technischen Aufwand (Mustererkennungsverfahren).

Die mit optischen Verfahren numerisch erfaßbaren Größen sind die kinematischen Grundgrößen Länge bzw. Winkel und Zeit. Sämtliche anderen Größen, insbesondere die kinematischen Größen Geschwindigkeit und Beschleunigung, sind abgeleitete Größen, die aus den Grundgrößen berechnet werden. Wegen der im allgemeinen sehr großen Anzahl von Einzeldaten und der damit verbundenen umfangreichen Berechnungen werden die erfaßten Primärdaten in einem (Personal-) Computer gespeichert und weiterverarbeitet. Innerhalb von Sekunden (bei automatischen optoelektrischen Verfahren) oder mehreren Stunden (bzw. Tagen bei konventionellen Filmaufnahmen) nach erfolgter Registrierung (Aufnahme) stehen dann die abgeleiteten Ergebnisse zur Verfügung. Der wesentliche Vorzug der optischen Verfahren (Film und Video) vor anderen besteht in der Möglichkeit der weitgehend rückwirkungsfreien Messung von Haltungen und Bewegungen.

(2) Grundbegriffe der Bildmessung

Die optische Abbildung

Bei der optischen Abbildung wird von dem in der Regel räumlich ausgedehnten Objekt mittels eines Objektivs ein ebenes – im allgemeinen verkleinertes – Bild erzeugt. Die Reduzierung des dreidimensionalen Objektraumes in die zweidimensionale Bildebene bedeutet einen Verlust an Information, der umso größer ist, je gleichmäßiger die Objektausdehnung sämtliche drei Dimensionen des Raumes nutzt. Daher ist i.a. die Rekonstruktion eines *räumlichen* Objekts aus nur *einem* Bild nicht möglich. Ebene Objekte hingegen können bis auf meist vernachlässigbare Abbildungsfehler ohne Informationsverlust abgebildet und damit auch aus einem Bild vollständig rekonstruiert werden. Besonders einfach ist der Fall, wenn die Objektebene parallel zur Bildebene liegt.

In Abb. 4.7 ist ein vereinfachtes Schema der optischen Abbildung dargestellt. Das Projektionszentrum in dieser zentralperspektivischen Abbildung entspricht näherungsweise dem Ort der Blende beim fotografischen Objektiv. Mit a wird die Aufnahmeentfernung, d.i. der Abstand zwischen Kamera und abzubildendem Objekt, mit f die Brennweite des fotografischen Objektivs bezeichnet. Die Punkte P_1 und P_2 im Objektraum werden dann im Bild als P_1' und P_2' abge-

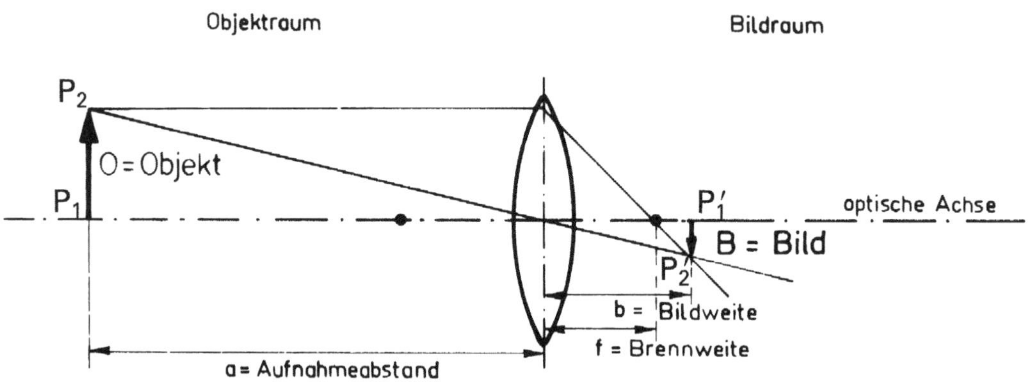

Abb. 4.7 Schema der optischen Abbildung

bildet. Für die Überführung der Objektkoordinaten in Bildkoordinaten ist der Abbildungsmaßstab entscheidend. Er ist gegeben durch das Verhältnis der Bildgröße B zur Objektgröße O. Die Strecke $P_1 P_2 = O$ wird verkleinert als Strecke $P_1' P_2' = B$ abgebildet. Der Abbildungsmaßstab m ist dann gegeben durch

$$m = \frac{B}{O}$$

Je größer der Abbildungsmaßstab ist, desto größer wird auch das Bild eines Objekts. Geht man von der normalerweise erfüllten Annahme aus, daß die Aufnahmeentfernung a groß gegen die Brennweite f des benutzten Objektivs ist, was praktisch schon bei a > 20f der Fall ist, dann ist der Abbildungsmaßstab m in der folgenden Form gegeben:

$$m = \frac{f}{a}$$

Berechnungsbeispiel: Brennweite f = 50 mm, Aufnahmeabstand a = 5 m, ergibt einen Abbildungsmaßstab von

$$m = \frac{50\,\text{mm}}{5\,\text{m}} = \frac{0{,}05\,\text{m}}{5\,\text{m}} = \frac{1}{100}$$

Bei $m = 1/100$ wird eine in der Objektebene befindliche Länge von 1 m auf 1 cm im Bild verkleinert.

Der Abbildungsmaßstab, der zur rechnerischen Rekonstruktion des Objekts aus den am Bild vorgenommenen Koordinatenmessungen unbedingt erforderlich ist, hängt bei vorgegebener Brennweite lediglich vom Aufnahmeabstand a ab und hat damit nur für einen festen Abstand einen konstanten Wert. Für den oben betrachteten Fall, bei dem ein ebenes Objekt in einer zur Bildebene parallelen Ebene liegt, sind die Beziehungen zwischen Objekt und Bild besonders einfach. Für alle Objektteile gilt gleichermaßen:

- Gerade werden als Gerade abgebildet
- Winkel bleiben bei der Abbildung unverändert erhalten
- Alle Strecken werden im gleichen Maßstab verkleinert.

Mit Ausnahme der ersten treffen diese Feststellungen jedoch nicht mehr zu, wenn

- die Objektebene nicht parallel zur Bildebene steht oder
- das Objekt nicht eben ist.

In der Praxis muß man demnach beachten, daß man nur eine mehr oder minder gute Näherung des einfachsten Abbildungsfalles verwirklicht und damit automatisch entsprechende Fehler verbunden sind. Ist die Objektebene nicht parallel zur Filmebene, lassen sich Korrekturen bei der Berechnung der Objektkoordinaten vergleichsweise einfach durchführen. Voraussetzung dazu sind Referenzpunkte im Objektraum, die eine eindeutige Zuordnung zur Bewegungsebene aufweisen.

Im Falle des räumlich ausgedehnten Objekts sind Korrekturen ohne zusätzliche Informationen bzw. Annahmen bezüglich des bewegten Objekts nur grob, häufig aber nicht hinreichend genau möglich. Wenn die abgeschätzten Fehler nicht tolerierbar sind, muß eine 3-dimensionale Bestimmung der Objektkoordinaten erfolgen. Für viele biomechanische Analysen ist eine solche 3-dimensionale Erfassung der Bewegung erforderlich.

Räumliches und zeitliches Auflösungsvermögen.

Raum- und Zeitmaße sind die aus optisch erzeugten Bildern zu ermittelnden Grundgrößen. Das räumliche und zeitliche Auflösungsvermögen kennzeichnen die wesentlichen Eigenschaften eines technisch verwirklichten Verfahrens, räumlich bzw. zeitlich eng benachbarte Einzelheiten eines bewegten Objekts voneinander zu trennen.

Das *räumliche Auflösungsvermögen* hängt ab von den optischen Eigenschaften der Abbildungskette: Aufnahmeoptik – Filmschicht – Wiedergabeoptik – Auswerter (menschliches Auge oder fotoelektrische Abtastvorrichtung). In der Praxis wird es begrenzt durch das Auflösungsvermögen der Filmschicht. Je nach Filmmaterial und Verarbeitung liegt das Auflösungsvermögen zwischen 50 und 100 Linien pro Millimeter. D.h. auf dem Filmbild können kontrastierende Einzelheiten gerade noch getrennt erfaßt werden, wenn sie wenigstens 1/50 bis 1/100 mm voneinander entfernt sind. Über den Abbildungsmaßstab wird dieses bildseitige Auflösungsvermögen in den Objektraum transformiert. Wird z. B. ein Objekt von 5 m Breite auf ein Filmbild von 10 mm Breite (16 mm-Film) abgebildet, dann beträgt der Abbildungsmaßstab $m = 1/500$. Ein bildseitiges Auflösungsvermögen von 1/100 mm ergibt damit auf der Objektseite eine Auflösung von 1/100 mm x 500 = 5 mm. Im Objektraum können demnach noch Abstände von 5 mm getrennt erfaßt werden.

Ein hohes räumliches Auflösungsvermögen kann also hauptsächlich durch einen großen Abbildungsmaßstab erreicht werden, d.h. durch ein möglichst großes Verhältnis von Bild- zu Objektgröße. Das führt auf die Forderung nach möglichst großen Bildformaten bei gleichzeitig kleinstmöglichen Objektbreiten. Wegen der in der Biomechanik nur mit begrenzter Genauigkeit möglichen Festlegung der Meßpunkte am Objekt ist eine objektseitige Ausmeßgenauigkeit von ± 1 mm als vernünftige obere Grenze anzusehen. Diese kann unter den oben genannten Bedingungen bei Abbildungsmaßstäben von $m \geq 1/100$ erreicht werden. Abbildungsmaßstäbe von $m \leq 1/1000$ sollten hingegen vermieden werden.

Große Abbildungsmaßstäbe können erreicht werden, indem man die Kamera dem Sportler nachführt (Schwenkaufnahme). Bei der Rekonstruktion der Objektkoordinaten stellt man die Lage der Kameraachse im Raum an Hand mitgefilmter Paßpunkte fest, kennt damit den Winkel zwischen Objekt- und Bildebene und kann die Objektkoordinaten nach den Regeln der Trigonometrie korrigieren.

Das *zeitliche Auflösungsvermögen* hängt ab vom zeitlichen Abstand aufeinanderfolgender Belichtungen (reziproke Bildfrequenz) und von der bei der Einzelaufnahme wirksamen Belichtungsdauer. Die zeitliche Auflösung ist verfahrensgemäß unstetig. Je höher die Bildwechselfrequenz f_w, desto kleiner ist der dazu umgekehrt proportionale zeitliche Abstand der Bilder t_w und desto höher ist die zeitliche Auflösung einer Bewegung. Darüber hinaus nimmt die Genauigkeit der raum-zeitlichen Zuordnung zu mit abnehmender Belichtungsdauer, welche die Bewegungsunschärfe vermindert. Das zeitliche Auflösungsvermögen eines Verfahrens ist demnach direkt proportional der Bildfolgefrequenz und umgekehrt proportional der Bildbelichtungszeit.

Die für eine Analyse menschlicher Bewegungen erforderliche zeitliche Auflösung hängt von der jeweiligen Bewegung und dem Zweck der Analyse ab und ist nicht allgemein festzulegen. Die in der Biomechanik üblichen Bildfrequenzen liegen zwischen 50 und 200 Bildern pro Sekunde, bei sehr schnellen, stoßartigen Bewegungen gelegentlich darüber bis 500 Bilder pro Sekunde. Die Belichtungszeiten liegen, in Abhängigkeit von den maximalen Bewegungsgeschwindigkeiten, im Bereich von 0,5 bis 5 Millisekunden ($1/2000$ bis $1/200$ Sekunde).

In der nachfolgenden Tab. 4.1 sind die bei der Analyse sportlicher Bewegungen erforderlichen minimalen Bildfrequenzen angegeben. In der praktischen Anwendung sind das Doppelte dieser Zahlenwerte als Richtwerte anzusehen, die von der jeweiligen Bewegung und vor allem von der zu lösenden Aufgabe her in Richtung größerer oder kleinerer Werte geändert werden müssen.

Tab 4.1 Minimale Bildfrequenzen

Bewegungsart	Bildfrequenz (B/s)
freie Willkürbewegung	50
Anschlag im Gelenk	100
Externe Stöße	200

Bei diesen Angaben ist bereits berücksichtigt, daß aus den Grundgrößen Länge und Zeit noch weitere Größen abgeleitet werden, z.B. die Geschwindigkeit.

Häufig sind das zeitliche und das räumliche Auflösungsvermögen von Filmaufnahmen nicht ausreichend, um im erforderlichen Fehlerbereich Beschleunigungen abzuleiten.

Dreidimensionale Bildmessung

Bei sportlichen Bewegungen haben sowohl der Körper als bewegtes Objekt als auch die Bewegungsbahnen der Körperpunkte räumlichen Charakter. Die aus verschiedenen Gründen häufig angenommene Zweidimensionalität von Objekt und Bewegung stellt in vielen Fällen eine unzulässige Vereinfachung der Wirklichkeit dar, die mit großen Meßfehlern verbunden sein kann. Darüber hinaus können bei zweidimensionalen Analysen die Drehung der Segmente um ihre Längsachsen und die Schiefe der Gelenkachsen nicht berücksichtigt werden. Will man dem dreidimensionalen Charakter von Objekt und Bewegung Rechnung tragen, dann sind Einbildmeßverfahren nicht mehr ausreichend. Um die Raumkoordinaten eines Objektpunkts eindeutig festzulegen, sind mindestens *zwei* von unterschiedlichen Standorten aus aufgenommene Meßbilder erforderlich. Bei der Analyse von Bewegungen müssen die beiden Bilder *gleichzeitig* aufgenommen werden, bzw. die Gleichzeitigkeit muß durch eine Interpolationsrechnung angenähert werden.

In der klassischen Photogrammetrie basiert die Ermittlung dreidimensionaler Objektkoordinaten auf der Verwendung kalibrierter Meßkameras, deren innere und äußere Orientierung jeweils bekannt sein müssen (*Finsterwalder*, 1968). Dazu sind i.a. aufwendige (und nicht fehlerfreie)

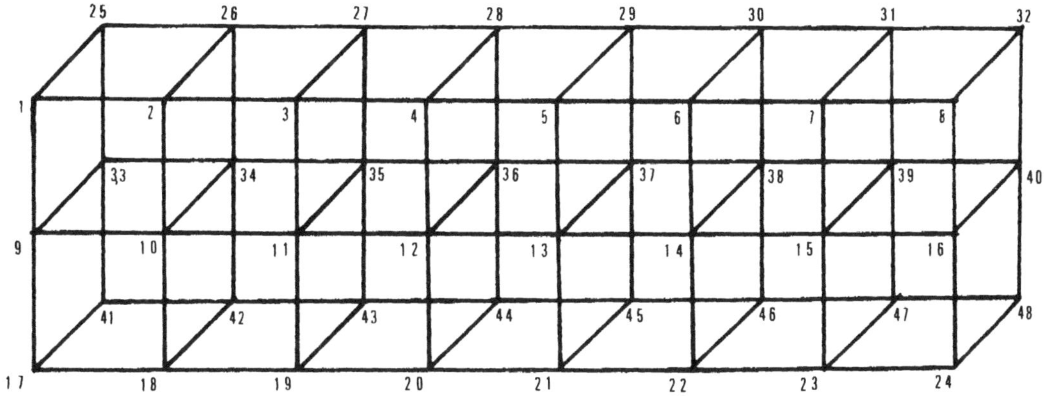

Abb. 4.8 Paßpunktsystem für 3D-Analyse. Kantenlänge der Stäbe: 1 m. Gesamtabmessungen: 7 x 2 x 1 m. Anzahl der Paßpunkte: 48

Messungen erforderlich, die eine Handhabung in der täglichen Praxis erschweren.

Mit der Methode der Direkten Linearen Transformation (*Abdel Azis* und *Karara*, 1971) steht eine Kombination photogrammetrischer und analytischer Verfahren zur Verfügung, die eine wesentlich einfachere Bestimmung der räumlichen Koordinaten erlaubt. Die kurz DLT-Methode genannte Prozedur ist gekennzeichnet durch folgende Eigenschaften:

- es können unkalibrierte (nicht-metrische) Kameras verwendet werden
- es können alle Bildauswertgeräte (Komparatoren) verwendet werden
- es muß vor oder nach der eigentlichen Meßaufnahme ein präzises 3-dimensionales Paßpunktsystem mit mindestens 6 Paßpunkten im Objektraum aufgenommen werden.

Die Verwendung nichtmetrischer Kameras bedeutet eine erhebliche Ausweitung der meßtechnischen Möglichkeiten: alle gängigen Film-und Videokameras, die nicht für meßtechnische Zwecke kalibriert sind, können für die dreidimensionale Analyse eingesetzt werden. Die Einbeziehung der Komparatorkoordinaten (entsprechen den Maschinenkoordinaten üblicher Auswertgeräte) in das analytische Verfahren erlaubt auf der Auswertseite die Anwendung herkömmlicher Film- und Videoauswerter (Digitalisiergeräte).

Statt der minimal 6 Paßpunkte empfiehlt es sich jedoch, mit 10–20 Paßpunkten zu arbeiten. Die überschüssigen Messungen tragen über numerische Ausgleichsverfahren zur Erhöhung der Genauigkeit bei.

Die Realisierung des Paßpunktsystems kann durch den Aufbau eines quaderförmigen Stabsystems möglichst großer Steifigkeit erfolgen. Das Paßpunktsystem soll den auszumessenden Objektraum ausfüllen. In Abb. 4.8 ist ein Paßpunktsystem dargestellt, wie es bei 3D-Analysen im Skilanglauf eingesetzt wurde. Alternativ sind Stabsysteme in Sputnikform in Gebrauch.

Die gesamte Prozedur besteht im wesentlichen aus folgenden Schritten:

1. Aufstellung des Paßpunktsystems im Objektraum. Je präziser die gegenseitige Lage der Paßpunkte (Anfertigung und Aufstellung) bekannt ist, desto genauer sind die späteren Meßergebnisse.
2. Aufstellung von 2 Kameras derart, daß beide das gemeinsame Objektfeld abbilden. Die optischen Achsen der Kameras sollten vorzugsweise in einem rechten Winkel zueinander stehen.
3. Aufnahme des Paßpunktsystems durch beide Kameras.
4. Entfernen des Paßpunktsystems aus dem Objektraum.
5. Aufnahme des Objekts (bewegter Sportler) mit den beiden exakt synchronisierten Kameras.
6. Auswertung des Paßpunktsystems für beide Kameras.
7. Berechnung der Transformationen der Bildkoordinaten in Komparatorkoordinaten. Dieser Vorgang stellt die Kalibrierung (Eichung) des gesamten Maßsystems dar.
8. Auswertung der interessierenden Objektpunkte und Berechnung der dreidimensionalen Objektkoordinaten.

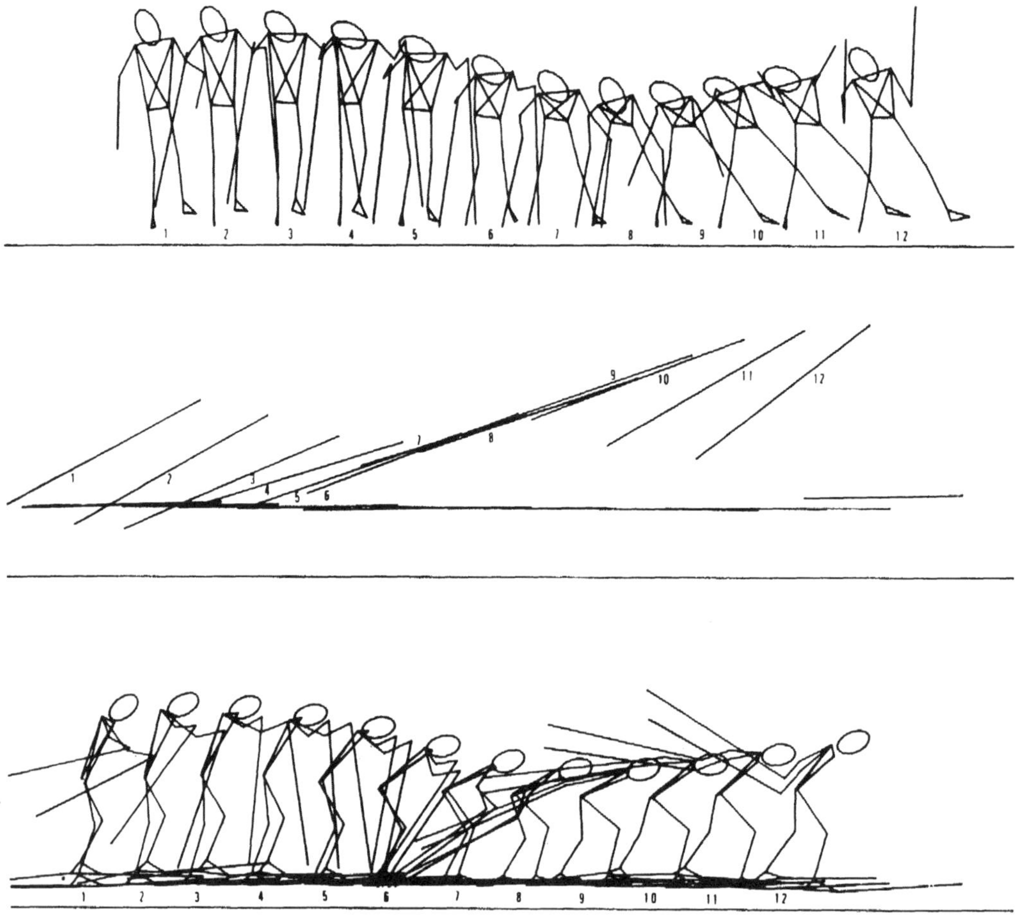

Abb. 4.9 Orthogonale, parallelprojektive Darstellungen der Abstoßbewegung beim Schlittschuhschritt im Skilanglauf

In Abb. 4.9 ist ein Ergebnis aus dem Skilanglauf dargestellt.

Die bei allen optischen Verfahren auftretende Problematik der Meßpunktdefinitionen und ihrer Zuordnungen zu anatomischen Strukturen kann hier nicht erörtert werden. Informationen dazu sind z. B. bei *Stucke* (1984) zu finden.

Auswertung und Datenverarbeitung

Am Beispiel einer ebenen Bewegungsanalyse sollen die wesentlichen Schritte der Auswertung erörtert werden.

Die den Bewegungsapparat repräsentierenden Körperteile sind vereinfacht als Verbindungslinien der Gelenkachsen darstellbar (Strichmännchen). Dementsprechend sind die bei der Auswertung interessierenden Objektpunkte die Durchstoßpunkte (Projektionen) der Gelenkachsen (-mitten) auf die Hautoberfläche. Die Zuordnung dieser Oberflächenpunkte zu den tatsächlichen Gelenkachsen ist – mit und ohne Markierung – mit Fehlern behaftet, auf die hier nicht eingegangen werden kann. Insgesamt kann man den Körper durch 17 Punkte (16 Gelenkpunkte + Kopf) darstellen. Zur vollständigen ebenen Auswertung sind pro Bild 17 Koordinatenpaare x_i, y_i zu bestimmen. Hinzu kommen wenigstens 2 Punkte zur Festlegung der Raumorientierung, ggfs. noch weitere Punkte zur Analyse von Geräten: Kugel, Skistock u.a.

Die numerische Erfassung der Bildkoordinaten erfolgt manuell an einem Bildauswertgerät; bei Film: Projektor und Digitalisiertablett, bei Video: Monitor mit Digitalisiereinrichtung (Abb. 4.10). Die Umrechnung von Bild- bzw. Maschi-

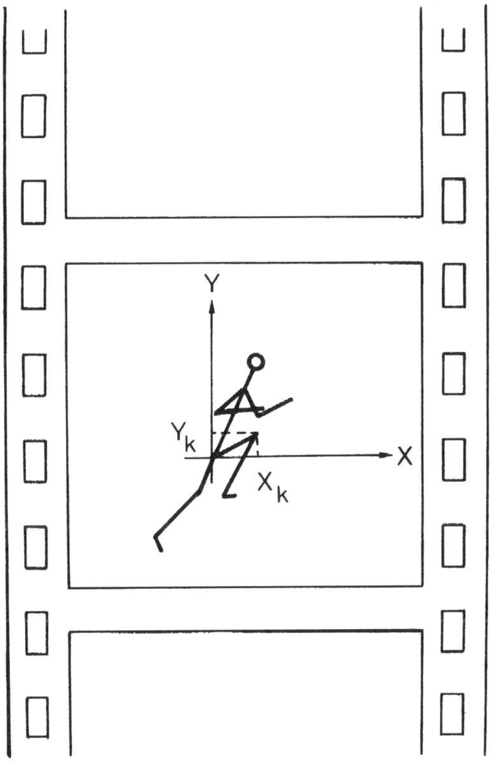

Abb. 4.10 Schema Bildauswertung. Die Koordinaten x_K, y_K eines Körperpunkts werden manuell durch Antasten mit Stift bzw. Fadenkreuz definiert und automatisch an den Datenspeicher/Computer weitergegeben

nenkoordinaten in Objektkoordinaten wird über den Abbildungsmaßstab bzw. eine Eichung durchgeführt. Am einfachsten wird vor oder nach der eigentlichen Aufnahme ein Maßstab horizontal und vertikal im Objektraum aufgenommen. Dabei ist zu beachten, daß der Maßstab jeweils senkrecht zur Objektivachse und nicht notwendig in der Objektebene steht. Somit ist der Abbildungsmaßstab im Auswertgerät unmittelbar gegeben. Bei komplizierteren Aufnahmesituationen (Kameraachse schräg zur Bewegungsebene, geschwenkte Kamera) empfiehlt sich ein System von Referenzpunkten, aus deren Lage die Zuordnung der Kameraposition zum Objektraum eindeutig berechnet werden kann. Der Zeitmaßstab kann durch eine mitgefilmte Uhr oder – bei Spezialkameras – über eingeblendete exakte Zeitmarken ermittelt werden.

Das unmittelbare Ergebnis der Auswertung eines Bewegungsablaufs sind die Koordinatenpaare der Objektpunkte i für aufeinanderfolgende Zeitpunkte j: $x_i(t_j)$, $y_i(t_j)$. Der zeitliche Abstand t_w zwischen aufeinanderfolgenden Bildern ist gegeben durch die reziproke Bildfrequenz f_w. Die Koordinaten sind mit unvermeidbaren statistischen Fehlern behaftet. Bei der Darstellung der (Winkel-)Weg-Zeit-Verläufe fallen diese Fehler meist nicht auf. Bei Berechnung der Geschwindigkeit durch numerische Differentiation (bzw. Bildung von Differenzenquotienten) werden die zufälligen Fehler stark vergrößert und in einer Verfälschung der differenzierten Werte gegenüber idealen Funktionswerten sichtbar, die u.U. eine Auswertung der Meßergebnisse unmöglich macht. Insbesondere liegt bei einer zweifachen Differentiation in der Regel der Fehler im Bereich der Meßwerte (s. Abb. 4.11).

Es ist daher üblich, die Primärdaten zunächst von groben Koordinatenfehlern (Ausreißern) zu befreien und dann durch Anwendung von Ausgleichsverfahren zu glätten. Dazu legt man im einfachsten Fall durch mehrere aufeinanderfolgende Meßwerte ein Polynom dritten oder fünften Grades, deren analytische Form man mit den einfachen Regeln der Ausgleichsrechnung findet (*Zurmühl* 1965). Diese Funktionen liefern glatte Ableitungen (Geschwindigkeit). In Abb. 4.11 und Abb. 4.12 ist der Einfluß der Glättung auf die Ableitungen der Weg-Zeit-Funktion veranschaulicht. Durch Wahl eines im speziellen Fall ungeeigneten Glättungsverfahrens und Wahl falscher Parameter (Über- oder Unterglättung) kann man jedoch Verfälschungen des wahren grafischen Funktionsverlaufs verursachen. Deshalb sind die Glättungsroutinen mit großer Sorgfalt auszuwählen und anzuwenden (s. auch *Winter* 1979).

(3) Filmtechnik (Kinematografie)

Bei der Filmaufnahme werden zeitlich aufeinander folgende Phasen des Objekts in räumlich getrennten Einzelbildern gespeichert. Der Bewegungsablauf wird nicht kontinuierlich, sondern in diskreten Zeitpunkten abgetastet. Die Zeitinformation ist in der Zuordnung der Einzelbilder zu Zeitpunkten in konstantem Abstand enthalten. Damit ist der Ort des Objekts zu bestimmten Zeiten im Rahmen der Genauigkeit des Verfahrens registriert. Der zeitliche Abstand zweier aufeinanderfolgender Phasenbilder t_w ist gleich dem Reziproken der jeweiligen Bildfrequenz f_w. Handelsübliche 16 mm-Filmkameras lassen Bildfrequenzen bis maximal 100 B/s zu. Spezielle Zeitdehner- oder Hochfrequenzkameras erreichen bis zu 500 Bilder/Sekunde, bei Drehspiegelkameras mit optischem Ausgleich bis zu 10.000 B/s.

Abb. 4.11 und 4.12 Horizontale Bewegung der Fußspitze beim ersten Schritt im Sprintstart

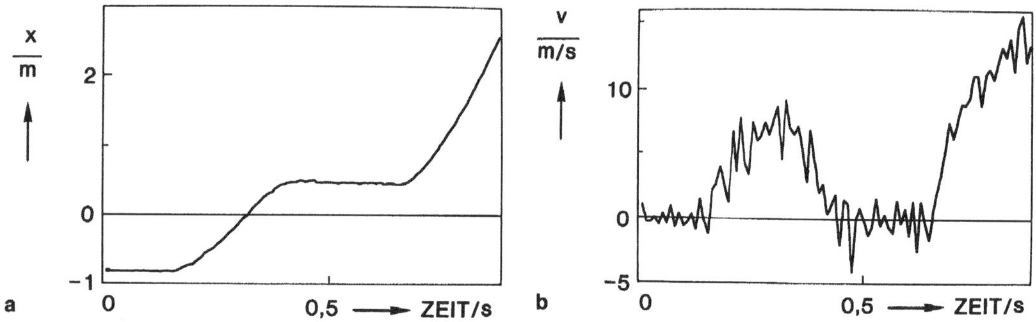

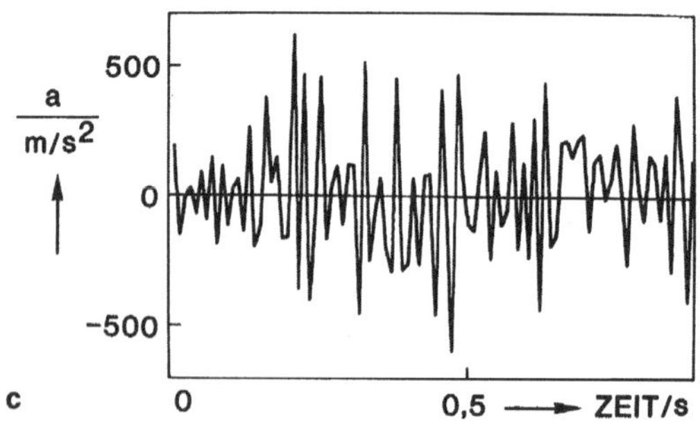

Abb. 4.11 Ohne Glättung dargestellte x(t)- und berechnete v(t)- und a(t)-Funktionen

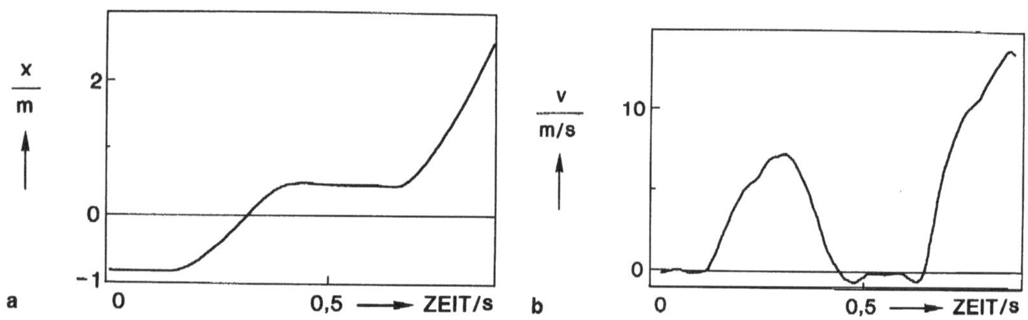

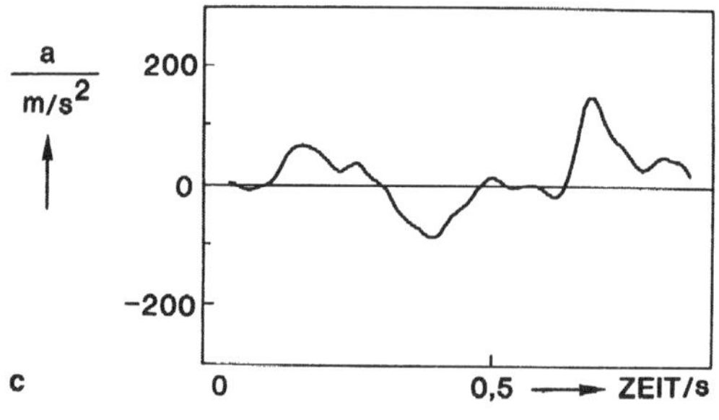

Abb. 4.12 Entsprechende Ergebnisse mit Glättung

In der nachfolgenden Tab. 4.2 sind für die gängigen Aufnahmeformate die Bildfeldgrößen und die maximalen Bildfrequenzen eingetragen:

Tabelle 4.2 Bildfeldgrößen und Bildfrequenzen

Filmformat	Bildfeldgröße Höhe x Breite in mm	Maximale Bildfrequenzen in Bilder/s
Schmalfilm S8	4,2 x 5,7	250
Schmalfilm 16 mm	7,5 x 10,3	500 (10.000)*
Normalfilm 35 mm	18 x 24	500

* Drehspiegelkameras mit sog. optischem Ausgleich

Bewertung: Die Kinematografie ist ein unentbehrlicher Bestandteil der biomechanischen Untersuchungsmethoden. Sie erlaubt eine weitgehend rückwirkungsfreie *Registrierung* von Bewegungsabläufen. Ein weiterer Vorteil ist die anschauliche *Darstellung* von Bewegungen in einem Zeitbereich, der vom menschlichen Auge nicht aufgelöst werden kann.

Aus Filmaufnahmen können Zeiten und vor allem Längen mit großer Genauigkeit ermittelt werden: Längen bis auf 1 mm genau (je nach räumlicher Ausdehnung der zu analysierenden Bewegung), Zeiten bis auf die Bildwechselzeit t_w ($= 1/f_w$) genau. Die dadurch gewonnenen Weg-Zeit-Funktionen sind nur mit geringen Fehlern behaftet. Voraussetzung für das Erreichen dieser Genauigkeit ist eine entsprechende geometrische Definition des Bildpunkts, etwa als Schwerpunkt eines scharf begrenzten Flächenelements oder als Schnittpunkt scharfer Linien. Die Definition des Bildpunkts hängt wesentlich ab von der Definition des entsprechenden Objektpunkts. Oberflächenpunkte des Körpers sind wegen fehlender Oberflächenstruktur häufig nicht eindeutig festzulegen (ganz abgesehen von ihrer Zuordnung zu Skelettstrukturen), vielfach werden interessierende Körperpunkte gar nicht abgebildet (z.B. auf der kameraabgewandten Seite, verdeckt durch andere Körperteile). Diesen Mängeln kann man teilweise begegnen (Markierungen, zusätzliche Kamera, Auswertung über Konturen etc.), aber man kann sie nicht gänzlich ausschalten. Ihr Einfluß auf das Meßergebnis ist sorgfältig abzuschätzen.

(4) Videotechnik

In vielen Bereichen, in denen es auf die Darstellung von Bewegungen ankommt, ist die Videokamera in den Anwendungsbereich der Filmkamera vorgedrungen und hat sie zum Teil sogar verdrängt. Solange es um die zeitrichtige Darstellung von Bewegungen geht, ist die Videokamera der Filmkamera ebenbürtig, durch die Speichermöglichkeiten auf Magnetband (Videorecorder) und die Arbeitsgeschwindigkeit vielfach sogar überlegen. Unbestritten ist auch der Vorteil der Videokamera bei der Aufnahme und schnellen Wiedergabe von sportlichen Bewegungen in Training und Wettkampf.

Bei der Diskussion über die Eignung der elektronischen Bildaufzeichnung für meßtechnische Zwecke, d.h. zur quantitativen Analyse von Bewegungen sind die von der Filmaufnahme abweichenden Kennzeichen der Videoaufnahme zu behandeln und dabei insbesondere das räumliche und zeitliche Auflösungsvermögen.

Räumliches Auflösungsvermögen

In der Aufnahmeröhre der Videokamera wird das Bild in einzelne Bildelemente zerlegt. Durch die Anzahl dieser Bildelemente ist das Auflösungsvermögen für räumliche Größen begrenzt. Bei der europäischen Fernsehnorm hat das Bild 625 Zeilen, d.h. über die Bildhöhe können theoretisch 625 Linien unterschieden werden. Das Auflösungsvermögen entspricht damit $1/625$ der Bildhöhe. Je nach Abbildungsmaßstab sind entsprechende Details im Objekt zu unterscheiden. In der Realität tritt durch die Signalspeicherung auf Magnetband ein Schärfenverlust auf, so daß bei Normal-Video lediglich ca. 250 Linien und bei S-Video ca. 400 Linien unterscheidbar sind. Bei Annahme gleicher Auflösung auch in horizontaler Richtung ist das S-Videobild dem Filmbild im Super-8-Format (bei Verwendung normalen Farbumkehrfilms) bezüglich der räumlichen Auflösung überlegen. Die meßtechnische Qualität des 16 mm-Filmbildes wird aber nicht erreicht.

Bei einer der Filmtechnik entsprechenden sorgfältigen Justierung können quantitative Auswertungen durchgeführt werden. Spezielle Digitalisiergeräte erlauben durch elektronische Mischung der Markierungen in das Videobild eine unmittelbare Bildmessung am Monitor, wobei Verzeichnungen der Bildröhre keinen Einfluß auf die Genauigkeit haben. Im Unterschied zur Filmauswertung ist zu beachten, daß in vertikaler und horizontaler Richtung unterschiedliche Skalierungsfaktoren auftreten. Die Eichung an mitaufgezeichneten Maßstäben muß in vertikaler und horizontaler Richtung getrennt erfolgen.

Zeitliches Auflösungsvermögen

Das zeitliche Auflösungsvermögen wird – wie beim Film – bestimmt durch die maximale Bildfrequenz und die Belichtungsdauer. Kommerzielle Fernsehkameras arbeiten mit Bildfrequenzen von 25 B/s. Zur Reduktion des Flimmereffekts bei der Darstellung der Bewegung werden im sogenannten Zeilensprungverfahren 50 Halbbilder je Sekunde projiziert, doch ist diese Erhöhung der Bildfrequenz mit einer Halbierung der Zeilenzahl verbunden (ein Halbbild enthält entweder die ungeraden oder die geraden Zeilen). Mit 25 bzw. 50 B/s kann man eine Reihe sportlicher Bewegungen ausreichend genau erfassen, schnelle Vorgänge jedoch werden nicht in quantitativ auswertbarer Form registriert.

Bei Zeitlupen und deutlicher noch bei der Stillstandsprojektion von Fernsehbildern macht sich häufig ein weiterer Mangel bemerkbar: schnell bewegte Körperteile wie die Extremitäten werden je nach Geschwindigkeit mehr oder minder verwischt und sind z.T. völlig verschwunden. Nur an den Umkehrpunkten der Bewegung (z. B. im Stütz) gewinnen diese Körperteile wieder an Kontur und können ausgemessen werden. Die Ursache für diese Bewegungsunschärfe ist die lange Belichtungszeit, die bei Fernseh-Aufnahmeröhren $^1/_{25}$ Sekunde beträgt. Bereits bei bescheidenen Bewegungsgeschwindigkeiten von ca. 5 m/s bewegt sich das Objekt während der Belichtungszeit um 5 m/s x $^1/_{25}$ s = 0,2 m und kann daher nicht scharf abgebildet werden.

Im letzten Jahrzehnt wurde jedoch die Aufnahmeröhre weitgehend durch Halbleiteraufnehmer (CCD) abgelöst. Bei diesen CCD-Videokameras (bis zu 450000 Bildpunkte, hohe Lichtempfindlichkeit) hat man die Möglichkeit, die Belichtungszeiten elektronisch bis auf Bruchteile einer Millisekunde zu verkürzen und so Bewegungsunschärfen praktisch auszuschließen. Eine S-Video (S-VHS oder Hi-8)-Kamera z. B. kann bei einer Vertikalauflösung von ca. 200 Zeilen (Halbbild) 60 Bilder je Sekunde (amerikanische Fernsehnorm NTSC) aufnehmen und über einen elektronischen Verschluß die Belichtungszeit auf $^1/_{10000}$ Sekunde reduzieren. Das bedeutet eine wesentliche Verbesserung gegenüber den herkömmlichen Videoaufzeichnungen.

Neben den Standard-Videokameras sind in den letzten Jahren für wissenschaftliche und industrielle Anwendungen Kameras mit höherem räumlichen Auflösungsvermögen (HDTV, mehr als 1000 Zeilen) und Kameras mit höherem zeitlichem Auflösungsvermögen (bis zu 12.000 Bildern/Sekunde) entwickelt worden.

Bewertung: Für meßtechnische Anwendungen ist die Videokamera der Filmkamera derzeit vor allem in bezug auf die räumliche Auflösung noch unterlegen. Die weitere technische Entwicklung läßt erwarten, daß dieser Mangel zumindest teilweise behoben wird und zudem durch den erwarteten breiten Einsatz von HDTV in den Fernsehanstalten der Preis für Hochleistungskameras drastisch fällt. Mehr und mehr wird die Videokamera die Filmkamera auch im Bereich der biomechanischen Meßtechnik zurückdrängen.

(5) Automatische Elektrooptische Verfahren

In den letzten Jahren wurden eine Reihe von elektrooptischen Verfahren entwickelt, die eine direkte Umsetzung der Bildkoordinaten optisch markierter Objektpunkte in entsprechende analoge bzw. digitale elektrische Signalfolgen vornehmen. Sie bieten den großen Vorteil, mit nur geringer zeitlicher Verzögerung (Bruchteile von Sekunden bis Minuten) die gesamte Kinematik von entsprechend markierten Punkten auszugeben. Dazu ist allerdings ein nicht unerheblicher Rechenaufwand erforderlich. Wegen des hohen technischen Aufwands, der einschränkenden (meist lichttechnischen) Anwendungsbedingungen und der nicht unerheblichen Kosten sind diese Verfahren derzeit praktisch nur im Laboratorium anwendbar.

In knapper Form soll das SELSPOT-System als ein relativ weit verbreitetes Verfahren dargestellt werden.

Bei diesem Verfahren werden die interessierenden Objektpunkte mit aktiven Infrarot-Strahlern (LED = Light Emitting Diode) markiert. Spezielle Kameras mit positionsempfindlichen Detektorflächen empfangen die Signale der Markierungen und wandeln sie in analoge x- und y-Spannungen um, die der Lage des Bildes der Markierung auf der Detektorfläche entsprechen. Mit der simultanen Digitalisierung und Speicherung der Daten im Rechner ist die gesamte numerische Erfassung bereits erledigt. Sowohl die Kameras als auch die Dioden werden von einer zentralen Steuereinheit kontrolliert. Dies macht eine Drahtverbindung vom Probanden zur Steuereinheit oder das Mitführen einer Telemetrie erforderlich. Maximal können bis zu 16 Kameras und 120 Markierungsdioden eingesetzt werden.

Die Signale werden von der (den) Kamera(s) im Zeitmultiplexverfahren, d.h. nacheinander abgetastet. Die maximale Abtastfrequenz beträgt f = 10000 Hz. Sind von m Kameras n Dioden abzutasten, dann ergibt sich die Bildfrequenz f_B gemäß

$$f_B = \frac{f}{m \times n}$$

Verwendet man zur 3D-Analyse m = 2 Kameras und markiert n = 10 Körperpunkte, dann ergibt sich die Bildfrequenz zu

$$f_B = \frac{10.000\,\text{Hz}}{2 \times 10} = 500\,\text{Hz}.$$

Bei Anwendung der DLT-Methode werden die Kameras mit einem Paßpunktsystem kalibriert. Die Berechnung dreidimensionaler Objektkoordinaten nimmt Zeiten unterhalb einer Minute in Anspruch. So können in kürzester Zeit alle gewünschten Ergebnisse – auch verarbeitet mit anderen Meßsignalen, z.B. Kraftmessungen – ausgegeben werden.

Der gegenwärtige Entwicklungsstand dieser Gruppe von Verfahren macht sie zu einem im Labor sehr wertvollen Hilfsmittel, das bei einer großen Anzahl von Experimenten praktisch unentbehrlich ist.

4.2.3 Dynamometrie

Meßzweck: Die dynamometrischen Verfahren dienen zur direkten Bestimmung von äußeren Kräften, die an der Peripherie des Körpers als Reaktionskräfte gemessen werden. Kräfte werden dabei als idealisierte Einzelkräfte aufgefaßt, die als resultierender Vektor darstellbar die real über Flächen bzw. Volumen verteilt angreifenden Kräfte repräsentieren. Aus dem zeitlichen Verlauf der Kräfte kann der Impuls, unter bestimmten Bedingungen auch Arbeit und Leistung berechnet werden. Die Kenntnis der äußeren Kräfte ist Voraussetzung zur Ermittlung der inneren Kräfte. Gelegentlich ist es erforderlich, von der resultierenden Einzelkraft abzugehen und die Verteilung der Kräfte über eine kraftübertragende Fläche zu ermitteln. Dann werden Verfahren zur Messung der Druckverteilung angewandt. Mit einfacheren Verfahren ist es möglich, die senkrecht zur (nicht notwendig ebenen) Kontaktfläche wirkende Druckverteilung zu messen (z.B. im Pferdesattel, einem beliebigen Sitz, im Schuh). Eine moderne Entwicklung gestattet, über eine ebene Fläche von 40 cm x 60 cm alle drei Komponenten der angreifenden Kräfte zu messen. Diese Verfahren werden hier nicht behandelt, weitere Informationen dazu sind bei *Nicol/Hennig* (1976) und *Hennig* und Mitarb. (1983) zu finden.

Meßprinzip: Die verformende Wirkung der Kraft an elastischen Körpern wird zur Kraftmessung benutzt (wenngleich auch die meisten Meßkörper im normalen Sprachgebrauch als starr bezeichnet werden, z.B. ein Stahlträger, sind sie technisch gesehen viel elastischer als z.B. ein Gummiball, dieser ist lediglich weicher). Zur Wandlung der mechanischen Verformung in elektrische Größen stehen im wesentlichen zur Verfügung

- Widerstandsgeber (Dehnungsmeßstreifen)
- piezoelektrische Geber (Quarzkristalle).

Kraftmessung mit Dehnungsmeßstreifen

Beansprucht man einen Widerstandsdraht in Längsrichtung auf Zug, dann wird er gedehnt, ändert seinen elektrischen Widerstand proportional zu dieser Dehnung und damit proportional zur einwirkenden Kraft. Geht die Kraft auf Null zurück, dann nimmt der Draht seine ursprüngliche Länge wieder an und zeigt den anfänglichen Widerstand. Diesen Effekt nutzt man zum Aufbau von Dehnungsmeßstreifen für die Kraftmessung. Der Dehnungsmeßstreifen (DMS) besteht aus einem elektrisch isolierenden Träger und dem damit fest verbundenen Widerstandsdraht, der z.B. mäanderförmig aufgebracht und mit zwei Anschlußdrähten verbunden ist. Dieser Dehnungsmeßstreifen wird sorgfältig auf einen homogenen elastischen Körper, z.B. einen Metallzylinder, aufgeklebt. Wesentlich für die richtige Funktion des Dehnungsmeßstreifens ist, daß jede Dehnung des Bauteils auf den Meßstreifen übertragen wird. Zwischen den Anschlüssen kann dann die der Dehnung entsprechende Widerstandsänderung (meist unter Verwendung spezieller Brückenschaltungen) als elektrische Größe gemessen und registriert werden. Damit können über die an der Oberfläche des Meßkörpers auftretenden Verformungen die verursachenden Kräfte sowohl im statischen als auch im dynamischen Fall bestimmt werden. Durch geeignete Anbringung mehrerer Dehnungsmeßstreifen ist es möglich, am gleichen Meßkörper die durch Zug-, Druck-, Biege- und Torsionsbelastung auftretenden Verformungen getrennt zu erfassen. Dadurch kann man in vielen Fällen alle erwünschten Komponenten der auftretenden Kräfte und Momente bestimmen.

Da die von Dehnungsmeßstreifen meßbaren Verformungen in der Größenordnung von 1/1000 mm liegen, sind Meßgrößenwandler aufzubauen, die keine merkliche mechanische Rückwirkung zeigen. Es werden bevorzugt homogene metallische Bauteile als Verformungselemente benutzt, die eine hohe Steifigkeit und kleine Verformungswege aufweisen. Die Meßfrequenz wird von den Schwingungseigenschaften der beanspruchten Teile, also von der Federkonstanten und der schwingenden Masse, begrenzt und erreicht bei handelsüblichen Kraftsensoren eine Größenordnung von 1000 Hz.

Kraftmessung mit piezoelektrischen Gebern

Beansprucht man bestimmte Kristalle an definierten Flächen auf Druck, dann tritt durch die entstehende Verformung verursacht an bestimmten (den gleichen oder anderen) Kristallflächen eine elektrische Ladung auf, deren Menge von der Verformung des Kristalls abhängt. Diese Erscheinung bezeichnet man als piezoelektrischen Effekt. Er zeigt sich besonders ausgeprägt bei Quarz, aber auch bei anderen Kristallen wie Bariumtitanat. Wird dieser Effekt zur Kraftmessung benutzt, dann werden von der einwirkenden Kraft eine oder mehrere Quarzscheiben gleichmäßig auf Druck beansprucht. An den herausgeführten Anschlüssen der Oberflächenelektroden können die entstehenden Ladungen über zwischengeschaltete Ladungsverstärker gemessen werden. Durch geeignete Schichtung in verschiedene Kristallrichtungen geschnittener piezoelektrischer Scheiben lassen sich z.B. die senkrecht zueinander orientierten Komponenten eines Kraftvektors getrennt erfassen. Da die durch die Verformung entstandenen Ladungen auch bei weiter bestehender konstanter Verformung über die (niemals unendlich hohen) Isolationswiderstände abfließen, ist es streng genommen nicht möglich, statische Messungen durchzuführen. Diese Einschränkung hat jedoch für die Meßpraxis in der Biomechanik wenig Bedeutung, da die technischen Ausführungsformen der heutigen Ladungsverstärker quasi-statische Messungen, d.h. über mehrere Sekunden hinweg, ohne merkliche Fehler ermöglichen. Die große Steifigkeit der als elastische Federelemente dienenden Quarzkristalle bringt es mit sich, daß diese Meßumformer i.a. sehr hohe Eigen- und Meßfrequenzen haben.

(1) Messung von Reaktionskräften am Boden

Als wichtigstes Beispiel einer biomechanischen Kraftmessung soll die Messung von Reaktionskräften am Boden etwas ausführlicher behandelt werden. Diese Reaktionskräfte werden im Stütz vom Boden auf den Körper übertragen und sind Voraussetzung für jede Aufrechterhaltung und Veränderung des Bewegungszustands des Körperschwerpunkts.

Die im Handel befindlichen Kraftmeßplatten basieren auf dem piezoelektrischen Effekt (Fa. *KISTLER*) bzw. dem Dehnungsmeßstreifenprinzip (Fa. *AMTI*). Mit entsprechender Elektronik lassen sich auf einer rechteckigen Oberfläche bis zur Größe von 1 m x 2 m folgende Größen als Funktion der Zeit bestimmen (s. Abb. 4.13):

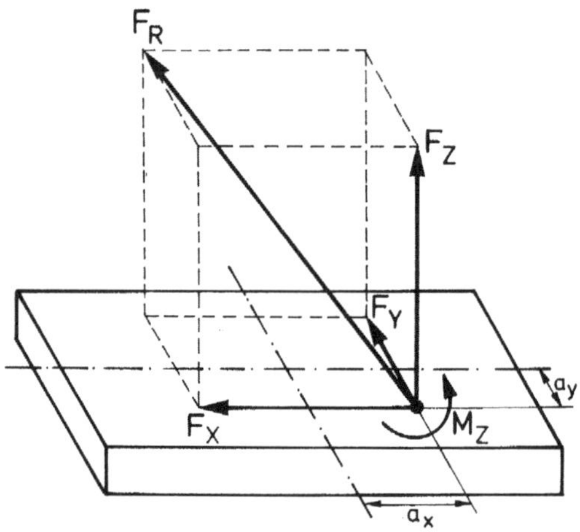

Abb. 4.13 Kraftmeßplatte mit schematischer Darstellung der Meßgrößen. Bezeichnungen siehe Text

- die Reaktionskraftkomponenten F_x und F_y in horizontaler sowie die Reaktionskraftkomponente F_z in vertikaler Richtung
- das freie Moment M_z in vertikaler Richtung, das in der Oberflächenebene der Platte wirkt
- die Lage des Angriffspunkts des Kraftvektors, gegeben durch die Koordinaten a_x und a_y bezüglich der Plattenmitte.

Der Einfluß des durch den Abstand a_z zwischen den Meßelementen und der Plattenoberfläche bzw. der Auflage in der Höhe verschobenen Kraftangriffspunkts kann durch elektronische Kompensationsschaltungen berücksichtigt werden.

Insgesamt liefert die Meßplattform den zeitlichen Verlauf der resultierenden Kraft und des re-

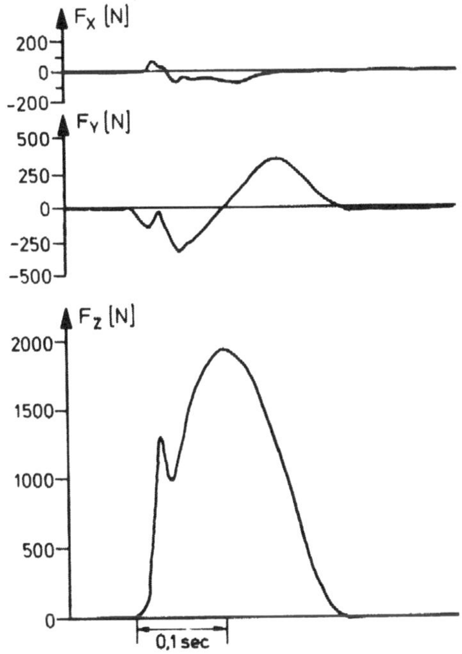

Abb. 4.14 Bodenreaktionskräfte beim Lauf. F_z = vertikale Komponente, F_x = horizontale laterale Komponente, F_y = horizontale Komponente in Laufrichtung

sultierenden Moments, die sich als Summe aller an der Platte angreifenden Kräfte und Momente, bezogen auf die Plattenmitte ergeben. Durch Integration der Kraft-Zeit-Funktionen sind unmittelbar die während der Stützphase erfolgten Geschwindigkeitsänderungen des Körperschwerpunkts gegeben und zwar ebenfalls getrennt nach den drei Raumrichtungen.

Mehrere gleichzeitig angreifende Einzelkräfte können nicht unterschieden werden, insbesondere sind die flächenhaft angreifenden Reaktionskräfte nicht in ihrer Verteilung auf die Kontaktfläche erfaßbar. Bei der Berechnung der Wirkung der Kräfte und Momente auf bestimmte Körperteile müssen selbstverständlich die kinematischen Beziehungen zum Koordinatensystem der Meßplatte berücksichtigt werden, z.B. bei der Berechnung von Gelenkkräften und Muskelkraftmomenten. Ein typisches Ergebnis einer Kraftmessung ist in Abb. 4.14 für die Stützphase beim Lauf dargestellt.

Bewertung: Die Kraftmeßplatten erlauben die Bestimmung der nicht beobachtbaren Bewegungsursachen Kräfte und Momente. Wegen der häufig nur kurzzeitigen, stoßartigen Krafteinwirkung enthält das Meßsignal relativ hohe Frequenzen, die sich in entsprechenden Anforderungen an die Meßfrequenz der Platten niederschlagen. Die aus Gründen der Stabilität erforderlichen großen Massen der Deckplatte begrenzen trotz hoher Steifigkeit der Kraftaufnehmer die Meßfrequenz. Hier sind die Kraftmeßplatten auf piezoelektrischer Basis im Vorteil gegenüber anderen Meßprinzipien. Die maximalen Frequenzen, die man ohne wesentliche Verzerrung messen kann, liegen bei 300 Hz. Mit Ausnahme extrem harter Stöße ist diese Meßfrequenz für sportliche Bewegungen ausreichend. Bei sorgfältiger Montage auf ebenem Fundament sind sehr exakte Kraftmessungen möglich. Die Genauigkeit der einzelnen Komponenten liegt auf dem 1%-Niveau.

Wenn aus den Reaktionskräften innere Kräfte berechnet werden sollen, ist trotz dieser relativ hohen Genauigkeit Vorsicht geboten. Hier wirken sich bereits geringfügige Fehler im Angriffspunkt und in der Richtung der Kraft nachteilig aus, weil i.a. die Wirkungslinien der Kräfte relativ geringe Abstände zu den Gelenkpunkten aufweisen. Diese kleinen Abstände können durch o.a. Fehler relativ stark verfälscht werden.

Das im Grunde rückwirkungsfreie Verfahren ist nicht völlig unproblematisch, da die üblichen Abmessungen der Meßfläche in der Größenordnung von ein bis zwei Fußlängen sind und die zu messende Stützphase nicht ohne bewußtes Zielen automatisch im (geometrischen) Meßbereich der Platte abläuft. Da das bewußte Treffen der Meßfläche praktisch immer zu einer Verfälschung der Bewegung führt – z.B. über die Längenänderung eines oder mehrerer davor liegender Schritte –, sollte man diesen Fall nach Möglichkeit vermeiden. Das bedeutet: keine besondere Markierung der Platte, Einjustierung der Platte nach individuellen kinematischen Daten, mehrere Versuche und nachträgliches Ausscheiden der Fehlversuche. Die Wahl einer größeren Meßfläche bietet die beste Abhilfe, ist aber technisch wegen der damit verbundenen Verkleinerung der Meßfrequenz und finanziell wegen der Vergrößerung des materiellen Aufwands nur in begrenztem Umfang möglich.

Wie bei den elektronischen Meßverfahren insgesamt liegt ein besonderer Vorzug auch der Kraftmessungen in der praktisch zeitgleich mit der Messung möglichen Ausgabe des Ergebnisses, hier: der Kraft-Zeit-Funktionen und der daraus ableitbaren Größen Impuls, Arbeit und Leistung.

(2) Messung von Reaktionskräften an Geräten

Reaktionskräfte werden häufig auch durch Geräte auf den Körper übertragen. In vielen Fällen

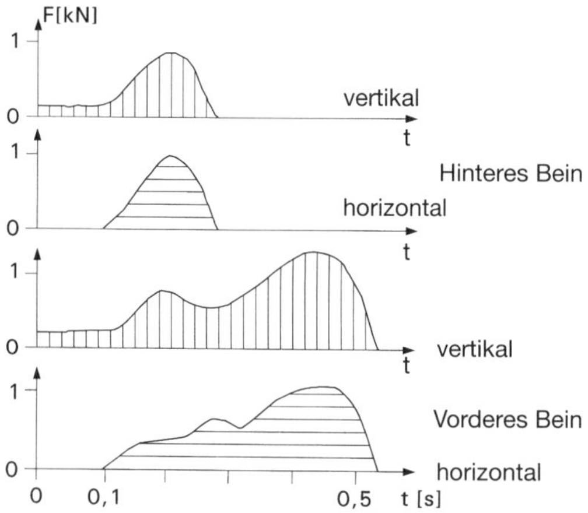

Abb. 4.15 Reaktionskräfte beim Sprintstart. Komponentenweise für vorderes und hinteres Bein

kann man diese Kräfte messen, wenn an dem Gerät Kraftaufnehmer geeignet anzubringen sind oder das Gerät selbst als Kraftmesser zu konstruieren ist. Letzteres geschieht meist durch Verwendung von Dehnungsmeßstreifen, die an entsprechenden Geräteteilen mit (möglichst) homogener Spannungsverteilung angebracht werden und über die Verformung des Materials die verformende Kraft bestimmen lassen.

Im folgenden kann nur eine Auswahl bisher angewandter Geräte genannt werden.

- Startblockdynamometer zur Messung der unabhängig von beiden Füßen auf die Startblöcke ausgeübten Kräfte, getrennt nach drei senkrecht aufeinander stehenden Raumrichtungen (*Payne/Blader* 1971, *Baumann* 1976). Meßwertbeispiele sind in Abb. 4.15 für den Sprintstart dargestellt.
- Reckdynamometer zur Messung der horizontalen und vertikalen bzw. der radialen und tangentialen Komponente der zwischen Körper und Reckstange wirkenden Kräfte,
- Tretkurbeldynamometer zur Messung der tangentialen und radialen am Tretlager bzw. den Pedalen des Fahrrads auftretenden Kräfte,
- Skidynamometer zur Messung der zwischen Schuh und Ski auftretenden Reaktionskräfte und -momente (*Mote* 1979),
- Ruderdynamometer, Meßdolle zur Messung der zwischen Dolle und Ruderboot auftretenden Kräfte (*Nolte* 1979),
- Hammerdynamometer zur Messung der Zugkraft im Seil beim Hammerwurf (*Pozzo* 1987).

Bei diesen Messungen liegt das Ergebnis zeitgleich mit der Bewegung vor. Es kann zur Sofortinformation bis hin zur direkten Rückkopplung an den Athleten im Trainingsprozeß benutzt werden.

4.2.4 Elektromyografie

Dieser Abschnitt soll in knapper Form über Meßzweck und Anwendungsbereich der Elektromyografie informieren.

Alle kinematischen und dynamischen Messungen an der Peripherie des Körpers geben keine Auskunft über die Beteiligung der verschiedenen Muskeln oder gar die Stärke ihrer Aktivität. Bei der Bestimmung der Muskelkraftmomente ergibt sich lediglich das Nettomoment, d.h. die Summe der in einem Gelenk wirkenden Momente. Der Beuger kann gegen die Aktivität des Streckers beugen. Dabei kann nur das nicht kompensierte Moment der Beuger ermittelt werden. Besonders anschaulich ist die Situation, wenn durch antagonistische Muskelaktivität (gleichzeitige Aktivität von Beugern und Streckern) das Gelenk fixiert wird: nach außen erfolgt keine Bewegung, die mechanische Analyse berechnet als Summe der betragsmäßig gleichen, jedoch entgegengesetzt gerichteten Muskelkraftmomente den Wert Null. Dies, obwohl eine starke muskuläre Aktivität vorliegen kann.

Mit Hilfe der Elektromyografie ist es möglich, die Aktivität des Muskels indirekt zu bestimmen. Mit der Innervation des Muskels sind elektrische Aktivitäten verbunden, die noch an der Hautoberfläche über dem Muskel gemessen werden können. Der Gebrauch von Nadelelektroden ist dem Arzt überlassen und bei Bewegungen selten möglich. Deshalb ist der Sportwissenschaftler auf Oberflächenelektroden (Hautelektroden) angewiesen, die man in der Nähe der motorischen Endplatte im Abstand von wenigen Zentimetern auf die Haut über dem Muskel klebt. Damit kann man die elektrischen Potentialunterschiede, die bei der muskulären Aktivität zwischen den Elektroden auftreten, messen. Dies erfolgt durch Verbindung der Elektroden mit einem Verstärker, der die schwachen Signale (im Millivoltbereich und darunter) verstärkt und für die weitere Übertragung und Registrierung aufbereitet. Die in der Forschung üblichen Verstärker sind durch ihre Miniaturisierung direkt an den Elektroden oder im Kabel im Abstand weniger Zentimeter unterzubringen, ohne merkliche Rückwirkung zu verursachen.

Da mit jeder Muskelanspannung eine Änderung der elektrischen Aktivität verbunden ist, kann man auf diese Weise ein Signal direkt vom „Motor" ableiten: Das Elektromyogramm (EMG). Man kann unterscheiden zwischen Ruhe, schwacher und starker Aktivität des Muskels.

Die Quantifizierung des Elektromyogramms und damit seine Integration in die biomechanischen Meßmethoden ist bisher nur teilweise gelungen. Insbesondere kann man nur in wenigen Fällen (abhängig vom beteiligten Muskel und der Bewegungsaufgabe) aus dem sehr kompliziert zusammengesetzten EMG auf die entwickelte Muskelkraft schließen. Besonders problematisch sind die Verhältnisse bei dynamischer muskulärer Aktivität.

Trotz dieser Einschränkung stellt das EMG ein wertvolles Hilfsmittel bei der biomechanischen Analyse von Haltungen und Bewegungen dar. Man kann häufig den Beginn und das Ende der Aktion einer Muskelgruppe deutlich feststellen, d.h. das zeitliche Innervations- oder Aktivitätsmuster. Es ist u.a. möglich zu ermitteln:

- die Beteiligung bestimmter Muskeln an der Bewegung (die Kenntnis der Nichtbeteiligung ist oft von Bedeutung)
- die Koordination verschiedener Muskeln bei der Bewegung
- die antagonistische Muskelaktion bei Fixierung eines Gelenks.

Bei der quantitativen Interpretation des EMG ist jedoch Vorsicht geboten: Ein Vergleich der Stärke der Innervation zwischen verschiedenen Muskeln des gleichen Individuums und erst recht interindividuelle Vergleiche der Innervationsstärke sind nur in seltenen Fällen möglich.

Zusammen mit der Kinemetrie und Dynamometrie bildet die Elektromyografie das System der komplexen biomechanischen Bewegungsanalyse, die über die Quantifizierung der Meßgrößen hinaus Näherungswerte innerer Kräfte – Muskel- und Gelenkkräfte – ergibt und dabei auch die Kontraktionsarten der Muskeln bestimmen läßt.

Die Anwendung eines tragbaren Computerspeichers ermöglicht die Aufnahme von Elektromyogrammen auch im Feldversuch bei nahezu allen Sportarten (z.B. Kanu, Rudern, Langstrecken- und Skilanglauf) über die einem Wettkampf entsprechenden Zeiträume.

In Abb. 4.16 ist am Beispiel des Skilanglaufs ein typisches EMG verschiedener Muskelgruppen von Arm und Bein dargestellt.

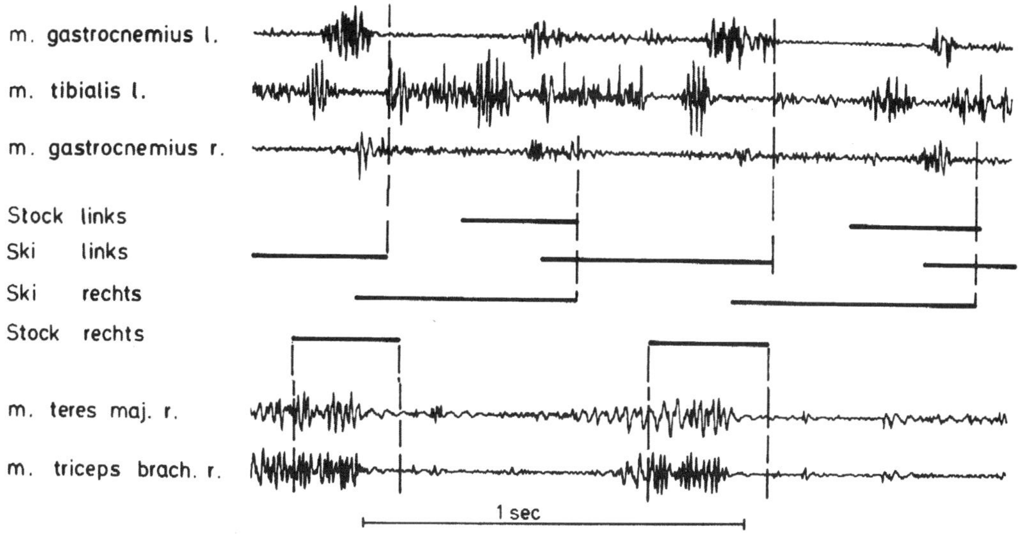

Abb. 4.16 Elektromyogramm verschiedener Muskeln von Arm und Bein beim Skilanglauf mit Zuordnung zu Stockeinsätzen. r = rechts, l = links

4.3 Literatur

Abdel-Aziz, Y.I. and H.M. Karara: Direct linear transformation from comparator coordinates into object space coordinates in close-range photogrammetry. In: Proceedings of the ASP/UI Symposium on Close-Range Photogrammetry. American Society of Photogrammetry, Falls Church, VA, 1971, pp. 1–18

Baumann, W.: Kinematic and Dynamic Characteristics of the Sprint Start. In: *P.V. Komi* (Ed.), Biomechanics V Vol.B, pp. 194–199, University Park Press, Baltimore 1976

Donskoj, D.D.: Biomechanik der Körperübungen. Sportverlag, Berlin 1961

Finsterwalder, R. und Hofmann: Photogrammetrie. Berlin 1968

Hennig, E.M., Cavanagh, P.R. and N.H. Macmillan: Pressure distribution measurements by high precision piezoelectric ceramic force transducers. In: *H. Matsui and K. Kobayashi* (Eds.), Biomechanics VII Vol.B, pp. 1081–1088, Human Kinetics Publishers, Champain, Ill. 1983

Mote, C.D.: Ski Binding Design and the Forces of Skiing. In: Proceed. Intern. Symposium on Science of Skiing. Zao (Japan) 1979, pp. 9–40

Nicol, K. and E.M. Hennig: Time dependent method for measuring force distribution using a flexible mat as a capacitor. In: *P.V.Komi* (Ed.), Biomechanics V Vol. B, pp. 433–440. University Park Press, Baltimore 1976

Nolte, V.: Meßdolle – Zauberformel und Meßgerät. Leistungssport (9), 1979, S. 232–235

Payne, A.H. and F.B.Blader: The Mechanics of the Sprint Start. In: *Vredenbregt, J. and J. Wartenweiler* (Eds.), Biomechanics II, pp. 225–231. Karger, Basel 1971

Pozzo, R.: Biomechanische Mittel für Techniktraining und -diagnostik im Hammerwerfen. Leistungssport (17) 1987, S. 35–41

Stucke, H.: Zu dynamischen Belastungen des oberen Sprunggelenks und seines Sehnen- und Bandapparats. Diss. Köln 1984

Winter, D.A.: Biomechanics of Human Movement. New York 1979

Zaciorskij, V.M., A.S. Aruin und W.N. Selujanov: Biomechanik des menschlichen Bewegungsapparats. Sportverlag, Berlin 1984

Zurmühl, R.: Praktische Mathematik für Ingenieure und Physiker. Berlin 1965

5 Perspektiven in der Entwicklung von sportmotorischen Techniken

Angela Ballreich und Rainer Ballreich

Die thematische Formulierung des Beitrags verdeutlicht, daß im Rahmen einer solchen Darstellung keine systematische Aufbereitung zukünftiger Entwicklungen von sportmotorischen Techniken zu erwarten ist, sondern ausschließlich einige damit zusammenhängende und nach Ansicht der Autoren zentrale Fragen behandelt werden.

Sie beziehen sich auf folgende Probleme:

1 Kennzeichnung bzw. Begriffsbestimmung von Technikanalyse/Techniksteuerung und Technikentwicklung
2 Technikanalyse/Techniksteuerung und Technikentwicklung unter dem Blickwinkel der Leistungsoptimierung
3 Einflußfaktoren der Entwicklung von sportmotorischen Techniken
4 Perspektiven in der Entwicklung sportmotorischer Techniken
5 Methodenorientierte Bedingungen für Perspektiven in der Entwicklung sportmotorischer Techniken.

5.1 Kennzeichnung bzw. Begriffsbestimmung von Technikanalyse, Techniksteuerung und Technikentwicklung

5.1.1 Biomechanische Technikanalysen

(1) Kennzeichnung

Biomechanische Technikanalysen

- sind quantitative Analysen auf der Grundlage des **M**eter-**K**ilogramm-**S**ekunde (MKS)-Systems
- bestimmen biokinematische Einflußgrößen (Länge, Geschwindigkeit, Beschleunigung; Richtungs-, Lagewinkel, Winkelgeschwindigkeit, Winkelbeschleunigung; Zeit, Frequenz) und biodynamische Einflußgrößen (Masse, Impuls, Kraft, Kraftstoß; Massenträgheitsmoment, Drehimpuls, Drehmoment, Drehmomentenstoß; Arbeit, Energie, Leistung) sportmotorischer Leistungen
- stellen Zusammenhänge zwischen biomechanischen Einflußgrößen und sportmotorischen Leistungen als Zielgrößen in Form deterministischer oder/und statistischer Modellformen her
- schätzen die Einflußhöhe biomechanischer Einflußgrößen auf sportmotorische Leistungen
- diagnostizieren individuelle bewegungstechnische Defizite.

(2) Trainingspraktische Verwertbarkeit biomechanischer Technikanalysen setzt voraus:

- trainingsbegleitende meßtechnische Kontrolle über die Änderung defizitärer biomechanischer Einflußgrößen
- Strategien zur biomechanisch gestützten Steuerung defizitärer Einflußgrößen.

(3) Exemplarische Erläuterung:

Aus darstellungsökonomischen Gründen verweisen wir auf das in Abschnitt 5.1 dargestellte Erklärungsmodell für Flugbewegungen in den Sportarten Leichtathletik, Gerätturnen, Wasser- und Trampolinspringen. Das Modell besitzt o.a. Merkmalscharakteristika einer Technikanalyse.

5.1.2 Biomechanisch gestützte Techniksteuerung

(1) Kennzeichnung

Verfahrensgerechte (u.a. technikanalytisch fundierte) Anwendung biomechanisch gestützter Techniksteuerung

- ändert die sportmotorische Leistung in Richtung eines anzusteuernden Sollwerts (Reduktion der Ist-Sollwertdifferenz)
- reduziert die technomotorische Ansteuerungsdauer.

(2) Erläuterung für die Wirksamkeit biomechanisch-gestützter Techniksteuerung nach Pöhlmann/Thorhauer (1983):

Die ständige Konfrontation der objektiven (u.a. biomechanischen) Ergänzungsinformation mit dem subjektiven Selbsteinschätzungsvermögen führt – über ein verbessertes (objektiviertes) Selbsteinschätzungsvermögen – zu einer erhöhten Selbstregulationsfähigkeit im Ablaufgeschehen der motorischen Tätigkeit und somit zu einer optimierten Leistung.

(3) Exemplarische Erläuterung:

Im Rahmen des von uns durchgeführten Forschungsvorhabens „Biomechanisch gestützte Steuerung der Diskuswurftechnik“ (1988) konnte eine überdurchschnittliche Effizienz des angewandten Schnellinformationssystems im Techniktraining mit drei Nachwuchsathleten auf Grund der Zielgrößenzunahme und durch die leistungspositive Änderung der Ansteuerungsgrößen nachgewiesen werden. Das hierfür entwickelte Schnellinformationssystem diente der Erfassung von räumlichen (Fußspur-, Körperachsenposition, Abb. 5.1), zeitlichen (Dauer der Stütz-, Flug-, Bewegungsphasen) und raumzeitlichen Ansteuerungsgrößen (Fußspurpositions-, Körperachsen-Verlauf).

„Die Ergebnisse zeigen (mit Ausnahme der Fußspurbreite bei Pb3), daß die dem Athleten mitgeteilten Informationen relativ schnell umgesetzt werden konnten und zur geplanten Änderung der Ansteuerungsmerkmale führten.

Die Wurfweite nahm in der Hauptansteuerungsphase (31.3 bis 6.4.1988) bei allen Probanden zu. Proband 1 wies eine mittlere Weitenzunahme von ca. acht Metern mit dem 2 kg-Diskus und von sechs Metern mit dem 1,8 kg-Diskus auf. Proband 2 und Proband 3 verbesserten sich im Durchschnitt um ca. drei Meter mit dem 2 kg-Diskus. Proband 2 erzielte eine Leistungszunahme von über zehn Metern mit dem leichten (1,8 kg) Wurfgerät. ...

Eine allgemeingültige Aussage über die Effizienz des technomotorischen Trainings mit Hilfe des Schnellinformationssystems ist, bedingt

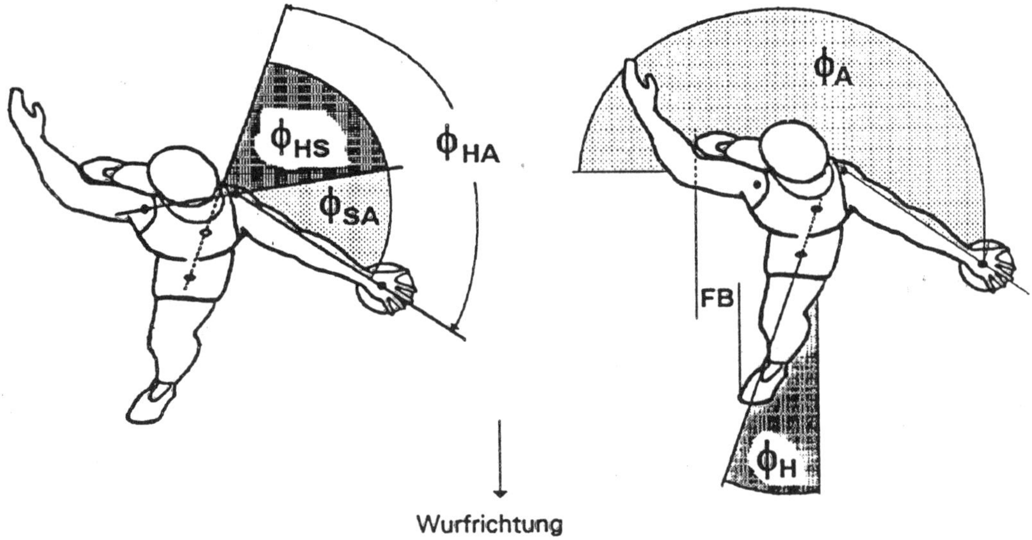

Abb. 5.1 Räumliche Merkmale zur Steuerung der Diskuswurftechnik

Bezeichnung:

Φ_{HS}: Hüft-Schulter-Winkel

Φ_{SA}: Schulter-Arm-Winkel

Φ_{HA}: Hüfte-Arm-Winkel

Φ_{A}: Armlagewinkel

Φ_{H}: Hüftlagewinkel

FB: Fußspurbreite

(aus *Mendoza:* Biomechanisch gestützte Techniksteuerung im Hochleistungssport. Bundesinstitut für Sportwissenschaft (Hrsg.) Bd. 11, Hofmann, Schorndorf 1993, S. 63)

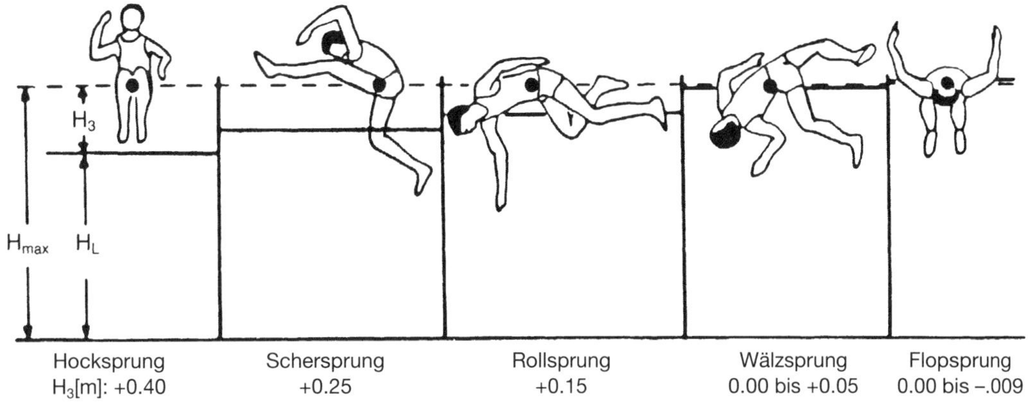

Abb. 5.2 Lattenüberhöhung (H_3–H_L) in Abhängigkeit von der Sprungtechnik (aus: *Müller:* Biomechanik des Hochsprungs. In: *Ballreich, Kuhlow* (Hrsg.), Biomechanik der Leichtathletik, Enke, Stuttgart 1986, S. 48)

Bezeichnung:
H_3 Lattenüberhöhung
H_{max}(– – –) Scheitelpunkt der Körperschwerpunktsbahn
H_L(—) Sprunglattenhöhe
● Körperschwerpunkt (KSP)

durch die Versuchsanordnung (Experiment ohne Kontrollgruppe), nicht möglich. ...

Die Zunahme der Zielgröße während des Trainingslagers führen wir vorwiegend auf eine positive Änderung des technomotorischen Leistungszustands zurück. Die Verbesserung konditioneller Fähigkeiten (Kraft) kann in diesem kurzen Zeitraum eine nur unbedeutende Rolle gespielt haben.

Die außergewöhnliche Leistungssteigerung von Proband 1 (ca. acht Meter) innerhalb von acht Tagen ist sicherlich eine Ausnahmeerscheinung. Sie kam zum Teil aufgrund seines niedrigen Anfangniveaus zustande. Der niedrige Leistungszustand kann als Folge der typischen technomotorischen Defizite des Saisonzeitpunkts gesehen werden. Das systematische und konzentrierte Training mit dem Schnellinformationssystem führte zu einer raschen Erhöhung des technomotorischen Niveaus und damit zu einer „verbesserten Ausschöpfung" des Leistungspotentials dieses Athlethen.

Wir bezweifeln, daß ein konventionelles Training zu ähnlichen Fortschritten in einem gleich kurzen Zeitraum führen kann. Diese Auffassung wird durch die Ergebnisse der Kontrolluntersuchungen bei Proband 1 und Proband 2 sowie durch die Leistungsstagnation von Proband 4, der nicht am Trainingslager teilnahm, bekräftigt." (*Mendoza/Schöllhorn* 1991, S. 19 ff)

5.1.3 Zum Begriff der Entwicklung von sportmotorischen Techniken

(1) Definitionsvorschlag

Entwicklung sportmotorischer Techniken = Konstruktion bewegungsbezogener Verfahren, die im Vergleich zu den verfügbaren Verfahren, eine präzisere Ansteuerung von resultatorientierten oder/und verlaufsorientierten sportiven Bewegungszielen ermöglichen.

(2) Exemplarische Erläuterung:

Reduktion der Lattenüberhöhung mit fortschreitender Entwicklung der Hochsprungtechniken

Analysiert man die Lattenüberhöhung unterschiedlicher Hochsprungtechniken, dann nimmt mit fortschreitender Optimierung der Hochsprungtechnik – vom Hocksprung bis zum Flopsprung – die Lattenüberhöhung ab (Abb. 5.2), so daß für das Überspringen einer vorgegebenen Sprunglattenhöhe immer weniger an Hubarbeit zu verrichten ist. Anders formuliert: Moderne Hochsprungtechniken (Wälz-, Flopsprung) ermöglichen eine zwischen 30–50 cm geringere Lattenüberhöhung als Techniken aus den Anfängen des Sports (Hocksprung, Schersprung) und damit eine um ca. 30–50 cm größere Sprunglattenhöhe.

5.1.4 Kategorien für die Entwicklung sportmotorischer Techniken

Zweck dieser Gliederung ist, ein über die Wettkampftechnik (Zieltechnik) hinausgehendes Spektrum in der Entwicklung von sportmotorischen Techniken aufzuzeigen.

(1) Systematischer Ansatz zur Einteilung in Kategorien

(1) Das Gesamte im Vergleich zu den Teilen
(2) Wettkampf im Vergleich zum Training

(2) Bezeichnung der Kategorien

1. Gesamttechnikentwicklung
2. Teiltechnikentwicklung
3. Entwicklung von Wettkampftechniken
4. Entwicklung von Übungstechniken

(3) Erläuterung der Kategorien

Sie erfolgt über selbsterklärende Begriffe und bedarf daher keiner zusätzlichen Hinweise

Gesamttechnikentwicklung:
Originäre Techniken von Gesamtbewegungen (Flop-Technik, Jägersalto-Technik, Delphintechnik, ...)

Teiltechnikentwicklung:
Originäre Techniken von Teilbewegungen (Abwurf-/Abstoßtechnik, Flugtechnik, Starttechnik, Absprungtechnik, alpine Zieleinlauftechniken, ...)

Wettkampftechniken: Im Wettkampf angewandte sportmotorische Techniken

Übungstechniken: Im Training angewandte sportmotorische Techniken, die der technomotorischen oder/und konditionellen Wettkampfvorbereitung dienen.

5.2 Technikanalyse/Techniksteuerung und Technikentwicklung unter dem Blickwinkel der Leistungsoptimierung

Unter dem Blickwinkel der Leistungsoptimierung steht die Technikentwicklung in Konkurrenz zur Technikanalyse/Techniksteuerung. Das für die Sportpraxis nicht unerhebliche Problem einer solchen Konkurrenz läuft auf die Frage hinaus:

Wodurch können größere Leistungsfortschritte erzielt werden? Wir beantworten diese Frage in Form von Thesen, die kriterienbezogen begründet werden.

These I:

In Sportdisziplinen mit resultatorientierten Bewegungszielen (Leichtathletik, Schwimmen, Rudern, Radfahren, Sportspiele, Kampfsportarten, Schießen, ...) erzeugen Anstrengungen in Forschung und Anwendung der Techniksteuerung sowie ihrer technikanalytischen Grundlage zum gegenwärtigen Zeitpunkt größere Leistungsfortschritte als vergleichbare Anstrengungen in Forschung und Anwendung der Technikentwicklung.

Begründung:

- Höherer Forschungsstand der Technikanalyse und Techniksteuerung gegenüber der Modellkonstruktion von Bewegungstechniken im Rahmen der Technikentwicklung
- Experimenteller Nachweis motorischer Optimierungseffekte bei Anwendung des Trainingsprinzips „der objektiv ergänzenden Schnellinformation“ u.a. im Rahmen der biomechanisch gestützten Techniksteuerung
- Hohes Anwendungsdefizit dieses Trainingsprinzips in der Sportpraxis trotz der Verfügbarkeit zahlreicher berührungslos messender biomechanischer Schnellinformationssysteme [zur Ermittlung biokinematischer (Kurzzeit-, Geschwindigkeits-, Beschleunigungs-, Längen-, Winkelmeßsysteme) und biodynamischer Merkmale (universelle Stützkraftmeßsysteme, Spezialkraftmeßsysteme)] sowie einer relativen Absicherung der Verfahrenstechnik bzgl. Informationsgenauigkeit, -kodierung, -frequenz, -zeitintervalle.

These II:
In Sportdisziplinen mit verlaufsorientierten Bewegungszielen (Gerätturnen, Trampolinspringen, Sportgymnastik, Eiskunstlaufen, ...) ist zum gegenwärtigen Zeitpunkt eine Priorisierung zwischen Techniksteuerung und Technikentwicklung bezüglich des durch sie erzeugten Leistungsfortschritts so schwierig, daß sie im Sinne eines plausiblen Nachweises nicht vorgenommen werden kann.

Begründung:

- pro Techniksteuerung: Das hohe technomotorische Anforderungsprofil o.a. Sportdiszipli-

nen basiert auf und erfordert Fortschritte in der Techniksteuerung (→ Optimierung der Bewegungspräzision)
- pro Technikentwicklung: o.a. Sportdisziplinen „leben von der Originalität der Bewegung" und damit von der Technikentwicklung (→ Konstruktion/Schöpfung neuer Bewegungstechniken).

Da in o.a. Sportdisziplinen der Leistungsfortschritt sehr wahrscheinlich in vergleichbarem Maße sowohl von der Optimierung der Bewegungspräzision als auch von der Konstruktion/Schöpfung neuer Bewegungstechniken abhängt, scheint eine Priorisierung fraglich zu sein.

5.3 Einflußfaktoren der Entwicklung von sportmotorischen Techniken

Die Auswahl der Einflußfaktoren aus einem breit gefächerten Faktorenbündel orientiert sich an 4 wichtigen Einflußbereichen:

- Forschungsstand der Modellmethode
- Entwicklung von Sportgeräten und Sportbekleidung
- Entwicklung des Sportterrains

5.3.1 Forschungsstand der Modellmethode in der Biomechanik des Sports

Für die Bearbeitung der Thematik „Modellierung sportlicher Bewegungstechniken" ist ein eigenständiger Teilbeitrag (Abschnitt 5.5) vorgesehen. An dieser Stelle wird somit lediglich auf die pauschale Feststellung abgehoben, daß sowohl „sportmotorische Techniken" unter der Zielsetzung der Leistungsdiagnose und -steuerung sowie Belastungs-/Beanspruchungsanalyse (Analyse der mechanischen Belastung und Beanspruchung des Bewegungsapparats bei sportlichen Bewegungen) und Belastungsgestaltung (Abstimmung der mechanischen Beanspruchung bei sportlichen Bewegungen auf die Belastbarkeit des Bewegungsapparats) als auch der Körperbau genuine und mit Hilfe der Modellmethode bearbeitete Forschungsgegenstände der Biomechanik (des Sports) sind.

5.3.2 Entwicklung von Sportgeräten und Sportbekleidung

(1) Sportgeräte
Änderungen in der Konstruktion und in den Materialeigenschaften von Sportgeräten können die Entwicklung von sportmotorischen Techniken bzw. Leistungen beeinflussen sowie zu einer verletzungsvorbeugenden mechanischen Belastung des Bewegungsapparats führen.

An drei Beispielen unterschiedlicher Wirkungsrichtung zeigen wir

- wie Änderungen in der Konstruktion eines Sportgeräts (Speer) sich auf die Bewegungstechnik auswirken (direkter Einfluß eines Sportgeräts auf die Bewegungstechnik)
- wie eine optimierte Bindungseinstellung im alpinen Skilauf zu einer verletzungsvorbeugenden mechanischen Belastung der unteren Extremitäten führt (direkter Einfluß eines Sportgeräts auf die Prävention von Sportverletzungen)
- wie ein elektronisches Gerät zur Leistungsmessung im Sport Änderungen in der sportmotorischen Technik bewirkt (indirekter Einfluß eines Sport-Meßgeräts auf die Bewegungstechnik).

Speer(wurf):
Die auf Grund der neuen Wettkampfbestimmungen vorgenommene Verlagerung des Speerschwerpunkts führte nach den Untersuchungen von *Hubbard/Alaways* (1987) zu einer Änderung des motorischen Anforderungsprofils im Speerwurf. Dominierten im praeaktuellen Anforderungsprofil hohe technomotorische Qualifikationen in der Abwurfgestaltung (finess and skill), so sind – aktuell – hohe konditionelle Anforderungen gefragt (strength and power). Einen Indikator für die aktuellen Anforderungen sehen o.a. Autoren darin, daß im Bereich der Abfluggeschwindigkeiten zwischen (20–35) m/s ein Abflugwinkel von ca. 30° zu ähnlichen Wurfweiten führt.

Prävention von Sportverletzungen:
Untersuchungen zur Kniewinkeländerung beim Be- und Entlasten der Skier durch Beugen und Strecken führten *Kou, Louie, Mote* (1985), *Louie, Mote* (1987) sowie *Wunderly* und *Hull* (1989) mit dem Ziel der optimierten Prävention von Skiverletzungen durch, indem sie u. a. eine auf die Dynamik der Schwungtechniken und nicht wie herkömmlich auf die Statik/Geometrie (Schienbeinkopfdurchmesser) abgestimmte Bindungseinstellung verwendeten.

Sportgerät zur Leistungsmessung:
Im alpinen Rennskilauf wird als Zeitpunkt der Zieleinfahrt das Unterbrechen der in 30–50 cm

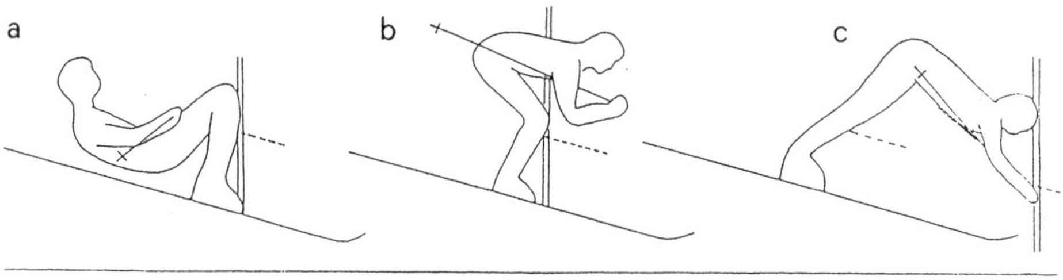

Abb. 5.3 Zieleinlauftechniken (a: Rücklagetechnik, b: Normale Abfahrtshaltung, c: Vorlagetechnik) (aus: *Fetz, F.*: Biomechanik alpiner Zieleinlauftechniken. In: *Fetz, F., Müller, E.* (Hrsg.): Biomechanik des alpinen Skilaufs. Bd. 2. Biomechanik der Sportarten. Enke, Stuttgart 1991, S. 125)

Höhe installierten Ziellichtschranke definiert. Nach *Fetz* (1990, S. 124 ff) „werden als Zieleinlauftechniken alle sportmotorischen Verhaltensweisen verstanden, durch die unmittelbar beim Zieleinlauf Zeitminimierung angestrebt wird". In der von ihm durchgeführten Untersuchung „geht es um die Frage der Zeitminimierung durch Streckenverkürzung mit Hilfe geeigneten Zieleinfahrverhaltens" (Abb. 5.3a–c). … „Die eindeutige Überlegenheit der Vorlagetechnik beim Zieleinlauf – gegenüber der Rücklagetechnik (Schranzhocke) – läßt sich damit begründen, daß die relativ leichten Arme zur Unterbrechung der Lichtschranke vorgeschoben werden. Dieses Vorschieben beider Arme bzw. eines Armes verursacht einerseits nur eine geringe Veränderung des Gesamtschwerpunkts (Ski und Skiläufer), unterbricht aber andererseits doch die Lichtschranke erheblich früher (50–15 ms im Geschwindigkeitsbereich von 30 bis 100 km/h).

Bei der Rücklagetechnik werden die lichtschrankenunterbrechenden Unterschenkel etwa senkrecht zur Skifläche (Abb. 5.3a) vorgeschoben und können durch die feste Bindung an den Ski nicht so gezielt vorgestreckt werden wie die freier beweglichen Arme" bei der Vorlagetechnik (5.3c).

(2) Sportbekleidung

Analog zu den Sportgeräten können Änderungen in der Konstruktion und in den Materialeigenschaften der Sportbekleidung die Entwicklung von sportmotorischen Techniken bzw. Leistungen beeinflussen, d.h. stützen bzw. erst ermöglichen sowie zu einer verletzungsvorbeugenden Gestaltung der mechanischen Belastung des Bewegungsapparats führen.

Aus darstellungsökonomischen Gründen reduzieren wir die Sportbekleidung auf Sportschuhe.

Nach *Frederick* (1987, S.31) ist die Vorstellung von der Funktion eines Sportschuhs, im speziellen eines Laufschuhs, durch das folgende Problembewußtsein geprägt. „Es stellt sich nämlich heraus, daß viele der näher betrachteten (Laufschuh-)Anforderungen einander ausschließen. Wie lassen sich zum Beispiel angesichts der Tatsache, daß weiches Material zu mangelndem Halt führt, Stabilität und gute Dämpfungseigenschaften erzielen? Wie können Schuhe sowohl elastisch als auch stabil gestaltet werden, wenn feste, stabile Dämpfungssysteme unelastisch sind? In gleichem Maße fordert der Gegensatz zwischen Gewicht und Dämpfung bzw. Halt, zwischen Dämpfung im Vorderfuß und im Fersenbereich, zwischen Leistung und Gewicht, zwischen Haltbarkeit der Zwischensohle und Dämpfungseigenschaften sowie zwischen Griffigkeit und Haltbarkeit der Sohle die Sportschuhforschung heraus.

Eine Aufgabe, die sich in den kommenden Jahren sowohl dem Biomechaniker als auch dem Schuhkonstrukteur präsentiert, ist die Bewältigung solcher Widersprüche".

5.3.3 Entwicklung des Sportterrains

In Übereinstimmung mit Sportgeräten und Sportbekleidung können Änderungen in der Konstruktion und in den Materialeigenschaften des Sportterrains die Entwicklung von sportmotorischen Techniken bzw. Leistungen stützen bzw. erst ermöglichen sowie zu einer verletzungsvorbeugenden Gestaltung der mechanischen Belastung des Bewegungsapparats führen.

Beispiele für die stützende Wirkung sportlicher Leistungen sind Kunststoffbahnen für leichtathletische Laufdisziplinen, welche das Bewegungsziel „Zeitminimierung" optimieren. So konnte in Übereinstimmung mit der theoriebasierten Leistungsprognose bei trainierten Läufern auf Kunststoffbahnen mit nachstehenden Eigenschaften eine Verbesserung um ca. 5 sec bzw. um 2% der durchschnittlichen Laufgeschwindigkeit über eine Meile erzielt werden. In vereinfachter Form lassen sich nach *Cuin* (1984) diese Eigenschaften wie folgt definieren:

- Relativ geringe jedoch spezifizierte vertikale Steifigkeit zur Reduktion der Aufprallstärke in der Stützphase ohne Beeinträchtigung der Laufzeit
- hohe Elastizität („Federwirkung"), welche in Form über die im Kunststoffbelag – aufgrund seiner Steifheit und Verformung – gespeicherte Energie auf den Athleten zurückwirkt
- geringe Masse des Kunststoffbelags zur Reduktion der Aufprallstärke in der Stützphase
- hohe horizontale Steifheit zur Erhöhung der Trittsicherheit und Abdruckfestigkeit
- keine Energietransformation durch den Kunststoffbelag zwischen den Läufern zur Sicherung konkurrenzinvarianter Leistungsbedingungen
- Unabhängigkeit der vertikalen Steifheit von der Auftrittsfläche zur Sicherung ortsinvarianter Leistungsbedingungen.

Beispiele für das Schaffen von terrainspezifischen Voraussetzungen für die Entwicklung von neuartigen sportmotorischen Techniken sind sogenannte Landematten für die extreme Landeposition der Flop-Technik oder sogenannte Schnitzelgruben für das Erproben neuer Flugteile als Geräteabgang bei extremen Anforderungen an Fallhöhe, an Mehrfachsalti- und Schraubenkombinationen oder Hallenbodenkonstruktionen, welche mit Hilfe ihrer „Federwirkung" erst Mehrfachsalti- und Schraubenkombinationen ermöglichen.

Das Erproben neuer Sprungkombinationen kann auch unter dem Gesichtspunkt einer verletzungsvorbeugenden Gestaltung der mechanischen Belastung des Bewegungsapparats bzw. des gesamten Körpers eingeordnet werden.

5.4 Perspektiven in der Entwicklung sportmotorischer Techniken

Orientiert man sich an den unter Abschnitt 5.1.4 aufgeführten Kategorien sportmotorischer Techniken, dann lassen sich folgende Thesen über die Entwicklungstendenzen dieser Technikkategorien vertreten.

5.4.1 Entwicklungstendenzen von Wettkampftechniken

These I:

In Sportdisziplinen mit resultatorientierten Bewegungszielen dominiert die Entwicklung originärer Techniken von *Teilbewegungen* (→ Teiltechnikentwicklung) gegenüber jener der Gesamtbewegung.

Begründung:

Die komplexe Bewegungsstruktur einer Gesamtbewegung ist ungleich schwieriger als eine ihrer Teilbewegungen (Abwurf-, Abstoß-, Flug-, Start-, Absprungtechnik, alpine Zieleinlauftechniken, ...) zu modellieren; vorliegende Erfahrungen bestätigen die These.

These II:

In Sportdisziplinen mit verlaufsorientierten Bewegungszielen dominiert die Entwicklung originärer Techniken von *Gesamtbewegungen* (→ Gesamttechnikentwicklung) gegenüber jener der Teilbewegungen.

Begründung:

Die Entwicklungstendenz ist vorgegeben durch das allgemeine Bewegungsziel o.a. Sportdisziplinen, neue Übungsteile (Gesamtbewegungen) zu entwickeln.

5.4.2 Entwicklungstendenzen von Übungstechniken

These:

In der technomotorischen und konditionellen Wettkampfvorbereitung dominiert die Entwicklung originärer Techniken von Teilbewegungen (→ Teiltechnikentwicklung)

Begründung:

Technomotorische und konditionelle Defizite im (Hoch-)Leistungssport sind „punktueller Natur" und erfordern „punktuelle Korrekturen" wie sie mit Hilfe der Teiltechnikentwicklung vorgenommen werden können.

5.5 Methodenorientierte Bedingungen für Perspektiven in der Entwicklung sportmotorischer Techniken

Die folgenden Ausführungen kennzeichnen Forschungsstand und -perspektiven der biomechanischen Modellierung sportmotorischer Techniken hinsichtlich grundlegender Arbeitsschritte der Modellmethode (Modellzweck, Modellkonstruktion und Modellsimulation).

Selbst dann, wenn auch in naher Zukunft die Entwicklung dieser Bewegungstechniken (Gesamt- bzw. Teiltechnikentwicklung) in stärkerem Maße von der Praxis als von der Theorie vorangetrieben wird, basiert die theorieorientierte Technikentwicklung auf der Modellmethode, dem Forschungsstand und den Perspektiven ihrer Arbeitsschritte wie sie nachstehend gekennzeichnet werden.

5.5.1 Entwicklungstendenzen in der Wahl von Modellzwecken

Die Wahl der Entwicklungstendenzen erstreckt sich auf die Modellzwecke *(1) „Beschreibung, Erklärung und Voraussage"* sowie auf den Modellzweck *(2) „Entscheidungshilfe"*.

(1.1) Modellzwecke: Beschreibung, Erklärung und Voraussage

In bezug auf diesen Modellzweck ist ein Trend von der Beschreibung zur Erklärung bzw. Voraussage sportlicher Bewegungstechniken festzustellen. Ein solcher Trend spiegelt sich in der Ablösung der Beschreibungs- durch Erklärungsmodelle wider. Tab. 5.1 ist zu entnehmen, daß Erklärungsmodelle im Unterschied zu Beschreibungsmodellen mit Hilfe eines theorie- oder/und datenbasierten Ansatzes aus den möglichen Beschreibungsgrößen einer sportmotorischen Technik jene identifizieren, die sich als Einflußgrößen einstufen lassen, d. h. mit der jeweiligen Zielgröße kovariieren. Darüber hinaus ermöglichen Erklärungsmodelle auf der Grundlage einer funktionalen oder statistischen Relation zwischen einer Ziel- und ihren Einflußgrößen eine Voraussage über die zu erwartende Änderung der Zielgröße Z in Abhängigkeit von der Änderung ihrer Einflußgrößen $E_1, E_2, \ldots, E_n$ (Tab. 5.1).

Allen Beschreibungsmodellen ist gemeinsam, daß sie keine Abgrenzung zwischen Beschreibungs- und Einflußgrößen vornehmen und demzufolge auch keine – für Zwecke der Voraussage notwendige – funktionale oder statistische Relation zwischen einer Ziel- und ihren Einflußgrößen herstellen.

(1.2) Beispiel eines Beschreibungsmodells

Beispiele für eine Veranschaulichung ohne erklärenden/voraussagenden Informationsgehalt sind die in der trainingsmethodischen Literatur häufig anzutreffenden Beschreibungsmodelle, welche sich an der Geometrie der Bewegung, auch als Lageanordnung von Körperteilen in bestimmten Bewegungsposen oder als räumliche Bewegungsstruktur bezeichnet, (Abb. 5.4) orientieren. Wie nachstehende Ergebnisse einer Weitsprunguntersuchung zeigen, ist bei einer ausschließlichen Orientierung an der Geometrie der Bewegung das Risiko von Fehlbeurteilungen der Bewegungstechnik nicht unerheblich.

Differenziert man das Absprungverhalten nach der Lageanordnung der Körperteile in drei eindeutig definierbare Bewegungsposen (1, 2, 3) des Absprungvorgangs (1: Absprungbeginn, 2: maximale Beugung im Sprungbeinkniegelenk, 3: Absprungende; Abb. 5.4) und in die mittlere Winkelgeschwindigkeit, mit der sich diese Lageanordnung während der Beuge- bzw. Streckdauer, d. h. Absprungdauer ändert, dann bezeichnen wir im folgenden die momentane Lageanordnung der Körperteile als „Statik oder Geometrie des Absprungverhaltens" und die mittlere Änderungsgeschwindigkeit dieser Lageanordnung als „Dynamik des Absprungverhaltens". Das Ergebnis einer an 60 Weitspringern im Leistungsbereich zwischen 5.0 m und 7.2 m durchgeführten biomechanischen Technikanalyse weist nach, daß nur die „Dynamik" (raumzeitliche Bewegungsstruktur), nicht jedoch die „Statik des Absprungverhaltens" (räumliche Bewegungsstruktur) ein Einflußfaktor des Absprungverhaltens ist und

Tabelle 5.1 Merkmalscharakteristika von Beschreibungs- und Erklärungsmodell

Modellart	Modellvariablen	Modellrelationen	Modellzweck
Beschreibungsmodell	Beschreibungsgrößen (Zielgrößen)	keine	Veranschaulichung ohne Erklärung/Voraussage
Erklärungsmodell	Einflußgrößen Zielgrößen	quantitativ-funktional $Z = f(E_1, E_2, \ldots E_n)$	Voraussage mit Hilfe von Bewegungssimulation

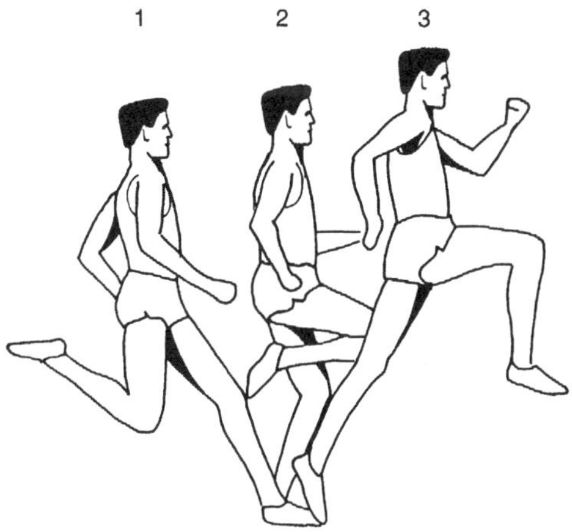

Abb. 5.4 Weitsprung: Absprungphase in den Bewegungsposen 1 (Absprungbeginn), 2 (maximale Beugung im Sprungbeinkniegelenk) und 3 (Absprungende)

damit zur Erklärung bzw. Voraussage der Zielgröße „Abfluggeschwindigkeit“ beiträgt, sofern dieser Einflußfaktor sich in einen funktionalen oder statistischen Zusammenhang mit der Zielgröße zum Zwecke ihrer definierten Voraussagegenauigkeit „einbetten“ läßt (vgl. Tab 5.1).

(1.3) Beispiel eines Erklärungsmodells

Als Beispiel eines Erklärungsmodells ziehen wir die Änderung der motorisch gesteuerten Flugbewegungen des menschlichen Körpers in der Hauptbewegungsebene heran (*Preiß* 1987).

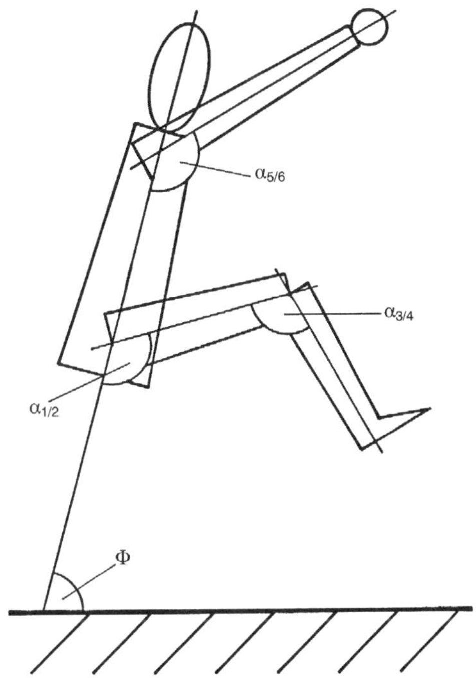

Abb. 5.5 Körperbaumodell mit Gelenk- und Orientierungswinkel (aus *Preiß:* Computersimulation zur Entwicklung sportmotorischer Techniken. In: *Czwalina* (Hrsg.), Sportwissenschaft und Sportpraxis, Bd. 59. *Czwalina,* Hamburg 1987, S. 51)

Bezeichnung:
Φ Orientierungswinkel (Rumpflängsachse)
$\alpha_{1/2}$ Hüftgelenkwinkel rechtes/linkes Bein
$\alpha_{3/4}$ Kniegelenkwinkel rechtes/linkes Bein
$\alpha_{5/6}$ rechter/linker Schultergelenkwinkel

Tabelle 5.2 Bewegungsmodell mit Modellvariablen und Modellrelation

Modellvariablen			Modellrelation
Einflußgrößen		Zielgröße	
Anfangswerte	Randwerte		
P_o (KSP)	α_1 (t)		
$\vec{v}_o$ (KSP)	α_2 (t)		
Φ_o	α_3 (t) α_4 (t)	Φ (t)	$\Phi (t) = f[P_o, \vec{v}_o, \Phi_o, L_o; \alpha_i (t)]$
L_o	α_5 (t) α_6 (t)		

Bezeichnung:
P_o (KSP) Abflugort des Körperschwerpunkts (KSP)
$\vec{v}_o$ Abfluggeschwindigkeit des KSP
Φ_o Orientierungswinkel im Abflugzeitpunkt
L_o Drehimpuls des Gesamtkörpers um seine Breitenachse im Abflugzeitpunkt
α_i (t) Zeitverlauf von Hüft-, Knie- und Schultergelenkwinkel (s. Abb. 6.12)
Φ (t) Zeitverlauf des Orientierungswinkels

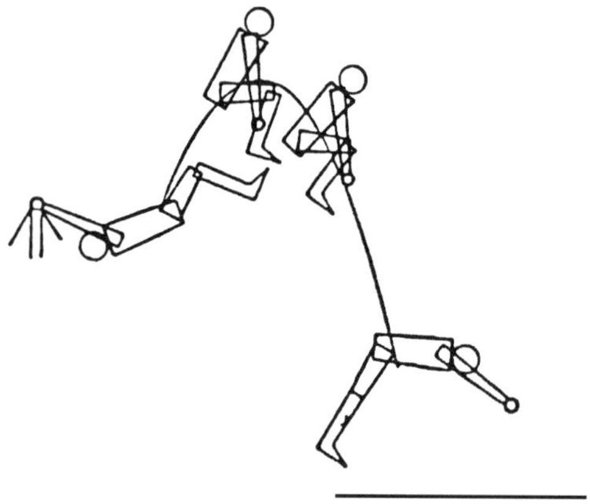

Abb. 5.6a Simulationsstudie 1: 2¼-fachsalto gehockt (mit langsamem Beugen bzw. Strecken im Hüft- und Kniegelenk)

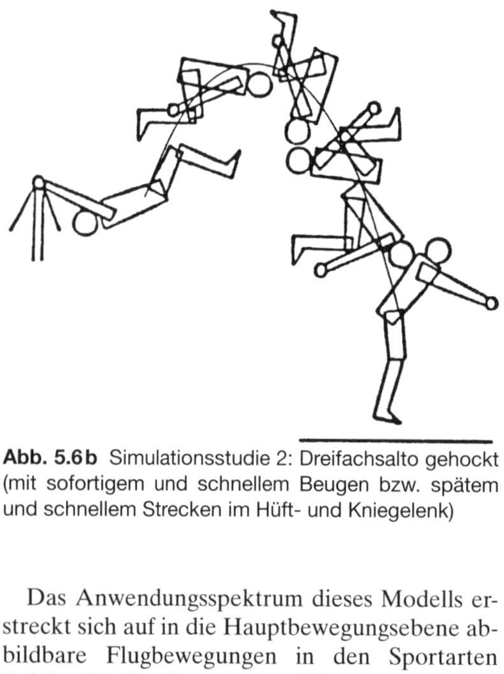

Abb. 5.6b Simulationsstudie 2: Dreifachsalto gehockt (mit sofortigem und schnellem Beugen bzw. spätem und schnellem Strecken im Hüft- und Kniegelenk)

Das Anwendungsspektrum dieses Modells erstreckt sich auf in die Hauptbewegungsebene abbildbare Flugbewegungen in den Sportarten Leichtathletik, Gerätturnen, Wasser- und Trampolinspringen.

Das Modell setzt sich aus einem Körperbaumodell und einem Bewegungsmodell zusammen. In seiner für eine symmetrische Bewegungsführung der Arme und Beine konstruierten Form besteht das Körperbaumodell (Abb. 5.5) aus 7 Körpersegmenten (Fuß mit Unterschenkel, Oberschenkel, Rumpf mit Kopf, Oberarm mit Unterarm und Hand). Als Zielgröße für die Flugbewegungen des menschlichen Körpers in der Hauptbewegungsebene wurde der Orientierungswinkel Φ (Abb. 5.5), d.h. der Winkel der Rumpflängsachse gegen die Horizontale festgelegt. Einflußgrößen dieser Zielgröße sind zum einen die vier Anfangswerte (Abflugort und -geschwindigkeit des Körperschwerpunkts sowie Orientierungswinkel und Drehimpuls des Gesamtkörpers um seine Breitenachse im Abflugzeitpunkt) und zum anderen sechs Randwerte (Winkel-Zeit-Verlauf der Hüft-, Knie- und Schultergelenke). Die Modellrelation ist eindeutig und stellt somit einen funktionalen (deterministischen) Zusammenhang zwischen der zeitabhängigen Zielgröße „Orientierungswinkel" und ihren Einflußgrößen dar (Tab. 5.2). Mit Hilfe der Modellrelation läßt sich die Auswirkung der Variation einer oder mehrerer Einflußgrößen auf die Zielgröße bestimmen (voraussagen), so zum Beispiel die Auswirkung eines langsamen Beugens bzw. Streckens im Hüft- und Kniegelenk in der Flugphase auf die erfolglose Durchführung eines angesteuerten Dreifachsaltos (Abb. 5.6a) oder die Auswirkung eines sofortigen und schnellen Beugens bzw. späten und schnellen Streckens im Hüft- und Kniegelenk auf die erfolgreiche Durchführung eines angesteuerten Dreifachsaltos (Abb. 5.6b).

(2) Modellzweck: Entscheidungshilfe

Der zunehmende Trend in Richtung einer in höherem Maße problemangepaßten Entscheidungshilfe wird an der Qualität der Lattenüberquerung beim Hochsprung dargestellt.

In der Vergangenheit (*Hay* 1973) zog man als Kriterium für die Lattenüberquerung die körperschwerpunktsbezogene Lattenüberhöhung heran (Abb. 5.7). In jüngster Zeit (*Preiß* 1987) ist als Trend zu beobachten, die KSP-bezogene durch die körperumrißbezogene Lattenüberhöhung zu ergänzen (Abb. 5.7).

Erst unter Zuhilfenahme der beiden Kriterien kann valide (diagnostisch zutreffend) die Qualität konkurrierender Techniken der Lattenüberquerung beurteilt werden. Allgemein formuliert könnte eine optimale Technik der Lattenüberquerung dazu tendieren, die körperschwerpunktsbezogene H_3 (KSP) und die körperumrißbezogene Lattenüberhöhung H_3 (KU) zu minimieren. Da nicht auszuschließen ist, daß die Minima von H_3 (KSP) und H_3 (KU) zu verschiedenen Zeitpunkten der Lattenüberquerung auftreten oder unvereinbar sind, ist die Forderung nach Minimierung dahingehend abzuschwächen, daß die mathematisch noch zu bestimmende

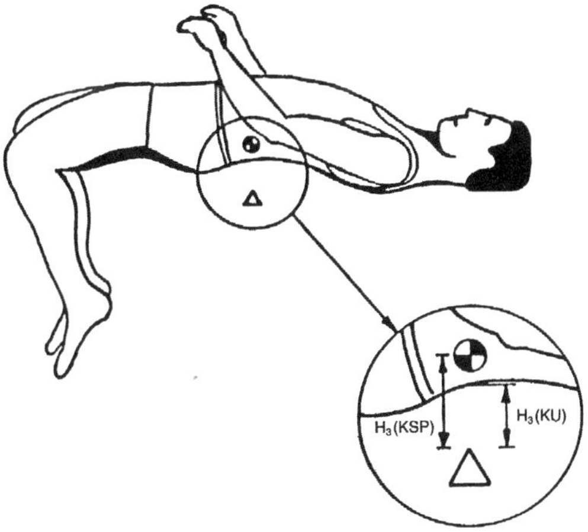

Abb. 5.7 KSP- und körperumrißbezogene Lattenüberhöhung (aus *Preiß:* Computersimulation zur Entwicklung sportmotorischer Techniken. In: *Czwalina* (Hrsg.), Sportwissenschaft und Sportpraxis, Bd. 59. *Czwalina,* Hamburg 1987, S. 22)

Bezeichnung:
- ◐ Körperschwerpunkt (KSP)
- Δ Querschnitt der Sprunglatte
- H_3(KSP) körperschwerpunktsbezogene Lattenüberquerung
- H_3(KU) körperumrißbezogene Lattenüberquerung

Abstandsfunktion in vertikaler Richtung f(H_3 [KSP], H_3 [KU]) im Falle einer optimalen Lattenüberquerung ihren Minimalwert annimmt.

5.5.2 Entwicklungstendenzen in der Modellkonstruktion

Die Darstellung der Entwicklungstendenzen bezieht sich auf die *(1) Wahl des Modellansatzes, (2) Identifikation und Auswahl der Modellvariablen und (3) Datenbeschaffung.*

(1) Wahl des Modellansatzes

Der Modellansatz ist ein zentraler Konstruktionsschritt, in dem zwei Grundentscheidungen zu treffen sind: Wahl des Modellkonzepts (datenbasiert – theoriebasiert) und Wahl der Modellform (deterministisch – statistisch).

(1.1) Zum Modellkonzept: Die Bezeichnung „datenbasiert-theoriebasiert" für alternative Modellkonzepte beinhaltet ein weniger oder mehr an theoriegeleitetem Vorgehen bei der Identifikation und Auswahl der Modellvariablen. Da beide Vorgehensweisen keine im strengen Sinn sich wechselseitig ausschließenden Alternativen darstellen, zeichnet sich angesichts der zunehmenden Erkenntnis, das theoretische Umfeld des Modelloriginals setze dem theoriebasierten Ansatz Grenzen, die nur mit Hilfe eines datenbasierten Ansatzes überschritten werden können, ein Trend zur Mischstrategie aus theoriebasiertem und datenbasiertem Modellkonzept ab. Einen solchen Trend stellte *Zaciorskij* bereits 1978 fest, indem er sinngemäß formulierte, daß in seltenen Fällen beide Arten des Modellkonzepts simultan angewandt werden.

(1.2) Zur Modellform: Mit der Wahl der Modellform verbindet sich eine Entscheidung darüber, ob der Zufallscharakter biomechanischer Beobachtungsgrößen (Ziel-, Einflußgrößen) zu berücksichtigen ist (statistische Modellform) oder vernachlässigt werden kann (deterministische Modellform). Die Bedingungen der Zufälligkeit liegen in unbekannten und damit unkontrollierbaren sowie unkontrollierten Einflüssen (u.a. in der Variabilität der „Versuchsobjekte bzw. des Beobachtungsmaterials sowie der Versuchs- und Beobachtungsbedingungen"; *Sachs* 1973, S. 307), die man nicht konstant halten kann (u.a. die sportmotorische Leistungsbereitschaft, Ermüdungsgrad) bzw. aus durchführungsökonomischen Erwägungen, beispielsweise im Zusammenhang mit „fehlenden" Wettkampfbestimmungen, nicht konstant halten will (u.a. klimatische Faktoren bei Freiluftwettkämpfen, Kunststoffbahnen für Alpinen oder Nordischen Skilauf). Wegen dieser Einflüsse, die sich in zufälliger, d.h. unkontrollierter Weise ändern, wird die biomechanische Beobachtungsgröße (Einfluß-, Zielgröße) zu einer Zufallsgröße, d.h. einer „Größe, die unter gegebenen Bedingungen einmal diesen, einmal einen anderen Wert annimmt" (*Sachs* 1973, S. 307). Wie im Falle des datenbasierten bzw. theoriebasierten Modellkonzepts stellen die Modellformen deterministisch und statistisch keine sich gegenseitig ausschließenden Alternativen dar; beide Modellformen können sich im Rahmen der Modellierung eines bestimmten Modelloriginals ergänzen.

In diesem Zusammenhang erscheint es zweckmäßig, Vorurteile gegenüber der statistischen Modellform auszuräumen. Diese Vorurteile basieren auf einer der beiden mutterwissenschaftlichen Komponenten der Biomechanik, auf der klassischen Mechanik. Zu den „der klassischen Mechanik zugeschriebenen Merkmalen gehört die Eigenschaft des strengen Determinismus"

(*Martienssen* 1979), d.h. der eindeutigen Bestimmbarkeit eines Ereignisses aus seinen strukturellen Bestandteilen (Gesetze und Anfangsbedingungen, die das Ereignis beschreiben). „Jahrelang haben sich die Anhänger der klassischen Orthodoxie bemüht, die statistischen Aspekte aus der Mechanik zu entfernen. Allgemein bekannt ist Einsteins Bemerkung: „Gott würfelt nicht". Und nun sehen wir, daß selbst die klassische Mechanik statistischer Methoden bedarf" (*Martienssen* 1979). Damit ist solchen Vorurteilen ihre Basis entzogen. Vertreter der modernen Natur- und Biowissenschaften verwenden multivariate statistische Verfahren zur Problemlösung. So vertritt *Beier* (1975, S. 22) die Auffassung, daß die „Methode der Multivariablen" für die weitere Entwicklung der Biophysik außerordentlich bedeutsam sein kann".

Zwei Haupteinwände werden gegenüber der Statistik bzw. der statistischen Modellform erhoben:

- Statistische Modelle sind strukturell ungültig (*Bossel* 1989)
- Statistische Modelle ermöglichen nur gruppen- und keine individuenbezogenen Aussagen.

(1.3) Zur strukturellen Gültigkeit: Die von *Bossel* aufgestellte allgemeine Behauptung kann wie jede Allaussage bereits durch ein Gegenbeispiel widerlegt werden. Das in statistischen Modellen angewandte Verfahren der explorativen Faktorenanalyse „ist ein geeignetes Analyseinstrumentarium zur Aufdeckung unbekannter Strukturen" (*Backhaus, Erichson, Reinke* 1989, S. 111). In dem häufig zitierten Modellbeispiel zur Überprüfung der strukturellen Gültigkeit der Faktorenanalyse wird das folgende Methodenexperiment beschrieben. „An einem Material eindeutiger und klarer oder zumindest bekannter Struktur wird eine Faktorenanalyse durchgeführt und ihre Ergebnisse werden mit dem von vornherein bekannten Resultat verglichen" (*Überla* 1968, S. 254–260). Das Material bestand aus 20 Quadern mit unterschiedlichen Kantenlängen. Ziel der Faktorenanalyse war, die Strukturelemente, welche die komplexen geometrischen Eigenschaften der Quader wie Flächen, Raumdiagnonalen und Flächenumfänge bestimmen, zu identifizieren. Die Faktorenanalyse identifizierte als geometrische Strukturelemente die Kantenlängen der Quader und stimmte daher „mit dem von vornherein bekannten Resultat" überein.

(1.4) Zur Einzelfallstatistik: Die relativ junge Entwicklung der Statistik von einer Gruppen- zur Einzelfallstatistik mag zu dem Einwand geführt haben, statistische Modelle/Methoden ermöglichen nur Gruppen- und keine individuenbezogenen Aussagen. Beispiele für die Anwendung der Einzelfallstatistik finden wir bereits in der Sportwissenschaft. So untersuchten *Schlicht/Janssen* (1990) und *Lames* (1994) mit Hilfe der Zeitreihenanalyse die Wirkung von Trainingseffekten auf den Einzelfall. *Schöllhorn* (1990) bestimmte intraindividuelle biomechanische Strukturen im Diskuswurf mit Hilfe der P-Technik der Faktorenanalyse.

Simon/Schöllhorn (1995) führten eine verlaufsorientierte biomechanische Technikanalyse des Sprintlaufs unter Verwendung der faktorenanalytischen P- und S-Technik sowie clusteranalytischer Verfahren durch. In Kap. 7.2 beschreibt *Schöllhorn* eine zweifach prozeßorientierte Strukturierung eines komplexen ballistischen Bewegungsablaufs (zweistützige Abwurfphase im Diskuswurf). Die eine Prozeßkomponente analysiert den einmaligen Wurfablauf eines Pb, die andere Komponente Wurfabläufe dieses Pb in unterschiedlichen Stadien des Lernprozesses.

(1.5) Zum Modellmonismus: Im Hinblick auf monistische Modellkonzeptionen ist auf die Achillesferse der Modellierung hinzuweisen, wonach „jedes Modell nicht auf die Frage, ‚wie ist es?', sondern auf die Frage, ‚wie kann es sein?' antwortet". Dieses bereits von *Bernstein* (1958) festgestellte Informationsdefizit der Modellierung ist darauf zurückzuführen, daß „ein und derselbe Prozeß in der Regel durch verschiedene Modelle beschrieben werden kann" (*Person* 1972, S. 107 f.).

(1.6) Zur Modellbewertung: Wird ein Modelloriginal durch verschiedene Modelle abgebildet, so kann eine Modellbewertung vorgenommen werden. Es erscheint einsichtig, für eine Bewertung u.a. die drei Hauptmerkmale eines Modells, das Abbildungs- sowie das Verkürzungsmerkmal und das pragmatische Merkmal als Bewertungskriterien heranzuziehen. Im Sinne einer intersubjektiv prüfbaren Bewertung kann das Abbildungsmerkmal durch den Vergleich zwischen dem Output des Originals, d.h. durch den Grad der Übereinstimmung zwischen beobachtetem Zielgrößenwert $Y_{Orig.}$ und errechnetem (vorhergesagtem) Zielgrößenwert $Y_{Mod.}$ operationalisiert werden und der verfahrensökonomische Aspekt des Verkürzungsmerkmals durch die Anzahl und den Erstellungsaufwand der biomechanischen Modellvariablen sowie das pragmatische Merkmal durch

den Grad der Abstimmung des Modells auf den geplanten Benutzerbezug (Sportler,Trainer, Wissenschaftler, ...) und auf den geplanten Zweckbezug (Erklärung, Voraussage, Entscheidungshilfe, Optimierung ...).

(2) Identifikation und Auswahl der Modellvariablen

Identifikation und Auswahl der Modellvariablen sind abhängig von dem verfügbaren Potential an Modellvariablen. Nachstehende Ausführungen beziehen sich auf vier Entwicklungsrichtungen zur Differenzierung und Vergrößerung dieses Potentials.

1. Problemadäquanz und Differenzierungsgrad der Modellvariablen

Ein zunehmender Trend an Problemadäquanz und Differenzierungsgrad der Modellvariablen ist erkennbar und o.a. Beispiel der Lattenüberhöhung bestätigt diesen Trend.

2. Anthropometrische Relativierung biomechanischer Modellvariablen

Die Abhängigkeit einer Reihe kinematischer und dynamischer Merkmale von anthropometrischen Merkmalen (u.a. Schrittlängen-Index als Quotient aus Schrittlänge und Beinlänge) läßt – angesichts originärer und trainingspraktisch verwertbarer Untersuchungsergebnisse – zumindest programmatische Tendenzen der Entwicklung eines Konzepts zur Bildung biomechanisch-anthropometrischer Indexe erkennen (*Easterby* und Mitarb. 1982).

3. Quantifizierung qualitativer Bewegungsmerkmale

Obwohl *Gutewort* und *Pöhlmann* bereits 1966 (S. 602) „eines der Hauptanliegen einer Bewegungslehre ... vor allem in dem Bemühen um objektive Kennziffern und mathematische Formulierungen der Bewegungsqualität" sahen, konnte ein solches Bemühen bis heute nur vereinzelt beobachtet werden.

4. Wahl des Modellkonzepts

Der erkennbare Trend zur Mischstrategie aus theorie- und datenbasiertem Modellkonzept bei der Identifikation und Auswahl von Modellvariablen führt zu einer Differenzierung und Vergrößerung des Potentials an Modellvariablen.

(3) Datenbeschaffung

Die Biomechanik als eine biometrisch orientierte Wissenschaftsdisziplin zeigt ein eindeutiges Forschungsdefizit hinsichtlich der systematischen Erfassung und statistischen Aufbereitung biomechanischer Merkmalsdaten. Dieses Defizit ist vor dem Hintergrund des aktuellen Forschungstrends der biomechanischen Modellierung von sportmotorischen Techniken zu sehen. Im Rahmen dieses Trends ist die Modellsimulation – sie liefert (theoretische) Informationen über die Auswirkung einer Variation der Einflußgrößen auf die Zielgröße – auf empirische Daten der Einflußgrößen angewiesen, wenn nicht nur fiktive, sondern reale Möglichkeiten einer Änderung gefragt sind. Ein Ansatz zur Behebung dieses Defizits ist das von *Ballreich* und Mitarb. 1984 durchgeführte Forschungsprojekt über „Biomechanische Grenzwertbereiche von hochdynamischen Gelenkbewegungen der unteren Extremitäten in der sagittalen Bewegungsebene".

5.5.3 Entwicklungstendenzen in der Modellsimulation

Die Modellsimulation liefert Informationen über die zu erwartende Auswirkung (Einflußhöhe) einer Variation der Einflußgrößen auf die Zielgröße. Informationsgrundlage ist u.a. die im Rahmen der Modellkonstruktion erstellte funktionale oder statistische Relation auf metrischem Skalenniveau. Am Beispiel des 100 m-Laufs der 32 weltbesten Kurzstreckenläuferinnen während der Olympischen Spiele 1972 zeigen wir, wie unterschiedlich die Antwort auf die Frage nach der Einflußhöhe von Schrittlänge und Schrittfrequenz ausfällt, je nachdem ob die real bestehende, wechselseitige Abhängigkeit zwischen diesen beiden Einflußgrößen und der Zielgröße „mittlere Schrittgeschwindigkeit" bzw. „100 m-Laufzeit" berücksichtigt wird oder nicht.

Im Falle ihrer Berücksichtigung bewirkt der enge und ungleichsinnige Zusammenhang ($r = -0.91$) zwischen den beiden Einflußgrößen der Laufzeit, d.h. zwischen Schrittlänge und Schrittfrequenz, bei Zunahme der einen Einflußgröße eine Abnahme der anderen Einflußgröße. Der qualitative und quantitative Unterschied zwischen Berücksichtigung und Nichtberücksichtigung der wechselseitigen Abhängigkeiten hinsichtlich der Zielgröße „100 m-Laufzeit" liegt darin, daß bei Berücksichtigung sowohl eine Laufzeitverschlechterung um 0.02 sec infolge der

Schrittlängenvergrößerung[1] als auch eine Laufzeitverbesserung um (–) 0.11 sec infolge der Schrittfrequenzerhöhung zu erwarten ist, während bei Nichtberücksichtigung der wechselseitigen Abhängigkeiten die Schrittlängenvergrößerung bzw. die Schrittfrequenzerhöhung eine fiktive Laufzeitverbesserung um (–) 0.46 sec bzw. (–) 0.53 sec bewirken (s. 6.4.4.1, Tab. 6.8).

Zum Geltungsbereich des Untersuchungsergebnisses:

Die Rangfolge der zu optimierenden Einflußgrößen „Schrittlänge und Schrittfrequenz" lautet demnach für o.a. Sprintergruppe: Schrittfrequenz vor Schrittlänge.

Da dieses statistisch (kovarianzanalytisch) ermittelte Ergebnis wegen der multifaktoriellen und wissenschaftlich nicht geklärten Abhängigkeit der Schrittlänge und Schrittfrequenz von anthropometrischen Einflußgrößen (Beinlänge, Längenproportionen des Beins, Massenverteilung der Beinsegmente, ...), von kinematischen Einflußgrößen (Stemm-, Abdruck-, Flugweite des Schritts, „Laufvor-, -rücklage", „Bewegungsführung des Schwungbeines", Flug-Stützzeit-Verhältnis des Schritts, ...) sowie von dynamischen Einflußgrößen (Verlauf und Koordination der sprintspezifischen Muskelkräfte, ...) wahrscheinlich nicht verallgemeinert werden kann, engen wir den Geltungsbereich des Ergebnisses auf o.a. Sprinterstichprobe ein.

Zur Erstellung empirisch gehaltvoller Simulationsergebnisse ist das „Kernstück" einer Modellmethode, d.h. die funktionale oder statistische Relation zwischen einer Ziel- und ihren Einflußgrößen durch die Entwicklung von Submodellen zu ergänzen, die – im Falle real bestehender wechselseitiger Abhängigkeiten – einen funktionalen oder statistischen Zusammenhang zwischen den kovariierenden Einflußgrößen herstellen wie bei der Anwendung einer submodellgestützten Simulationsstrategie in o.a. Sprintbeispiel.

Tendenzen zur Entwicklung und Anwendung submodellgestützter Simulationsstrategien sind nur in Ansätzen erkennbar.

[1] Bei Berücksichtigung der wechselseitigen Abhängigkeiten führt diese im Falle der Schrittlängenvergrößerung nicht – wie bei der Schrittfrequenzerhöhung – zu einer die Abnahme der anderen Einflußgröße (Schrittfrequenz) überkompensierenden Zunahme der Laufgeschwindigkeit und deshalb zu einer Laufzeitverschlechterung um 0.02 sec.

Bei Nichtberücksichtigung der wechselseitigen Abhängigkeiten führt diese infolge der Beziehung: mittlere Schrittgeschwindigkeit = Schrittlänge x Schrittfrequenz sowohl bei Schrittlängenvergrößerung und Konstanz der Schrittfrequenz – wegen o.a. Nichtberücksichtigung – als auch bei Schrittfrequenzerhöhung und Konstanz der Schrittlänge – wegen o.a. Nichtberücksichtigung – zu einer Zunahme der mittleren Schritt(Lauf-)geschwindigkeit und damit zu einer fiktiven Laufzeitverbesserung um (–) 0.46 sec bei der Schrittlängenvergrößerung bzw. (–) 0.53 sec bei der Schrittfrequenzerhöhung.

5.6 Literatur

Backhaus, K. et al.: Multivariate Analysemethoden. Springer, Berlin 1989

Ballreich, R. et al.: Biomechanische Grenzwertbereiche von hochdynamischen Gelenkbewegungen der unteren Extremitäten in der sagittalen Bewegungsebene. Forschungsbericht BISP 1984

Beier, W.: Biophysik. VEB Thieme, Leipzig 1975

Bernstein, N.A.: Modelle als Mittel des Studiums nervalmotorischer Prozesse. Vorträge der Akad. d. Päd. W. der RSFSR 2 (1958)

Bossel, H.: Simulation dynamischer Systeme. Vieweg, Braunschweig 1989

Cuin, E.C.: Design and construction of a tuned track. In: *Frederick, E.C.:* Sport shoes and playing surfaces. Human kinetics Publishers, Champaign, Illinois 1984, S. 163–165

Easterby, R. et al.: Anthropometry and Biomechanics. Theory and Application. Plenum Press, New York 1982

Fetz, F.: Biomechanik alpiner Zieleinlauftechniken. In: *Fetz, F., Müller, E.* (Hrsg.): Biomechanik des alpinen Skilaufs, Bd. 2 Biomechanik der Sportarten. Enke, Stuttgart 1991, S. 124–130

Frederick, E.C.: Anforderungen an die Konstruktion von Laufschuhen. In: *Segesser, B., Pförringer, W.* (Hrsg.): Der Schuh im Sport. Perimed. Erlangen 1987, S. 31–39

Gutewort, W., Pöhlmann, R.: Biomechanik – Motorik. Theorie und Praxis der Körperkultur 15, 6 (1966) 595–604

Hay, J.G.: Die Haytechnik: Das Nonplusultra im Hochsprung? Leistungssport 3,4 (1973) 309–315

Hubbard, M., Alaways, L.W.: Optimum Release Conditions for the New Rules Javelin. International Journal of Sport Biomechanics 3,3 (1987) 207–221

Kuo, C.Y., Louie, J.K., Mote, C.D. Jr.: Control of Torsion and bending of the lower extremity during skiing. In: Skiing trauma and safety. Special Technical Publication 860. American Society for Testing and Materials. Philadelphia 1985, S. 91–109

Lames, M.: Zeitreihenanalyse in der Trainingswissenschaft. Spectrum der Sportwissenschaften 6,1 (1994) 27–50

Louie, J.K., Kuo, C.Y., Gutierrez, M.D., Mote, C.D., Jr.: Surface EMG measurements and torsion during snow skiing: Laboratory and field tests. In: Journal of Biomechanics 17 (1984) 713–724

Martienssen, W.: Gesetz und Zufall in der Natur. In: *Gerok, W.* (Hrsg.): Ordnung und Chaos. Stuttgart 1989, S. 77–100

Mendoza, L.: Biomechanisch gestützte Techniksteuerung im Hochleistungssport. Bundesinstitut für Sportwissenschaft (Hrsg.) Bd. 11, Hofmann, Schorndorf 1993

Mendoza, L., Schöllhorn, W.: Die Ansteuerung räumlicher Merkmale der Diskuswurftechnik im Hochleistungsbereich mit Hilfe eines biomechanischen Schnellinformationssystems. Leistungssport 21,3 (1991) 18–22

Person, R.S.: Einige allgemeine Fragen der mathematischen Analyse bioelektrischer Prozesse. In: *Matthies, H.J., Pliquett, F.* (Hrsg.): Mathematische Modellierung von Lebensprozessen. Academie, Berlin 1972, S. 104–111

Pöhlmann, R., Thorhauer, H.A.: Theorie und Praxis der Körperkultur 1983

Preiß, R.: Computersimulation zur Entwicklung sportmotorischer Techniken. In: *Czwalina, C.* (Hrsg.): Sportwissenschaft und Sportpraxis, Bd. 59. Czwalina, Ahrensburg 1987

Sachs, L.: Angewandte Statistik. Springer, Berlin 1973

Schlicht, W., Janssen, J.P.: Der Einzelfall in der empirischen Forschung der Sportwissenschaft: Begründung und Demonstration zeitreihen-analytischer Methoden. Sportwissenschaft 20,3 (1990) 263–280

Schöllhorn, W.: Bewegungsstrukturelle Analyse mechanischer Energieformen der Diskuswurftechnik. Dissertation. Frankfurt 1990 zugl. Biomechanische Einzelfallanalyse der Diskuswurftechnik. Harri Deutsch, Frankfurt 1993

Simon, C., Schöllhorn, W.: Prozeßorientierte biomechanische Technikanalyse des Sprintlaufs. In: *Krug, J., Minow, H.-J.* (Hrsg.): Sportliche Leistung und Training. Academia, St. Augustin 1995, S. 113–118

Überla, K.: Faktorenanalyse. Springer, Berlin 1968

Wunderly, S.G., Hull, M.L.: A Biomechanical Approach to Alpine Ski Binding Design. In: International Journal of Sport Biomechanics 5 (1989) 308–323

Zaciorskij, V.M.: The Present and Future of the Biomechanics of Sports. In: *Landry, F., Orban, W.A.R.* (Hrsg.): Biomechanics of Sports and Kinanthropometry. Miami 1978

6 Grundlagen der Modellmethode

Rainer Ballreich

6.1 Begriff, Gegenstand und Zweck der Modellierung

6.1.1 Zum allgemeinen Begriff der Modellierung

In Übereinstimmung mit *Klaus* und *Liebscher* (1976) bezeichnen wir als Modellmethode (Modellierung): „Konstruktion und Gebrauch von Modellen zur Erkenntnisgewinnung, Kenntnisvermittlung oder für den Ersatz der Funktion dynamischer Systeme".

Während Modelle als Mittel der Erkenntnisgewinnung bzw. Kenntnisvermittlung in der Biomechanik des Sports eine bevorzugte, wenn bisher nicht ausschließliche Verwendung finden, sind Beispiele für Modelle als Ersatz der Funktion dynamischer Systeme in der Orthopädischen Biomechanik bei Prothesen zu finden, die die Funktion bestimmter Extremitäten übernehmen.

6.1.2 Zum Gegenstand der Modellierung

Die von *Stachowiak* (1973) aufgeworfene Frage „wovon etwas Modell ist" (Modelloriginal oder Modellbezug), d.h. die Frage nach dem Gegenstand der Modellierung, kann sowohl unter dem für eine Forschungssystematik konzipierten biowissenschaftlichen als auch zweckorientierten Ansatz beantwortet werden (vgl. 1.3).

(1) Zum Modelloriginal unter biowissenschaftlichem Ansatz

Analog einem Vorgehen in tradierten Biowissenschaften kann man das primäre Objekt der Biomechanik des Sports – und damit den Gegenstand der Modellierung (Modelloriginal oder Modellbezug) – den sporttreibenden Menschen, unter dem Aspekt seines Funktionierens (Verhaltens), seiner Struktur (seines Aufbaus) und seines Substrats (Materials) in Einzelobjekte gliedern (*Matthies* und *Pliquett* 1972).

Unter dem Aspekt seines Verhaltens (Funktionierens) sind sowohl die Funktionsprozesse als auch das Produkt der Funktionsprozesse zu modellieren.

Funktionsprozesse:

1. Zusammenwirken innerer (Muskelkräfte) und äußerer Kräfte (Schwer-, Reibungs-, Widerstands-, Stütz-, Trägheitskräfte) → Biodynamik
2. Bewegungssteuerung und -regelung: Innervationsdauer oder zeitliche Koordination von Muskelkontraktionen, Intensitäts-Zeit-Verläufe von Muskelkontraktionen → Elektromyogramme als Indikatoren für sog. Bewegungsmuster (Abb. 6.1).

Funktionsprodukte:

1. Änderung des Bewegungszustands – sportliche Bewegung → Biokinematik (Abb. 2.1 u. 2.2)
2. Änderung von Form- und Spannungszustand des aktiven und passiven Bewegungsapparats → Biodynamik (Abb. 2.3)

Zur Struktur (Aufbau) des Körperbaus – und damit als Modelloriginale – zählen biomechanische Eigenschaften wie Längen-, Breiten-, Umfangs-, Flächen-, Volumenmaße; Masse, Massenverteilung; Trägheitsmomente der Körperteile um die Gelenkachsen; Körperteil-Proportionen, Hebelverhältnisse; Freiheitsgrade der Gelenke, Freiheitsgrade der Bewegung; kinematische Ketten (7.4).

Zum Substrat (Material) des Bewegungsapparats – und somit als Modelloriginale – zählen biomechanische Eigenschaften des aktiven (Muskelsystem) und passiven (Knochen-, Gelenksystem) Bewegungsapparats wie Festigkeit (Elastizität, Plastizität) hinsichtlich Druck-, Zug-, Scher-, Biege- und Verdrehbeanspruchung (Abb. 2.22a–e).

Eine am vorliegenden Ansatz orientierte Unterscheidung der Modellierung „auf den Stufen des Verhaltens, der Struktur und des Materials ... läßt sich nur im Rahmen einer konkreten Untersuchung rechtfertigen, aber in allgemeiner gnoseologischer (erkenntnistheoretischer, d. Verf.) Hinsicht muß vor allem die Relativität dieser Unterscheidung, die tiefe Wechselbeziehung (in der Erkenntnis) dieser Stufen der Modellierung berücksichtigt werden" (*Bashenow* und *Birjukow* 1972).

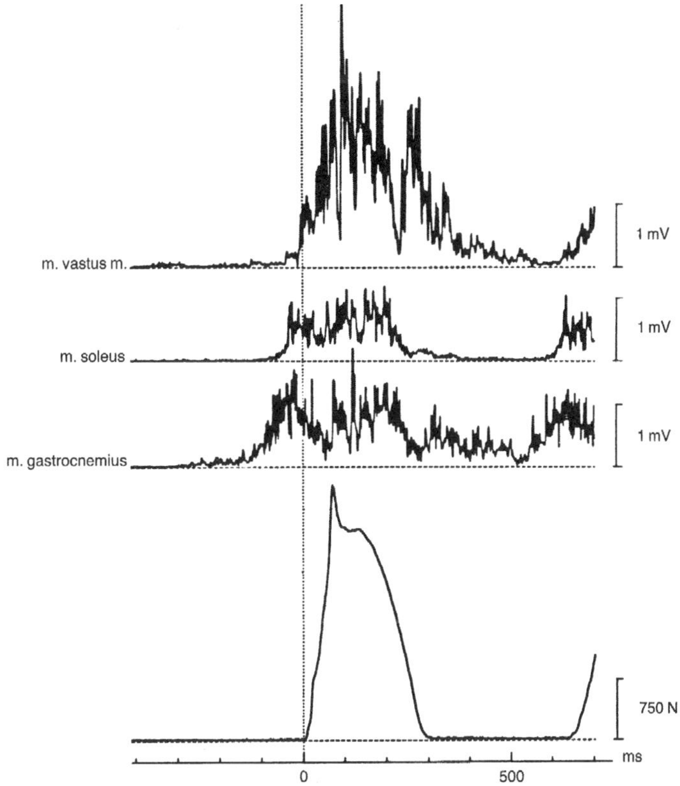

Abb. 6.1 Dynamogramm F_z-(t) und zugeordnete Elektromyogramme des m. gastrocnemius, m. soleus und m. vastus major beim Tiefsprung aus 40 cm Fallhöhe

Forschungsgenetisch ist andererseits zu berücksichtigen, daß man an jedes neue Objekt ohne oder mit unzureichender Kenntnis seiner Struktur herangeht und „somit der einzig mögliche Weg zum Erkennen des Objekts die Untersuchung seines Verhaltens ist" (*Bashenow* und *Birjukow* 1972), d.h. die Anwendung der sogenannten Makromethode (im Unterschied zur Mikromethode, die von einer bereits bekannten Struktur ausgeht und auf deren Grundlage das Verhalten prognostiziert). In Abhängigkeit vom Niveau der Information über Struktur und Material des Bewegungsapparats wird in der Biomechanik des Sports sowohl die makro- als auch die mikroanalytische Modellierung herangezogen.

(2) Zum Modelloriginal unter zweckorientiertem Ansatz

Für eine Auflistung von möglichen Objekten der Modellierung (Modelloriginale oder Modellbezüge) können die im o.a. Ansatz dargestellten Untersuchungsziele aus den Gebieten „Leistungsbiomechanik", „Anthropometrische Biomechanik" und „Präventive Biomechanik" herangezogen werden. Nach einem solchen Ansatz sind im Rahmen der Leistungsbiomechanik Modelle der Technikanalyse, der Techniksteuerung, der Technikoptimierung, der Konditionsanalyse und der Konditionssteuerung zu unterscheiden. In der Anthropometrischen Biomechanik stehen Körperbaumodelle im Vordergrund und in der Präventiven Biomechanik Modelle der Belastungsanalyse sowie der Belastungsgestaltung (7.2–7.4).

6.1.3 Zum Zweck der Modellierung

Biomechanische Modelle können unterschiedlichen Zwecken dienen (vgl. *Harbordt* 1974). Tab. 6.1 informiert ohne Anspruch auf Vollständigkeit über Modelloriginal und Modellzweck in den drei Lehr- und Forschungsgebieten der Biomechanik des Sports, d.h. in der Leistungsbiomechanik, in der Präventiven Biomechanik und in der Anthropometrischen Biomechanik. Der Informationsgehalt von Tab. 6.1 liegt darin begründet, daß die jeweiligen Modellzwecke allen Modelloriginalen zugeordnet werden können.

Tabelle 6.1 Übersichtsdarstellung von Modelloriginal und Modellzweck in der Biomechanik des Sports

Modellzweck	Leistungsbiomechanik		Präventive Biomechanik		Anthropometrische Biomechanik
	Modelloriginal		Modelloriginal		Modelloriginal
	Technik	Kondition	Belastung des Bewegungsapparats	Belastbarkeit des Bewegungsapparats	Körperbaumerkmale
Beschreibung	x	x	x	x	x
Erklärung	x	x	x	x	x
Voraussage	x	x	x	x	x
Entscheidungshilfe	x	x	x	x	x
Steuerung	x	x	x	x	x
Optimierung	x	x	x	x	x

Nach dieser Darstellung kommen z. B. als Alternativen für den Modellzweck in der Leistungsbiomechanik die Entwicklung (Optimierung) einer sportmotorischen Technik, die Erklärung bzw. Voraussage des sportmotorischen (technomotorischen oder/und konditionellen) Leistungszustands sowie Wissensvermittlung oder Entscheidungshilfen in bezug auf die Bestimmung der Einflußhöhe von biomechanischen Einflußgrößen oder bezüglich der Auswahl von biomechanischen Ansteuerungsgrößen in Betracht.

6.1.4 Definitionsvorschlag für Modelle in der Biomechanik des Sports

Wenn man den sportmotorischen Leistungszustand als gemeinsamen und zentralen Gegenstand der Modellierung in der Biomechanik des Sports bezeichnet, dann lassen sich biomechanische Modelle wie folgt definieren:

Biomechanische Modelle des sportmotorischen Leistungszustands (Y) stellen verkürzte und pragmatische Abbildungen dieses Zustands (Modellierung) dar, mit dem Ziel, seine Änderung ($y + \Delta y$) in Abhängigkeit von der Änderung biomechanischer Einflußgrößen X_i um einen Betrag Δx_i möglichst quantitativ zu bestimmen.

Unter dem Aspekt des Bewegungsverhaltens (Funktionieren) sowie der Struktur- und Materialeigenschaften des sporttreibenden Menschen kann der Leistungszustand über technikanalytische, d.h. biokinematische/biodynamische Einflußgrößen oder/und über anthropometrische Merkmale oder/und über materialbezogene Eigenschaften des Bewegungsapparats wie seine mechanische Belastbarkeit auf Druck-, Zug-, Scher-, Biege- und Verdrehbeanspruchung geändert werden.

Ein solcher Modellbegriff berücksichtigt die drei Hauptmerkmale eines Modells (*Stachowiak* 1973):

1. das Abbildungsmerkmal,
2. das Verkürzungsmerkmal,
3. das pragmatische Merkmal (Subjektivierungsmerkmal).

Zu (1) Das Abbildungsmerkmal gewährleistet, daß zwischen Modelloriginal und Modell eine Ähnlichkeit hergestellt werden kann, die einen Analogieschluß von bekannten Modelleigenschaften auf unbekannte, empirisch erst nachzuweisende, Eigenschaften des Modelloriginals ermöglicht.

Zu (2): Im Verkürzungsmerkmal kommt ein verfahrensökonomischer Aspekt zum Ausdruck, wonach nicht alle Eigenschaften des Originals auf das Modell abgebildet werden „sondern nur solche, die den jeweiligen Modellerschaffern und/oder Modellbenutzern relevant erscheinen" (*Stachowiak* 1973).

Wir kommen auf dieses Merkmal im Zusammenhang mit der Modellkonstruktion zu sprechen.

Zu (3): Pragmatisches oder Subjektivierungsmerkmal. „Durch das pragmatische Merkmal – auch als Subjektivierungsmerkmal bezeichnet – wird jener Eigenschaft des Modells Rechnung getragen, die darin besteht, daß Modelle nur für einen bestimmten mit den Spielregeln vertrauten Personenkreis bedeutungsvoll sein können"

(*Bertalanffy* und Mitarb. 1977) oder präziser formuliert, daß Modelle lediglich in bezug auf modellbenutzende Subjekte ihre Ersatzfunktion für das Modelloriginal erfüllen können (Benutzerbezug) und dies ausschließlich innerhalb bestimmter Zeitintervalle (Zeitbezug) unter Einschränkung auf bestimmte ausführbare Operationen (Zweckbezug).

Aus diesem pragmatischen Merkmal leitet *Stachowiak* vier Fragen ab. Sie erkunden nicht nur, „wovon etwas Modell ist (Originalbezug), sondern auch, für wen (Benutzerbezug), wann (Zeitbezug) und wozu bezüglich seiner spezifischen Funktionen es Modell (Zweckbezug) ist“ (*Stachowiak* 1973). Hierbei drückt der Zeitbezug aus, daß „sobald ein neues, vollkommeneres Modell des gleichen Originals existiert, das erste Modell wertlos wird bzw. dann lediglich noch historischen Wert besitzt“ (*Bertalanffy* und Mitarb. 1977).

6.2 Zum Unterschied zwischen den Modellen der Mechanik und der Biomechanik

(1) Allgemeine Kennzeichnung

An dieser Stelle erscheint es zweckmäßig, auf den von *Bertalanffy* und Mitarb. erkannten Unterschied zwischen den Modellen der Mechanik und der Biomechanik aufmerksam zu machen. Während es in der Mechanik möglich ist, komplexe Systeme in zu untersuchende Subsysteme zu zergliedern – also Teilmodelle zu bilden – und diese durch eine relativ geringe Anzahl von Variablen zu beschreiben, ist dieses Vorgehen in der Biomechanik ohne Informationsverluste nicht möglich. Bei „jeder Bildung eines Teilmodells ... gehen Informationen verloren, die sich nicht additiv aus der Summe aller Teile wieder erhalten lassen ... Hierin liegt u.a. eine der wesentlichen Schwierigkeiten bei der Modellbildung im biologischen Bereich“.

(2) Exemplarische Erläuterung in bezug auf den Weitsprung

Nach *Ballreich* und *Brüggemann* (1986) läßt sich die Sprungweite W in die 4 Teilweiten W_1 (Absprungpositionsweite), W_2 (Symmetrische Flugbahnweite), W_3 (Landeanflugweite) und W_4 (Landepositionsweite) zerlegen (Abb. 6.2).

Modellbewertung

Informationsgewinn der Zerlegung der Sprungweite in Teilweiten: Zwischen den biomechani-

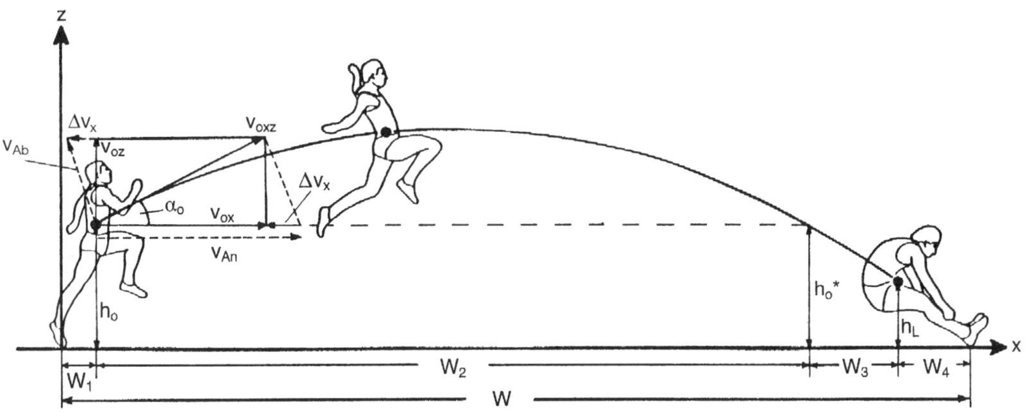

Abb. 6.2 Sprungweite W, ihre Teilweiten W_{1-4}, sowie Höhen- und Geschwindigkeitsmerkmale (aus: *Ballreich, Brüggemann:* Biomechanik des Weitsprungs. In: *Ballreich, Kuhlow* (Hrsg.), Biomechanik der Leichtathletik, Enke, Stuttgart 1986, S. 28)

Bezeichnung:
W Sprungweite
W_1 Absprungpositionsweite
W_2 symmetrische Flugbahnweite
W_3 Landeanflugweite
W_4 Landepositionsweite
$W_2 + W_3$ Flugweite
$W_3 + W_4$ Landeweite

● Körperschwerpunkt
α_o Abflugwinkel
v_{ox} horizontale Abfluggeschwindigkeit
v_{oz} vertikale Abfluggeschwindigkeit
v_{oxz} Abfluggeschwindigkeit in der xz-Ebene

Δv_x horizontale Geschwindigkeitsabnahme
v_{An} Anlaufgeschwindigkeit
v_{Ab} Absprunggeschwindigkeit
h_o Abflughöhe
h_o^* Landeanflughöhe
h_L Landehöhe

schen Einflußgrößen und den Teilweiten kann ein engerer Zusammenhang hergestellt werden als zwischen diesen Einflußgrößen und der Sprungweite. Nachstehend erläutern wir funktionale und damit eindeutige (und engste) Zusammenhänge zwischen den Teilweiten W_2 bzw. W_3 und ihren Einflußgrößen (Abb. 6.2).

Sieht man von der räumlichen Ausdehnung des menschlichen Körpers ab und idealisiert ihn in Form seines Schwerpunkts zu einem Massepunkt – wobei u.a. aerodynamische Bedingungen vernachlässigt werden –, dann ist nach kinematischen Gesetzen über zusammengesetzte Bewegungen (Gesetze des schiefen Wurfes; physikalisch-mechanisch entspricht „Springen" einem „Werfen des eigenen Körpers"):

$$W_2 = \frac{2v_{ox} \cdot v_{oz}}{g}$$

Die symmetrische Flugbahnweite W_2 ist damit – eine konstante Fallbeschleunigung g vorausgesetzt – eindeutig durch die zwei Einflußgrößen v_{ox} (horizontale Abfluggeschwindigkeit) und v_{oz} (vertikale Abfluggeschwindigkeit) bestimmt. Analog ist die Landeanflugweite W_3 eindeutig durch die horizontale (v_{ox}) und vertikale Abfluggeschwindigkeit (v_{oz}) sowie durch die Differenz Δz zwischen Landeanflughöhe h_o* und Landehöhe h_L festgelegt:

$$W_3 = \frac{v_{ox}(-v_{oz} + \sqrt{v_{oz}^2 + 2g\Delta z}\ )}{g}$$

Informationsdefizit der Zerlegung der Sprungweiten in Teilweiten:

Der wechselseitige Zusammenhang zwischen den Teilweiten ist unbekannt. Demzufolge kann aus der Zielsetzung „Maximierung der Sprungweite W" nicht abgeleitet werden, die Teilweiten W_1 bis W_4 zu maximieren. So würde bspw. die nur über einen flachen Sprung erfolgreich ansteuerbare Maximierung der Absprungpositionsweite W_1 infolge der flachen Sprungausführung eine relativ geringe Flugweite ($W_2 + W_3$) erzeugen und damit das Ziel „Maximierung der Sprungweite" verfehlen.

6.3 Zum Modellmonismus und zur Modellbewertung

Zum Modellmonismus: Im Hinblick auf monistische Modellkonzeptionen ist auf die Achillesferse der Modellierung hinzuweisen, wonach „jedes Modell nicht auf die Frage, ‚wie ist es?', sondern auf die Frage, ‚wie kann es sein?' antwortet". Dieses bereits von *Bernstein* (1958) festgestellte Informationsdefizit der Modellierung ist darauf zurückzuführen, daß „ein und derselbe Prozeß in der Regel durch verschiedene Modelle beschrieben werden kann" (*Person* 1972).

Nach *Zaciorskij* (1978) sind bei der biomechanischen Modellierung sportlicher Bewegungsabläufe zwei Trends zu beobachten: zum einen die Anwendung klassischer Methoden der theoretischen Mechanik und der Theorie der Regelung (deterministische Modellierung), zum anderen die Anwendung stochastischer Methoden, im besonderen die multidimensionale Statistik und die Wahrscheinlichkeitstheorie (indeterministische oder statistische Modellierung), wobei in seltenen Fällen beide Arten der Modellierung simultan angewandt werden

Zur Modellbewertung: Wird ein Modelloriginal durch verschiedene Modelle abgebildet, so kann eine Modellbewertung vorgenommen werden. Es erscheint einsichtig, daß für eine Bewertung u.a. die drei Hauptmerkmale eines Modells, das Abbildungs- sowie das Verkürzungsmerkmal und das pragmatische Merkmal als Bewertungskriterien herangezogen werden sollten. Im Sinne einer intersubjektiv prüfbaren Bewertung kann das Abbildungsmerkmal durch den Vergleich zwischen dem Output des Originals, d.h. durch den Grad der Übereinstimmung zwischen beobachtetem Zielgrößenwert $Y_{Orig.}$ und errechnetem (vorhergesagtem) Zielgrößenwert $Y_{Mod.}$, operationalisiert werden und der verfahrensökonomische Aspekt des Verkürzungsmerkmals durch die Anzahl und den Erstellungsaufwand der biomechanischen Modellvariablen sowie das pragmatische Merkmal durch den Grad der Abstimmung des Modells auf den geplanten Benutzerbezug (Sportler, Trainer, Wissenschaftler, ...) und auf den geplanten Zweckbezug (Erklärung, Voraussage, Entscheidungshilfe, Optimierung, ...).

6.4 Arbeitsschritte der Modellmethode

Ziel der Kurzbeschreibung ist, über grundlegende Arbeitsschritte der Modellmethode in der Biomechanik des Sports zu informieren und ein an diesen Arbeitsschritten orientiertes Formalschema (Abb. 6.3) zur Darstellung biomechanischer Modelle zu liefern. Das Formalschema bezieht sich auf Problemformulierung, Konstruktion, Gültigkeit und Simulation eines Modells. In diesem Zusammenhang weisen wir auf ein analo-

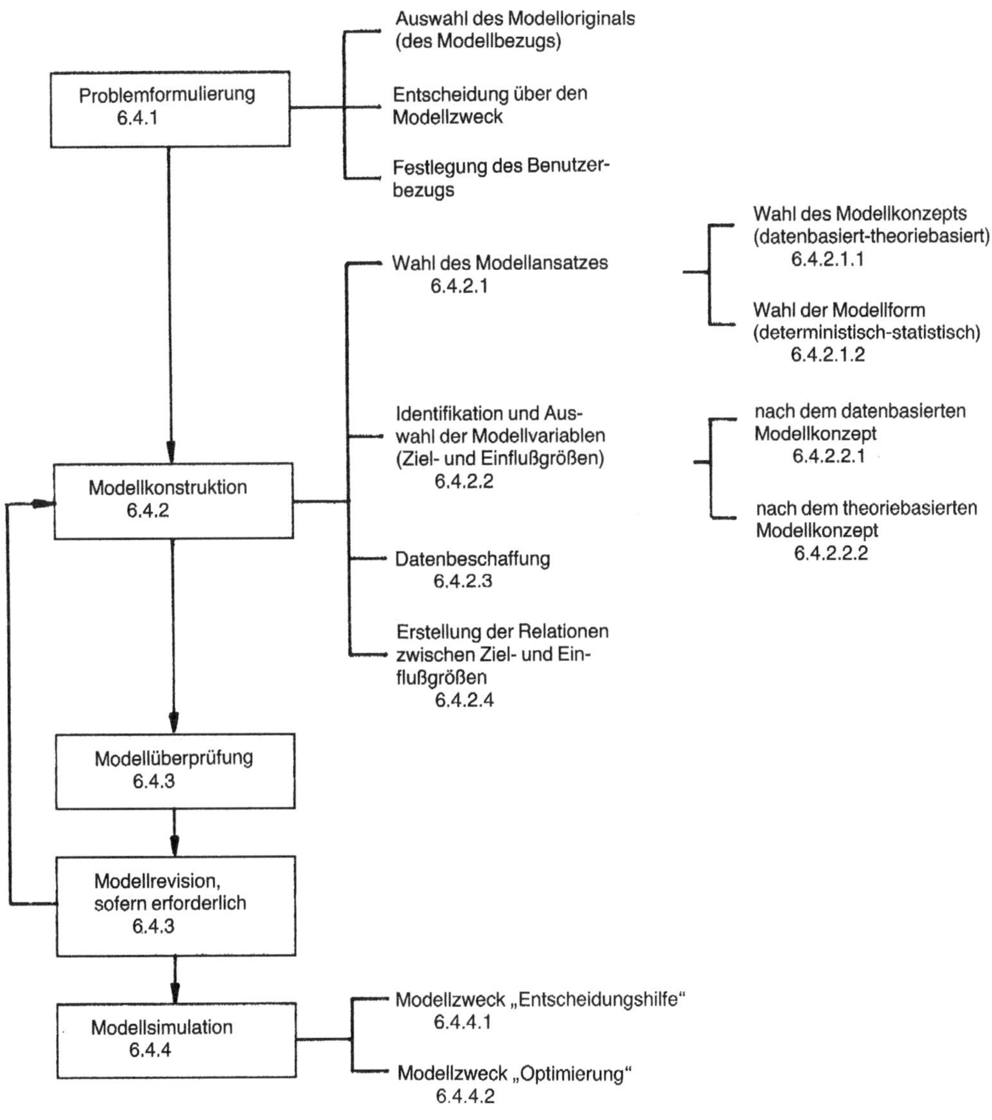

Abb. 6.3 Arbeitsschritte der Modellmethode

ges und allgemein angewandtes Darstellungsschema für empirische Untersuchungen hin (Problemformulierung, Methodik und Ergebnisse). Im folgenden erläutern wir die Arbeitsschritte der Modellmethode und das Aufzeigen alternativer Entscheidungen bzw. Lösungsansätze (-strategien) (vgl. *Harbordt* 1974). Darüber hinaus zielen nachstehende Informationen darauf ab, die Modellierung, d.h. das Arbeiten mit der Modellmethode als ein intersubjektiv prüfbares Vorgehen gegenüber einem als „Kunst" eingestuften konstruktiven Arbeiten abzuheben.

6.4.1 Zur Problemformulierung

Sie beantwortet die Frage, wovon etwas Modell ist (Modelloriginal oder Modellbezug), wozu es Modell ist (Modellzweck) und für wen es Modell ist (Benutzerbezug). In der Biomechanik sind Beispiele für das Modelloriginal: Die sportmotorische Technik, die sportmotorische Kondition, Belastung und Belastbarkeit des Bewegungsapparats sowie der Körperbau. Als Alternativen für den Modellzweck kommen u.a. die Beschreibung einer sportmotorischen Technik, die Erklärung bzw. Voraussage des sportmotorischen (technomotorischen oder/und konditionellen) Leistungszustands sowie Wissensvermittlung oder Entscheidungshilfen in bezug auf die Analyse und Ansteuerung o.a. Zustände in Betracht (Tab. 6.1). Der Benutzerbezug für die biomechanische Modellierung ist in Abhängigkeit von Modelloriginal und Modellzweck offen gegenüber dem Benutzerkreis Sportwissenschaftler, Sportlehrer, Trainer und Sportler.

6.4.2 Zur Modellkonstruktion

Sie umfaßt an Konstruktionsschritten die Wahl des Modellansatzes (Modellkonzept und Modellform), die Identifikation und Auswahl der Variablen, die das Modell beschreiben, die Beschaffung der Daten zur näheren quantitativen Bestimmung der Modellvariablen sowie die Erstellung der Relationen zwischen diesen Variablen.

6.4.2.1 Zum Modellansatz

Der Modellansatz ist ein zentraler Konstruktionsschritt, in dem zwei Grundentscheidungen zu treffen sind: Wahl des Modellkonzepts (datenbasiert – theoriebasiert) und Wahl der Modellform (deterministisch – indeterministisch). Im Rahmen dieser einführenden Darstellung bleiben Entscheidungen über den Grad der Modellkomplexität (Teil-, Gesamtstruktur; Fein-, Grobstruktur, ...) und über das Niveau der Zerlegungsebene (Makro-, Mikroebene) unberücksichtigt.

6.4.2.1.1 Wahl des Modellkonzepts (datenbasiert – theoriebasiert)

Die Bezeichnung „datenbasiert – theoriebasiert" für alternative Modellkonzepte beinhaltet ein weniger oder mehr an theoriegeleitetem Vorgehen bei der Auswahl der Modellvariablen. Beide Vorgehensweisen stellen im strengen Sinn keine sich wechselseitig ausschließenden Alternativen dar; eine Kombination dieser Alternativen ist möglich und insbesondere dann vorteilhaft heranzuziehen, wenn das theoretische Umfeld des Modelloriginals dem theoriebasierten Ansatz Grenzen setzt, die nur mit Hilfe eines datenbasierten Ansatzes überschritten werden können.

Der datenbasierte Ansatz läßt sich tendenziell durch ein als Schrotschußmethode bezeichnetes empirisches Vorgehen beschreiben, in dem ohne tiefergehende theoretische Vorüberlegung über das Modelloriginal, jedoch mit problemadäquaten Versuchsanordnungen zur Identifikation von Einflußgrößen eine möglichst umfassende und detaillierte Menge potentieller Einflußgrößen des Originals ausgewählt wird. Dem Nachteil einer aufwendigen Datenbeschaffung steht der Vorteil eines breiten Spektrums auswählbarer Modellvariablen gegenüber; ein Spektrum, das beispielsweise für die einflußgrößenorientierte Analyse und Ansteuerung des sportmotorischen Leistungszustands gefragt sein kann.

Dem theoriebasierten Ansatz liegen aus dem theoretischen Umfeld des Modelloriginals Informationen über die Modellvariablen und gegebenenfalls über funktionale Zusammenhänge zwischen diesen Variablen zugrunde. Nach *Harbordt* (1974) gewinnt „der datenbasierte Ansatz in zunehmendem Maße an Bedeutung, wenn das Modell heuristischen Zwecken (als ‚erster Versuch'), dem besseren Verständnis des Gegenstandes oder gar der Erklärung, Voraussage oder Optimierung dienen soll ... Geht es jedoch um die präzisere Explikation bzw. ... Darstellung einer Theorie, ... so kann man auf eine empirische Grundlage weitgehend verzichten und mit fiktiven Daten arbeiten", d.h. den theoriebasierten Ansatz bevorzugen. Dieser Ansatz wurde u.a. von *Hochmuth* und *Marhold* (1978) in bezug auf die Weiterentwicklung der biomechanischen Prinzipien verfolgt.

Zur Erläuterung ein Beispiel aus dem Hochsprung: In 2.2.2 führten wir aus, daß der vertikale Beschleunigungskraftstoß Δp_z während der Absprungstreckung sowohl vollständig als auch unvollständig mit Hilfe von Einflußgrößen beschrieben werden kann. Bei einer vollständigen und damit theoriebasierten Beschreibung ist Δp_z nach *Hay* (1978) als resultierender Kraftstoß auf Teilkraftstöße zurückzuführen, die während bestimmter Zeitintervalle der Absprungdauer wirken. Diese wiederum sind durch ihre biomechanischen Ursachen in Form von (mittleren) Drehmomenten in bezug auf die Körpergelenke (Gelenkmomente) und durch die Dauer ihrer Wirkung bestimmt. Der theoriebasierte Ansatz ermöglicht – bei Kenntnis des wechselseitigen Zusammenhangs der Teilkraftstöße – grundlagentheoretische Informationen mit Hilfe einer Simulationsstudie über das Zusammenwirken der von Sprung-, Schwungbein- und Armbewegung erzeugten Teilkraftstöße bzw. Gelenkmomente zu einem resultierenden Gesamtkraftstoß.

Liegt jedoch der Modellzweck in der Ansteuerung eines größeren vertikalen Beschleunigungskraftstoßes und damit einer größeren Flug-

(Sprunglatten-)höhe, dann eignet sich für diesen Zweck kein theoriebasierter Ansatz, der auf eine hochkomplexe Einflußgröße wie Gelenkmoment zurückgreift. In diesem Fall bietet sich ein datenbasierter Ansatz, d.h. eine unvollständige Beschreibung von Δp_z mit solchen Einflußgrößen an, für die eine Reihe quantitativer Untersuchungsbefunde vorliegt und die sich ihres elementaren Charakters wegen – im Unterschied zum Gelenkmoment – als ansteuerbare Einflußgrößen eignen. Zu diesen Einflußgrößen des vertikalen Beschleunigungskraftstoßes Δp_z bzw. der Flughöhe H_2 zählen u.a. (Abb. 2.5) die Anlaufgeschwindigkeit v_{An} (Optimaltrend zwischen v_{An} und H_2), die Reduktion der horizontalen Anlaufgeschwindigkeit Δv_x während des Absprungs (Optimaltrend zwischen Δv_x und H_2), der vertikale Beschleunigungsweg Δs_z (Optimaltrend zwischen Δs_z und H_2) sowie das vertikale $\varkappa_z$-Verhältnis, d. h. das Verhältnis zwischen maximaler Beugegeschwindigkeit und maximaler Streck(Abflug-)geschwindigkeit während des Absprungs (Optimaltrend zwischen $\varkappa_z$ und H_2). Damit können wir die unmittelbar nicht ausführbare Bewegungsanweisung: „Versuche, eine um x cm (oder um y%) größere als Deine maximale Flughöhe zu erreichen" über eine Änderung elementarer Einflußgrößen wie Anlaufgeschwindigkeit, Reduktion der horizontalen Anlaufgeschwindigkeit, vertikaler Beschleunigungsweg und Verhältnis zwischen Beuge- und Streckgeschwindigkeit schrittweise erfolgreich ansteuern (Abb. 2.5 und Abb. 2.6).

6.4.2.1.2 Wahl der Modellform (deterministisch-indeterministisch)

Mit der Wahl der Modellform verbindet sich eine Entscheidung darüber, ob der Zufallscharakter biomechanischer Beobachtungsgrößen (Ziel-, Einflußgrößen) zu berücksichtigen ist (indeterministische d.h. statistische Modellform) oder vernachlässigt werden kann (deterministische Modellform). Die Bedingungen der Zufälligkeit liegen in unbekannten und damit unkontrollierbaren sowie unkontrollierten Einflüssen (u.a. in der Variabilität der „Versuchsobjekte bzw. des Beobachtungsmaterials sowie der Versuchs- und Beobachtungsbedingungen"; *Sachs* 1973), die man nicht konstant halten kann (u.a. die sportmotorische Leistungsbereitschaft, Ermüdungsgrad) bzw. aus durchführungsökonomischen Erwägungen, beispielsweise im Zusammenhang mit „fehlenden" Wettkampfbestimmungen, nicht konstant halten will (u.a. klimatische Faktoren bei Freiluftwettkämpfen, Kunststoffbahnen für Alpinen oder Nordischen Skilauf). Wegen dieser Einflüsse, die sich in zufälliger, d.h. unkontrollierter Weise ändern, wird die biomechanische Beobachtungsgröße (Einfluß-, Zielgröße) zu einer Zufallsgröße, d.h. einer „Größe, die unter gegebenen Bedingungen (also kontrollierten Bedingungen – d. Verf.) einmal diesen, einmal einen anderen Wert annimmt" (*Sachs* 1973).

Die Modellform „deterministisch-indeterministisch" kennzeichnet zwei Arten von Zusammenhängen zwischen einer Zielgröße Y (abhängige Variable) und ihren Einflußgrößen $X_1, \ldots X_n$ (unabhängige Variablen). Ein deterministischer oder funktionaler Zusammenhang liegt dann vor, wenn bei vorgegebenen Werten $x_{10}, \ldots, x_{no}$ der Einflußgrößen $X_1, \ldots, X_n$, die Zielgröße Y nur einen einzigen Wert y_0 annehmen kann (Abb. 6.4). Indeterministische oder statistische Zusammenhänge sind dadurch gekennzeichnet, daß die Zielgröße bei vorgegebenen Werten der Einflußgrößen verschiedene Werte im Intervall (y_{01}, y_{02}) annimmt (Abb. 6.6).

Abb. 6.4 und 6.6 veranschaulichen beide Arten von Zusammenhängen für den vereinfachten Fall, daß die Zielgröße Y von einer einzigen Einflußgröße X abhängt. Wenn der Zufallscharakter biomechanischer Beobachtungsgrößen nicht vernachlässigt werden darf, sind die statistische Modellform und, sofern der Zufallscharakter unberücksichtigt bleiben kann, die deterministische Modellform angezeigt. Wie im Falle des datenbasierten bzw. theoriebasierten Modellkonzepts stellen die Modellformen deterministisch und indeterministisch keine sich gegenseitig ausschließenden Alternativen dar; beide Modellformen können sich im Rahmen der Modellierung eines bestimmten Modelloriginals ergänzen.

Anwendungsbezogenes Beispiel in bezug auf den Hochsprung: Der Zusammenhang zwischen der Flughöhe H_2 und ihren – sie vollständig erfassenden – biomechanischen Einflußgrößen Δp_z (vertikaler Beschleunigungskraftstoß in der Absprungphase) und m (Masse des Hochspringers) ist deterministisch, d.h. bei gegebenen Werten der beiden Einflußgrößen Δp_z und m kann die Zielgröße H_2 nur einen einzigen Wert annehmen. Erzeugt ein Springer A mit der Körpermasse 70 kg (entspricht einem Körpergewicht von 686 N) einen vertikalen Beschleunigungskraftstoß Δp_z von 200 Ns (Newtonsekunden), dann ist diesen beiden Werten (eindeutig) eine Flughöhe H_2 von 0,42 m zugeordnet (Abb. 6.4). Im Unterschied hierzu ist der Zusammenhang zwischen der er-

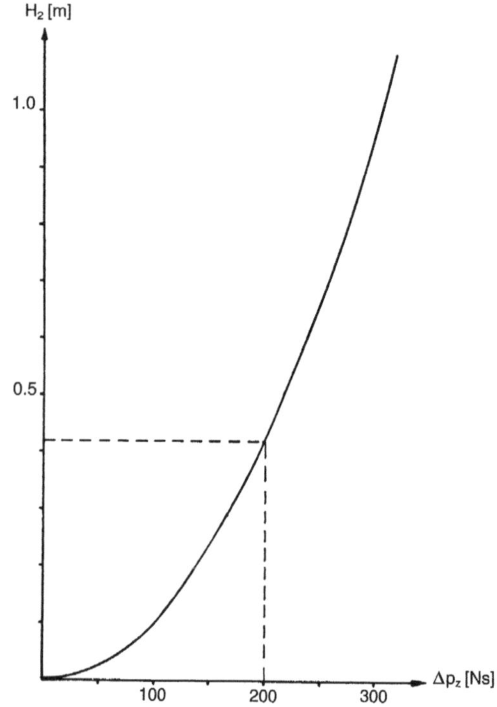

Abb. 6.4 Schaubild der deterministischen Funktion $H_2 = f(\Delta p_z; m)$.

Bezeichnung:

H_2 Flughöhe

Δp_z vertikaler Beschleunigungskraftstoß

m Masse des Hochspringers

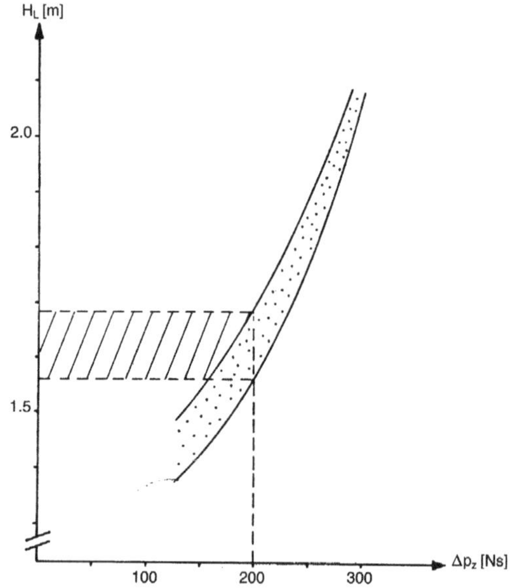

Abb. 6.6 Schaubild der indeterministischen Funktion $H_L = f(\Delta p_z; m, \Delta H_1 = \pm 0.02\,m, \Delta H_3 = \pm 0.03\,m)$

Bezeichnung:

H_L Sprunglattenhöhe

Δp_z vertikaler Beschleunigungskraftstoß

m Masse des Hochspringers

ΔH_1 Variationsbreite der Abflughöhe

ΔH_3 Variationsbreite der Lattenüberhöhung

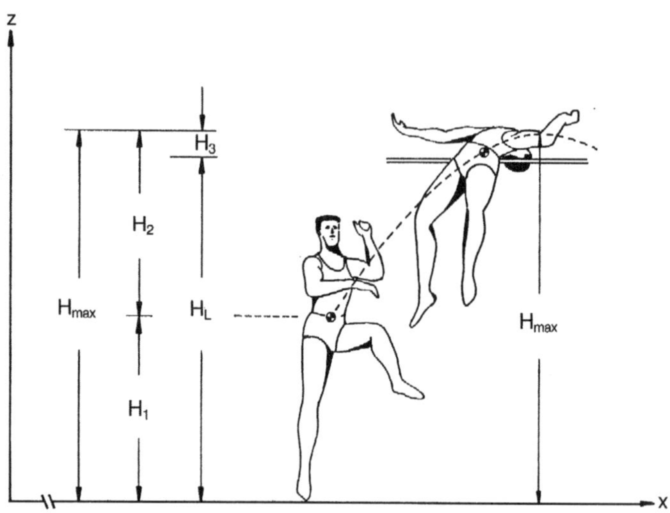

Abb. 6.5 Abb. 6.5 Teilhöhen beim Hochsprung

Bezeichnung:

H_1 Abflughöhe

H_2 Flughöhe

H_3 Lattenüberhöhung

H_L Sprunglattenhöhe

H_{max} Scheitelhöhe der KSP-Flugbahn

x–z Flugbahnebene des KSP

◕ Körperschwerpunkt (KSP)

Die Sprunglatte ist aus Darstellungsgründen in der x-z-Ebene eingezeichnet folgreich bewältigten Sprunglattenhöhe und den biomechanischen Einflußgrößen Δp_z (vertikaler Beschleunigungskraftstoß in der Absprungphase) und m (Masse des Hochspringers) weniger eng, da die Sprunglattenhöhe H_L nicht nur von der Flughöhe H_2 und damit von Δp_z und m abhängt, sondern auch von der Abflughöhe H_1 und der Lattenüberhöhung H_3 (Abb. 6.5). Ein solcher nicht alle Einflußgrößen berücksichtigender Zusammenhang ist indeterministisch (statistisch), d.h. bei vorgegebenen Werten der beiden Einflußgrößen Δp_z und m nimmt die Zielgröße H_L verschiedene Werte an. Erzeugt ein Springer A mit der Körpermasse 70 kg bei mehreren Versuchen einen vertikalen Beschleunigungskraftstoß Δp_z von 200 Ns und nehmen wir an, daß seine Absprunghöhe (intra-individuell) um ± 0,02 m und seine Lattenüberhöhung (intra-individuell) um ± 0,03 m variieren, dann variiert seine Sprunglattenhöhe H_L um ± 0,05 m. Damit sind einem Δp_z von 200 Ns alle Sprunglattenhöhen zugeordnet, die in einem Intervall von 0,10 m, also beispielsweise zwischen 1,57 m und 1,67 m liegen (Abb. 6.6).

Marino und *Dillmann* (1978) sind der Auffassung, daß die statistische (indeterministische) Modellierung gegenüber der deterministischen in bezug auf die Kombination von kinematischen und dynamischen Einflußgrößen einer Zielgröße weniger restriktiv sei – und somit offener in bezug auf die Ansteuerung biomechanischer Einflußgrößen –; daß sie kein vereinfachtes Abbild des menschlichen Körpers in ein Gelenksystem erfordere, sondern eine direkte Analyse mechanischer Parameter ermögliche, wie sie in allen Phasen der Bewegung tatsächlich zu beobachten sind; und daß sie schließlich einen mathematischen Zusammenhang zwischen sportmotorischer Leistung und Technik und deren Indikatoren herstelle und – mit Einschränkung – zur Simulation von Bewegungsabläufen herangezogen werden könne.

Im Unterschied zu statistischen Trendanalysen, die u.a. zu einer vergleichbaren Schätzung der Einflußhöhe biomechanischer Einflußgrößen E_i auf die Leistung L führen, informieren mathematische Optimierungsverfahren über diejenigen Werte von Einflußgrößen E_i, für die eine vorgegebene Funktion dieser Veränderlichen, d.h. die Zielgröße L, zu einem Maximum oder Minimum wird. Zur Problemlösung werden u.a. Verfahren der Differential- und Variationsrechnung herangezogen (vgl. *Tolle* 1971). Der empirische Informationsgehalt einer mathematischen Optimierung ist davon abhängig, ob und inwieweit die vorgegebene Funktion zwischen Zielgröße und Einflußgrößen die individuelle Entwicklung biomechanischer Einflußgrößen extrapolierend, d.h. unter einem prognostischen Aspekt, abbildet.

Damit ist die Zielsetzung dieser mathematischen Optimierungsverfahren „sehr viel weiter gesteckt" als die der o.a. vergleichenden statistischen Schätzung über die Einflußhöhe biomechanischer Einflußgrößen. Mathematische Optimierungsverfahren beanspruchen, die maximale individuelle sportmotorische Leistungshöhe „exakt vorauszusagen" (*Hatze* 1976), während statistische Schätzverfahren „lediglich" eine Wenn-dann-Aussage der folgenden Art zulassen: Wenn eine vergleichbare Änderung des Betrags biomechanischer Einflußgrößen vorliegt, dann ist eine Voraussage über die wahrscheinliche Einflußhöhe dieser Größen auf die sportmotorische (Teil-)-Leistung möglich.

Ein schwerwiegendes Argument gegen die Anwendung mathematischer Optimierungsverfahren – ohne Berücksichtigung wahrscheinlichkeitstheoretischer Implikationen – zum Zwecke der Voraussage einer sportmotorischen Leistungshöhe bezieht sich darauf, daß die biomechanischen wie andere Beobachtungsgrößen zufallsbeeinflußt sind. Unter Berücksichtigung dieser Implikationen relativiert sich der empirische Informationsgehalt der von *Hatze* (1976) mit einem „gigantischen" Forschungsaufwand und unter Anwendung mathematischer Optimierungsverfahren „exakt vorhergesagten" minimalen Bewegungsdauer von 0,46 s der Kickbewegung einer Versuchsperson. Im übrigen setzt die exakte Vorhersage einer individuellen sportmotorischen Leistung die ideale Reproduzierbarkeit dieser Leistung voraus – ein Ereignis, dessen empirische Bestätigung aussteht.

6.4.2.2 Zur Identifikation und Auswahl der Variablen

Die Identifikation potentieller Modellvariablen und die Auswahl der Modellvariablen ist von verschiedenen Bedingungen abhängig. Zunächst beeinflußt der Modellzweck die Identifikation potentieller Modellvariablen und damit ihre Auswahl. In die Modelle zur Voraussage des sportmotorischen Leistungszustands können andere Variablen eingehen als in ein Modell zur Wissensvermittlung in bezug auf die Analyse und Ansteuerung des sportmotorischen Leistungszustands. Modelle zur Optimierung der sportmotorischen Technik orientieren sich vermutlich an anderen Variablen als Modelle, die eine Entscheidungshilfe für die Rangfolge anzusteuernder Einflußgrößen der technomotorischen Leistungskomponente liefern sollen. Darüber hinaus hängt die Variablenauswahl sowohl vom Modellkonzept (datenbasiert-theoriebasiert) als auch von der Modellform (deterministisch-indeterministisch) ab. Tendenziell heben sich das datenbasierte Modellkonzept und die indeterministische Modellform durch eine größere Flexibilität in der Variablenauswahl gegenüber ihren Alternativen „theoriebasiertes Modellkonzept und deterministische Modellform" ab.

Problematik und Verfahren zur Identifikation potentieller Modellvariablen werden nachstehend skizziert. Zur Darstellung eines Modelloriginals können viele Beschreibungsgrößen herangezogen werden. Welche Beschreibungsgröße sich als potentielle Modellvariable identifizieren läßt, hängt davon ab, ob die Beschreibungsgröße auch als Einflußgröße der das Modelloriginal repräsentierenden Zielgröße einzustufen ist. Allgemein kann eine Beschreibungsgröße dann als Einflußgröße eingestuft werden, wenn mit der Variation der Beschreibungsgröße die Zielgröße in Richtung eines angesteuerten Sollwerts verändert wird. Abgrenzungskriterium zwischen Ziel- und Einflußgröße im Sinne einer bewirkten und einer einwirkenden Größe ist die zeitliche Folge; das zeitlich Vorangehende ist die prozeßorientierte Einflußgröße, das zeitlich Nachfolgende die produktorientierte Zielgröße.

Über die bei Durchführung der Techniksteuerung gegebenenfalls zu treffende Unterscheidung zwischen Einflußgröße und Ansteuerungsgröße informiert Abb. 2.5 am Beispiel des Hochsprungs.

In den weiteren Ausführungen skizzieren wir einige Lösungsansätze zur Identifikation und Auswahl der Modellvariablen unter dem Aspekt des Modellkonzepts (datenbasiert – theoriebasiert).

6.4.2.2.1 Zur Identifikation und Auswahl der Variablen nach dem datenbasierten Modellkonzept

Der datenbasierte Ansatz läßt sich – wie an anderer Stelle ausgeführt – tendenziell durch ein als Schrotschußmethode bezeichnetes empirisches Vorgehen beschreiben, in dem ohne tiefergehende theoretische Vorüberlegungen über das Modelloriginal, jedoch mit problemadäquaten Versuchsanordnungen zur Identifikation von Einflußgrößen, eine möglichst umfassende und detaillierte Menge potentieller Einflußgrößen des Originals ausgewählt wird. Für den Nachweis, ob eine „potentielle" Einflußgröße als „tatsächliche" Einflußgröße einzustufen ist, stehen u.a. empirisch-statistische Kriterien (varianzanalytisches, korrelationsstatistisches Kriterium) zur Verfügung. Zusätzlich informieren beide Kriterien über die Einflußhöhe dieser Größen.

Das varianzanalytische Kriterium läßt (im einfachsten Anwendungsfalle) darüber eine Aussage zu, ob sich unter sonst vergleichbaren Bedingungen (Sportart, -disziplin, Geschlecht, ...) leistungsstarke von leistungsschwachen Sportlern bzw. maximale von submaximalen Leistungen signifikant in bestimmten biomechanischen Merkmalen unterscheiden. Sofern überzufällige (signifikante) Unterschiede vorliegen, kann der Betrag des Stichprobenmittelwertunterschieds unter Berücksichtigung des Signifikanzniveaus, der Repräsentanz und des Umfangs der unterschiedserzeugenden Stichproben als Kriterium der Einflußgröße und bedingt der Einflußhöhe herangezogen werden.

Beispiel:
Reischle (1983) informiert über einen Mittelwertsvergleich von zwei Extremgruppen G_1 (Nachwuchsschwimmer des nationalen C-Kaders) und G_2 (Sportstudenten an der Universität Heidelberg) in den Schwimmtechniken Delphin, Brust- und Rückenkraul hinsichtlich der Merkmale mittlere Schwimmgeschwindigkeit $\overline{v}$ (m/s), mittlere Zuglänge $\overline{l}$ (m) und mittlere Zugfrequenz $\overline{f}$ (1/min). Da jede Schwimmtechnik einen polyzyklischen Bewegungsablauf aufweist, liegen nach den allgemeinen Ausführungen über Zyklengeschwindigkeit, Zyklenlänge und Zyklenfrequenz fünf logische Möglichkeiten einer Zunahme der Schwimmgeschwindigkeit von G_2 nach G_1 vor (2.2.1). Nach den in Tab. 6.2 dargestellten Untersuchungsergebnissen ist die höhere mittlere Schwimmgeschwindigkeit der Nachwuchsschwimmer gegenüber den Sportstudenten in den Schwimmtechniken Delphin und Brustkraul sowohl auf eine größere mittlere Zuglänge als auch auf eine höhere mittlere Zugfrequenz zurückzuführen.

Aufgrund des varianzanalytischen Kriteriums sind demnach in bezug auf die Leistungsgruppe G_1 und G_2 die mittlere Zuglänge und die mittlere Zugfrequenz als Einflußgrößen der Schwimmtechniken Delphin und Brustkraul einzustufen.

Tabelle 6.2 Mittelwertsvergleich zweier Leistungsgruppen G_1 (C-Kader) und G_2 (Sportstudenten) in den Merkmalen „mittlere Schwimmgeschwindigkeit" ($\overline{v}$), „mittlere Zuglänge" ($\overline{l}$) und „mittlere Zugfrequenz" ($\overline{f}$) bei drei Schwimmtechniken (aus: *Reischle:* Schwimmen, in: *Ballreich, Baumann* (Hrsg.), Biomechanische Leistungsdiagnostik. Bartels & Wernitz, Berlin 1983, S. 105)

Merkmal	Schwimm-techniken	Stich-proben	Anzahl der Vpn	Gruppen-mittelwerte	Signifikanz-niveau
$\overline{v}$	Delphin	G_1	42	1,54 (m/s)	0,1%
$\overline{v}$		G_2	30	0,91 (m/s)	
$\overline{v}$	Brustkraul	G_1	58	1,62 (m/s)	0,1%
$\overline{v}$		G_2	46	1,24 (m/s)	
$\overline{v}$	Rückenkraul	G_1	38	1,37 (m/s)	0,1%
$\overline{v}$		G_2	45	1,09 (m/s)	
$\overline{f}$	Delphin	G_1	42	54,10 (1/min)	0,1%
$\overline{f}$		G_2	30	40,50 (1/min)	
$\overline{f}$	Brustkraul	G_1	58	47,20 (1/min)	0,1%
$\overline{f}$		G_2	47	40,42 (1/min)	
$\overline{f}$	Rückenkraul	G_1	39	35,92 (1/min)	n.s.
$\overline{f}$		G_2	45	35,46 (1/min)	
$\overline{l}$	Delphin	G_1	42	1,71 (m)	5,0%
$\overline{l}$		G_2	30	1,34 (m)	
$\overline{l}$	Brustkraul	G_1	54	2,06 (m)	1,0%
$\overline{l}$		G_2	45	1,84 (m)	
$\overline{l}$	Rückenkraul	G_1	37	2,28 (m)	0,1%
$\overline{l}$		G_2	49	1,84 (m)	

Hinsichtlich der Schwimmtechnik Rückenkraul ergibt sich ein hiervon abweichender Befund: die höhere mittlere Schwimmgeschwindigkeit der Nachwuchsschwimmer gegenüber den Sportstudenten ist ausschließlich auf eine größere mittlere Zuglänge und nicht auf eine höhere mittlere Zugfrequenz zurückzuführen, d.h. nur die mittlere Zuglänge kann unter o.a. Bedingungen als Einflußgröße identifiziert werden. Ergänzend ist darauf hinzuweisen, daß die Nachwuchsschwimmer „trotz" gleicher Gruppenmittelwerte in der Zugfrequenz, infolge ihrer erheblich größeren Zuglänge auch eine entsprechend größere Bewegungsgeschwindigkeit der Arme (Armzuggeschwindigkeit) aufweisen. Das Signifikanzniveau kann bedingt zur Schätzung der Einflußhöhe herangezogen werden. So informiert bspw. ein Signifikanzniveau $\alpha = 5\%$ darüber, daß ein gleiches Ergebnis nur in 5 von 100 Fällen durch den Zufall, d.h. durch nicht identifizierbare Einflüsse, zustandekommt.

Demzufolge kann die Einflußhöhe einer Einflußgröße dann höher eingeschätzt werden, wenn am Zustandekommen dieser Einflußgröße der Zufall in geringerem Umfang beteiligt war. Im Hinblick auf die in Tab. 6.2 aufgeführten Ergebnisse ist somit bspw. im Falle der Delphintechnik die Einflußhöhe der Zugfrequenz ($\alpha = 0{,}1\%$) größer als jene der Zuglänge ($\alpha = 5\%$). Das korrelationsstatistische Kriterium ermöglicht eine Aussage darüber, ob unter obengenannten vergleichbaren Bedingungen zwischen bestimmten biomechanischen Merkmalen und der sportmotorischen Leistung ein überzufälliger Zusammenhang vorliegt. Sofern Zusammenhänge vorliegen, kann der Betrag des Korrelationskoeffizienten bzw. der quadrierte Korrelationskoeffizient (Bestimmtheitsmaß) unter Berücksichtigung des Signifikanzniveaus, der Repräsentanz und des Umfangs der korrelierten Stichproben als Kriterium der Einflußgröße und bedingt der Einflußhöhe herangezogen werden.

Beispiel:

An sechzig Weitspringern im Leistungsbereich zwischen 5,00 m und 7,22 m wurden neun kinematische Beschreibungsgrößen der mittleren Anlaufgeschwindigkeit im quasimaximalen Geschwindigkeitsbereich (zwischen der maximalen Schrittgeschwindigkeit und ihrem 0,8. Teil) untersucht (*Ballreich* 1970). Nach dem korrelationsstatistischen Kriterium lagen sieben überzufällige Zusammenhänge (signifikante Produkt-Moment-Korrelationskoeffizienten) zwischen o.a. Größen und der mittleren Anlaufgeschwindigkeit vor (Tab. 6.3).

Nach dem korrelationsstatistischen Kriterium sind demzufolge sieben der acht kinematischen Beschreibungsgrößen als Einflußgrößen einzustufen und ist die Varianz der mittleren Anlaufgeschwindigkeit zu 34% ($0{,}58^2 \cdot 100\%$) durch Unterschiede im Schrittlängen-Index und zu 15% ($= 0{,}39^2 \cdot 100\%$) durch Unterschiede im Schrittfrequenz-Index bestimmt. Die korrelationsstatistischen Ergebnisse (Tab. 6.3) unterscheiden sich beträchtlich von den faktorenanalytischen (Tab. 6.4). Da korrelative Zusammenhänge einen interpretativen Spielraum aufweisen (ein-, wechsel-, drittseitige und komplexe Steuerung), ist es zweckmäßig, unter Verwendung faktorenanalytischer Verfahren sowie bereits vorliegender gesetzmäßiger biomechanischer Aussagen, jene biomechanischen Merkmale zu bestimmen, die im Sinne einer direkten (einseitigen bzw. komplexen) Steuerung als Bedingung der sportmotorischen Leistung interpretiert werden können. Darüber hinaus führen im allgemeinen sowohl das varianzanalytische als auch das korrelationsstatistische Kriterium zu einer nicht unbeträchtlichen Anzahl von Einflußgrößen. Somit wird es auch hierdurch relativ häufig notwendig, unter den Einflußgrößen jene auszuwählen, die als „direkt steuernde" Variablen in das Modell (Modellvariablen) eingehen. In ihrer Eigenschaft als strukturierendes Reduktionsverfahren stellt die Faktorenanalyse ein geeignetes Instrument zur Auswahl von Modellvariablen dar. Daß die R-Technik der Faktorenanalyse unter Benutzung der Hauptachsenmethode von *Hotelling* und des orthogonalen Rotationsverfahrens (Varimax-Kriterium nach *Kaiser*) als Verfahren zur Auswahl elementarer und voneinander unabhängiger biomechanischer Einflußgrößen der sportmotorischen Leistung herangezogen werden kann, hängt mit ihrer Orientierung an folgenden für jeden strukturierenden Analyseprozeß regulativen Prinzipien (*Schick* 1953) zusammen:

1. *Minimumsprinzip*: Das Gesamtphänomen (sportmotorischer Leistungszustand bzw. sportmotorische Leistung) soll durch möglichst wenige Faktoren erfaßt werden.
2. *Elementarprinzip:* Die Faktoren sollen eine möglichst einfache Struktur aufweisen.
3. *Unabhängigkeitsprinzip:* Die Faktoren sollen voneinander unabhängig sein, d.h. in jeder beliebigen Kombination und Anteilstärke (Ladung) auftreten können.

Sofern faktorenanalysierte biomechanische Einflußgrößen vorliegen, entspricht die Faktorenladung einer bestimmten Einflußgröße E_i in bezug auf den Faktor F_k dem Korrelationskoeffizienten zwischen E_i und F_k. Die quadrierte Faktorenladung (Bestimmtheitsmaß oder Determinationskoeffizient) informiert darüber, in wel-

Tabelle 6.3 (Produkt-Moment-) Korrelationskoeffizienten zwischen der mittleren Anlaufgeschwindigkeit im Weitsprung und acht kinematischen Beschreibungsgrößen (aus: *Ballreich:* Weitsprunganalyse. In: *Fetz, Ballreich* (Hrsg.), Sportwissenschaftliche Arbeiten, Bd. 3, Bartels & Wernitz, Berlin 1970, S. 137)

Kinematische Beschreibungsgrößen der mittleren Anlaufgeschwindigkeit $\overline{v}_{AN}$	Korrelationskoeffizienten zwischen $\overline{v}_{AN}$ und kinematischen Beschreibungsgrößen		Signifikanzniveau
mittlere Schrittlänge	$\overline{l}$	.60	0,1%
mittlerer Schrittlängen-Index	$\overline{lX}$	.58	0,1%
mittlere Schrittfrequenz	$\overline{f}$	.56	0,1%
mittlerer Schrittfrequenz-Index	$\overline{fX}$	.39	1,0%
mittlere Spurbreite	$\overline{SB}$	.35	1,0%
mittlere Schrittbeschleunigung	$\overline{a}$	.31	5,0%
mittlere Fußstellung	$\overline{FS}$	–.29	5,0%
mittlere Laufrichtung	$\overline{LR}$	.22	n.s.

chem Ausmaß die Varianz („Streuung“) des Faktors F_k durch die Varianz („Streuung“) der Werte der Einflußgröße E_i festgelegt (determiniert) ist. Nach dem faktorenanalytischen Kriterium werden primär solche Einflußgrößen als Modellvariablen ausgewählt, die zum einen mit einer hohen Faktorenladung in bezug auf einen zielgrößenorientierten Faktor (Zielgröße: sportmotorischer Leistungszustand bzw. sportmotorische Leistung) ausgestattet und zum anderen möglichst voneinander unabhängig sind, d.h. in verschiedenen zielgrößenorientierten Faktoren vorkommen. In bezug auf die theoretischen und anwendungsbezogenen Grundlagen der Faktorenanalyse verweisen wir auf weiterführende Literatur (*Clauss* und *Ebner* 1974; *Überla* 1968; *Bortz* 1993).

Beispiel:

Faktorenanalysiert man die Zielgröße, ‚mittlere Anlaufgeschwindigkeit‘ sowie ihre o.a. acht Beschreibungsgrößen, dann lassen sich in bezug auf o.a. Gruppe von 60 Weitspringern drei Faktoren (I, II, III) bzw. drei Einflußgrößen (Schrittlängen-Index, Schrittfrequenz-Index, Fußstellung) unterscheiden, die primär die mittlere Anlaufgeschwindigkeit steuern (vgl. Tab. 6.4).

Im Hinblick auf die Höhe der Faktorenladungen besitzen alle Faktoren eine mit * bezeichnete Markiervariable, die infolge ihrer Ladung (≈ .90) sowie unter Berücksichtigung ihrer Fehlervarianz den jeweiligen Faktor interpretativ eindeutig bestimmt. Tab. 6.4 enthält ausschließlich sogenannte substantielle Ladungen, die auf dem 5%-Niveau abgesichert sind. Alle faktorenanalysierten Merkmale sind gemittelte Merkmale aus dem o.a. definierten quasi-maximalen Geschwindigkeitsbereich. Aus informationsökonomischen Gründen wird mit Ausnahme der sich intrazyklisch ändernden Anlaufgeschwindigkeit und Schrittbeschleunigung auf die Bezeichnung „mittlere“ bei den sich interzyklisch ändernden Merkmalen der Laufgestaltung wie mittlere Schrittlänge, mittlere Schrittfrequenz, mittlere ... verzichtet.

Zur Interpretation der Faktoren:

Faktor I ist durch den Schrittlängen-Index $\overline{lX}$, d.h. durch die auf die Beinlänge relativierte Schrittlänge, gekennzeichnet. Die substantiellen Faktorenladungen der Schrittlänge $\overline{l}$ und der mittleren Anlaufgeschwindigkeit $\overline{v}_{AN}$ resultieren aus dem gleichsinnigen Zusammenhang dieser Variablen mit dem Schrittlängen-Index. In bezug auf die mittlere Anlaufgeschwindigkeit $\overline{v}_{AN}$ ist folgende Aussage möglich: Die Varianz der mittleren Anlaufgeschwindigkeit ist zu 56% ($0{,}75^2 \cdot 100\%$) durch interindividuelle Unterschiede im Schrittlängen-Index bedingt.

Faktor II repräsentiert die auf die Beinlänge relativierte Schrittfrequenz $\overline{f}$, den sogenannten Schrittfrequenz-Index $\overline{fX}$. Die faktoriell abhängig determinierten Varianzen der Schrittfrequenz $\overline{f}$ und der mittleren Anlaufgeschwindigkeit $\overline{v}_{AN}$ erklären sich aus der gleichsinnigen Variation von $\overline{fX}$ mit $\overline{f}$ (.76) bzw. mit $\overline{v}_{AN}$ (.55). Während die Varianz des Faktors I (Schrittlängen-Index) zu 56% mit der Varianz der mittleren Anlaufgeschwindigkeit $\overline{v}_{AN}$ assoziiert ist, liegt im Falle des

Tabelle 6.4 Rotierte Faktormatrix von acht kinematischen Beschreibungsgrößen der mittleren Anlaufgeschwindigkeut (aus: *Ballreich:* Weitsprunganalyse. In: *Fetz, Ballreich* (Hrsg.), Sportwissenschaftliche Arbeiten, Bd. 3. Bartels & Wernitz, Berlin 1970, S. 137)

Faktorenanalysierte Anlaufmerkmale	Faktor I	Faktor II	Faktor III	Faktor IV	Faktor V
mittlere Anlaufgeschwindigkeit $\overline{v}_{AN}$	.75	.55	–.32	–	–
mittlere Schrittlänge $\overline{l}$	.68	–	–.50	–	–
mittlerer Schrittlängen-Index $\overline{lX}$	.90*	–	–	–	–
mittlere Schrittfrequenz $\overline{f}$	–	.76	–.45	–	–
mittlerer Schrittfrequenz-Index $\overline{fX}$	–	.93*	–	–	–
mittlere Spurbreite $\overline{SB}$	–	–	–	.86*	–
mittlere Schrittbeschleunigung $\overline{a}$	–	–	–	–	.97*
mittlere Fußstellung $\overline{FS}$	–	–	.89*	–	–
mittlere Laufrichtung $\overline{LR}$	–	–	–	.86*	–

Frequenzfaktors II lediglich ein determinierter Varianzanteil von 30% $(0{,}55^2 \cdot 100\%)$ vor.

Faktor III ist offenbar durch die Fußstellung $\overline{FS}$ charakterisiert. Wie die substantielle negative Ladung der mittleren Anlaufgeschwindigkeit und die nicht unbeträchtlichen negativen Ladungen ihrer definitorischen Elemente $\bar{l}$ (Schrittlänge) und $\bar{f}$ (Schrittfrequenz) zeigen, besteht zwischen der Fußstellung und diesen Variablen ein ungleichsinniger Zusammenhang, d.h. ein betontes „Auswärtsdrehen der Füße" beeinflußt die mittlere Anlaufgeschwindigkeit negativ. Die Varianz der mittleren Anlaufgeschwindigkeit ist zu 10% $([-0{,}32]^2 \cdot 100\%)$ durch interindividuelle Unterschiede in der Fußstellung bedingt.

Durch ihre hohen Ladungen kennzeichnen die Variablen Spurbreite $\overline{SB}$ und Laufrichtung $\overline{LR}$ Faktor IV als eine Dimension der Richtungsstabilität des Laufverhaltens. Springer, die auf diesem Faktor hoch laden, zeichnen sich durch ein nichtschnürendes und richtungsinstabiles Laufverhalten aus. Der Zusammenhang zwischen diesem Faktor und der mittleren Anlaufgeschwindigkeit ist indifferent.

Faktor V repräsentiert die mittlere Schrittbeschleunigung $\bar{a}$. Im Hinblick auf die vollständige (96%ige) Aufklärung der Varianz und der Faktorenstruktur der Variablen $\bar{a}$ durch die Faktorenanalyse ist es zunächst ein bemerkenswertes Ergebnis, daß weder die mittlere Anlaufgeschwindigkeit $\bar{v}_{AN}$ noch die Schrittlänge bzw. Schrittfrequenz auf diesen Faktor substantiell laden. Ein solches Resultat bedeutet jedoch keineswegs die Unabhängigkeit zwischen mittlerer Schrittbeschleunigung und mittlerer Anlaufgeschwindigkeit, sondern besagt lediglich, daß dieselbe nicht interindividuell differenzierend am Zustandekommen der mittleren Anlaufgeschwindigkeit beteiligt ist. Da definitionsgemäß der Anlaufabschnitt sich auf Geschwindigkeitsänderungen zwischen v_{max} und 0,8 v_{max} beschränkt, ist die aufgeführte Begründung zumindest als logische Möglichkeit nicht auszuschließen.

Zusammenfassend kann festgestellt werden, daß die nach dem korrelationsstatistischen Kriterium ermittelten sieben kinematischen Einflußgrößen der Anlaufgeschwindigkeit aufgrund des faktorenanalytischen Ergebnisses sich auf drei Einflußgrößen reduzieren. Damit entspricht das faktorenanalytische Kriterium in höherem Maße als das korrelationsstatistische dem die Modellökonomie kennzeichnenden Verkürzungsmerkmal, das zu einer möglichst geringen (so viele Einflußgrößen wie notwendig und so wenige wie möglich) Anzahl von Modellvariablen tendiert.

Ergänzend weisen wir darauf hin, daß in der Literatur Untersuchungsergebnisse geometrischer und physikalischer Modelloriginale vorliegen, die eine vollkommene Übereinstimmung zwischen faktorenanalytisch ausgewählten Modellvariablen und dem aufgrund eines theoriebasierten Modellkonzepts ermittelten Variablen nachweisen (*Überla* 1968).

6.4.2.2.2 Zur Identifikation und Auswahl der Variablen nach dem theoriebasierten Modellkonzept

Bislang beschrieben wir Lösungsansätze zur Identifikation und Auswahl der Modellvariablen aus der Sicht des datenbasierten Modellkonzepts; im folgenden skizzieren wir Lösungsansätze zur Identifikation und Auswahl der Modellvariablen aus der Sicht des theoriebasierten Modellkonzepts.

Wie an anderer Stelle ausgeführt, liegen dem theoriebasierten Ansatz aus dem theoretischen Umfeld des Modelloriginals Informationen über die Modellvariablen zugrunde. Nach *Plagenhoef* (1971), *Miller* (1975) und *Barham* (1978) stellen in Abhängigkeit vom Modellzweck sowohl die aus dem Grundgesetz der Dynamik für Translationen (Rotationen) ableitbaren Beziehungen zwischen Kraftstoß (Drehmomentenstoß) und Änderung des linearen Bewegungsimpulses (Drehimpuls) als auch die detaillierte Analyse der Energiebilanz der Bewegung in bezug auf ihre mechanischen Energieformen – Energie der Lage und Bewegungsenergie (translatorischer und rotatorischer Anteil) – eine Grundlage zur Identifikation bzw. Auswahl von Modellvariablen dar. Diese Ansätze können im Rahmen der kinematischen Analyse einer freigemachten Zwei- (Drei- oder Mehrfach-)Segmentkörperbewegung durchgeführt werden. Da sich die Modellvariablen aus Ziel- und Einflußgrößen zusammensetzen, sind Variablen für beide Größenkategorien auszuwählen. Wir verweisen in diesem Zusammenhang auf das in 7.3 dargestellte primär theoriebasierte und deterministische Modell des Strecksprungs. An dieser Stelle unterbleibt eine allgemeine Kennzeichnung dieses Verfahrens, da die in 7.3 gewählte Kombination von allgemeiner und anwendungsbezogener Verfahrensbeschreibung wegen ihrer größeren Anschaulichkeit einer ausschließlich allgemeinen Beschreibung vorzuziehen ist.

Die Mischstrategie aus theoriebasiertem und datenbasiertem Modellkonzept ergänzt das theoriebasierte Konzept dort um den datenbasierten Ansatz, wo sich aus dem theoretischen Umfeld des Modelloriginals keine ausreichenden Informationen über die Auswahl der Modellvariablen ableiten lassen, und ist in 6.4.2.1.1 erläutert.

6.4.2.3 Zur Datenbeschaffung

Empirische Daten über das Modelloriginal sind notwendige Informationen für Konstruktion und Test auf Gültigkeit eines Modells und sind darüber hinaus häufig für Experimente mit dem Modell (Simulation) gefragt.

In der Phase der Modellkonstruktion ist – wie im vorhergehenden Abschnitt ausgeführt – der datenbasierte Ansatz bereits in bezug auf Identifikation und Auswahl der Modellvariablen auf empirische Daten angewiesen. Die Erstellung der Relationen zwischen den Modellvariablen erfordert bei diesem Ansatz ebenfalls einen Rückgriff auf das Datenmaterial im Unterschied zum theoriebasierten Konzept, das lediglich zur Bestimmung von numerischen Werten der Modellparameter empirische Daten benötigt.

Der sich als nachfolgender Arbeitsschritt an die Modellkonstruktion anschließende Test auf Gültigkeit des Modells prüft die Genauigkeit der Abbildungsrelation zwischen Modell und Modelloriginal. Prüfkriterium ist der Vergleich zwischen dem Output des Modells und dem Output des Originals, d.h. der Grad der Übereinstimmung zwischen beobachtetem und errechnetem (vorhergesagtem) Zielgrößenwert. Beide Zielgrößenwerte sind von empirischen Daten abhängig.

Sofern der Modelltest einen zu geringen Grad an Übereinstimmung zwischen beobachtetem und errechnetem Zielgrößenwert nachweist, ist eine Überarbeitung (Revision) des Modells erforderlich. Unabhängig davon, an welchem Konstruktionsschritt die Revision einsetzt, bei der Auswahl oder Meßgenauigkeit der Modellvariablen oder bei der Erstellung der Relationen zwischen diesen Variablen, auf empirisches Datenmaterial kann nicht verzichtet werden.

Als ein weiterer und letzter Arbeitsschritt im Zusammenhang mit der Datenbeschaffung ist das Experiment mit dem Modell, die sogenannte Modellsimulation, zu nennen. Sie liefert (theoretische) Informationen über die Auswirkung einer Variation der Einflußgrößen auf die Zielgröße. Grundsätzlich können die Einflußgrößen um fiktive Werte geändert werden; jedoch ist dann auf empirische Daten zurückzugreifen, wenn nicht nur fiktive, sondern reale Möglichkeiten der Änderung gefragt sind.

Ergänzend ist an dieser Stelle darauf hinzuweisen, daß für die Datenbeschaffung die Wahl der Versuchsanordnung (experimentell, quasi-experimentell) zur Identifikation biomechanischer Einflußgrößen der sportmotorischen Leistung bzw. des sportmotorischen Leistungszustands primär unter einem untersuchungsökonomischen Aspekt gesehen werden kann.

6.4.2.4 Zur Erstellung der Relationen

Die Erstellung der Relationen zwischen den Modellvariablen ist ein weiterer zentraler Konstruktionsschritt. In Abhängigkeit von theorie- oder datenbasiertem Modellkonzept werden unterschiedliche Lösungsansätze praktiziert.

Bei ausschließlich theoriebasiertem Ansatz zieht man zur Erstellung funktionaler Relationen zwischen einer Ziel- und ihren Einflußgrößen Gesetzmäßigkeiten der Kinematik oder/und der Kinetik (Statik und Dynamik) heran (*Miller* 1975), greift also auf bekannte Zusammenhänge zwischen mechanischen Größen zurück (vgl. 7.3 und 8.2).

Für den ausschließlich datenbasierten Ansatz ist infolge seiner nur partiell an einer mechanischen Modellvorstellung orientierten Auswahl von Modellvariablen ein Rückgriff auf bekannte Zusammenhänge in der Regel nicht möglich. Wenn jedoch ein Rückgriff auf diese Zusammenhänge unmöglich ist, wie beispielsweise zwischen der Sprungweite (Zielgröße) einerseits und ihren biomechanischen Einflußgrößen wie Schrittlängen-Index, Schrittfrequenz-Index, horizontales und vertikales Kraftstoßverhältnis während des Absprungs sowie Landeökonomie andererseits, kann man solche Zusammenhänge – sofern über diese Größen empirische Daten vorliegen – mit Hilfe der Regressionsanalyse, einem Verfahren der Schließenden Statistik, bestimmen. Ziel der Regressionsanalyse ist die Erstellung eines (mathematisch-) statistischen Zusammenhanges zwischen einer Zielgröße Y und einer oder mehreren Einflußgrößen ($X_1, \ldots X_n$), d.h. $Y = f(X_1, \ldots, X_n)$. Den Unterschied zwischen einem statistischen (indeterministischen) und einem funktionalen (deterministischen) Zusammenhang veranschaulichen Abb. 6.4 und Abb. 6.6.

Das Prinzip der Regressionsanalyse beruht darauf, daß man – anschaulich formuliert – im

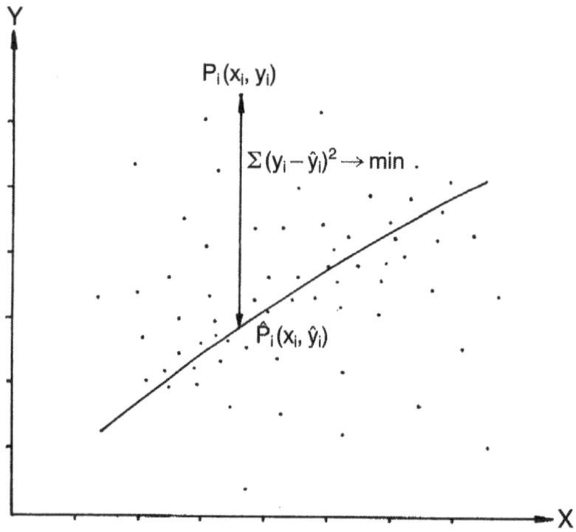

Abb. 6.7 Schaubild einer regressionsanalytischen Funktion Y = f(X)

Falle der Zielgröße Y (abhängige Variable oder Regressand) und einer Einflußgröße X (unabhängige Variable oder Regressor) durch die in einem Koordinatensystem eingezeichnete Datenmenge (x_i, y_i) eine Linie (Abb. 6.7) – Ausgleichslinie – so hindurchlegt, daß diese Linie die eingezeichnete Punktwolke (Datenmenge) bestmöglich wiedergibt. Das Kriterium für die bestmögliche Wiedergabe besteht darin, daß die Summe der quadrierten Unterschiede zwischen beobachteten Zielgrößenwerten y_i und den durch die Linie zugeordneten Funktionswerten $\hat{y}_i$ minimiert wird ($\Sigma[y_i - \hat{y}_i]^2 \rightarrow \min$). Ist diese Ausgleichslinie eine Gerade, so spricht man von einer linearen Regression, im Falle eines kurvilinearen Ausgleichs liegt eine nichtlineare Regression vor.

In bezug auf die theoretischen und anwendungsbezogenen Grundlagen der Regressionsanalyse wird auf weiterführende Literatur verwiesen (vgl. *Gaensslen* und *Schubö* 1973, *John* 1979). Die Erstellung der Relationen zwischen einer Zielgröße Y und ihren Einflußgrößen X_i ist für ein breites Spektrum verschiedener Modellzwecke nicht auf eine Unterscheidung zwischen kausalen Relationen (weil X, deshalb Y) und konditionalen Relationen (wenn X, dann Y) angewiesen.

Harbordt bemerkt hierzu: „Wenn man beispielsweise aus einem Entscheidungsmodell bestimmte Entscheidungen ableitet, will man ja möglichst die Gewißheit haben, daß das wirkliche System mindestens ähnlich auf solche Einwirkungen reagiert, die den Modellexperimenten analog sind." ... Hierzu ... „reicht es völlig aus, wenn das Modell konditionale statt kausaler Aussagen ermöglicht (z. B.: Wenn die Variable X variiert wird, dann reagiert das abgebildete System so und so). Andererseits ist eine kausale Interpretation der Modelle nicht grundsätzlich ausgeschlossen. Dabei ist allerdings zu beachten, daß kausale Beziehungen vom Modell bestenfalls abgekürzt und lückenhaft wiedergegeben werden" (*Harbordt* 1974).

6.4.3 Modellüberprüfung (Modelltest) und Modellüberarbeitung (Modellrevision)

An die Modellkonstruktion schließt sich als ein nächster Arbeitsschritt der Test auf Gültigkeit des Modells an. Analog dem testtheoretischen Begriff der Gültigkeit weist die modellbezogene Gültigkeit mehrere Bedeutungsvarianten (formale, empirische, pragmatische Gültigkeit) auf. Die für den Modelltest zentrale Bedeutungsvariante „empirische Gültigkeit" prüft die Genauigkeit der Abbildungsrelation zwischen Modell und Modelloriginal. Prüfkriterium ist der Vergleich zwischen dem Output des Modells und Output des Originals, d.h. der Grad der Übereinstimmung zwischen beobachtetem Zielgrößenwert $Y_{Orig.}$ und dem errechneten (vorhergesagten) Zielgrößenwert $Y_{Mod.}$. Als ein Indikator für Grad und Richtung der Übereinstimmung zwischen beiden Zielgrößenwerten kann ihre Differenz herangezogen werden: $\Delta Y = Y_{Orig.} - Y_{Mod.}$.

Sofern der Modelltest einen zu geringen Grad an Übereinstimmung zwischen beobachtetem und errechnetem Zielgrößenwert nachweist, ist eine Überarbeitung (Revision) des Modells erforderlich. An welchem Konstruktionsschritt die Revision anzusetzen ist, bei der Auswahl oder der Meßgenauigkeit von Modellvariablen, bei der Erstellung der Relationen zwischen diesen Variablen (Ziel- und Einflußgrößen) oder bei ... muß von Fall zu Fall entschieden werden.

In Abhängigkeit von der Orientierung des Modellzwecks an einem universellen Geltungsanspruch oder an einer individuellen Optimierung sind unterschiedliche Forderungen der Modellüberprüfungen zu berücksichtigen. Bei Modellzwecken mit universellem Geltungsanspruch wird als Methode der Wahl auf sogenannte Kreuzvalidierungen zurückgegriffen. Eine Kreuzvalidierung überprüft die an einer ersten Stichprobe erzielte regressionsanalytische Lösung zur Absicherung der Stichprobeninvarianz an einer zweiten Stichprobe aus derselben Population.

Sofern man jedoch im Rahmen einer individuellen Optimierung das Individuum in eine Gruppe einbindet, ist das Risiko einer Divergenz von Individual- und Gruppentrend zu reduzieren. Eine Reduktion gelingt eher durch einen „individuenzentrierten" als durch einen „individuenübergreifenden" (populationsorientierten) Gruppentrend; d.h. die Methode der Wahl ist nicht die Kreuzvalidierung, sondern die Einbindung des Individuums (Vp) in eine individuenzentrierte Untersuchungsgruppe. Individuenzentrierte Einbindung liegt dann vor, wenn das Individuum in eine Untersuchungsgruppe eingeordnet ist, die ihm hinsichtlich Leistungsniveau, Trainingszustand sowie Trainingsbedingungen entspricht.

6.4.4 Zur Modellsimulation

Ein letzter Schritt bei der Arbeit mit der Modellmethode ist das Experiment mit dem Modell, die sogenannte Modellsimulation. Zweck der Modellsimulation ist, „das Verhalten oder den Zustand des abgebildeten Systems für einen begrenzten Zeitraum oder Zeitpunkt abzuschätzen – unter der Voraussetzung, daß das Modell für den Voraussagezeitpunkt gültig bleibt ... Nun ist die Phase erreicht, in der das Modell praktischen Zwecken (Entscheidungshilfe, Systementwurf, Planung usw.) dienen kann" (*Harbordt* 1974). Die Modellsimulation liefert (theoretische) Informationen über die Auswirkung einer Variation der Einflußgrößen auf die Zielgröße. Grundsätzlich können die Einflußgrößen um fiktive Werte – bspw. um 20% ihrer Modelloriginalwerte geändert werden; jedoch ist dann auf empirisch orientierte Werte zurückzugreifen, wenn nicht nur fiktive, sondern reale Möglichkeiten der Änderung gefragt sind.

Die folgenden Ausführungen erläutern exemplarisch die Modellsimulation als ein Instrument der Entscheidungshilfe und der Optimierung.

6.4.4.1 Modellzweck „Entscheidungshilfe"

Die Modellsimulation kann u.a. zur Entscheidungshilfe in bezug auf die zu erwartende Änderung der sportmotorischen Leistungshöhe in Abhängigkeit von einer Änderung ihrer Einflußgrößen herangezogen werden. Unter der Annahme einer Änderung verschiedener Einflußgrößen läßt sich eine Wirkungsproportion dieser Größen erstellen, die die voraussichtliche Änderung der sportmotorischen Leistungshöhe schätzt. Grundlage dieser vergleichenden Schätzung der Einflußhöhe bilden einerseits die im Rahmen der Modellkonstruktion erstellten Relationen auf metrischem Skalenniveau – deterministischer oder indeterministischer Art – zwischen Ziel- und Einflußgrößen sowie eine Änderung der Einflußgrößen bei Konstanz bzw. Kovariation der übrigen Einflußgrößen und andererseits Versuchsanordnungen mit intraindividueller Leistungsvariation im submaximalen Leistungsbereich bzw. mit interindividueller Leistungsvariation im maximalen Bereich.

Hierbei wird die Einflußhöhe biomechanischer Einflußgrößen X auf die Zielgröße Y operational wie folgt definiert: Höhe der Änderung Δy der Zielgröße Y, wenn die biomechanische Einflußgröße X um einen standardisierten Betrag Δx geändert wird. Je größer die Änderung Δy der Zielgröße, desto größer ist die Einflußhöhe der biomechanischen Einflußgröße.

Die Schätzung der Einflußhöhe kann sich zumindest an drei Simulationsstrategien orientieren.

Strategie I: Nichtstandardisierte Änderung biomechanischer Einflußgrößen ohne Berücksichtigung des Unabhängigkeitsprinzips in bezug auf die Einflußgrößen.

Strategie II: Standardisierte Änderung biomechanischer Einflußgrößen ohne Berücksichtigung des Unabhängigkeitsprinzips in bezug auf die Einflußgrößen.

Strategie III: Standardisierte Änderung biomechanischer Einflußgrößen mit Berücksichtigung des Unabhängigkeitsprinzips in bezug auf die Einflußgrößen.

Nach dem Unabhängigkeitsprinzip setzt die isolierte (univariate) Variation von Einflußgrößen ihre wechselseitige Unabhängigkeit voraus.

Anwendungsbezogenes Beispiel zur Strategie I: Rennrodelsport

Baumann (1982) erstellte ein deterministisches Modell der Abfahrtsmechanik des Rennschlittens. Als Einflußgrößen der Zielgröße „Wettkampfleistung (Fahrzeit)" wurden das Gewicht von Schlitten und Fahrer, die Anfangsgeschwindigkeit ca. 1 m nach der Startlichtschranke, die Gleitreibung zwischen Kufen und Eis, der Luftwiderstand des besetzten Fahrzeugs, die Neigung der Bahn und die Radien der Kurven auf der Kunsteisrodelbahn in Berchtesgaden herangezogen.

Die Brauchbarkeit des Modells für eine Berechnung des Einflusses der o.a. Einflußgrößen auf die Wettkampfleistung bestätigt die „Übereinstimmung zwischen berechneten und anläßlich einer Rennrodelweltmeisterschaft von über 200 Endlaufabfahrten gemessenen Werten von besser als 2%. Abfahrten, bei denen durch Kontrolle aufeinanderfolgender Zwischenzeiten und der Videoaufzeichnung gröbere Fahrfehler nicht festgestellt wurden, beschreibt das Modell mit einer Genauigkeit von 1%. Als Modellexperiment konnte daraufhin folgende Frage beantwortet werden:

Welchen Einfluß haben Gewichtskraft, Anfangsgeschwindigkeit, Reibungskoeffizient und Luftwiderstand auf die Gesamtzeit auf der untersuchten Bahn? ... Zur Beantwortung der ... Frage wurden diese Einflußgrößen variiert und die hierdurch erzeugte Änderung der Gesamtzeit berechnet. Das Ergebnis ist in Tab. 6.5 dargestellt.

Das Ergebnis macht deutlich, durch welche Maßnahmen eine wirkungsvolle Beeinflussung der Gesamtzeit erwartet werden kann ... Das entsprechende Experiment wäre im Original nur mit außerordentlich großem Aufwand möglich, wobei es immer noch nicht gelingen würde, eine Variation jeweils nur einer Einflußgröße durchzuführen" (*Baumann* 1982). So informativ das Simulationsergebnis auch ist, es läßt sowohl die Frage nach der Vergleichbarkeit und damit der Machbarkeit der Variationsbreite (10 kg Gewichtskraft gegen 1 m/s Anfangsgeschwindigkeit) als auch die Frage nach der Abhängigkeit zwischen o.a. Einflußgrößen (u.a. Gewichtskraft und Anfangsgeschwindigkeit) unberücksichtigt, da eine isolierte Variation voneinander abhängiger Einflußgrößen und damit ein Verstoß gegen das Unabhängigkeitsprinzip praktiziert wurden.

Tabelle 6.5 Einflußhöhe von Gewichtskraft, Anfangsgeschwindigkeit, Reibungskoeffizient und Luftwiderstand auf die Gesamtzeit (aus *Baumann:* Deterministisches Modell zur Schätzung der Einflußhöhe mechanischer Faktoren auf die Fahrzeit beim Rodeln. In: *Ballreich* u. Mitarb., Trainingswissenschaft 1. Limpert, Bad Homburg 1982, S. 132

Einflußgröße	Variation der Einflußgröße	Änderung der Gesamtzeit
Gewichtskraft	+ 10 kg	–0,25 bis –0,35 s
Anfangsgeschwindigkeit	+ 1 m/s	–0,6 s
Reibungskoeffizient	+ 10%	+0,25 bis +0,30 s
Luftwiderstand	+ 10%	+0,45 bis +0.70 s

Anwendungsbezogenes Beispiel zur Strategie II: Weitsprung (Standardisierte Änderung biomechanischer Einflußgrößen ohne Berücksichtigung des Unabhängigkeitsprinzips in bezug auf die Einflußgrößen)

Die zum Zweck des Vergleichs der Einflußhöhe unterschiedlicher biomechanischer Einflußgrößen standardisierte Änderung Δx ist die Standardabweichung s(x) der jeweiligen Einflußgröße X. Die Vergleichbarkeit der Standardabweichung $s(x_i)$ verschiedener Einflußgrößen X_i besteht darin, daß ihr Zuwachswert relativ zum jeweiligen Mittelwert $\overline{x_i}$, d.h. $(\overline{x_i} + s(x_i))$ im Falle normalverteilter Daten stets von demselben Prozentsatz (16%) der untersuchten Fälle (z. B. Vpn) überschritten wird (Abb. 6.8). Verfahrensgemäß können bei einer „systematisch" durchgeführten Modellsimulation im Falle normalverteilter Einflußgrößen als Änderungsmaß beliebige Vielfache (0,1 s; 0,2 s; 0,3 s; ...; 1 s; ... 3 s) der Standardabweichung (s) eingesetzt werden.

Angenommen ein Weitspringer steht vor der Entscheidung, seine Sprung- oder Sprintfähigkeit bevorzugt zu trainieren, d.h. seine Anlaufgeschwindigkeit „besser" zu übersetzen zugunsten der vertikalen und damit zu Lasten der horizontalen Abfluggeschwindigkeit oder „schlechter" zu übersetzen zugunsten der horizontalen und damit zu Lasten der vertikalen Abfluggeschwindigkeit, d.h. er steht vor der Frage: Erzeugt eine vergleichbare Zunahme der horizontalen oder der vertikalen Abfluggeschwindigkeit eine größere Zunahme der Sprungweite bzw. Flugweite? Diese Frage kann über eine simulierte und vergleichbare Änderung der horizontalen und vertikalen Abfluggeschwindigkeit und der Bestimmung ihrer Einflußhöhe auf die Zunahme der Flugweite wie folgt beantwortet werden. Setzen wir voraus, der Weitspringer trainiert nach einem mehr oder weniger einheitlichen Plan in einer Gruppe von 15 Weitspringern, wobei Sprungweite W, horizontale v_{ox} und vertikale Abfluggeschwindigkeiten v_{oz} folgende Mittelwerte und Standardabweichungen (Tab. 6.6) aufweisen.

Neben diesen Meßwertinformationen ist eine weitere Grundlage für die Schätzung der o.a. Einflußhöhe ein – nach den Gesetzen des schiefen Wurfes (physikalisch-mechanisch entspricht „Springen" einem „Werfen des eigenen Körpers") – funktionaler Zusammenhang zwischen der Zielgröße „Flugweite W_2" und ihren biokine-

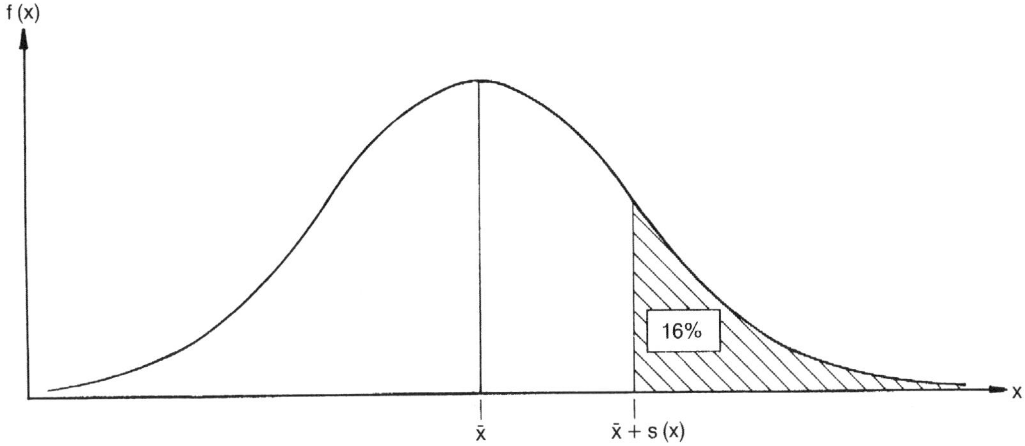

Abb. 6.8 Normalverteilte Häufigkeitskurve

Bezeichnung:

x	Einflußgröße
$\bar{x}$	Mittelwert der Einflußgröße x
$\bar{x} + s(x)$	um eine Standardabweichung s(x) über dem Mittelwert $\bar{x}$ liegender Einflußgrößenwert
f(x)	Häufigkeit der Einflußgrößenwerte

matischen Einflußgrößen horizontale v_{ox} und vertikale Abfluggeschwindigkeit v_{oz} sowie Differenz zwischen Abflug- und Landehöhe Δz (Abb. 6.9).

In Abb. 6.10 ist die Flugweite W_2 in Abhängigkeit von der horizontalen Abfluggeschwindigkeit v_{ox} dargestellt, wobei die vertikale Abfluggeschwindigkeit $v_{oz} = 3{,}2$ m/s und die Differenz Δz zwischen Abflug- und Landehöhe des Körperschwerpunktes (KSP) von 0,6 m konstant gehalten wurden. In Abb. 6.11 ist die Flugweite W_2 in Abhängigkeit von der vertikalen Abfluggeschwindigkeit v_{oz} dargestellt, wobei die horizontale Abfluggeschwindigkeit $v_{ox} = 9{,}1$ m/s und $\Delta z = 0{,}6$ m als konstant angenommen wurden. Eine vergleichbare Änderung von v_{oz} um $s(v_{oz}) = 0{,}04$ m/s und von v_{ox} um $s(v_{ox}) = 0{,}30$ m/s bewirkt nach 1) in bezug auf v_{oz} eine Änderung der Flugweite um 0,07 m und in bezug auf v_{ox} eine Änderung der Flugweite um 0,28 m. Definitionsgemäß weist damit die horizontale Abfluggeschwindigkeit eine vierfach größere Einflußhöhe auf die Flugweite W_2 auf als die vertikale Abfluggeschwindigkeit.

Aufgrund dieses Simulationsergebnisses empfiehlt sich – sofern eine Übereinstimmung zwischen Individual- und Gruppentrend vorliegt – eine Steigerung der Sprintfähigkeit. Methodenkritisch ist anzumerken, daß – wie im Falle des Beispiels aus dem Rennrodelsport – die real bestehende Abhängigkeit zwischen der horizontalen und vertikalen Abfluggeschwindigkeit unberücksichtigt bleibt, da zwar eine vergleichbare jedoch isolierte Variation voneinander abhängiger Einflußgrößen und damit ein Verstoß gegen das Unabhängigkeitsprinzip praktiziert wurden.

Tabelle 6.6 Gruppenmittelwerte und Standardabweichungen kinematischer Merkmale einer Weitspringergruppe (aus *Nigg* und Mitarb.: Messungen im Weitsprung an Weltklassespringern. In: Leistungssport 3 (1973) 4, S. 265

W:	7,98 [m]	– 7,18 [m];	$\bar{W}$ = 7,60 [m];	s = 0,25 [m]
v_{ox}:	9,7 [m/s]	– 8,4 [m/s];	$\bar{v}_{ox}$ = 9,1 [m/s];	s = 0,30 [m/s]
v_{oz}:	3,5 [m/s]	– 3,0 [m/s];	$\bar{v}_{oz}$ = 3,2 [m/s];	s = 0,04 [m/s]
Δz:	ohne Angabe			

Bezeichnung:
W: Sprungweite
v_{ox}: horizontale Abfluggeschwindigkeit
v_{oz}: vertikale Abfluggeschwindigkeit
$\bar{W}$, $\bar{v}_{ox}$, $\bar{v}_{oz}$: Gruppenmittelwerte
Δz: Differenz zwischen Abflug- und Landehöhe

---

1) $$W_2 = \frac{v_{ox} \cdot (v_{oz} + \sqrt{v_{oz}^2 + 2g \cdot \Delta z})}{g}$$

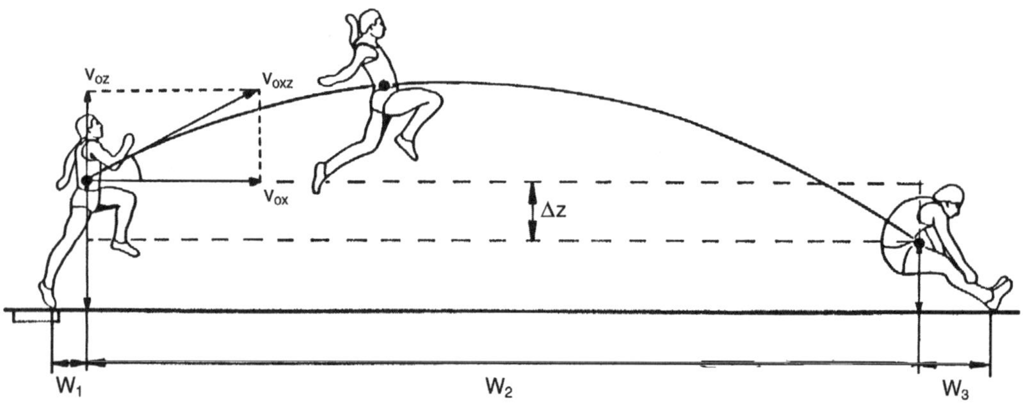

Abb. 6.9 Teilweiten W_{1-3} der Sprungweite W

Bezeichnung:

v_{oxz} Abfluggeschwindigkeit in der xz-Ebene
v_{ox} horizontale Abfluggeschwindigkeit
v_{oz} vertikale Abfluggeschwindigkeit
Δz Höhendifferenz zwischen Abflug- und Landehöhe

W_1 Abflugweite
W_2 Flugweite
W_3 Landeweite
● Körperschwerpunkt (KSP)

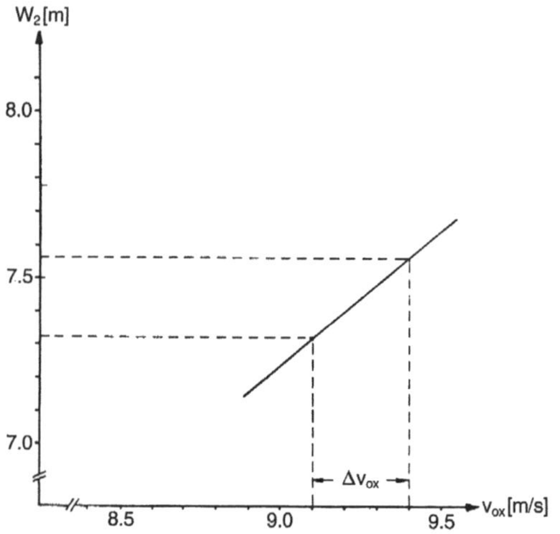

Abb. 6.10 Flugweite W_2 in Abhängigkeit von der horizontalen Abfluggeschwindigkeit v_{ox} bei einer konstanten Höhendifferenz von $\Delta z = 0{,}6$ m zwischen Abflug- und Landehöhe und konstanter vertikaler Abfluggeschwindigkeit $v_{oz} = 3{,}2$ m/s; $\Delta v_{ox} = s(v_{oz}) = 0{,}3$ m/s

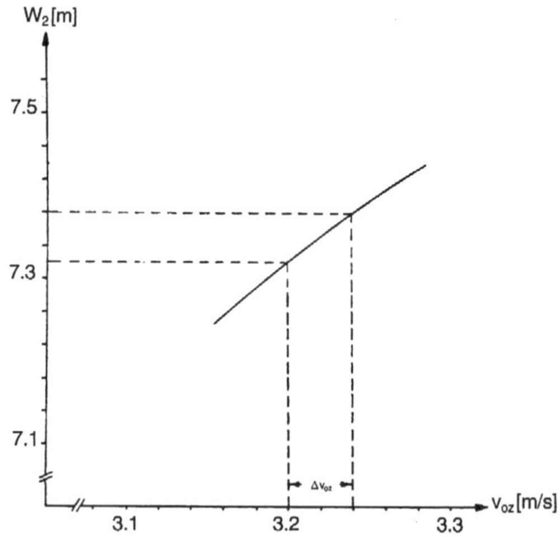

Abb. 6.11 Flugweite W_2 in Abhängigkeit von der vertikalen Abfluggeschwindigkeit v_{oz} bei einer konstanten Höhendifferenz $\Delta z = 0{,}6$ m zwischen Abflug- und Landehöhe und konstanter horizontaler Abfluggeschwindigkeit $v_{ox} = 9{,}1$ m/s; $\Delta v_{oz} = s(v_{oz}) = 0{,}04$ m/s

Anwendungsbezogenes Beispiel zur Strategie III: Laufsprint

(Standardisierte Änderung biomechanischer Einflußgrößen mit Berücksichtigung des Unabhängigkeitsprinzips in bezug auf die Einflußgrößen)

Die Simulationsstrategie III unterscheidet sich von Strategie II dadurch, daß – im Falle real bestehender Abhängigkeiten zwischen den Einflußgrößen – die durch die isolierte Variation einer Einflußgröße erzeugten Kovariationen anderer Einflußgrößen mit berücksichtigt werden.

Angenommen eine Sprinterin steht vor der Entscheidung, entweder ihre Sprintkraftfähigkeit oder ihre Sprinttechnik bevorzugt zu trainieren, d.h. sie steht vor der Frage: Erzeugt eine vergleichbare Zunahme der Schrittlänge – als Ergebnis einer gesteigerten Sprintkraft – oder eine vergleichbare Zunahme der Schrittfrequenz – als Ergebnis einer verbesserten Sprinttechnik – eine größere Zunahme ihrer mittleren Schrittgeschwindigkeit und damit eine größere Abnahme ihrer Laufzeit (Laufzeitverbesserung)?

Analog dem Weitsprungbeispiel kann diese Frage über eine simulierte und vergleichbare Änderung von Schrittlänge und Schrittfrequenz und der Bestimmung ihrer Einflußhöhe auf die Änderung der mittleren Schrittgeschwindigkeit bzw. 100 m-Laufzeit beantwortet werden.

Die folgenden Ausführungen demonstrieren, wie unterschiedlich in bezug auf eine bestimmte Gruppe von Sprinterinnen (100 m-Lauf-Teilnehmerinnen an den Olympischen Spielen 1972, Tab. 6.7) die Antwort auf die Frage nach der Einflußhöhe von Schrittlänge und Schrittfrequenz ausfällt, je nachdem ob die real bestehende Abhängigkeit zwischen diesen beiden Einflußgrößen der mittleren Schrittgeschwindigkeit bzw. der 100 m-Laufzeit berücksichtigt wird oder nicht.

In Tab. 6.8 sind die Ergebnisse von Simulationsstrategie III und II aufgeführt. In beiden Strategien wurden Schrittlänge und Schrittfrequenz um ihre jeweilige Standardabweichung innerhalb der o.a. Sprintergruppe vergrößert. Im Falle von Strategie III berücksichtigten wir mit Hilfe eines regressionsanalytischen Ansatzes die bei Zunahme der Schrittlänge(-frequenz) erzeugte Kovariation der Schrittfrequenz (-länge). Strategie II läßt definitionsgemäß diese Kovariation unberücksichtigt.

Nach Tab. 6.8 unterscheidet sich qualitativ und quantitativ die zu erwartende Änderung der Laufzeit in Abhängigkeit von der jeweiligen Simulationsstrategie. Der qualitative Unterschied liegt darin, daß nach Strategie III sowohl eine Laufzeitverschlechterung um 0,02 sec (als Folge der Schrittlängenvergrößerung) als auch eine Laufzeitverbesserung um (–) 0,11 sec (als Folge der Schrittfrequenzerhöhung) zu erwarten ist, während Strategie II bei Schrittlängenvergrößerung und Schrittfrequenzerhöhung eine Laufzeitverbesserung um (–) 0,46 sec und (–) 0,53 sec voraussagt.

Der quantitative Unterschied drückt sich in den erheblich kleineren Änderungen der Laufzeit bei Strategie III gegenüber Strategie II aus. Dieses Ergebnis überrascht insofern nicht, als der enge und ungleichsinnige Zusammenhang (r = –0,91) zwischen den beiden Einflußgrößen der Laufzeit, d.h. zwischen Schrittlänge und Schrittfrequenz, bei Zunahme der einen Einflußgröße eine Abnahme der anderen Einflußgröße bewirkt und dieser Zusammenhang nur in Strategie III berücksichtigt wird. Im Falle der Schrittlängenvergrößerung führt diese nicht – wie bei der Schrittfrequenzerhöhung – zu einer die Abnahme der anderen Einflußgröße (Schrittfrequenz) überkompensierenden Zunahme der Laufgeschwindigkeit und deshalb zu einer Laufzeitverschlechterung. Aufgrund des empirisch gehalt-

Tabelle 6.7 Kinematische Meßwertinformationen über 32 Teilnehmerinnen am 100-m-Lauf der Olympischen Spiele 1972 (aus *Letzelter:* Schrittzahl, Schrittlänge und Schrittfrequenz beim Sprint der Frauen. In: *Knebel* (Red.), Biomedizin und Training. Bartels & Wernitz, Berlin 1972, S. 48f)

$\overline{T}_{100}$:	11,57 [sec]; s = 0,22 [sec]
$\overline{l}$:	1,95 [m]; s = 0,08 [m]
$\overline{f}$:	4,44 [1/sec]; s = 0,21 [1/sec]
r (l, f):	–0,91

Bezeichnung:

T_{100}:	100 m-Laufzeit
l (f):	mittlere Schrittlänge(frequenz) über 100 m
$\overline{T}_{100}$, $\overline{l}$, $\overline{f}$:	Gruppenmittelwerte
r (l, f)	Produkt-Moment-Korrelationskoeffizient zwischen l und f
s:	Standardabweichung

Tabelle 6.8 Änderung der Laufzeit T bei Zunahme der Schrittlänge T[l + s(l)] bzw. Schrittfrequenz T[f + s(f)] um jeweils eine Standardabweichung s(l) bzw. s(f).

Strategie	$T[\overline{l} + s(l)]$ [sec]	$T[\overline{f} + s(f)]$ [sec]	$\overline{l}$ [m]	s (l) [m]	$\overline{f}$ [1/sec]	s (f) [1/sec]	r (l, f)
III	+0,02	–0,11	1,95	0,08	4,44	0,21	–0,91
II	–0,46	–0,53	1,95	0,08	4,44	0,21	–

volleren Ergebnisses von Simulationsstrategie III gegenüber II empfiehlt sich – sofern eine Übereinstimmung zwischen Individual- und Gruppentrend vorliegt – ein intensiviertes Training der Sprinttechnik und nicht der Sprintkraftfähigkeit. Generell ist Simulationsstrategie III gegenüber Strategie II vorzuziehen, da sie infolge Berücksichtigung real bestehender Abhängigkeiten zwischen den Einflußgrößen empirisch wahrscheinlichere Ergebnisse liefert.

6.4.4.2 Modellzweck „Optimierung"

Aufgabe ist, konkurrierende motorische Lösungsverfahren zur Ansteuerung von Bewegungszielen im Sport nach dem Grad ihrer Zielansteuerung zu analysieren (u.a. konkurrierende Starttechniken in den Sportarten Leichtathletik, Schwimmen, Skilauf, Rodeln unter der Zielsetzung Zeitminimierung oder konkurrierende Sprungtechniken in Leichtathletik, Spielsportarten, Gerätturnen, Trampolinspringen mit der Zielsetzung Distanzoptimierung bzw. -maximierung) sowie neue, in höherem Maße zielangepaßte motorische Lösungsverfahren zu entwickeln. Während erstgenannte Aufgaben im wesentlichen auf eine „Reproduktion von Fakten" hinausläuft, eröffnet die Lösung der zweiten Aufgabe den „Zutritt in biomechanisches Neuland".

Am Beispiel des Hochsprungs lassen sich beide Untersuchungsziele anschaulich erläutern.

Bei der Beurteilung unterschiedlicher Hochsprungtechniken kann man u.a. auf das biomechanische Merkmal „Lattenüberhöhung" H_3 zurückgreifen (*Müller* 1986). H_3 ist definiert als Differenz zwischen der Scheitelhöhe H_{max} der Flugbahn des Körperschwerpunkts und der Sprunglattenhöhe H_L ($H_3 = H_{max} - H_L$). Analysiert man die Lattenüberhöhung unterschiedlicher Hochsprungtechniken, dann nimmt mit fortschreitender Optimierung der Hochsprungtechnik – vom Hocksprung bis zum Flopsprung – die Lattenüberhöhung ab (Abb. 2.7), so daß für das Überspringen einer vorgegebenen Sprunglattenhöhe immer weniger an Hubarbeit zu verrichten ist. Anders formuliert: Moderne Hochsprungtechniken (Wälz-, Flopsprung) ermöglichen eine zwischen 30–50 cm geringere Lattenüberhöhung als Techniken aus den Anfängen des Sports (Hocksprung, Schersprung) und damit um ca. 30–50 cm größere Sprunglattenhöhen.

Das Untersuchungsziel „Entwicklung einer neuartigen sportmotorischen Technik" wurde zunächst am Beispiel des Hochsprungs und anschließend am Beispiel des gehockten Dreifachsaltos als Abgang vom Reck erläutert (vgl. S. 30 ff.).

Während das Hochsprungbeispiel eine fehlgeschlagene Technikentwicklung kennzeichnet, ist die Technik des Reckabgangs Beispiel einer erfolgreichen Entwicklung (individuellen Optimierung). Da beide Technikentwicklungen ausführlich im Rahmen des Untersuchungsziels „Technikoptimierung" in 2.2.3 dargestellt sind, verweisen wir an dieser Stelle auf den entsprechenden Abschnitt.

6.5 Hierarchisch strukturierte deterministische Modellmethode sportmotorischer Leistungen

6.5.1 Darstellung (Beschreibung) der Modellmethode

Vorliegende von *J.G. Hay* 1982 entwickelte und vom Autor modifizierte Modellmethode beschränkt sich auf diskrete Werte und nicht auf zeitkontinuierliche (verlaufsorientierte) Angaben über Ziel- und Einflußgrößen von sportmotorischen Leistungen. Damit treten produkt- gegenüber prozeßorientierten Modellergebnissen in den Vordergrund. Die Vorteile dieser Modellmethode liegen in einem anwendungsorientiert aufgebauten Katalog Tab. I–VIII in bezug auf die Konstruktion deterministischer Modelle sportmotorischer Leistungen.

Primäre Ziele der Modellmethode sind die Bestimmung/Identifikation

- biomechanischer Ziel- und Einflußgrößen sportmotorischer Leistungen
- funktionaler Relationen zwischen Ziel- und Einflußgrößen sportmotorischer Leistungen.

Die erfolgreiche Ansteuerung dieser beiden Ziele basiert auf folgenden im Katalog spaltenweise angeordneten Informationsteilen:

- Spalte 1: Auflistung biomechanischer Zielgrößen in Form von biokinematischen Merkmalen (Distanzen, Zeitdauer, Frequenzen, Geschwindigkeiten, ...) und biodynamischen Merkmalen (Kräfte, Kraftmomente, -stöße, Linear-, Drehimpulse, ...) in alphabetischer Reihenfolge
- Spalte 2/3: Darstellung mechanischer Relationen zwischen den biomechanischen Ziel- (Z) und Einflußgrößen ($E_1, \ldots, E_n$) in einer qualitativen bzw. quantitativen Funktionsgleichung
- Spalte 4: Relativ umfassende Auflistung des sportmotorischen Anwendungsbereichs in

Form von Sportarten/-disziplinen oder sportlichen Bewegungen
- Spalte 5: Sportmotorisches Anwendungsbeispiel für die hierarchisch strukturierte mechanische Relation zwischen biomechanischen Ziel- und Einflußgrößen in Form eines Flußdiagramms.

Mit der hierarchischen Struktur dieser Modellmethode verbindet sich das Nichtberücksichtigen des wechselseitigen Zusammenhangs zwischen den elementaren Zielgrößen bzw. Einflußgrößen derselben Modellstufe/Arbeitsschritts. Zerlegen wir beispielsweise die komplexe Sprungweite (w) in ihre Teilweiten Absprung- (w_1), Flug- (w_2), Landeweite (w_3), dann erzielen wir infolge der hierarchischen Struktur einen Informationsgewinn. Zwischen Einflußgröße und elementarer Zielgröße (w_1), (w_2), (w_3) kann ein engerer Zusammenhang hergestellt werden als zwischen Einflußgröße und komplexer Zielgröße (w), da das Maß der Bestimmtheit eines Leistungsindikators durch seine Einflußgrößen von der komplexen zur elementaren Zielgröße zunimmt.

Andererseits ist infolge der hierarchischen Modellstruktur mit der Zerlegung der Sprungweite in ihre Teilweiten der wechselseitige Zusammenhang zwischen den Teilweiten unbekannt. Infolge dieses Informationsdefizits kann bspw. unter dem Aspekt der Optimierung aus der Zielsetzung „Maximierung der Sprungweite w" nicht abgeleitet werden, die Teilweiten w_{1-3} zu maximieren, da u.a. eine Maximierung von Abflug-, bzw. Landeweite zu einer Reduktion der Flugweite führt (vgl. Kap. 6.2).

6.5.2 Ziele und Modellstufen

Die primären Ziele werden in drei Modellstufen angesteuert.

Jede Modellstufe wird in bezug auf ihre Ziele, ihre Verfahren zur Zielansteuerung und unter einem bewertenden Aspekt beschrieben.

Die sekundären Ziele der Modellmethode sind anwendungsbezogen und hängen vom jeweiligen Modellzweck ab. Als Beispiele kommen in Betracht eine biomechanische Erklärung des sportmotorischen (technomotorischen oder/und konditionellen) Leistungszustands sowie die Modellsimulation als ein Instrument der Entscheidungshilfe in bezug auf die zu erwartende Änderung der sportmotorischen Leistungshöhe (Zielgröße) in Abhängigkeit von der Änderung ihrer Einflußgrößen (vgl. Kap. 6.4.4).

6.5.2.1 Erste Modellstufe

(1) Ziel: Bestimmung einer komplexen biomechanischen Zielgröße der sportmotorischen Leistung

(2) Verfahren zur Zielansteuerung

(2.1) Zielgrößen bei Zweck- und Formbewegungen

Die Analyse sportmotorischer Leistungen ist der Biomechanik in unterschiedlichem Maße zugänglich, je nachdem, ob es sich um Zweck- oder Formbewegungen, d. h. um verschiedenartige Bewegungsziele handelt. Zweckbewegungen „werden instrumental eingesetzt, um ein außerhalb des Bewegungsablaufs liegendes Ziel zu erreichen. Hierher gehören vor allem Sportarten, bei denen ein meßbares Ergebnis in Form von relativen oder absoluten Meßwerten erreicht wird, das den Rang im sportlichen Wettbewerb bestimmt" (*Sobotka* 1974 S. 14 f). Bei Formbewegungen liegt das Bewegungsziel „in der Realisierung einer bestimmten Form der Bewegung selbst; der Bewegungsablauf ist Selbstzweck der Bewegung. Es kann in diesen Fällen kein Ergebnis gemessen werden, die Form des Bewegungsablaufs wird nach bestimmten Kriterien in Form von Rangziffern bewertet" (*Sobotka* 1974 S. 17 f). Es ist einsichtig, daß Zweckbewegungen infolge ihres quantitativ operationalisierten Bewegungsziels dem biomechanischen Zugriff in höherem Maße unterliegen als Formbewegungen mit ihrem auf Rangskalenniveau festgelegten Bewegungsziel; denn die Konstruktion biomechanischer Modelle für Zwecke der quantitativen Technikanalyse und Entwicklung neuer sportmotorischer Techniken mit Hilfe der Modellsimulation ist auf die Erstellung von funktionalen (deterministischen) oder äquivalenten statistischen (indeterministischen) Relationen zwischen Ziel- und Einflußgrößen und somit auf eine Verhältnis- oder Intervallskala angewiesen.

(2.2) Bestimmung komplexer biomechanischer Zielgrößen der sportmotorischen Leistung bei Zweckbewegungen

In den sog. MKS-Sportarten bzw. -disziplinen mit den mechanischen Basiseinheiten **M**(eter), **K**(ilogramm) und **S**(ekunde) wie Leichtathletik, Schwimmen, Rudern, Kajak, Skilanglauf, Skialpin, Bob und Schlitten, Radfahren, Schießen, ... mit operationalisierbaren und elementaren Bewegungszielen wie Zeitminimierung (Lauf-,

Fahr-, Schwimmzeiten, ...) → [S], Distanzmaximierung (Sprung-, Wurf-, Stoßweiten, Sprunghöhen, ...) bzw. Distanzminimierung (Schießsport: Trefferabweichung vom Zielpunkt) → [M] und Lastmaximierung (Gewichtheben, ...) → [K] sind die komplexen, biomechanischen Zielgrößen identisch mit den durch die jeweiligen Wettkampfbestimmungen festgelegten Zeiten, Distanzen und Lasten.

Die Bezeichnung „komplexe biomechanische Zielgröße leitet sich ab von ihrer Zusammensetzung aus elementaren Zielgrößen wie Sprintlaufzeit T (Summe aus der Dauer T_{1-4} der einzelnen Laufabschnitte: Reaktions-, pos. Beschleunigungs-, gleichförmiger Geschwindigkeits-, neg. Beschleunigungsabschnitt) oder Sprunghöhe H (Summe aus den Teilhöhen H_{1-3}: Abflughöhe, Flughöhe, Lattenüberhöhung).

(2.3) Bestimmung komplexer biomechanischer Zielgrößen der sportmotorischen Leistung bei Formbewegungen

In Sportarten wie Gerätturnen, Gymnastik, Eiskunstlaufen, Kunstakrobatik, Kunstradfahren, Turniertanz, ... dominieren Formbewegungen. Am Beispiel des Gerätturnens informiert *P. Brüggemann* (1983) über eine verallgemeinerungsfähige Vorgehensweise bei der Identifikation einer komplexen biomechanischen Zielgröße für den (Doppel-)Salto rückwärts beim Bodenturnen.

1) Kriterienbezogene Literaturrecherche nach der gesuchten Zielgröße

Ergebnis: *Djatschkow* (1974) nennt als komplexe Zielgröße K für einen (Doppel-)Salto den Quotienten aus Flugdauer (T_2) und Drehwinkel φ = 360° (720°)

$$\textit{Einfachsalto: } K = \frac{T_2}{360^\circ}$$

$$\textit{Doppelsalto } K = \frac{T_2}{720^\circ}$$

Kritik (positiv): Flugdauer T_2 variiert gleichsinnig mit der Flughöhe H_2 nach den Gesetzen des schrägen Wurfs:

$$T_2 = \sqrt[2]{\frac{2H_2}{g}}$$

Kritik (negativ): T_2 (H_2) bestimmen ausschließlich die translatorische Komponente des (Doppel-)Saltos; die rotatorische Komponente bleibt unberücksichtigt.

2) Überprüfung der Einflußhöhe von translatorischer und rotatorischer Komponente auf die Bewertung des (Doppel-)Saltos nach den Wertungsvorschriften des Internationalen Turnerbundes (ITB 1971)

2.1) Formale Überprüfung:

Nach o.a. Wertungsvorschriften wird ein Salto ausschließlich nach der Höhe bewertet. Damit stimmen die Zielgrößen Flughöhe H_2 bzw. Flugdauer T_2 mit den Wertungsvorschriften überein.

2.2) Überprüfung der Einflußgröße von translatorischer und rotatorischer Komponente auf die Bewertung von Experten.

Zur Validierung der Zielgröße „Flughöhe H_2"

Auf der Grundlage der von Experten angewandten Wertungsvorschriften des ITB bei der Beurteilung von Einfach- und Doppelsalto wurde nach *Brüggemann* (1983, S. 27) „ein Expertenrating von 4 Trainern für den Einfachsalto von 40 Probanden und für den Doppelsalto rückwärts von 26 Probanden durchgeführt. Den einzelnen Experten wurden Filme der zu beurteilenden Bewegungen beliebig oft in Normalgeschwindigkeit und Zeitlupentempo vorgeführt. Das Rating für die beiden unterschiedlichen Bewegungsabläufe wurde in zwei zeitlich getrennten Sitzungen vorgenommen.

Jeder Beurteiler hatte eine Rangreihe der Bewegungsabläufe zu erstellen. Die auf diese Weise für jeden Probanden entstandenen Ränge wurden gemittelt und der Korrelationskoeffizient zwischen Rating und Kriterium H_2 bestimmt. Während beim Einfachsalto (N = 40) das Ratingurteil mit r = 0.85 (p =.001) mit dem Kriterium H_2 korreliert, konnte beim Doppelsalto (N = 26) ein Korrelationskoeffizient von r = 0.61 (p = .001) errechnet werden. Beide Koeffizienten sind hochsignifikant."

Nach diesem Ergebnis reduziert sich die Einflußhöhe (das Bestimmtheitsmaß $B = r^2$) der translatorischen Komponente auf die Bewertung durch Experten von 72% beim Einfachsalto auf 37% beim Doppelsalto. Ein solches Ergebnis spricht bei Mehrfachsalti für die Berücksichtigung der rotatorischen Komponente in Form einer biomechanischen Zielgröße (z. B. Anfangsdrehimpuls), die mit der Zielgröße der translatorischen Komponente H_2 angesichts der gegenläufigen Tendenz von Flughöhe und Anfangsdrehimpuls zu einer zweidimensionalen Zielgröße multiplikativ verknüpft werden kann.

(2.4) Zum Zielgrößenproblem in Sportspielen

Sportspiele entziehen sich nicht dem biomechanischen Zugriff und damit auch nicht der Bestimmung/Identifikation von Zielgrößen, wie in Bd. 3 „Biomechanik der Sportspiele“ (Hrsg. *R. Ballreich* und *A. Kuhlow-Ballreich*, Enke Verlag, Stuttgart 1992, S. 3) ausgeführt wird.

„Der biomechanische Zugang zu den Sportspielen wird scheinbar oder tatsächlich durch eine Reihe von Zugangsbarrieren erschwert. Nachstehend informieren wir zusammenfassend über das Ergebnis unserer Erörterungen über folgende potentielle Zugangsbarrieren:

- monotechnisch versus polytechnisch orientierte Trends in den Bewegungsstrukturen,
- standardisierte versus variable Spielsituationen,
- elementare versus komplexe Zielgrößen,
- maximale versus submaximale Bewegungsziele“.

„Zusammenfassend führt die Erörterung der vier potentiellen Zugangsbarrieren für den biomechanischen Zugriff auf die Sportspiele zu dem Ergebnis, real existierender, mehr oder weniger großer „Restbarrieren“.

So reduziert sich der polytechnisch orientierte Trend in den Sportspielen auf spielübergreifende Bewegungsarten (ohne Ballkontakt: Start-, Lauf-, Stoppbewegungen; mit Ballkontakt: Ballwürfe, Ballschläge bzw. Ballstöße, Balldribbling), die sich nach *Stucke* (zweites Kapitel, Bd. I) unter gemeinsamen (bio-)mechanischen Gesichtspunkten beschreiben und erklären lassen.

Die Zugangsbarriere ‚standardisierte versus variable Spielsituationen’ wird durch das zweidimensionale Klassifikationsschema von *Hay* (1980) zu einer Restbarriere abgebaut, indem ein systematischer Übergang von standardisierten über partiell standardisierte zu nicht standardisierbaren Spielsituationen mit jeweils spezifischen Bewegungsaufgaben konzipiert wurde, und biomechanische Lösungsansätze für diese Bewegungsaufgaben vorliegen.

Das Problem ‚elementare versus komplexe Zielgrößen’ führte bei den elementaren Zielgrößen wie Geschwindigkeitsmaximierung oder Distanzmaximierung zu dem Ergebnis, daß Bewegungsaktionen, die sich durch solche Zielgrößen trendmäßig kennzeichnen lassen, nicht absolut, d.h. losgelöst von einem Gegenspieler, sondern stets im Vergleich zum Gegenspieler unter dem relativen Zielgrößenwert schneller bzw. höher oder weiter anzusteuern sind. Am Beispiel des Tennisaufschlags konnte ein Lösungsansatz für die Konstruktion eines Aufschlaggüte-Indexes für die beiden Einflußgrößen Ballabfluggeschwindigkeit und Zielpräzision der komplexen Zielgröße „Aufschlaggüte“ dargestellt werden.

Die Betrachtung der Zugangsbarriere ‚maximale versus submaximale Bewegungsziele’ ergab ein Forschungsdefizit in der Durchführung systematischer Untersuchungen über kompensierbare Teilbewegungen sowie über ein in seiner Intensität reduziertes Bewegungsverhalten bei der erfolgreichen Ansteuerung submaximaler Bewegungsziele“ (*Ballreich, R., Kuhlow-Ballreich, A.* 1992, S. 7).

6.5.2.2 Zweite Modellstufe

(1) Ziel:

Zerlegung der komplexen Zielgröße Z in $i (i \geq 2)$ elementare Zielgrößen Z_i

(2) Verfahren zur Zielansteuerung

Allgemeine Verfahrensbeschreibung:
Die komplexe Zielgröße wird in $i (i \geq 2)$ elementare Zielgrößen Z_i zerlegt, deren mathematische Verknüpfung (additive/multiplikative) Z entspricht.

Anwendungsbezogene Verfahrensbeschreibung in bezug auf die Hochsprungleistung:

Die komplexe Zielgröße „Sprunglattenhöhe“ H ist die Summe aus den drei elemententaren Zielgrößen „Abflughöhe“ H_1, „Flughöhe“ H_2, und „Lattenüberhöhung“ H_3 (Abb. 6.5).

(3) Bewertung

Informationsgewinn der ersten Modellstufe: Zwischen Einflußgröße und elementarer Zielgröße kann ein engerer Zusammenhang hergestellt werden als zwischen Einflußgröße und komplexer Zielgröße, da das Maß der Bestimmtheit eines Leistungsindikators durch seine Einflußgrößen von der komplexen zur elementaren Zielgröße zunimmt.

Anwendungsbezogenes Beispiel in bezug auf den Hochsprung (vgl. Kap. 6.4.2.1.2).

6.5.2.3 Dritte Modellstufe

(1) Ziel:

Schrittweise deduktive Bestimmung biomechanischer Einflußgrößen der elementaren Zielgrößen unter Berücksichtigung (bio-) mechanischer Gesetze (vgl. Funktionsgleichungen in Tab. I–VII)

(2) Verfahren zur Zielansteuerung

Allgemeine Verfahrensbeschreibung (Schritte der deduktiven Bestimmung):
1. Schritt: Qualitativ/quantitative Darstellung einer elementaren Zielgröße durch solche Einflußgrößen $E_{1,k}$, die diese Zielgröße eindeutig beschreiben.
2. Schritt: Die Einflußgrößen $E_{1,k}$ des vorhergehenden Schritts werden zu Zielgrößen $Z_{2,i}$ des zweiten Schritts, sofern sie durch neue Einflußgrößen $E_{2,k}$ eindeutig zu bestimmen sind.
3. Schritt: Dieses Verfahren kann so lange durchgeführt werden wie eine eindeutige Beschreibung der jeweiligen Zielgrößen durch neue Einflußgrößen möglich ist.

(3) Bewertung

Informationsgewinn der dritten Modellstufe: Die im allgemeinen relativ zahlreichen biomechanischen Einflußgrößen einer biomechanischen Zielgröße können hierarchisch unter dem Aspekt von neuen Ziel- und deren Einflußgrößen in Form einer Kausalkette (vollständige Beschreibung) angeordnet werden.

Informationsdefizite der dritten Modellstufe: Eine nur partielle Verfügbarkeit quantitativ-funktionaler Zusammenhänge auf metrischem Skalenniveau zwischen einer Zielgröße und ihren Einflußgrößen auch im Falle der qualitativ vollständigen Beschreibung.

6.5.3 Katalog von physikalisch-mechanischen Gesetzen zwischen biomechanischen Ziel- und Einflußgrößen

Der von *J.G. Hay* zusammengestellte und vom Autor modifizierte Katalog (Tab. I–VIII) ist anwendungsorientiert aufgebaut in bezug auf die Konstruktion deterministischer Modelle sportmotorischer Leistungen. Der Katalog ist in fünf spaltenweise angeordnete Informationsteile gegliedert.

Spalte 1: Auflistung biomechanischer Zielgrößen in Form von biokinematischen Merkmalen (Distanzen, Zeitdauer, Frequenzen, Geschwindigkeiten, ...) und biodynamischen Merkmalen (Kräfte, Kraftmomente, -stöße, Linear-, Drehimpulse, ...) in alphabetischer Reihenfolge

Spalte 2: Darstellung mechanischer Relationen zwischen den biomechanischen Ziel- (Z) und Einflußgrößen ($E_1, \ldots, E_n$) in einer qualitativen Funktionsgleichung: $Z = f(E_1, \ldots, E_n)$

Bsp.: Horizontale Geschwindigkeitsänderung beim Lauf $\Delta v_x = f(\overline{F}_x, T, m)$, d.h. die horizontale Geschwindigkeitsänderung Δv_x eines Läufers während seines Stützes (Fuß-Bodenkontakts) ist abhängig von den Einflußgrößen mittlere horizontale Bodenreaktionskraft $\overline{F}_x$, Dauer der Kraftwirkung T und Masse m des Läufers.

Spalte 3: Darstellung mechanischer Relationen zwischen den biomechanischen Ziel- und Einflußgrößen in Form einer quantitativen Funktionsgleichung, die eine Rechenvorschrift für die Berechnung des Zielgrößenwerts aus den gemessenen Werten der Einflußgrößen beinhaltet.

Bsp.: Horizontale Geschwindigkeitsänderung

$$\Delta v_x = \frac{\overline{F}_x \cdot T}{m}$$

d.h. die horizontale Geschwindigkeitsänderung Δv_x beim Lauf ist direkt proportional dem Produkt aus der mittleren horizontalen Bodenreaktionskraft $\overline{F}_x$ und ihrer Wirkungsdauer T (auch als horizontaler Kraftstoß bezeichnet) und umgekehrt proportional zur Körpermasse m des Läufers.

In einer mehr qualitativen Formulierung variiert die horizontale Geschwindigkeitsänderung Δv_x gleichsinnig mit dem horizontalen Kraftstoß und gegensinnig mit der Körpermasse des Sprinters oder noch einfacher ausgedrückt: Die horizontale Geschwindigkeitsänderung ist um so größer, je größer der horizontale Kraftstoß und je kleiner die Masse des Sprinters sind.

Spalte 4: Relativ umfassende Auflistung des sportmotorischen Anwendungsbereichs in Form von Sportarten/-disziplinen oder sportlichen Bewegungen

Bsp.: Horizontale Geschwindigkeitsänderung in den Disziplinen bzw. Bewegungsabläufen

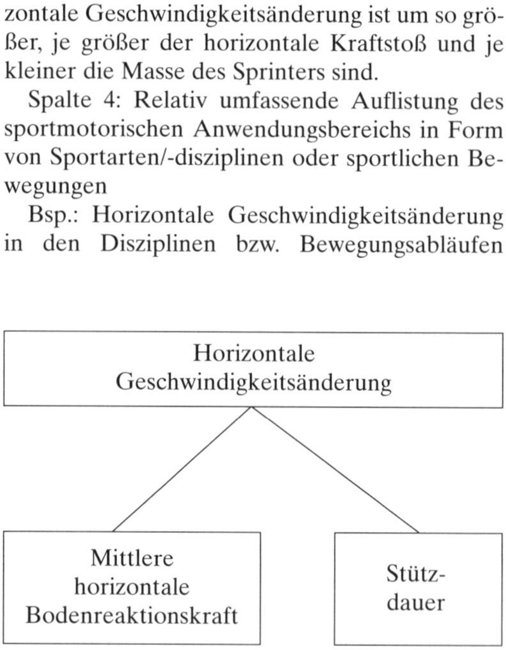

Abb. 6.12 Flußdiagramm der horizontalen Geschwindigkeitsänderung (erste Ableitungsstufe)

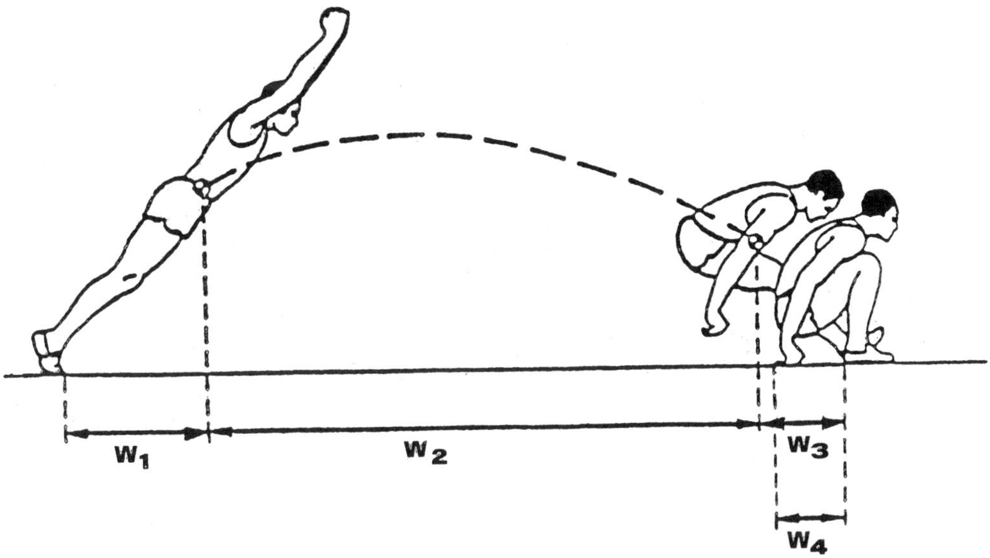

Abb. 6.13 Standweitsprung: Die Sprungweite w ergibt sich aus der Summe der Absprungweite w_1, der Flugweite w_2 und der Landeweite w_3 minus der Rückfallweite w_4

Lauf, Hoch-, Weitsprung, Eisschnellauf, Skilanglauf, Standweitsprung, (Lauf-, Schwimm-, Eisschnellauf-)start, ...

Spalte 5: Sportmotorisches Anwendungsbeispiel für die hierarchisch strukturierte mechanische Relation zwischen biomechanischen Ziel- und Einflußgrößen in Form eines Flußdiagramms (Abb. 6.12).

6.5.4 Konstruktion eines elementaren deterministischen Modells für den Standweitsprung unter Verwendung des modifizierten Katalogs von J.G. Hay

Nach den vorliegenden Ausführungen unter Abschnitt 6.5.1 orientieren sich die Arbeitsschritte bei der Konstruktion o.a. Modelle an drei Modellstufen. Am Beispiel des Standweitsprungs beschreiben wir diese Modellstufen.

6.5.4.1 Erste Modellstufe

(1) Ziel:

Bestimmung einer komplexen biomechanischen Zielgröße des Standweitsprungs (Tab. 6.9)

(2) Verfahren und Ergebnis der Zielansteuerung:

Wie unter Abschnitt 6.5.2.1 (2.2) ausgeführt, sind in den sog. MKS-Sportarten, u. a. Leichtathletik, die komplexen biomechanischen Zielgrößen identisch mit den durch die jeweiligen Wettkampfbestimmungen festgelegten Zeiten, Distanzen und Lasten. Somit ist die komplexe biomechanische Zielgröße des Standweitsprungs die „Sprungweite“ in horizontaler Richtung (senkrecht zum Absprungbalken in der Absprung-Landeebene).

6.5.4.2 Zweite Modellstufe

(1) Ziel:

Zerlegung der komplexen biomechanischen Zielgröße Z in elementare Zielgrößen Z_i (Tab. 6.9)

(2) Verfahren zur Zielansteuerung:

Nach 6.5.1 wird die komplexe Zielgröße „Sprungweite“ in disjunkte „Teilweiten“ zerlegt, deren mathematische Verknüpfung (additive) Z entspricht. Als disjunktes Zeitkriterium bieten sich Beginn und Ende von Stütz- und Flugphasen an und als räumliches Kriterium die Lage des KSP bzw. der Stütz(Fuß-Boden)kontakte in den diesen Zeitpunkten zugeordneten Bewegungsposen (Abb. 6.13).

Disjunkte Zeitkriterien: Absprungende, Landebeginn, -ende

Zugeordnete disjunkte Raumkriterien: Fuß-Bodenkontakt sowie senkrechte Projektion des KSP auf die Absprungebene am Absprungende

Tab. 6.9 Konstruktion eines elementaren hierarchisch aufgebauten deterministischen Modells für den Standweitsprung

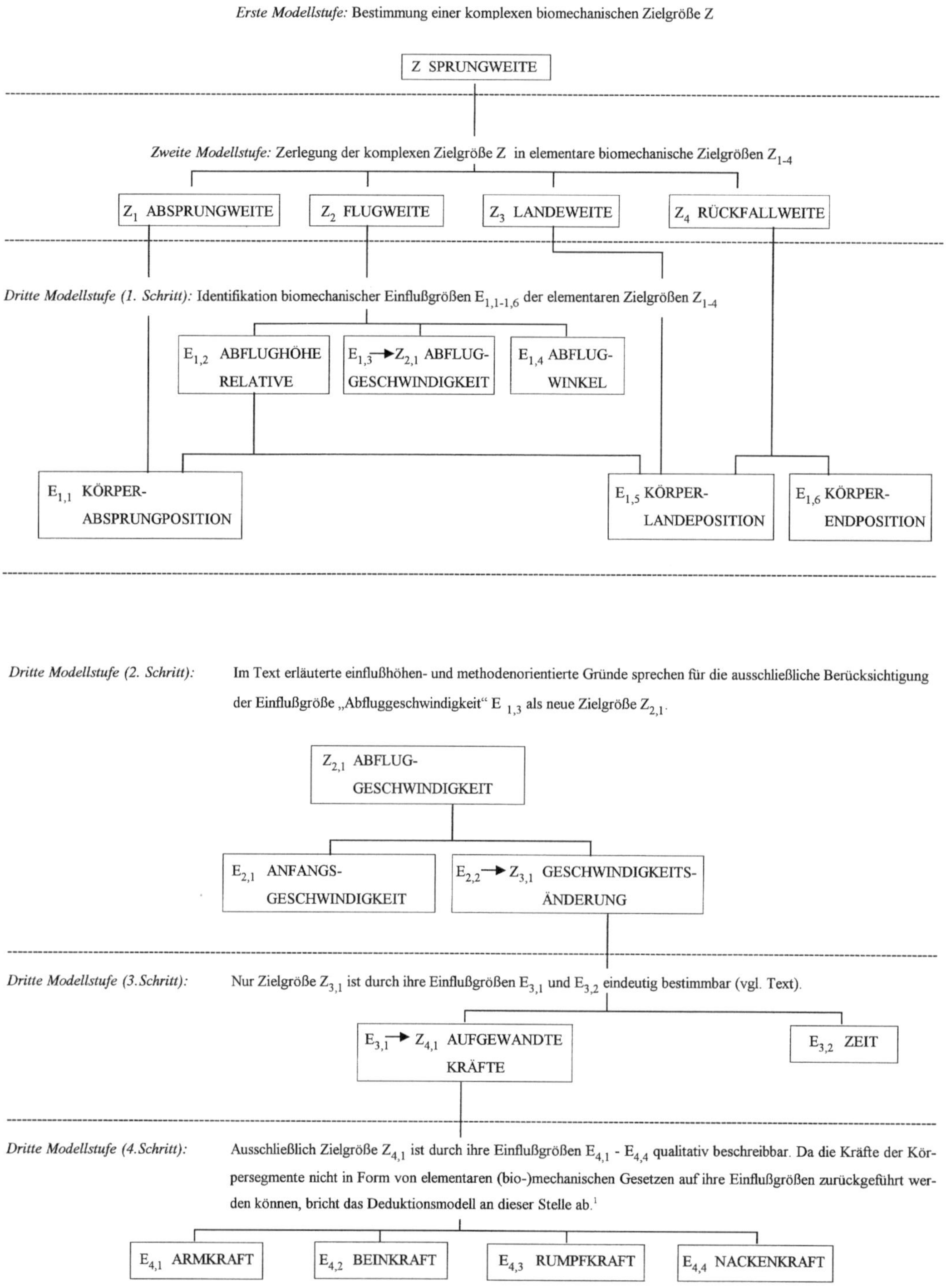

[1] vgl. Anmerkung 1, Katalog: Tab. IV

bzw. am Landebeginn, Fuß-Bodenkontakt und hinterer Landeeindruck (Hand, Gesäß, Schulter, ...) am Landeende

(3) Ergebnis der Zielansteuerung

Nach o. a. Zeit- und Raumkriterien läßt sich die Sprungweite w in die 4 Teilweiten w_{1-4} (Abb. 6.13) zerlegen: Absprungweite w_1, Flugweite w_2, Landeweite w_3 und Rückfallweite w_4:

$$w = w_1 + w_2 + w_3 - w_4$$

Absprungweite w_1:
Horizontaler Abstand am Absprungende zwischen
- dem vorderen Fuß-Bodenkontakt
  und
- der senkrechten Projektion des KSP auf die Absprungebene

Flugweite w_2:
Horizontaler Abstand zwischen der senkrechten Projektion des KSP auf die Absprungebene
- am Flugbeginn
  und
- am Flugende

Landeweite w_3:
Horizontaler Abstand am Landebeginn zwischen
- dem hinteren Fuß-Bodenkontakt
  und
- der senkrechten Projektion des KSP auf die Landeebene

Rückfallweite w_4:
Horizontaler Abstand am Sprungende zwischen
- dem hinteren Fuß-Bodenkontakt
  und
- dem hinteren Landeeindruck von (Hand, Gesäß, Schulter, ...).

6.5.4.3 Dritte Modellstufe

(1) Ziel:

Schrittweise deduktive Bestimmung biomechanischer Einflußgrößen der elementaren Zielgrößen unter Berücksichtigung (bio-)mechanischer Größen und Gesetze (Tab. 6.9).

(2) Allgemeines Verfahren zur Zielansteuerung:

Die Ansteuerung erfolgt nach 6.5.2.3(2) in mehreren Arbeitsschritten

1. Schritt: Qualitativ/quantitative Darstellung einer elementaren Zielgröße Z_i durch solche Einflußgrößen $E_{1,k}$ die diese Zielgröße eindeutig beschreiben.
2. Schritt: Die Einflußgrößen $E_{1,k}$ des ersten Schritts werden zu Zielgrößen $Z_{2,i}$ des zweiten Schritts sofern sie durch neue Einflußgrößen $E_{2,k}$ eindeutig in quantitativen Funktionsgleichungen zu bestimmen sind.
3./4./5./ ... Schritt: Dieses Verfahren kann so lange durchgeführt werden wie eine eindeutige Beschreibung der jeweiligen Zielgröße durch neue Einflußgrößen in Form von quantitativen Funktionsgleichungen möglich ist.

(3) Verfahren und Ergebnis der Zielansteuerung im Modellbeispiel „Standweitsprung"

1. Schritt
Ziel: Identifikation biomechanischer Einflußgrößen der elementaren biomechanischen Zielgrößen: Absprung-, Flug-, Lande-, Rückfallweite
Verfahren zur Zielansteuerung: Dem Katalog von *J.G. Hay* (Tab. I–VII) ist zu entnehmen:
- aus Spalte 1: Alphabetische Auflistung biomechanischer Zielgrößen, in vorliegendem Fall: Weg(Länge)
- aus Spalte 2: Darstellung physikalisch-mechanischer Relationen zwischen der biomechanischen Zielgröße „Weg(Länge)" und ihren Einflußgrößen in einer qualitativen Funktionsgleichung $Z = f(E_1, \ldots, E_n)$
- aus Spalte 4: Beispiele aus dem sportmotorischen Anwendungsbereich u.a. das Modellbeispiel „Standweitsprung"

Ergebnis der Kataloginformation (Tab. V: Zielgrößen „Flugweite" bzw. „Weg")

Weg	Qualitative Funktionsgleichungen
Absprungweite w_1	(w_1 =f (Körperabsprungposition))
Flugweite w_2	$w_2 = f(v_0, \alpha_0, h)$
Landeweite w_3	w_3 = f (Körperlandeposition)
Rückfallweite w_4	w_4 = f (Änderung der Körperposition zwischen Landebeginn und -ende)

Erläuterung: Die körperpositionsabhängigen Teilweiten: Absprung-, Lande- und Rückfallweite sind definitionsgemäß [s. 6.5.4.2] festgelegt durch folgende disjunkte Raumkriterien: Fuß-Bodenkontakt sowie senkrechte Projektion des KSP auf die Absprung-/Landeebene am Absprungende bzw. am Landebeginn, Fuß-Bodenkontakt und hinterer Landeeindruck (Hand, Gesäß, Schulter, ...) am Landeende. Die Bestimmung der Fuß-Bodenkontakte erfolgt mit Hilfe der Hochfrequenzbildmessung, die positionsabhängige Lage des KSP bzw. seiner senkrechten Projektion auf die Absprung-/Landeebene unter Anwendung der Analytischen Methode in der Anthropometrischen Biomechanik (s. 4.2.1).

Die Flugweite w_2 ist nach den kinematischen Gesetzen des schrägen Wurfs („Springen" ist ein „Werfen" des eigenen Körpers) eindeutig festgelegt durch den Betrag der Abfluggeschwindigkeit v_0, den Abflugwinkel φ_0 und durch die relative Flughöhe h (Abflughöhe h_A – Landehöhe h_L).

2. Schritt (Tab. 6.9)
Ziel: Identifikation biomechanischer Einflußgrößen der potentiellen neuen Zielgrößen „Körperabsprung-, Körperlande- und Körperendposition" sowie „Abfluggeschwindigkeit, relative Abflughöhe und Abflugwinkel".

Verfahren zur Zielansteuerung
Die Merkmale „Körperabsprung-, Körperlande- und Körperendposition" werden mit folgender Begründung nicht als neue Zielgrößen eingestuft: Bestimmungsgemäß sind diese Zielgrößen abhängig von der Lage eines (realen) Körperpunkts (Fußbodenkontakt) bzw. einer Körperfläche (Hand-, Gesäß-, Schulter-Bodenkontakt) und eines ideellen Körperpunkts (KSP). Die Lage des KSP ist vollständig bestimmt durch die vier biomechanischen Einflußgrößen: Körperteilmassen m_i, Schwerpunktradien r_i [Abstände der (Körper-)Teilschwerpunkte auf den Körperteillängenachsen l_i vom proximalen Gelenk] und Positionswinkeln φ_i der Körperteile gegenüber einem äußeren Bezugssystem (s. 4.2.1). Die Einflußgrößen m_i, r_i und l_i sind relativ konstante biomechanische Strukturmerkmale (biomechanisch-anthropometrische Merkmale). Unter dem Aspekt der Trainierbarkeit – jedoch nicht der Talentbestimmung – sind sie in unserem Modellbeispiel Einflußgrößen von sekundärem Rang, so daß die von ihnen abhängigen Körperpositionsmerkmale als Zielgrößen unberücksichtigt bleiben. Im Unterschied zu diesen Strukturmerkmalen sind die Positionswinkel funktionelle Größen, die infolge ihrer komplexen multifaktoriellen Abhängigkeit in unserem elementaren Modellbeispiel nicht als neue Zielgrößen auf ihre Einflußgrößen hin analysierbar sind.

Von den restlichen potentiellen Zielgrößen „Abfluggeschwindigkeit, relative Abflughöhe und Abflugwinkel" wird ausschließlich die Abfluggeschwindigkeit auf ihre Einflußgrößen hin untersucht und bleiben relative Abflughöhe bzw. Abflugwinkel als Körperpositionsmerkmal bzw. Winkelmerkmal aus o.a. Gründen unberücksichtigt. Nach o.a. Katalog enthält die für die Abfluggeschwindigkeit zuständige „Zeile" Geschwindigkeit (v) folgende Informationen (Tab. II):

- Spalte 2: Qualitative Funktionsgleichung: $v_0 = f(v_i, \Delta v)$
- Spalte 3: Quantitative Funktionsgleichung: $\vec{v}_0 = \vec{v}_i \pm \Delta\vec{v}$ ($\vec{v}_i$: präinitiale Geschwindigkeit, $\Delta\vec{v}$: Geschwindigkeitsänderung)
- Spalte 4: Sportmotorischer Anwendungsbereich: Weitsprung

Von den beiden im Katalog aufgeführten Einflußgrößen der Abfluggeschwindigkeit, nämlich Anfangsgeschwindigkeit und Geschwindigkeitsänderung ist lediglich die Geschwindigkeitsänderung modellrelevant, da die Anfangsgeschwindigkeit beim Standweitsprung gleich Null ist, sofern der Absprung ohne Vorbereitungsphase aus einer definierten Beugephase erfolgt. Die Geschwindigkeitsänderung wird somit zur einzigen Zielgröße des dritten Schritts.

3. Schritt (Tab. 6.9)
Ziel: Identifikation biomechanischer Einflußgrößen der Zielgröße „Geschwindigkeitsänderung", die im Fall eines Standweitsprungs ohne Vorbereitungsphase mit der Abfluggeschwindigkeit identisch ist.
Zielansteuerung: Ergebnis der Kataloginformation (Tab. III).

Geschwindigkeitsänderung:
$\Delta v = f(\bar{F}, T, m)$ *(qualitative Funktionsgleichung)*

$$\Delta\vec{v} = \frac{\vec{\bar{F}} \cdot T}{m} \quad \textit{(quantitative Funktionsgleichung)}$$

Der Katalog informiert nicht über die gegenläufige Relation zwischen mittlerer Beschleunigungskraft $\bar{F}$ und Beschleunigungsdauer Δt. Damit entfallen weitere Einflußgrößen für die Beschleunigungsdauer im Unterschied zur Einflußgröße $\vec{\bar{F}}$ („Aufgewandte Kräfte") $E_{3,1}$, die als eine qualitativ beschreibbare Zielgröße $Z_{4,1}$ des 4. Schritts dient.

4. Schritt (Tab. 6.9)
Aus darstellungs- und informationsökonomischen Erwägungen weisen wir lediglich auf eine qualitative Beschreibung der Zielgröße „Aufgewandte Kräfte“ in Form von Kräften der Körpersegmente hin, ohne auf das komplexe Problem der intersegmentellen Dynamik einzugehen (vgl. Anmerkung 1), Tab. IV). Da die Kräfte der Körpersegmente $E_{4,1}$–$E_{4,4}$ nicht mit Hilfe von elementaren (bio-)mechanischen Gesetzen auf ihre Einflußgrößen (s. Kap. 8) zurückgeführt werden können, bricht das Deduktionsmodell an dieser Stelle ab.

6.5.5 Katalog nach J.G. Hay zur Konstruktion elementarer deterministischer Modelle für sportmotorische Techniken

Darstellung und modifizierte Beschreibung der von *Hay* (1978) entwickelten Modellmethode erfolgte in den vorangehenden Abschnitten 6.5.1–6.5.4. Vorliegender Abschnitt beinhaltet in den Tab. I–VII einen anwendungsorientiert aufgebauten Katalog zur Konstruktion elementarer deterministischer Modelle für sportmotorische Techniken, deren biomechanische Zielgrößen unter Spalte 1 in alphabetischer Reihenfolge aufgelistet sind. Tab. VIII enthält die im Katalog aufgeführten „physikalischen Größen, ihre Formelzeichen und Einheiten“. Die folgenden Ausführungen dienen einer kurzgefaßten Erläuterung des Katalogs.

(1) Qualitative Funktionsgleichungen (Spalte 2):

In ihnen wird nicht zwischen vektoriellen und skalaren Größen (s. Kap. 3.1) unterschieden, da diese Spalte ausschließlich in einer qualitativen Form über die biomechanischen Einflußgrößen einer bestimmten biomechanischen Zielgröße informiert.

Beispielsweise sagt die qualitative Funktionsgleichung $\Delta\overline{v} = f(\overline{F},T,m)$ aus, daß die Zielgröße „Geschwindigkeitsänderung $\Delta\overline{v}$“ eindeutig durch die Einflußgrößen (Qualitäten) Beschleunigungskraft $\overline{F}$, Beschleunigungsdauer T und Masse m des beschleunigten Körpers bestimmt ist.

(2) Quantitative Funktionsgleichungen (Spalte 3):

Sie ermöglichen die Berechnung des Betrags einer Zielgröße aus ihren Einflußgrößen und – sofern vektorielle Einflußgrößen vorliegen – auch die Richtungsbestimmung der Zielgröße. Zum Beispiel legt in

$$\Delta\vec{v} = \frac{\vec{\overline{F}} \cdot T}{m}$$

die Richtung der Beschleunigungskraft $\vec{F}$ die mit der Kraftrichtung identische Richtung der Geschwindigkeitsänderung $\Delta\vec{v}$ fest. Aus

$$\overline{F} \cdot \frac{T}{m}$$

errechnet sich der Betrag dieser Änderung $|\Delta\vec{v}|$.

(3) Geschwindigkeiten und Kräfte in skalarer Form

(3.1) Die biomechanischen Zielgrößen (Ballgeschwindigkeit nach Kontakt mit dem Boden, ... und Ballgeschwindigkeit nach einem Schlag) enthalten in ihren quantitativen Funktionsgleichungen als Einflußgrößen Geschwindigkeiten (u: Ballgeschwindigkeit vor dem Stoß und u_1: Anfangsgeschwindigkeit des Balles), jedoch in skalarer Form. Anhand der Beträge dieser Einflußgrößen lassen sich nach o.a. Funktionsgleichungen in Tab. III nur der Betrag und nicht die Richtung der Zielgröße „Ballgeschwindigkeit nach Bodenkontakt“ bzw. „Ballgeschwindigkeit nach einem Schlag“ berechnen.

(3.2) Ein weiteres Beispiel bezieht sich auf die zyklische Geschwindigkeit v_z. Sie ist – in scheinbarem Widerspruch zum vektoriellen Charakter einer Geschwindigkeit – eine skalare Größe wie sich aus ihrer Definition als Produkt aus Zykluslänge (richtungsfreie Distanzangabe) und Zyklusfrequenz (Zyklenanzahl pro Zeiteinheit), d. h. aus einem Produkt von zwei Skalaren ergibt.

(3.3) Ein drittes Beispiel betrifft den dynamischen Auftrieb F_{dyn}, der mit Ausnahme der Anströmungsgeschwindigkeit $\vec{v}$ nur von skalaren Einflußgrößen bestimmt ist. Da die Anströmungsgeschwindigkeit als quadrierte Größe in die Funktionsgleichung eingeht und das skalare Produkt eines Vektors mit sich selbst eine skalare Größe ist

$$(\vec{v} \cdot \vec{v} = v^2),$$

beschreibt die im Katalog aufgeführte Funktionsgleichung für den dynamischen Auftrieb nur den Betrag und nicht die Richtung dieses Auftriebs.

(4) Translatorische Geschwindigkeiten in vektorieller Form

Im Unterschied zur skalaren Form der Geschwindigkeit in den Beispielen (3.1) und (3.2) sind in der Funktionsgleichung

$$\vec{v}_0 = \vec{v}_i \pm \Delta\vec{v}$$

($\vec{v}_0$: Anfangsgeschwindigkeit, $\vec{v}_i$: präinitiale Geschwindigkeit, $\Delta\vec{v}$: Geschwindigkeitsänderung) die Richtung der translatorischen Einzelgeschwindigkeiten und damit ihr vektorieller Charakter berücksichtigt. In diesem Fall entspricht $\vec{v}_0$ der geometrischen und nicht der algebraischen Summe aus $\vec{v}_i$ und $\Delta\vec{v}$ (s. Kap. 3.1).

(5) Addition von Drehimpulsen
Aus der Funktionsgleichung (Tab. I)

$$\vec{L}_0 = \vec{L}_L \pm \Delta\vec{L}$$

errechnet sich der „Drehimpuls bei Absprungende $\vec{L}_0$" aus den beiden Komponenten „Drehimpuls bei Absprungbeginn $\vec{L}_L$" und „Drehimpulsänderung $\Delta\vec{L}$ während des Absprungs". Drehimpulse sind vektorielle Größen, die durch einen axialen in der Drehachse liegenden Vektor dargestellt werden. Seine Länge entspricht dem Betrag des Drehimpulses. Der resultierende Drehimpuls $\vec{L}_0$ ist gleich der Summe aus den Drehimpulsen $\vec{L}_L$ und $\Delta\vec{L}$. Hierbei sind zwei Fälle zu unterscheiden:

- Verlaufen die Drehachsen parallel, so ergibt sich die Summe aus einer algebraischen Addition, wobei linksdrehende (im Gegenuhrzeigersinn gerichtete) Drehimpulse allgemein als positiv, rechtsdrehende (im Uhrzeigersinn gerichtete) als negativ bezeichnet werden. Während des Absprungs zum Doppelsalto rückwärts wird nach *Brüggemann* (1989, S. 241) ein positiver Drehimpuls um die Breitenachse des Turners von ca $\Delta\vec{L}$ = 60 kgm²/s erzeugt. Diese Impulsänderung während des Absprungs reduziert den negativen Breitenachsendrehimpuls bei Absprungbeginn $\vec{L}_L$ = –130 kgm²/s nach o.a. Gleichung auf den negativen Breitenachsendrehimpuls $\vec{L}_0$= –70 kgm²/s.

$$\vec{L}_0 = \vec{L}_L \pm \Delta\vec{L}$$

$$\vec{L}_0 = (-130 + 60)\ \text{kgm}^2/\text{s} = -70\ \text{kgm}^2/\text{s}$$

- Verlaufen die Drehachsen nicht parallel, so ergibt sich ihre Summe aus einer geometrischen Addition (s. Kap. 3.1).

(6) Exemplarische Verknüpfung einer Kombination von Zielgrößen bzw. Einflußgrößen beim Doppelsalto rückwärts am Boden.

1) Bestimmung des Breitenachsen-Anfangdrehimpulses $\vec{L}_0$ nach der Funktionsgleichung

$$\vec{L}_0 = \vec{L}_L \pm \Delta\vec{L}$$

2) Bestimmung des zurückgelegten Winkelwegs (Drehwinkels) γ um die Breitenachse im Flug aus dem Breitenachsen-Anfangsdrehimpuls $\vec{L}_0$ und der Flugdauer T sowie dem mittleren Massenträgheitsmoment (Drehwiderstand) im Flug $\bar{J}_F$ (Tab. VI):

$$\gamma = \frac{\vec{L}_0 \cdot T}{\bar{J}_F}$$

3) Bestimmung der vertikalen Abfluggeschwindigkeit v_{0Z} aus der Flugdauer T_F
Aus der Funktionsgleichung (Tab. IV):

$$T_F = \frac{v_0 \cdot \sin\varphi_0 + \sqrt{(v_0 \cdot \sin\varphi_0)^2 + 2gh}}{g}$$

folgt für die vertikale Abfluggeschwindigkeit v_{0Z} der Abflugwinkel φ_0 = 90° und für die relative Abflughöhe h = 0 (Abflughöhe = Landehöhe):

$$T_F = \frac{2v_{oz}}{g} \Rightarrow v_{oz} = \frac{1}{2} \cdot T_F \cdot g$$

4) Mit diesem Beispiel verbinden sich zwei Anwendungsfälle des Katalogs

- Verknüpfen einer Kombination von Zielgrößen unter Verwendung der entsprechenden Funktionsgleichungen, um die wechselseitigen Zusammenhänge zwischen diesen Größen zu bestimmen.
  Nach Berechnung des Breitenachsen-Anfangsdrehimpulses L_0 unter 1) stellt sich beim Doppelsalto rückwärts die Frage nach dem verfügbaren Betrag des Drehwinkels γ um die Breitenachse im Flug (Sollwert: ca. 720°). Dieser ist nach 2) einmal abhängig von der Flugdauer T_F und zum anderen vom mittleren Drehwiderstand im Flug $\bar{J}_F$. Der Drehwiderstand ist um so kleiner, je schneller nach dem Absprung ein extremes Anhocken der Beine und je später ein Strecken der Beine vor der Landung erfolgt. 3) ermöglicht die Berechnung der für die Flugdauer des Doppelsaltos notwendigen vertikalen Abfluggeschwindigkeit.
- Auflösen einer Funktionsgleichung nach einer ihrer Einflußgrößen
  In 3) wird die Funktionsgleichung $T_F = f(v_0, \varphi_0, g, h)$ unter der Bedingung h = 0, φ_0 = 90° nach $v_{0Z} = f(T_F, g)$ aufgelöst. Mit Hilfe der Auflösung vorhandener Funktionsgleichungen nach einer als Zielgröße gefragten Einflußgröße ergibt sich ein erweitertes Spektrum für neue Zielgrößen.

Katalog: Tab. I

Biomechanische Zielgrößen	Qualitative Funktionsgleichungen zwischen Ziel- und Einflußgrößen	Quantitative Funktionsgleichungen zwischen Ziel- und Einflußgrößen	Sportmotorischer Anwendungsbereich	Sportmotorisches Anwendungsbeispiel
Auftriebskraft (dynamische)	$F_{dyn} = f(c_A, A, \rho, v)$	$F_{dyn} = \frac{c_A \cdot A \cdot \rho \cdot v^2}{2}$	Kanufahren Rudern Diskuswerfen Speerwerfen Segeln Skispringen Schwimmen Wasserski Windsurfen	Wasserski dyn. AUFTRIEB d. SKIER Auftriebs-koeffizient [c_A] Angeströmte Fläche [A] Anströmungs-geschwindigkeit [v] Dichte des Wassers [ρ]
Anfangsdrehimpuls[1] Drehimpuls	$L_0 = f(L_L, \Delta L)$	$\vec{L}_0 = \vec{L}_L \pm \Delta\vec{L}$ $\vec{L}_0 = J \cdot \vec{\omega}_0$ $\vec{L} = J \cdot \vec{\omega}$	Turnen - Abgänge - Überschläge - Sprünge Kunstspringen Trampolinspringen Hochsprung Weitsprung Eiskunstlauf	Doppelsalto rückwärts am Boden DREHIMPULS BEIM ABFLUG [L_0] Drehimpuls [L_L] bei Berührung des Bodens Drehimpuls-änderung [ΔL] während des Stützes
Drehimpulsänderung[2]	$\Delta L = f(\overline{M}, T)$	$\Delta\vec{L} = \vec{\overline{M}} \cdot T$	Kunstspringen Trampolinspringen Turnen - Abgänge - Überschläge - Sprünge Hochsprung Weitsprung	Handstützüberschlag DREHIMPULSÄNDERUNG [ΔL] WÄHREND DES HANDSTÜTZES mittleres Dreh-moment [$\overline{M}$] in bezug auf den KSP des Turners Stütz-dauer [T]

[1/2] vgl. 3.4.2.2/3/4

Katalog: Tab. II

Biomechanische Zielgrößen	Qualitative Funktionsgleichungen zwischen Ziel- und Einflußgrößen	Quantitative Funktionsgleichungen zwischen Ziel- und Einflußgrößen	Sportmotorischer Anwendungsbereich	Sportmotorisches Anwendungsbeispiel
Frequenz (polyzyklisch)	$\bar{f}_Z = f(\bar{T}_Z)$ f_Z: Zyklusfrequenz T_Z: Zyklusdauer	$\bar{f}_Z = \frac{1}{\bar{T}_Z}$	Kanufahren Radfahren Hürdenlauf Rudern Laufen Skilanglauf Eisschnellauf Schwimmen Rollstuhlrennen Holzhacken	Laufen MITTLERE SCHRITTFREQUENZ $[\bar{f}_Z]$ mittlere Schrittdauer $[\bar{T}_Z]$
Geschwindigkeit (monozyklisch)	$v_0 = f(v_i, \Delta v)$	$\vec{v}_0 = \vec{v}_i \pm \Delta \vec{v}$	Kunstspringen Turnen Sprünge Dreisprung Hochsprung Weitsprung Laufen	Kunstspringen ABFLUG-GESCHWINDIGKEIT $[v_0]$ Geschwindigkeit $[v_i]$ zu Beginn des Stützes Geschwindigkeitsänderung $[\Delta v]$ während des Stützes
Geschwindigkeit (polyzyklisch)	$\bar{v}_Z = f(\bar{l}_Z, \bar{f}_Z)$	$\bar{v}_Z = \bar{l}_Z \cdot \bar{f}_Z$	Kanufahren Radfahren Rudern Laufen Eisschnellauf Rollschuhlauf Skilanglauf Schwimmen Gehen Rollstuhlrennen	Laufen MITTLERE LAUF-GESCHWINDIGKEIT $[\bar{v}_Z]$ mittlere Schrittlänge $[\bar{l}_Z]$ mittlere Schrittfrequenz $[\bar{f}_Z]$

Katalog: Tab. III

Biomechanische Zielgrößen	Qualitative Funktionsgleichungen zwischen Ziel- und Einflußgrößen	Quantitative Funktionsgleichungen zwischen Ziel- und Einflußgrößen	Sportmotorischer Anwendungsbereich	Sportmotorisches Anwendungsbeispiel
Geschwindigkeitsänderung (in Richtung der Beschleunigungskraft F)	$\Delta v = f(\bar{F}, T, m)$	$\Delta\vec{v} = \frac{\vec{\bar{F}} \cdot T}{m}$	Lauf / -start Hochsprung Weitsprung Standweitsprung Eisschnellaufstart Schwimmstart Vertikalsprünge	Lauf HORIZONTALE GESCHWINDIGKEITSÄNDERUNG [Δv_x] mittlere horizontale Bodenreaktionskraft [$\bar{F}_x$] Wirkungsdauer [T]
Geschwindigkeit des Balls nach Kontakt mit Boden, Wand, ...	$v = f(u, e, \bar{F}_R)$	(ohne Berücksichtigung der Winkelgeschwindigkeit des Balls) $v = u \cdot e - \Delta v_R$ (1) $\Delta v_R = \frac{\bar{F}_R \cdot T}{m}$ (2) $v = u \cdot e - \frac{\bar{F}_R \cdot T}{m}$ (2)in(1)	Basketball Handball Squash Tischtennis Tennis	Basketball GESCHWINDIGKEIT [v] DES BODENPASSES Geschw. vor dem Stoß [u] Restitutionskoeffizient [e] Geschwindigkeitsverlust [Δv_R] mittlere Reibungskraft [$\bar{F}_R$] Wirkungsdauer [T] Ballmasse [m]
Geschwindigkeit nach einem Schlag	$v = f(m_1, m_2, u_1, u_2, e, \varphi)$	(ohne Berücksichtigung der Winkelgeschwindigkeit des Balls)	Baseball Billiard Football Golf	Tischtennisschlag GESCHWINDIGKEIT [v] DES BALLS NACH DEM SCHLAG Masse des Balls [m_1] Masse des Schlägers [m_2] Sportgerät/Körperteil Anfangsgeschw. des Balls [u_1] Schlaggeschw. des Schlägers [u_2] Winkelrichtung zw. Schlagricht. u. Auftreffricht. des Balls [φ] Restitutionskoeffizient [e]
(auf fliegenden Ball)	$v = \sqrt{\left[\frac{m_2 u_2(1+e) + u_1 \cdot \cos\varphi \cdot (em_2 - m_1)}{m_1 + m_2}\right]^2 + (u_1 \sin\varphi)^2}$		Hockey Feldhockey Fußball	
(auf ruhenden Ball)	Spezialfall $u_1 = 0$	$v = \frac{m_2 \cdot u_2(1+e)}{m_1 + m_2}$ $= \frac{u_2(1+e)}{1 + \frac{m_1}{m_2}}$	Squash Tischtennis Tennis Volleyball	

Katalog: Tab. IV

Biomechanische Zielgrößen	Qualitative Funktionsgleichungen zwischen Ziel- und Einflußgrößen	Quantitative Funktionsgleichungen zwischen Ziel- und Einflußgrößen	Sportmotorischer Anwendungsbereich	Sportmotorisches Anwendungsbeispiel
Höhe	$h = f(h_1, h_2, \ldots, h_N)$	$h = h_1+h_2+\ldots+h_N$	Hochsprung Stabhochsprung Vertikalsprünge	Hochsprung (Abb. 2.6) SPRUNGLATTENHÖHE [h] Abflughöhe [h_1] · Flughöhe [h_2] · Lattenüberhöh. [h_3]
Höhe	(siehe auch „Weg“)			
Kraft[1]	$F = f(F_1, F_2, \ldots, F_N)$	$\vec{F} = \vec{F}_1 + \vec{F}_2 + \ldots + \vec{F}_N$	Gewichtheben Kanufahren Rudern Schlagen Werfen Springen	Rudern KRAFT AM RIEMEN [F] Kraft [F_1] der Beine · Kraft [F_2] des Rumpfes · Kraft [F_3] der Arme
Sprung- / Flughöhe	$h_F = f(v_0, \varphi_0, h_0, g)$	$h_F = \frac{(v_0 \cdot \sin\varphi_0)^2}{2g} + h_0$	Hochsprung Stabhochsprung Vertikalsprünge Volleyball - Block - Angriffsschlag	Volleyball Block SPRUNGHÖHE [h_F] Abflug-geschwindigk. [v_0] · Abflug-winkel [φ_0] · Abflug-höhe [h_0]
Sprung- / Flugdauer	$T_F = f(v_0, \varphi_0, g, h)$ $T_F = \frac{v_0 \cdot \sin\varphi_0 + \sqrt{(v_0 \cdot \sin\varphi_0)^2 + 2gh}}{g}$		Hochsprung Stabhochsprung Vertikalsprünge Trampolinspringen Turnen -Abgänge - Überschläge - Sprüge Volleyball - Block - Angriffsschlag	Volleyball Block FLUGDAUER [T_F] Abflug-geschwindig-keit [v_0] · Abflug-winkel [φ_0] · relative Abflug-höhe [h]

1) Die von *J. Hay* übernommenen Funktionsgleichungen der „Kraft am Riemen“ sind in qualitativer und quantitativer Hinsicht eine unzulässige – als Negativbeispiel dienende – Vereinfachung, da die Grundgleichung der intersegmentellen Dynamik unberücksichtigt bleibt. Hiernach bestimmen die Kräfte am Riemen nicht nur die Muskelkräfte von Beine, Rumpf und Arme, sondern auch die wechselseitige Wirkung zwischen diesen Körpersegmenten (→ u.a. intersegmentelle Impulsübertragung) sowie äußere Kräfte (Schwer-, Reibungs-, Strömungswiderstandskräfte).

Katalog: Tab. V

Biomechanische Zielgrößen	Qualitative Funktionsgleichungen zwischen Ziel- und Einflußgrößen	Quantitative Funktionsgleichungen zwischen Ziel- und Einflußgrößen	Sportmotorischer Anwendungsbereich	Sportmotorisches Anwendungsbeispiel
Stoß- / Sprung- / Flugweite	$w = f(v_0, \varphi_0, h)$	$w = \frac{v_0^2 \sin\varphi_0 \cos\varphi_0 + v_0 \cos\varphi_0 \sqrt{(v_0 \sin\varphi_0)^2 + 2gh}}{g}$	Dreisprung Weitsprung Standweitsprung Kugelstoß	Kugelstoß (s. Abb. 1.1) FLUGWEITE [w] – Abflug-geschw. [v_0] – Abflug-winkel [φ_0] – relative Abflug-höhe [h]
Strömungs-widerstand	$F_W = f(c_w, A, \rho, v_{rel})$	$F_W = c_W \cdot A \cdot \frac{\rho}{2} \cdot v_{rel}^2$	Kanufahren Rudern Diskuswerfen Speerwerfen Segeln Skispringen Schwimmen Wasserski Windsurfen	Schwimmen STRÖMUNGSWIDERSTAND [F_w] – Widerstands-koeffizient [c_w] – Stirn-fläche [A] – Relativ-geschwindigkeit [v_{rel}] (zwischen Körper und Wasser) – Dichte des Wassers [ρ]
Weg (Höhe / Weite)	w = f (Körperposition) w = f (Körperanfangs-/ Körperend-position) w = f (Änderung der Körperposition)	$w = w_1 + w_2 + \ldots + w_N$	Hochsprung Speerwerfen Standweitsprung Volleyball - Angriffsschlag Vertikalsprünge	Standweitsprung (Abb. 6.13) SPRUNGWEITE [w] – Abflug-weite [w_1] – Flug-weite [w_2] – Lande-weite [w_3] – Rück-fallweite [w_4]

Katalog: Tab. VI

Biomechanische Zielgrößen	**Qualitative** Funktionsgleichungen zwischen Ziel- und Einflußgrößen	**Quantitative** Funktionsgleichungen zwischen Ziel- und Einflußgrößen	**Sportmotorischer Anwendungsbereich**	**Sportmotorisches Anwendungsbeispiel**
Winkelweg im Flug	$\gamma = f(L_0, \bar{J}_F, T_F)$	$\gamma = \frac{L_0 \cdot T_F}{\bar{J}_F}$	Kunstspringen Trampolinspringen Turnen - Abgänge - Überschläge - Sprünge	Doppelsalto Abgang am Barren ZURÜCKGELEGTER WINKELWEG DES TURNERS [γ] Anfangs-drehimpuls [L_0] Mittleres Trägheits-moment [$\bar{J}_F$] Flugdauer [T_F] Abflug-geschwindig-keit [v_0] Abflug-winkel [φ_0] relative Abflug-höhe [h]
Wasser- / Luftkraft	$F_{res} = f(F_W, F_{dyn})$	$F_{res} = \sqrt{(F_W^2 + F_{dyn}^2)}$	Kanufahren Rudern Diskuswerfen Speerwerfen Segeln Skispringen Schwimmen Wasserski Windsurfen	Schwimmen WASSERKRAFT [F_{res}] AN DEN HÄNDEN dynamische Auftriebskraft [F_{dyn}] Strömungs. Widerstand [F_W]
Zeit (Dauer)	$t = f(s, \bar{v})$	$t = \frac{s}{\bar{v}}$	Kanufahren Radfahren Rudern Laufen Ski-Alpin Skilanglauf Eisschnellauf Schwimmen	Ski-Slalom ZEIT [t] Länge [s] der Slalomstrecke mittlere Geschwindigkeit [$\bar{v}$]

Katalog: Tab. VII

Biomechanische Zielgrößen	Qualitative Funktionsgleichungen zwischen Ziel- und Einflußgrößen	Quantitative Funktionsgleichungen zwischen Ziel- und Einflußgrößen	Sportmotorischer Anwendungsbereich	Sportmotorisches Anwendungsbeispiel
Zeit	$T = f(T_1, T_2, \ldots, T_N)$	$T = T_1+T_2+\ldots+T_N$	Schwimmen - Starts - Wenden Leichtathletik - Starts	Brustschwimmen Wende ZEIT [T] Handkontakt-dauer [T_1] Fußkontakt-dauer [T_3] Dauer ohne Kontakt [T_2] Gleitdauer [T_4]
Zeit (Schlagdauer)	$T_Z = f(T_{Zu}, T_R)$	$T_Z = T_{Zu}+T_R$	Kanufahren Rudern Schwimmen - Delphin - Brust Rollstuhlrennen Holzhacken	Rudern SCHLAGDAUER [T_Z] Zugdauer [T_{Zu}] Rückhol-dauer [T_R]
Zeit (Schrittdauer)	$T_Z = f(T_S, T_F)$	$T_Z = T_S+T_F$	Hürdenlauf Laufen	Laufen SCHRITTDAUER [T_Z] Stützdauer [T_S] Flugdauer [T_F]
Zeit (Schrittdauer)	$T_Z = f(T_{ES}, T_{DS})$	$T_T = T_{ES}+T_{DS}$	Eislaufen Skilanglauf Gehen	Skilanglauf SCHRITTDAUER [T_Z] Einzel-stützdauer [T_{ES}] Doppel-stützdauer [T_{DS}]

Tab. VIII Physikalische Größen, Formelzeichen und Einheiten

Formelzeichen	Einheiten	Physikalische Größen
A	[m²]	Fläche
γ	[rad] [°]	Winkelweg
c_A	[–]	Auftriebskoeffizient
c_w	[–]	Widerstandskoeffizient
e	[–]	Restitutionskoeffizient
F	[N]	Kraft
F_x	[N]	horizontale Kraftkomponente
F_{dyn}	[N]	Auftriebskraft
F_R	[N]	Reibungskraft
$F_1, F_2, \ldots, F_N$	[N]	Kraft Nr. 1, etc.
F_{res}	[N]	Luft-/Wasserkraft
F_W	[N]	Strömungswiderstand
f	[Hz]	Frequenz
f_z	[Hz]	Zyklusfrequenz
g	$\left[\frac{m}{s^2}\right]$	Erdbeschleunigung
h	[m]	relative Abflughöhe (h_o–h_L)
h_o	[m]	Abflughöhe
h_F	[m]	Flughöhe
h_L	[m]	Landehöhe
$h_1, h_2, \ldots, h_N$	[m]	Höhe Nr. 1, etc.
J	[kg m²]	Massenträgheitsmoment
$\overline{J}_F$	[kg m²]	mittleres Trägheitsmoment des Körpers in bezug zur Rotationsachse während des Flugs
L	[Js]	Drehimpuls
L_O	[Js]	Anfangsdrehimpuls
L_L	[Js]	Landedrehimpuls
ΔL	[Js]	Drehimpulsänderung
l	[m]	Länge
l_s	[m]	Schrittlänge
l_z	[m]	Zykluslänge
M	[Nm]	Drehmoment
m	[kg]	Masse
$m_1, m_2, \ldots m_N$	[kg]	Masse des Körpers Nr. 1, etc.

Formelzeichen	Einheiten	Physikalische Größen
ρ	$\left[\frac{kg}{m^3}\right]$	Dichte
s	[m]	Länge/Weg
T	[s]	Zeitintervall/Periodendauer
$T_1, T_2, \ldots, T_N$	[s]	Teilzeit Nr. 1, etc.
T_{DS}	[s]	Doppelstütz-Dauer
T_{ES}	[s]	Einzelstütz-Dauer
T_F	[s]	Flugdauer
T_R	[s]	Rückholdauer
T_S	[s]	Stütz-, Kontakt-, Schlag- bzw.Schrittdauer
T_Z	[s]	Zyklusdauer
T_{Zu}	[s]	Zugdauer
t	[s]	Zeit
$t_1, t_2, \ldots, t_N$	[s]	Zeitpunkt Nr. 1, etc.
u	$\left[\frac{m}{s}\right]$	Geschwindigkeit vor dem Stoß
$u_1, u_2, \ldots u_N$	$\left[\frac{m}{s}\right]$	Geschwindigkeit des Körpers Nr. 1, etc.
v	$\left[\frac{m}{s}\right]$	Geschwindigkeit
v_0	$\left[\frac{m}{s}\right]$	Anfangsgeschwindigkeit/ Abfluggeschwindigkeit
v_i	$\left[\frac{m}{s}\right]$	(prä-)initiale Geschwindigkeit
v_{rel}	$\left[\frac{m}{s}\right]$	relative Geschwindigkeit
v_Z	$\left[\frac{m}{s}\right]$	Zyklusgeschwindigkeit
Δv	$\left[\frac{m}{s}\right]$	Geschwindigkeitsänderung
w	[m]	Flug-/Stoß-/Wurfweite
$w_1, w_2, \ldots, w_4$	[m]	Teilweiten Nr. 1–4
φ	[rad] [°]	Winkel
φ_0	[rad] [°]	Abflugwinkel
ω	$\left[\frac{1}{s}\right]$	Winkelgeschwindigkeit/ Kreisfrequenz
ω_0	$\left[\frac{1}{s}\right]$	Abflugwinkelgeschwindigkeit

6.6 Literatur

Ballreich, R.: Weitsprung-Analyse. In: *F. Fetz* (Hrsg.), Sportwissenschaftliche Arbeiten, Bd. 3. Bartels & Wernitz, Berlin-München-Frankfurt 1970

Ballreich, R., P. Brüggemann: Biomechanik des Weitsprungs. In: *R. Ballreich, A. Kuhlow* (Hrsg.), Biomechanik der Leichtathletik. Enke, Stuttgart 1986

Ballreich, R., A. Kuhlow-Ballreich: Einführung in die Biomechanik der Sportspiele. In: *R. Ballreich, A. Kuhlow-Ballreich* (Hrsg.). Biomekchanik der Sportspiele. Teil I. Enke, Stuttgart 1982, S. 1–7

Ballreich, R. und Mitarb.: Biomechanische Grenzwertbereiche von hochdynamischen Gelenkbewegungen der unteren Extremitäten in der sagittalen Bewegungsebene. Unveröffentl. Forschungsbericht an das Bundesinstitut für Sportwissenschaft, Frankfurt 1984

Barham, J.N.: Mechanical Kinesiology. Saint Louis 1978 (Deutsche Übersetzung von *A. Kuhlow:* Mechanische Kinesiologie. Thieme, Stuttgart 1982)

Bashenow, L.B., B.W. Birjukow: Einige philosophische Probleme der Modellierung biologischer Objekte. In: *H. Matthies, F. Pliquett* (Hrsg.): Mathematische Modellierung von Lebensprozessen. Berlin 1972

Baumann, W.: Deterministisches Modell zur Schätzung der Einflußhöhe mechanischer Faktoren auf die Fahrzeit beim Rennrodeln. In: *R. Ballreich* und Mitarb. (Hrsg.), Trainingswissenschaft. Limpert, Bad Homburg 1982

Bernstein, N.A.: Modelle als Mittel des Studiums nervalmotorischer Prozesse. Vorträge der Akad. d. Päd. W. der RSFSR. 2/1958

Bertalanffy, L.V. und Mitarb.: Biophysik des Fließgleichgewichts. Berlin 1977

Bortz, J.: Statistik für Sozialwissenschaftler. 4. vollst. überarb. Aufl., Springer, Berlin, Heidelberg, New York, London, Paris, Tokyo, Hongkong, Barcelona, Budapest 1993

Brüggemann, P.: Biomechanische Analyse symmetrischer Absprungbewegungen im Gerätturnen. In: *F. Fetz, R. Ballreich* (Hrsg.): Sportwissenschaftliche Arbeiten. Bd. 10. Bartels u. Wernitz, Berlin 1983

Brüggemann, P.: Kunstturnen. In: *K. Willimczik* (Hrsg.): Biomechanik der Sportarten. Rowohlt, Hamburg 1989, S. 232–267

Clauss, G., H. Ebner: Grundlagen der Statistik. Berlin 1974

Djatschkow, V.M.: Die Steuerung und Optimierung des Trainingsprozesses. Sportverlag, Berlin 1974

Gaensslein, H., W. Schubö: Einfache und komplexe statistische Analyse. München-Basel 1973

Gutewort, W., R. Pöhlmann: Biomechanik – Motorik. Theorie und Praxis der Körperkultur, Jg. 15, 1966

Harbordt, S.: Computersimulation in den Sozialwissenschaften. Bd. I. Hamburg 1974

Hay, J.G.: Die Haytechnik: Das Nonplusultra im Hochsprung? Leistungssport, Jg. 3, 1973

Hay, J.G.: The Biomechanics of Sports Techniques. New Jersey 1978

Hay, J.G.: The identification and ordering of the technical factors limiting performance. Vortrag auf dem Weltkongreß für Ssportmedizin. Brasilien 1978

Hay, J.G.: Zur Sportmechanik der Sportspiele. Leistungssport 10,2 (1980) 124–131

Hatze, H.: Eine Fundamentalhypothese der Bewegungslehre des Sports. Sportwissenschaft, Jg. 6, 1976

Hochmuth, G., G. Marhold: Zur Weiterentwicklung der biomechanischen Prinzipien. Theorie und Praxis der Körperkultur, Jg. 27, 1978

John, B.: Statistische Verfahren für Technische Meßreihen. München-Wien 1979

Klaus, G., H. Liebscher: Wörterbuch der Kybernetik. Berlin 1976

Letzelter, M.: Schrittzahl, Schrittlänge und Schrittfrequenz beim Sprint der Frauen. In: *P. Knebel* (Red.), Biomedizin und Training. Bartels & Wernitz, Berlin 1972

Marino, G.W., C.J. Dillmann: Multiple Regression Models of the Mechanics of the Acceleration Phase of Ice Skating. In *F. Landry, W.A.R. Orban* (Hrsg.), Biomechanics of Sport and Kinanthropometry. Miami 1978

Matthies, H., F. Pliquett: Mathematische Modellierung von Lebensprozessen. Berlin 1972

Miller, D.I.: Computer simulation of human motion. In: *W.D. Griewe* und Mitarb. (Hrsg.): Techniques of the Analysis of Human Movement. London 1975

Müller, A.: Biomechanik des Hochsprungs. In *R. Ballreich, A. Kuhlow* (Hrsg.): Biomechanik der Leichtathletik. Enke, Stuttgart 1986

Nigg, B.: Messungen im Weitsprung an Weltklassespringern. Leistungssport, Jg. 3,4, 1973

Person, R.S.: Einige allgemeine Fragen der mathematischen Analyse bioelektrischer Prozesse. In: *H.J. Matthies, F. Pliquett* (Hrsg.), Mathematische Modellierung von Lebensprozessen. Berlin 1972

Plagenhoef, S.C.: Methods of obtaining kinetic data to analyze human motion. Res. Quart. AAHPER, Jg. 37, 1966

Preiß, R.: Computersimulation zur Entwicklung sportmotorischer Techniken. In: *C. Czwalina* (Hrsg.): Sportwissenschaft und Sportpraxis, Bd. 59. Czwalina, Ahrensburg 1987

Reischle, K.: Schwimmen. In: *R. Ballreich, W. Baumann* (Hrsg.), Biomechanische Leistungsdiagnostik. Trainerbibliothek des dsb. Bd. 14. Bartels & Wernitz, Berlin 1983

Sachs, L.: Angewandte Statistik. Berlin 1973

Schick, C.: Zur Faktorenanalyse der Konstitutionstypen. Zeitschrift für menschliche Vererbung und Konstitution, Jg. 32, 1953

Sobotka, R.: Formgesetze der Bewegungen im Sport. Hofmann, Schorndorf 1974

Stachowiak, H.: Allgemeine Modelltheorie. Wien 1973

Stucke, H.: Bewegungsarten und Bewegungskriterien in Sportspielen. In: *R. Ballreich, A. Kuhlow-Ballreich* (Hrsg.): Biomechanik der Sportspiele. Teil I. Enke, Stuttgart 1982, S. 8–29

Tolle, H.: Optimierungsverfahren für Variationsaufgaben mit gewöhnlichen Differentialgleichungen als Nebenbedingungen. Berlin 1971

Überla, K.: Faktorenanalyse. Berlin 1968

Zaciorskij, V.M.: The Present and Future of the Biomechanics of Sports. In: *F. Landry, W.A.R. Orban* (Hrsg.), Biomechanics of Sports and Kinanthropometry. Miami 1978

7 Produkt- und prozeßorientierte Modelle der Sportmotorischen Techniken, der mechanischen Belastung des Bewegungsapparats und der Massenträgheitscharakteristika des menschlichen Körpers

Wolfgang Baumann, Rüdiger Preiß und Wolfgang Schöllhorn

7.1 Problemhinführung

In der Biomechanik des Sports zeichnen sich in jüngster Zeit verstärkt Tendenzen ab, das als shotgun-approach (Schrotschußmethode) bezeichnete empirische Vorgehen, „in dem einfach alles ohne bestimmte Erwartungen oder Hypothesen durchprobiert wird" *(Drenth 1969)* abzulösen durch thematisch stringente und auf Forschungsdefizite bezogene Problemstellungen. Die nachstehend dargestellten Modelle der Sportmotorischen Techniken, der mechanischen Belastung des Bewegungsapparats und der Massenträgheitscharakteristika der Körpersegmente spiegeln diese Tendenzen wider.

Die im siebten und achten Kapitel aufbereiteten Modelle kennzeichnen unterschiedliche Entwicklungsstufen in der „Modelletappe der Mathematisierung" wissenschaftlicher Disziplinen. Keines dieser Modelle ist jener früheren Entwicklungsstufe „statistischer (indeterministischer) Modelle" zuzuordnen, die sich vorwiegend an dam datenbasierten Modellkonzept und an der indeterministischen Modellform orientierte. *Aktschurin* u.a. (1972) bezeichnen diese Stufe als „die Etappe des Herausfindens und Herausstellens der rein phänomenologischen Funktionalkorrelationen, die bei den Experimenten mit uns interessierenden Objekten beobachtet werden. Diese Etappe der Mathematisierung findet in jeder Wissenschaft statt und ist gewissermaßen die Primärbearbeitung ihres empirischen Materials."

Das in einer späteren Entwicklungsstufe anzusiedelnde Modell der Technik des Strecksprungs steuert ebenso wie das Modell zur Bestimmung der mechanischen Belastung des Bewegungsapparats in der Stützphase (Lauf, Sprung,...) die Modellkonstruktion primär über das theoriebasierte Modellkonzept und über die deterministische Modellform an. Bei der Modellierung der Massenträgheitscharakteristika der Körpersegmente ergänzen sich sowohl das daten- mit dem theoriebasierten Modellkonzept als auch die deterministische mit der indeterministischen Modellform.

Eine noch junge Entwicklungsstufe ist gekennzeichnet durch die Modellierung mit zeitkontinuierlichen Merkmalen in Form prozeßorientierter Modelle. Während nach *Schöllhorn* (Kap. 7.2) „bei Verwendung zeitdiskreter Merkmale eine Bewegung auf Zustände reduziert wird und sich die Modellierung auf einfachstrukturierte Bewegungsfertigkeiten beschränkt (produktorientierte Modelle) bietet die Modellierung mit zeitkontinuierlichen Merkmalen die Möglichkeit, Modelle komplexstrukturierter Bewegungsfertigkeiten zu erstellen" (prozeßorientierte Modelle).

Im Schlußkapitel über *modular aufbereitete deterministische Modelle menschlicher Bewegungen* konstruiert *Sust* ein Modell mit dem Zweck, „den funktionalen (mathematisch eindeutigen) Zusammenhang zwischen motorischen bzw. anatomischen Eigenschaften eines Sportlers und dem Ablauf seiner Bewegungen unter vorgegebenen Bedingungen herzustellen." Damit wandte er die bisher in der Biomechanik des Sports selten praktizierte Mikromethode an, die von einer bereits bekannten Struktur des Untersuchungsobjekts (Sportler) ausgeht und auf deren Grundlage das Verhalten des Objekts erklärt und vorhersagt.

7.2 Verfahren für den quantitativen Vergleich von komplexen Bewegungsmustern mit Hilfe von prozeßorientierten Modellen

Wolfgang Schöllhorn

Bei der Modellierung von Bewegungsabläufen lassen sich unter dem Kriterium der zeitlichen Dimension zwei Modellierungsansätze unterscheiden. Erfolgt die Modellierung nach zeitdiskreten Merkmalen, d.h. Merkmalen, die an ausgewählten Zeitpunkten erhoben werden, so handelt es sich um ein produktorientiertes Bewegungsmodell. Wird eine Bewegung mit Hilfe zeitkontinuierlicher Merkmale modelliert, so handelt es sich um ein prozeßorientiertes Bewegungsmodell. Während bei Verwendung zeitdiskreter Merkmale eine Bewegung auf Zustände reduziert wird und sich die Modellierung auf einfachstrukturierte Bewegungsqualitäten innerhalb einzelner Bewegungsformen beschränkt, bietet die Modellierung mit zeitkontinuierlichen Merkmalen die Möglichkeit, Modelle komplexstrukturierter Bewegungsqualitäten zu erstellen. Hierbei unterscheiden wir in bezug auf Qualitäten von Bewegungen

1) einfachstrukturierte Bewegungsqualitäten

a) Bewegungsmerkmale mit einer objektiven (allgemein anerkannten Übereinkunft) Begriffsbestimmung wie Bewegungsgeschwindigkeit, Schrittlänge, Bewegungsdauer, Gelenkkraft,
b) Bewegungsmerkmale mit einer subjektiven Begriffsbestimmung wie Bewegungsrhythmus, Bewegungskopplung oder Bewegungsfluß (vgl. Kap 2.2)

2) komplexstrukturierte Bewegungsqualitäten

wie
a) Bewegungsklassen: Gehen, Laufen, Springen, Werfen, ...
b) Bewegungsmodi: alltagsmotorisches, sportliches ... Gehen; Kurz-, Mittel- oder Langstrecken-, Skilang- oder Eisschnellauf ...
c) Bewegungsstile: individuelle Ausprägung der Bewegungsklassen und Bewegungsmodi.

Im folgenden werden zwei Ansätze zur Modellierung von komplexstrukturierten Bewegungsqualitäten am Beispiel unterschiedlicher Bewegungsmodi des Sprints (P- und S-Faktorenanalyse) und des Diskuswurfs (Orthogonale Referenzfunktionen) dargestellt.

Die Modelle der Bewegungsmodi bzw. -stile basieren auf Submodellen der jeweiligen Bewegungen, diese wiederum auf Submodellen des Körpers. Die Zielvariablen der Bewegungs- und Körperbaumodelle liefern die Basis für o.a. Klassifikationsmodell; sie werden im Abschnitt Modellkonstruktion beschrieben.

7.2.1 Klassifikationsmodell zum Sprint

7.2.1.1 Problemformulierung

Das Modelloriginal bildet *eine* Klasse von Bewegungsabläufen. Als Bewegungsabläufe wurden Sprintschritte während der Bodenkontaktphasen in drei Sprintabschnitten (Bewegungsmodi) (Start-, Beschleunigungs-, Maximalgeschwindigkeitsabschnitt) untersucht. Zweck dieses Modells ist ein quantitativer Strukturvergleich von Laufschritten bezüglich ihrer Verlaufsähnlichkeit, d.h. es werden nicht Anfangs-, Zwischen- bzw. Endpositionen eines Sprintschritts verglichen sondern der gesamte Ablauf eines Sprintschritts, vom Aufsetzen des Fußes auf dem Boden bis zum Verlassen des Bodens. Der Benutzerbezug erstreckt sich vom Sprinter, Trainer und Lehrer über Biomechaniker, Sportmediziner, Trainingswissenschaftler bis zum Lernpsychologen.

7.2.1.2 Modellkonstruktion

7.2.1.2.1 Wahl des Modellkonzepts (datenbasiert-theoriebasiert)

Der Ansatz des Modells weist eine Mischstrategie von daten- und theoriebasiertem Modellkonzept auf. Während die Auswahl der Beschreibungsmerkmale sich an technik-ansteuerungsrelevanten und physikalischen ‚Vollständigkeits-Kriterien' orientiert und damit theoriebasiert erfolgt, ist das Modell anhand gemessener Merkmalsverläufe datenbasiert konstruiert.

7.2.1.2.2 Wahl der Modellform (deterministisch-indeterministisch)

Das vorliegende Modell ist indeterministisch und kann daher bei Verwendung anderer Datensätze verschiedenartiger Bewegungsklassen, -modi oder -stile zu einer analogen Klassifikation führen. Im deterministischen Fall ist eine identische Klassifikation nur bei identischen Datensätzen zu erzielen.

7.2.1.2.3 Wahl der Modellvariablen (Beschreibungsgrößen)

Die Identifikation der Variablen erfolgt theoriebasiert. Unter Berücksichtigung physikalischer Vollständigkeitskriterien und trainingsmethodischer Überlegungen wurden primär Merkmale ausgewählt, die einen niedrigen Komplexitätsgrad aufweisen und bei technikansteuernden Instruktionen (z.B. Traineranweisungen) unmittelbar Anwendung finden. Aufgrund des physikalischen Vollständigkeitskriteriums wird die Bewegung des Körpermodells in einer Ebene eindeutig beschrieben, d.h. die Beschreibungsmerkmale für das Bewegungsmodell sind durch die Wahl des Körperbaumodells festgelegt. Das Körperbaumodell bildet dabei den menschlichen Körper auf 8 ebene starre Körpersegmente ab, die durch idealisierte Scharniergelenke verbunden sind. Im Zusammenhang mit trainingsmethodischen Überlegungen führt diese Abbildung in erster Linie zu Merkmalen, die die räumliche Struktur (Geometrie) und Intensität (Kinematik) der Körpersegmentbewegungen beschreiben, d.h. Winkel- und Winkelgeschwindigkeiten der größten Gelenke (Fuß, Knie, Hüfte und Schulter) sowie der Rumpflage. Zusätzlich wird die Gesamtbewegung des Systems beschrieben durch Weg- und Geschwindigkeitsverläufe des Körperschwerpunkts (KSP) und durch eine kinetische Komponente anhand der Bodenreaktionskräfte während der Stützphasen (*Simon/Schöllhorn* 1995). Die Modellvariablen sind in Abb. 7.1 und Tab. 7.1 aufgeführt.

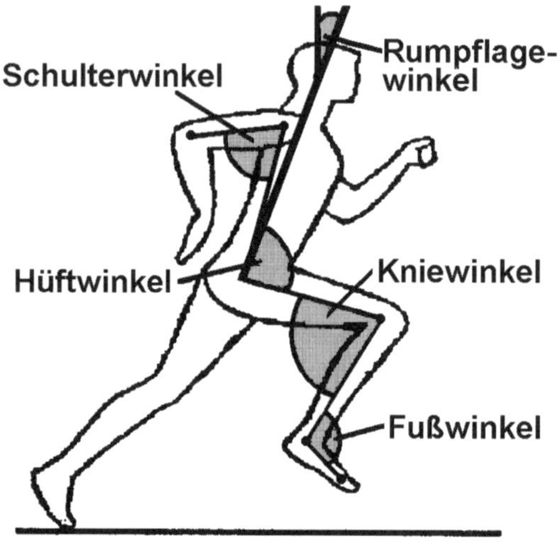

Abb. 7.1 Kinematische Modellvariablen des Körperbau- und Bewegungsmodells

Tabelle 7.1 Kinematische und kinetische Modellvariablen des Körperbau- und Bewegungsmodells

Modellvariable	Einheit
Rumpflagewinkel	°
Fußgelenkwinkel/-geschwindigkeit re. u. li.	°/° sec^{-1}
Kniegelenkwinkel/-geschwindigkeit re. u. li.	°/° sec^{-1}
Hüftgelenkwinkel/-geschwindigkeit re. u.li.	°/° sec^{-1}
Schultergelenkwinkel/-geschwindigkeit re. u.li.	°/° sec^{-1}
horizontaler (s_y) und vertikaler (s_z) Weg des Körperschwerpunkts (KSP)	m
horizontale (v_y), vertikale (v_z und resultierende (v_{yz}) Geschwindigkeit des KSP	m sec^{-1}
horizontale (F_y) und vertikale (F_z) Bodenreaktionskraft	N

7.2.1.2.4 Wahl der Zielgröße

Als Zielgröße wurde die ‚Klassifikation' (Struktur) einzelner und gruppierter Merkmals-Zeitverläufe aufgrund ihrer verlaufsorientierten Ähnlichkeit ausgewählt.

7.2.1.2.5 Datenbeschaffung

Die Datenbeschaffung des Klassifikationsmodells ‚Sprint' läßt sich in eine primäre, sekundäre und tertiäre Datenbeschaffung untergliedern. Die primäre Datenbeschaffung umfaßt die zweidimensionale Meßdatenerfassung der Sprintbewegungen mittels Hochfrequenzkamera und Kraftmeßplattform inklusive Bestimmung der Gelenkpunktkoordinaten. Die Berechnung der Winkel-, Winkelgeschwindigkeits- und Kraftmerkmale im Rahmen des Körperbaumodells ist Gegenstand der sekundären und die Ermittlung der Faktorladungsmatrizen im Rahmen des Bewegungsmodells der tertiären Datenbeschaffung. Da die Zielgrößen des Submodells ‚Bewegung' eine unmittelbare Grundlage des Klassifikationsmodells ‚Sprint' sind, wird seine Modellierung bei der tertiären Datenbeschaffung im folgenden detaillierter beschrieben.

Das Original des Bewegungsmodells bildet der zeitliche Verlauf von Körpersegmentbewegungen und der Gesamtbewegung (KSP) eines Sprintschritts. Im Unterschied zu den ‚klassischen' Bewegungsmodellen besteht der primäre Zweck der Datenbeschaffung in der quantitativen Erfassung zeitkontinuierlicher Bewegungs-

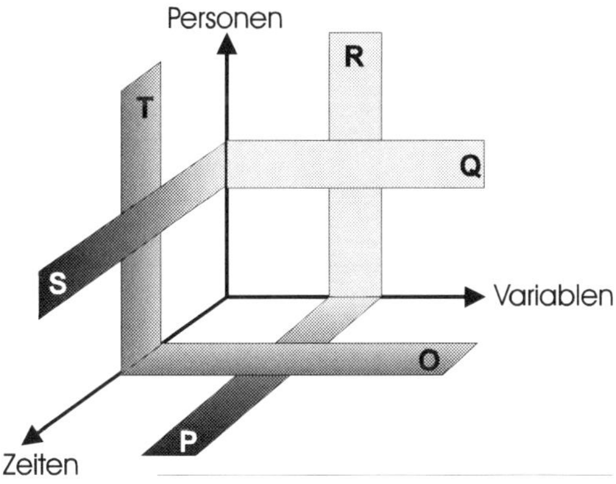

Abb. 7.2 Kovariationschema nach *Cattell* (1946)

abläufe und nicht in der Erfassung zeitdiskreter Bewegungszustände. Der sekundäre Zweck der Datenbeschaffung besteht in einer Quantifizierung der ‚Komplexität' eines Bewegungsablaufs. Die Einflußgrößen sind einzelne und gruppierte zeitliche Verläufe von Merkmalen des Körperbaumodells (vgl. Abb. 7.3). Die Zielgrößen bilden faktoranalysierte Datenmatrizen dieser Einflußgrößen (Faktorladungsmatrizen) und die Relation zwischen Einfluß- und Zielgrößen wird mathematisch-statistisch durch die nachstehend erläuterte Wahl von zwei Faktorenanalysetechniken (P-, S-Technik) bestimmt. Generell werden mittels Faktorenanalyse Merkmalsgruppen bezüglich ihrer Kovariation strukturiert, mit dem Ziel, die Merkmale sogenannten latenten Variablen (Faktoren) zuzuordnen. Ausgehend von einer zweidimensionalen Datenmatrix kann sowohl zwischen den Zeilen als auch zwischen den Spalten die Kovariation bzw. Korrelation betrachtet werden. Die Dimensionen der Datenmatrizen sind dabei im allgemeinen die Kategorien ‚Variable', ‚Personen' und ‚Zeiten', die zu insgesamt 6 unterschiedlichen Faktoranalysetechniken führen, der O-, P-, Q-, R-, S- und T-Technik (Abb. 7.2).

Die Basis für das Bewegungsmodell ‚Sprint' bilden zwei mittels P- und S-Technik faktoranalysierte, unterschiedliche zweidimensionale Datenmatrizen. Im Falle der P-Technik (Variablen-Zeit-Dimension) werden jeweils von einer Person sämtliche Merkmals-Zeit-Verläufe eines einzelnen Sprintschritts miteinander korreliert und faktoranalysiert, während bei der S-Technik (Personen-Zeit-Dimension) die Merkmals-Zeit-Verläufe eines einzelnen Merkmals bei allen Personen der untersuchten Stichprobe Gegenstand der Faktorenanalyse sind. Eine Variante der P- und S-Technik stellt in der vorliegenden Modellierung die Analyse einzelner Merkmals-Zeit-Verläufe derselben Person in unterschiedlichen Abschnitten des Sprints dar. Da hier zwei unterschiedliche Zeitachsen in die Analyse einbezogen werden, ist keine eindeutige Zuordnung zu einer der beiden klassischen Faktorenanalysetechniken möglich. Mittels P- und S-Faktorenanalysetechnik werden somit Merkmale identifiziert, die parallele bzw. komplementäre Verlaufscharakteristiken aufweisen. Merkmale mit paralleler bzw. komplementärer Verlaufscharakteristik weisen dabei in demselben Faktor betragsmäßig hohe Ladungen auf, wohingegen Merkmale mit anderer Verlaufscharakteristik auf einem anderen Faktor hoch laden.

In Abb. 7.3 bzw. Tab. 7.2 sind die Verlaufscharakteristiken der Merkmalsstichprobe des Bewegungsmodells ‚Sprint' bzw. die zugehörige Faktorladungsmatrix eines Startschritts dargestellt. Merkmale mit charakteristisch parallelem und komplementärem Verlauf sind jeweils in einheitlichem Linienstil abgebildet. Hochladende Merkmale auf dem ersten Faktor sind mit durchgezogenen Linien gezeichnet, auf dem zweiten Faktor mit gestrichelten Linien. Die Ladungsverteilung in Verbindung mit den Verlaufscharakterisitiken ordnet beiden Faktoren (latente Variablen) idealtypische Verlaufscharakteristiken zu. Im analysierten Sprintschritt wird durch den ersten Faktor eine lineare (ansteigende bzw. fallende) Verlaufscharakteristik repräsentiert, durch den zweiten Faktor eine (nach unten bzw. oben geöffnete) parabelförmige Verlaufscharakterisitk. Im Rahmen des Klassifikationsmodells läßt sich die P-Technik der Faktorenanalyse daher auch vereinfacht unter dem Aspekt einer mathematischen Abbildung der Merkmals-Zeit-Verläufe auf eine im Datenumfang reduzierte Faktorladungsmatrix betrachten. Über die Datenreduktion hinaus sind anhand der Anzahl extrahierter Faktoren sowohl bei der P- als auch der S-Technik weitere Rückschlüsse auf die Bewegung möglich. Während die Faktorenanalyse im Falle der P-Technik mittels der Anzahl extrahierter Faktoren auf die Komplexität des gesamten Bewegungsablaufs schließen läßt, werden anhand der S-Technik Variablen identifiziert, aufgrund derer sich die Bewegungsabläufe mehrerer Personen in ein und demselben Sprintabschnitt unterscheiden bzw. aufgrund derer sich die Bewegungsabläufe derselben Person in unterschiedlichen Sprintabschnitten unterscheiden.

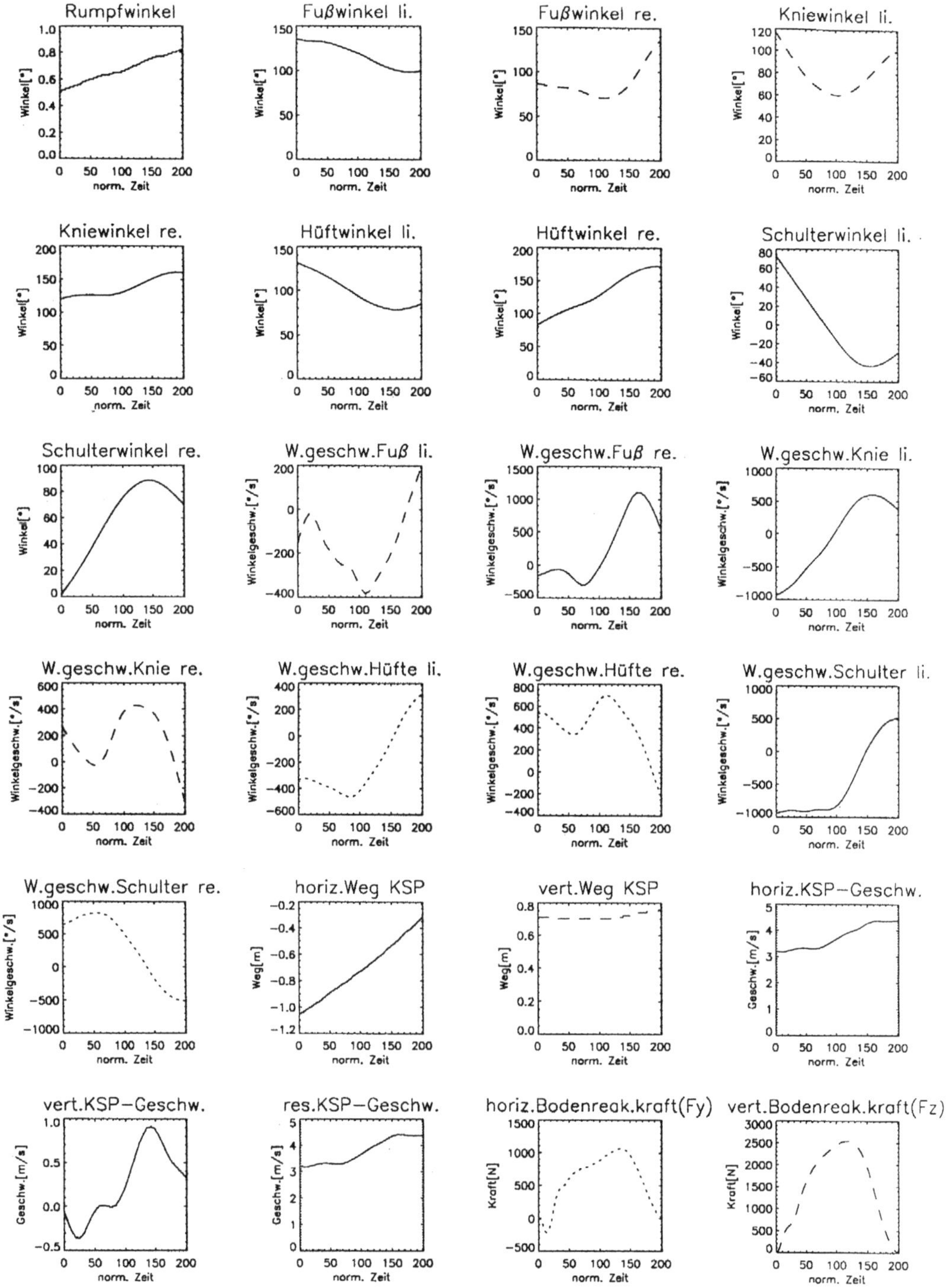

Abb. 7.3 Merkmals-Zeit-Verläufe eines ersten Schritts im Beschleunigungsabschnitt (vgl. Text)

—— : 1. Faktorladung > 0.8

– – – : 2. Faktorladung > 0.8

· · · · : beide Faktorladungen < 0.8

Tab. 7.2 Faktorladungsmatrix des in Abb. 7.3 dargestellten ersten Startschritts (P-Technik)

	Faktor 1	Faktor 2
Rumpfwinkel	.94092	.22482
Fußwinkel li.	−.98161	−.18651
Fußwinkel re.	.34400	.91558
Kniewinkel li.	−.33419	.89348
Kniewinkel re.	.96591	.24959
Hüftwinkel li.	−.99186	−.11583
Hüftwinkel re.	.98066	.18045
Schulterwinkel li.	−.98393	.15016
Schulterwinkel re.	.99697	−.02228
Winkelgeschw. Fuß li.	.39370	.87573
Winkelgeschw. Fuß re.	.83301	.46876
Winkelgeschw. Kni li.	.99624	.03626
Winkelgeschw. Kni re.	−.31192	−.86079
Winkelgeschw. Hüfte li.	.63245	.76531
Winkelgeschw. Hüfte re.	−.61508	−.75596
Winkelgeschw. Schulter li.	.84910	.49904
Winkelgeschw. Schulter re.	−.78718	−.61463
horiz. Weg KSP	.92045	.37098
vert. Weg KSP	.43006	.88536
horiz. KSP-Geschw.	.91699	.33358
vert. KSP-Geschw.	.93030	−.08313
res. KSP-Geschw.	.91888	.31801
horiz. Bodenreaktionskraft (F_y)	.66959	−.72946
vert. Bodenreaktionskraft (F_z)	.38681	−.91638

gerastert: |Ladung| > 0.8

Die Extraktion von drei Faktoren bei der P-Technik weist auf einen komplexeren Bewegungsablauf hin als die Extraktion von zwei Faktoren. Neben dem linearen und parabelförmigen Verlauf einiger Sprinter wurde bei anderen ein zusätzlicher Verlauf mit kubischer Charakteristik extrahiert, d.h. neben Strecken bzw. Beugen und Strecken-Beugen bzw. Beugen-Strecken sind Gelenkbewegungen mit Beugen-Strecken-Beugen bzw. Strecken-Beugen-Strecken vorhanden.

Wird bei der S-Technik mehr als ein Faktor extrahiert, so deutet dies auf zwei grundlegend unterschiedliche Verlaufscharakteristiken desselben Merkmals bei verschiedenen Personen bzw. in unterschiedlichen Sprintabschnitten hin. Abb. 7.4 zeigt die Intensitäts-Zeit-Verläufe der horizontalen Bodenreaktionskraft im ersten Beschleunigungsschritt (B1 – dicke Linien) und im maximalen Geschwindigkeitsabschnitt (MX – dünne Linien). Die Extraktion von zwei Faktoren in Tab. 7.3 weist auf zwei unterschiedliche Verlaufsformen hin, die sich den Sprintabschnitten ‚Beschleunigung' und ‚Maximale Geschwindigkeit' zuordnen lasssen. Der zweite Faktor repräsentiert den Kraft-Zeit-Verlauf im Beschleunigungsabschnitt mit relativ kleinem Bremsstoß und relativ großem Beschleunigungsstoß, wohingegen die für den maximalen Geschwindigkeitsabschnitt weitgehende Äquivalenz von Brems- und Beschleunigungsstoß durch den ersten Faktor wiedergegeben wird. Die zeitlich normierten horizontalen Bodenreaktionskräfte sind somit zweifach gruppiert.

Während mittels P-Technik in erster Linie die ‚Gestalt' der Bewegung analysiert und hiermit die Basis für das Klassifikationsmodell gebildet

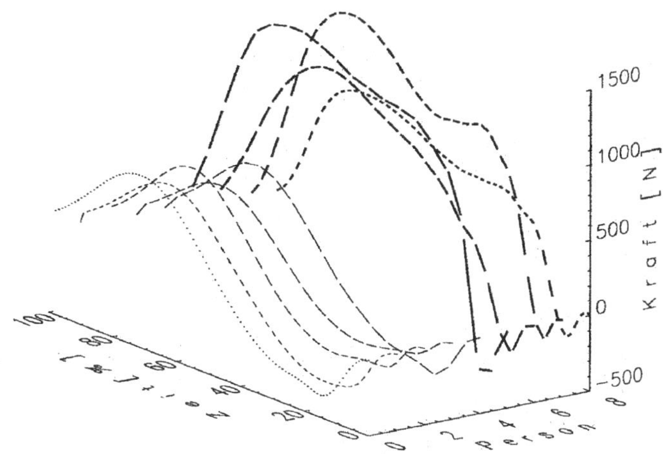

Abb. 7.4 Zeitnormierte Verläufe der horizontalen Bodenreaktionskraft im Beschleunigungsabschnitt (dicke Linien) und im Abschnitt der maximalen Geschwindigkeit (dünne Linien)

Tab. 7.3 Faktorladungsmatrix der horizontalen Bodenreaktionskraft (S-Technik)

	Faktor 1	Faktor 2
L1 B1	.30105	.94638
L2 B1	.11028	.98235
L3 B1	.31791	.92739
L4 B1	.15017	.98482
L1 MX	.98555	.14590
L5 MX	.95421	.28773
L6 MX	.97936	.17822
L7 MX	.97265	.21455
L4 MX	.97852	.19904
L8 MX	.96073	.26660

wird, liefert die S-Technik Hinweise auf mögliche Ursachen für Unterschiede in der Gestalt und kann somit wesentlich zur Techniksteuerung beitragen.

7.2.1.2.6 Erstellung der mathematisch-statistischen Relation zwischen den Faktorladungsmatrizen und ihrer Klassifikation

Der statistische Zusammenhang zwischen den auf Faktorladungsmatrizen abgebildeten Bewegungsabläufen und ihrer Klassifikation wird in zwei Schritten erstellt. Ein erster Schritt vergleicht sämtliche Faktorladungsmatrizen mittels Faktorstrukturvergleich-FAST (*Gebhardt* 1967) auf ihre bewegungsstrukturelle Ähnlichkeit. Da-

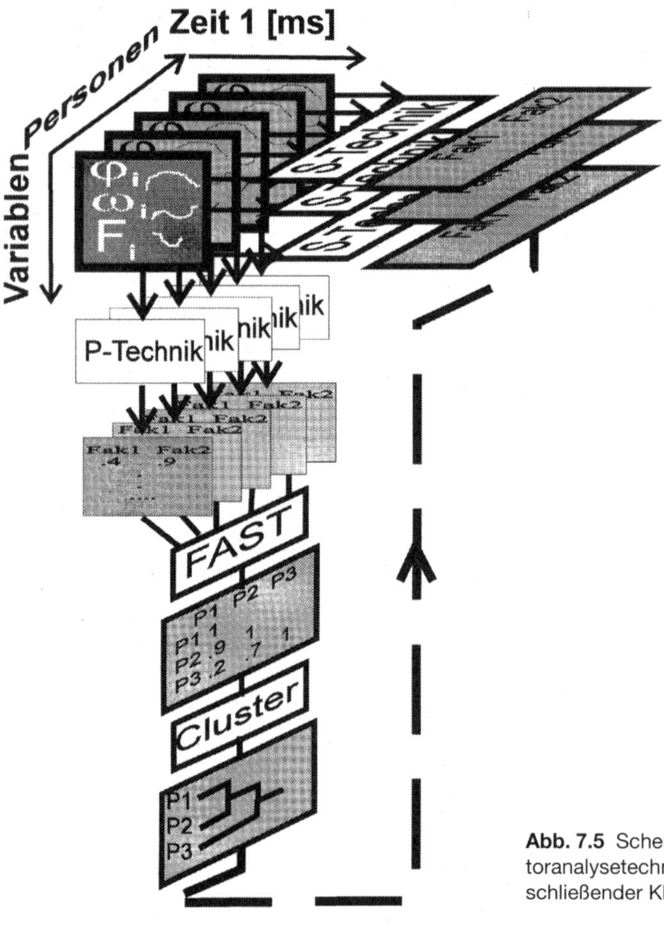

Abb. 7.5 Schematische Darstellung der P- und S-Faktoranalysetechnik von Merkmals-Zeit-Verläufen mit anschließender Klassifikation

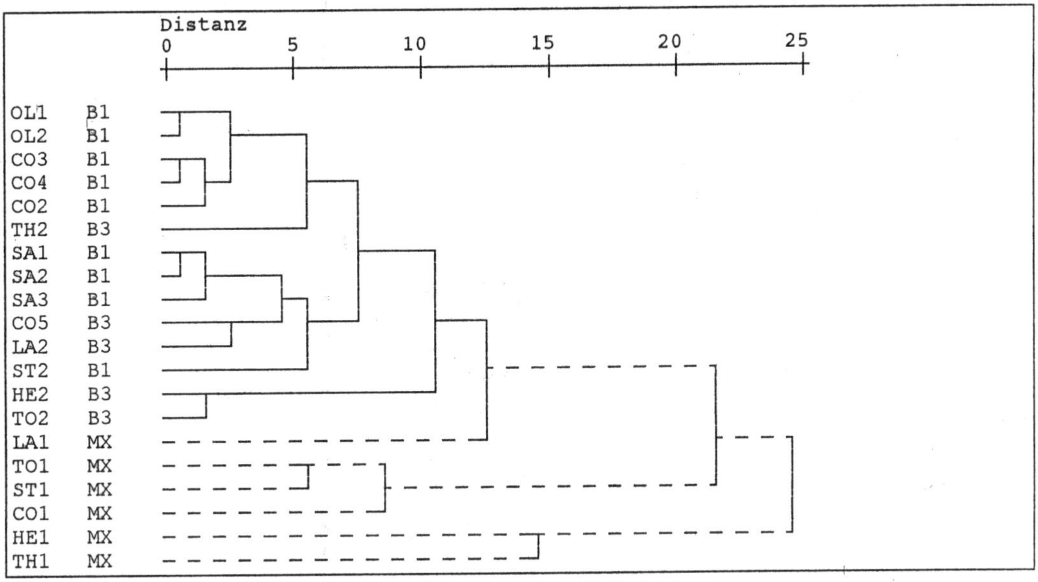

Abb. 7.6 Dendrogramm der Clusteranalyse (Average Linkage – Within Group) sämtlicher Stützphasen (B1, B3: erster bzw. dritter Schritt im Beschleunigungsabschnitt; MX: Schritt im Maximalgeschwindigkeitsabschnitt)

bei wird eine Vergleichsmatrix jeweils solange rotiert, bis der Abstand zu einer Zielstrukturmatrix minimal ist. Die nach diesem Verfahren berechneten Ähnlichkeitskoeffizienten können in Analogie zu Korrelationskoeffizienten interpretiert werden (vgl. *Schöllhorn* 1990). Zur Ermitttlung der Struktur der Ähnlichkeitskoeffizienten wird die Ähnlichkeitsmatrix clusteranalysiert, d.h. die Objekte in Form eines Dendrogramms in solche Gruppen (Cluster) eingeteilt, die intern möglichst homogen und extern möglichst separierbar sind (Abb. 7.5) (*Schöllhorn* 1990). Zur exemplarischen Analyse des Dendrogramms in Abb. 7.6 werden die Resultate der S-Faktoranalyse herangezogen (Abb. 7.4 und Tab. 7.3). Anhand dieses Dendrogramms ist eine grobe Klassifikation der Laufschritte in zwei Cluster (Gruppen) zu erkennen. Eine Gruppe wird durch die Bewegungsverläufe bzw. -gestalten im Beschleunigungsabschnitt gebildet und die andere Gruppe durch die Bewegungsverläufe bzw. -gestalten im maximalen Geschwindigkeitsabschnitt (gestrichelt). Nicht eindeutig (disjunkt) in unterschiedliche Cluster zu trennen, sind der erste und dritte Schritt (B1 und B3) im Beschleunigungsabschnitt. Abb. 7.4 und Tab. 7.3 zeigen durch die Extraktion von 2 Faktoren exemplarisch an einem Merkmal, wie sich die beiden Bewegungsgestalten ‚Beschleunigung' und ‚maximale Geschwindigkeit' in der Relation von horizontalem Brems- und Beschleunigungsstoß unterscheiden.

7.2.2 Lernmodell für komplexe ballistische Bewegungsmuster

7.2.2.1 Problemformulierung

Das Modelloriginal ist der Lernprozeß eines komplexen ballistischen Bewegungsablaufs, dessen Dauer unter 200 msec liegt und damit ohne korrigierende sensorische Rückmeldungen ausgeführt wird. Im Unterschied zur o.a. polyzyklischen Sprintbewegung handelt es sich bei dem exemplarisch als komplexen ballistischen Bewegungsablauf ausgewählten Diskuswurf um eine monozyklische Bewegung. Zweck dieses Modells ist eine zweifach prozeßorientierte Strukturierung der zweistützigen Abwurfphase im Lernprozeß. Die zweistützige Abwurfphase beim Diskuswurf beginnt mit dem Aufsetzen des linken Fußes und endet, wenn der Diskus die Hand verläßt. Die zweifach prozeßorientierte Strukturierung bezieht sich dabei auf zwei in der Bewegungsforschung angewandte unterschiedliche Zeitskalen. Die Abstände der Meßzeitpunkte in der einen Zeitskala liegen dabei im Millisekundenbereich und dienen der Beschreibung des Verlaufs einer einmaligen Bewegung. In der anderen Zeitskala entsprechen die Abstände der betrachteten Zeitpunkte mindestens der Dauer einer Bewegung, d.h. ein Bewegungsablauf wird in unterschiedlichen Stadien des Lernprozesses betrachtet. Die zweite Zeitskala tritt somit im Rahmen des Kovariationsschemas in Abb. 7.2 anstelle der Personenachse, so daß sich der Lernprozeß als ein Variablen-Zeit-Zeit-Problem formulieren läßt. Methodologische Unterschiede zum Klassifikationsmodell ‚Sprint' werden im Abschnitt ‚Modellkonstruktion' diskutiert. Das Modell eröffnet ein breites Anwendungsspektrum (Benutzerbezug) im Bereich von Sport-, Arbeits- und Alltagsmotorik im Rahmen von Forschung und Lehre natur- und verhaltenswissenschaftlicher Disziplinen.

7.2.2.2 Modellkonstruktion

7.2.2.2.1 Wahl des Modellkonzepts

Das Lernmodell basiert auf einem gemischten Modellkonzept, einem theorie- und datenbasierten. Die Auswahl der Beschreibungsmerkmale erfolgt theoriebasiert anhand der Kriterien ‚physikalische Vollständigkeit' und ‚neurophysiologische Entsprechung'. Die Strukturierung des motorischen Lernprozesses ist theoriegeleitet, wohingegen das Modell mit Hilfe gemessener Merkmalsverläufe datenbasiert konstruiert wird.

7.2.2.2.2 Wahl der Modellform

Das vorliegende Modell ist in einem engeren Sinne zwar den indeterministischen Modellformen zuzuordnen, jedoch mit einem wesentlich höheren Grad an Determiniertheit als das o.a. Klassifikationsmodell ‚Sprint', da im Lernmodell ‚Diskus' nur wesentlich kleinere Abweichungen im Datensatz zu analogen, d.h. strukturinvarianten Ergebnissen führen können.

Im vorliegenden Fall tritt der Indeterminismus durch die Datenreduktion im Rahmen der Modellkonstruktion auf.

7.2.2.2.3 Wahl der Modellvariablen

Die theoriebasierte Auswahl der Variablen erfolgt unter Berücksichtigung der Kriterien ‚physikalische Vollständigkeit' und ‚neurophysiologische Korrelate'. Merkmale, die beide Kriterien erfüllen, sind Winkel und Winkelgeschwindigkeitsmerkmale von Gelenken.

Ausgehend von einem 13-segmentigen Körperbaumodell ist die Bewegung durch die Winkel- und Winkelgeschwindigkeitsmerkmale der Segmentverbindungen sowie der Raumlage eines Segments physikalisch vollständig beschrieben. Die neurophysiologischen Korrelate der kinematischen Merkmale bilden Mechanorezeptoren in der Haut, den Muskeln, Bändern, Sehnen und im Gelenk(kapsel). Sie liefern über die Körpersegmentlagen bzw. Gelenkstellungen und ihre Bewegungen ständig Informationen an das zentralnervöse System (*Kandel* et al. 1991, *Georgopoulos* et al. 1982).

Das Körperbaumodell orientiert sich an dem 15-segmentigen Modell nach Hanavan (vgl. Kap. 7.3) mit dem Unterschied, daß die Verbindungen zwischen den Unterarmen und Händen als starr angenommen werden. Mit Ausnahme der Schulter- und Hüftgelenke sind sämtliche Segmentverbindungen als idealisierte Scharniergelenke angenommen. Während für die Beschreibung eines Scharniergelenks ein Winkel und seine zeitliche Ableitung ausreichend sind, erfolgt die Beschreibung der idealisierten Kugelgelenke an Hüfte und Schulter anhand zweier Winkel und ihrer zeitlichen Ableitungen. Die Bewegung jedes Körpersegments (Bewegungsmodell) wird durch die Winkel und Winkelgeschwindigkeiten der verbindenden Gelenke vollständig beschrieben. Die vollständige Beschreibung der Lage des Körpermodells im Raum erfolgt mittels Raumlagewinkel der Rumpfachse. Sämtliche kinematische Beschreibungsmerkmale sind in Tab. 7.4 aufgeführt.

Tab. 7.4 Kinematische Modellvariablen des Körperbau- und Bewegungsmodells Diskuswurf

Modellvariable	Einheit
Fußgelenkwinkel/-geschwindigkeit re. u. li.	°/° sec^{-1}
Kniegelenkwinkel/-geschwindigkeit re. u. li.	°/° sec^{-1}
Hüftgelenkwinkel/-geschwindigkeit re. u. li.	°/° sec^{-1}
Oberschenkel-Rumpf-Verwringungswinkel/-geschwindigkeit re. u. li.	°/° sec^{-1}
Schultergelenkwinkel/-geschwindigkeit re. u. li.	°/° sec^{-1}
Schulter-Armachsen-Verwringungswinkel/-geschwindigkeit re. u. li.	°/° sec^{-1}
Winkel zwischen Hüft- und Schulterachse/Winkelgeschwindigkeit ...	°/° sec^{-1}
Ellbogenwinkel/-geschwindigkeit re. u. li.	°/° sec^{-1}
Kopfwinkel/-geschwindigkeit	°/° sec^{-1}
Rumpflagewinkel/-geschwindigkeit	°/° sec^{-1}

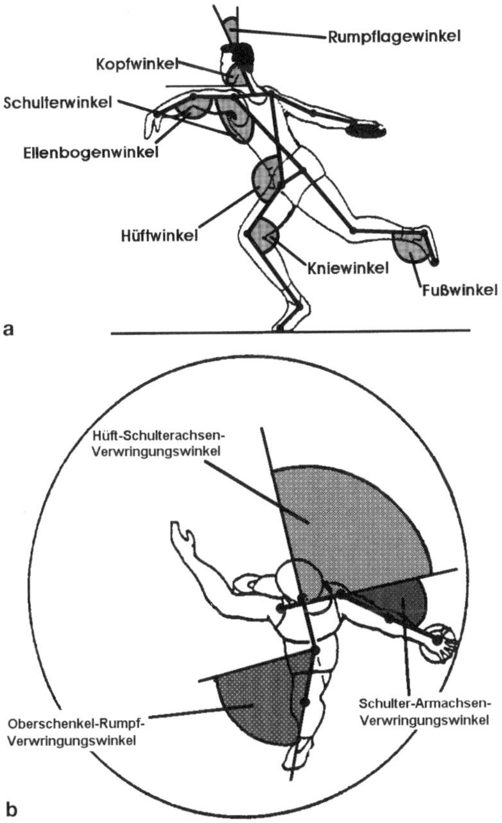

Abb. 7.7a,b Kinematische Modellvariablen des Körperbau- und Bewegungsmodells Diskuswurf (a) von der Seite, (b) von oben.

Neben der physikalischen Vollständigkeit und der neurophysiologischen Entsprechung weisen die ausgewählten Bewegungsmerkmale den Vorteil auf, daß sie unmittelbar körperbezogenen Bewegungsanweisungen durch den Trainer zugänglich sind.

7.2.2.2.4 Wahl der Zielgröße

Die Zielgröße des Modells ist die ‚Strukturierung eines motorischen Lernprozesses' basierend auf der verlaufsorientierten Ähnlichkeit von Merkmals-Zeit-Verläufen. Im Unterschied zum Klassifikationsmodell ‚Sprint' wird die Strukturierung bei einzelnen und gruppierten Merkmals-Zeit-Verläufen vorgenommen.

7.2.2.2.5 Datenbeschaffung

Die Datenbeschaffung des Lernmodells ‚Diskus' ist analog dem Klassifikationsmodell ‚Sprint' dreigegliedert. Die primäre Datenbeschaffung beinhaltet die dreidimensionale Meßdatenerfassung von 8 Diskuswurfbewegungen mittels Hochfrequenzfilmkameras und die Bestimmung der räumlichen Gelenkpunktkoordinaten. Die 8 Wurfversuche eines Diskusspezialisten wurden im Rahmen von 5 Wettkämpfen über die Dauer eines Jahres aufgenommen, wobei zwischen dem dritten und vierten Wurf ein einwöchiges biomechanisch gestütztes Techniktraining durchgeführt wurde (*Mendoza/Schöllhorn* 1991). Gegenstand der sekundären Datenbeschaffung ist die Berechnung der Winkel- sowie Winkelgeschwindigkeitsmerkmale. Die Abbildung der Merkmals-Zeit-Verläufe auf orthogonale Referenzkoeffizienten ist Aufgabe der tertiären Datenbeschaffung. Dabei werden sämtliche zeitnormierten Merkmals-Zeit-Verläufe mit einem Satz von k orthogonalen Referenzfunktionen korreliert. Bei den orthogonalen Referenzfunktionen handelt es sich nicht um ‚unendlich lange' Sinusfunktionen, sondern um Funktionsabschnitte, hier von Taylorpolynomen über das Intervall von –1 bis +1. Die Orthogonalität der Referenzfunktionen wird durch Gleichung 1 definiert.

Gleichung 1: $$\int_{-1}^{+1} f(x)g(x)dx = \left\langle \begin{array}{l} 1 \; \forall f(x) = g(x) \\ 0 \; \forall f(x) \neq g(x) \end{array} \right.$$

Ein einzelner Merkmals-Zeit-Verlauf wird somit auf k Korrelationskoeffizienten bzw. k orthogonale Referenzkoeffizienten abgebildet und ein durch l Merkmals-Zeit-Verläufe beschriebener Bewegungsablauf auf eine Matrix von kxl Koeffizienten (Abb. 7.8). Werden im Rahmen eines Lernprozesses m Bewegungsabläufe analysiert, so führt dies zu m Korrelationsmatrizen mit k x l Referenzkoeffizienten.

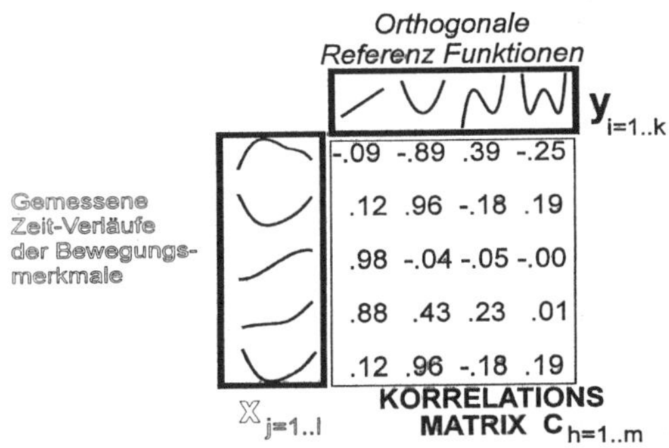

Abb. 7.8 Korrelation C_h von Merkmals-Zeit-Verläufen x_j und orthogonalen Referenzfunktionen y

Ein wesentlicher Vorteil der Bewegungsanalyse mittels orthogonaler Referenzfunktionen besteht im Unterschied zur Faktorenanalyse in der Existenz eines gemeinsamen Vergleichskriteriums (orthogonale Referenzfunktion). Bei jeder faktoranalysierten Bewegung wird aus dem angebotenen Datensatz ihre maximale Varianz aufgeklärt, wohingegen die orthogonalen Referenzfunktionen ein externes Bezugssystem liefern, anhand dessen die Bewegungen verglichen werden können. Bei maximaler Varianzaufklärung können bspw. zwei völlig unterschiedliche Bewegungen zu affinen Faktorladungsmatrizen führen, die aufgrund eines Faktorstrukturvergleichs fälschlicherweise auf eine Identität der Bewegungsgestalt schließen lassen. Im Falle der orthogonalen Referenzfunktionen führen unterschiedliche Bewegungsabläufe hingegen stets zu nicht identischen Matrizen an Referenzkoeffizienten. Bei Bewegungen innerhalb einer Bewegungsklasse werden auch alternativ Merkmals-Zeit-Verläufe mit den gleichen fixierten Faktoren analysiert (*Mah* et al. 1994).

7.2.2.2.6 Erstellung einer mathematischen Relation zwischen der Strukturierung von Bewegungsabläufen und Referenzkoeffizientenmatrizen

Zur Strukturierung des Lernprozesses werden in Anlehnung an die allgemeine Mustererkennung und Musterbildung sämtliche Diskuswurfbewegungen mit einer Muster- bzw. Vergleichsbewegung auf Verlaufsähnlichkeit verglichen (vgl. *Schöllhorn 1995*). Die Musterbewegung kann dabei sowohl einen Ziel- bzw. Sollzustand beschreiben als auch einen Ausgangs- bzw. Istzustand. Im Rahmen eines sportmotorischen Lernprozesses stellt der Sollzustand das Lernziel dar, dem man sich im erfolgreichen Fall annähert, und das Ausgangsmuster entspricht der Bewegungsausführung zu Beginn des Lernprozesses, von dem man sich im erfolgreichen Fall entfernt. Es besteht demnach kein prinzipieller Unterschied in der Wahl der Musterbewegung, da sie lediglich das Bezugssystem darstellt und die Vergleiche mit beiden Mustern durch streng monotone Transformationen ineinander überführt werden können.

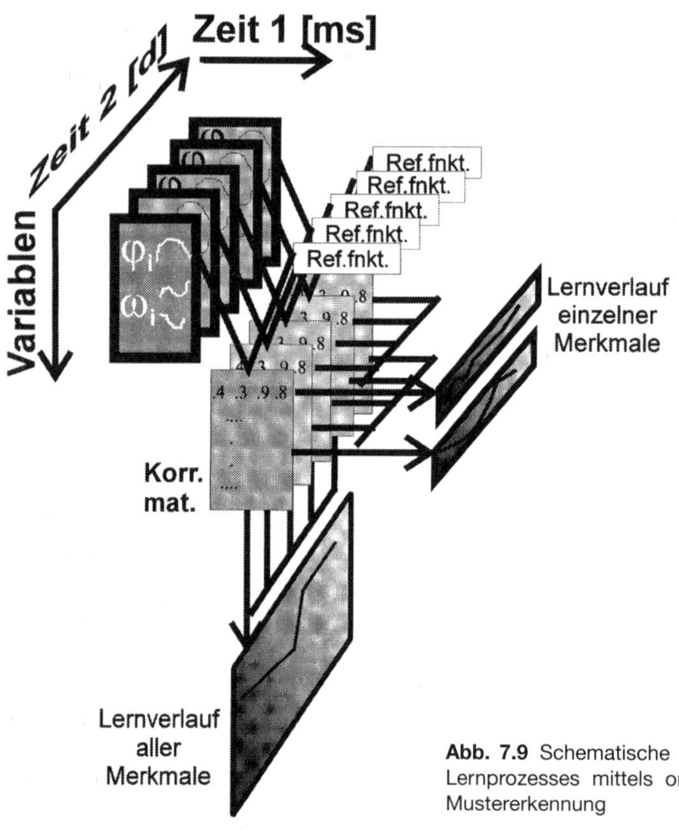

Abb. 7.9 Schematische Darstellung der Strukturierung eines Lernprozesses mittels orthogonaler Referenzfunktionen und Mustererkennung

Im vorliegenden Lernmodell stellt der Diskuswurf mit der höchsten Abwurfgeschwindigkeit die Vergleichsbewegung bzw. den anzusteuernden Sollzustand dar. Im Unterschied zum Klassifikationsmodell handelt es sich hier somit um kein Variablen-Zeit-Personen-Problem sondern durch die zweite Zeitskala des Lernprozesses um ein Variablen-Zeit-Zeit-Problem (vgl. Abb. 7.9), d.h. ein Diskuswurf wird in unterschiedlichen Stadien des Lernprozesses strukturell analysiert.

Der Vergleich der Diskuswurfbewegungen erfolgt anhand eines Ähnlichkeitsmaßes, dem normierten Skalarprodukt zweier Merkmalsvektoren bzw. der Spur der Produktmatrix.

Betrachten wir hierzu die k orthogonalen Referenzkoeffizienten (Modellvariable) desselben Merkmals j bei zwei unterschiedlichen Bewegungsausführungen h und h* als Vektoren, so läßt sich die Ähnlichkeit s_{hj} ihrer Verlaufscharakteristik durch den Winkel zwischen diesen beiden Vektoren quantifizieren (vgl. Gleichung 2).

Gleichung 2: $$s_{hj} = \frac{\sum_i \mathbf{c}_{hij}\, \mathbf{c}_{hij^*}}{\sqrt{\sum_i \mathbf{c}^2_{hij} \sum_i \mathbf{c}^2_{hij^*}}}$$

Werden gruppierte Merkmals-Zeit-Verläufe von zwei komplexen Bewegungsabläufen h und h* anhand ihrer Referenzkoeffizientenmatrizen C_h und C_{h^*} auf Ähnlichkeit s_h verglichen, so ist Gleichung 2 zu modifizieren:

Gleichung 3: $$s_h = \frac{sp\ C'_h C_{h^*}}{\sqrt{sp\ C'_h C_h\ sp\ C'_{h^*} C_{h^*}}}$$

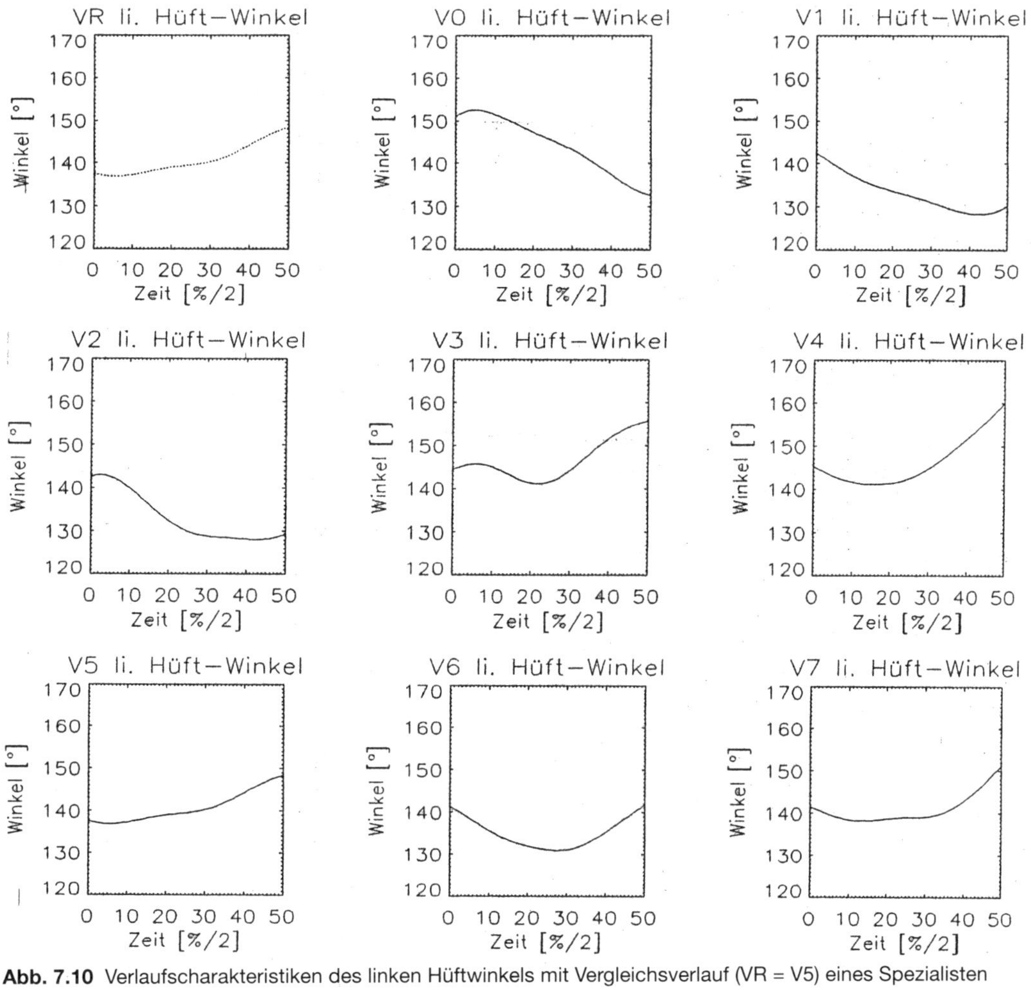

Abb. 7.10 Verlaufscharakteristiken des linken Hüftwinkels mit Vergleichsverlauf (VR = V5) eines Spezialisten

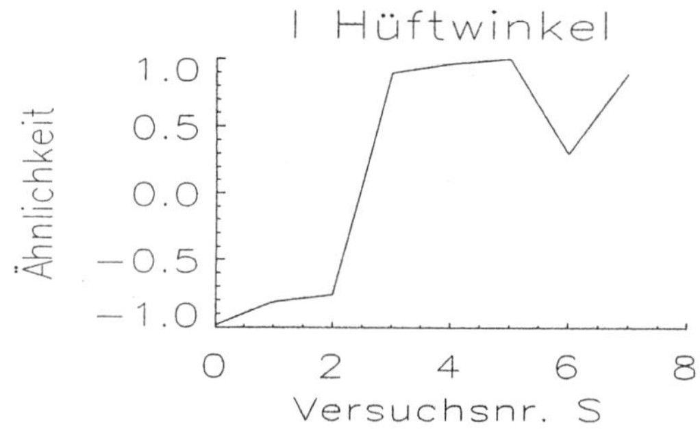

Abb. 7.11 Ähnlichkeit der Hüftwinkel-Verlaufscharakteristiken links im Vergleich zum Musterverlauf (Nr. 5) eines Spezialisten

C' bezeichnet dabei die transponierte Matrix von C und sp die Spur einer quadratischen Matrix.

Abb. 7.10 zeigt exemplarisch die zeitlichen Verläufe des linken Hüftwinkels bei sämtlichen analysierten Würfen. Der Hüftwinkel-Zeit-Verlauf des Wurfes mit der höchsten Abfluggeschwindigkeit VR weist als Sollverlauf eine leicht ansteigende Charakteristik auf und ist identisch mit dem Verlauf von V5. Während die ersten drei Wurfversuche V0–V2 im Vergleich zu VR im linken Hüftwinkel eine umgekehrt verlaufende (absteigende) Charakteristik aufweisen, zeigen die letzten 5 Verläufe eine im Gesamten ebenfalls ansteigende Verlaufscharakteristik. Die ‚komplementäre' Verlaufscharakteristik der ersten drei Versuche führt entsprechend zu negativen Ähnlichkeitskoeffizienten, wohingegen die Verläufe mit ‚paralleler' Verlaufscharakteristik zu positiven Ähnlichkeitskoeffizienten führen (Abb. 7.10 und Abb. 7.11). Die Struktur des Lernprozesses bezüglich des linken Hüftwinkels in Abb. 7.11 läßt auf zwei charakteristisch unterschiedliche Bewegungsabläufe im linken Hüftwinkel schließen. Da sich die Verlaufscharakteristiken in zwei disjunkte Gruppen V0–V2 und V3–V7 untergliedern lassen, deren Wurfversuche zeitlich aneinanderhängend sind, kann auch von einem zeitlich überdauernden Lernprozeß nach dem dritten Wurfversuch gesprochen werden.

Eine analoge Strukturierung läßt sich auch vornehmen, wenn Gruppen von Merkmalen gemeinsam betrachtet werden (Abb. 7.12). Sowohl die Betrachtung sämtlicher Winkel- bzw. Winkelgeschwindigkeits-Zeit-Verläufe als auch aller Merkmals-Zeit-Verläufe führt zu einer disjunkten Trennung in die ersten drei und letzten fünf Wurfversuche. Insgesamt kann demnach von einer Quantifizierung der qualitativen Änderung des Bewegungsmusters nach dem dritten Wurfversuch ausgegangen werden.

7.2.3 Literatur

Aktschurin, J.A., Wedenow, M.F., Satschkow, J.: Methodologische Probleme der mathematischen Modellierung in der Biologie. In: *H. Mattheis, F. Pliquett* (Hrsg.): Mathematische Modellierung von Lebensprozessen. Berlin 1972, 13–41.

Cattell, R.B. (1946) Personality structure and measurement. I. The operational determination of trait unities. British Journal of Psychology, 36, 88–103.

Gebhardt, F. (1967) Über die Ähnlichkeit von Faktormatrizen. Psychologische Beiträge. 10, 591–599.

Georgopoulos, A.P. Kalaska, J.F. Caminiti, R. Massey, J.T. (1982) On the relations between the direction of

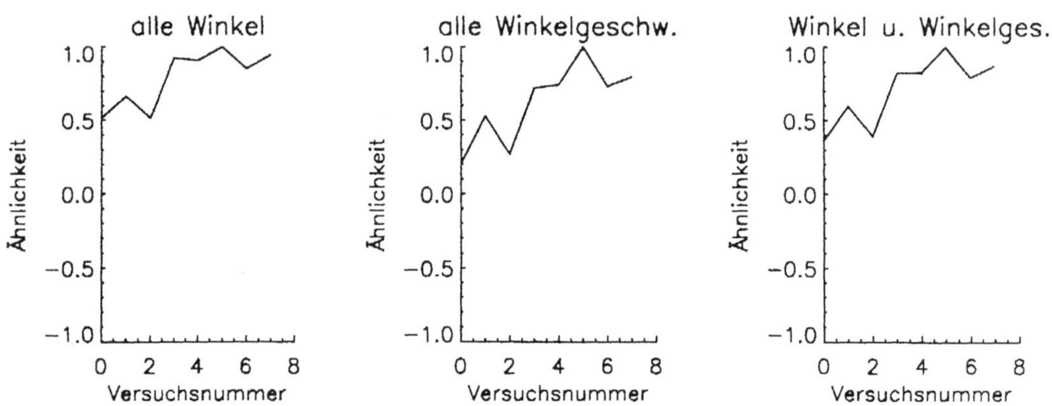

Abb. 7.12 Ähnlichkeits- bzw. Lernverläufe gruppierter Merkmale

two dimensional arm movements and cell discharge in primate motor cortex. Journal of Neuroscience, 2, 1527–1537.

Kandel, E.R. Schwartz, J.H. Jessell, T.M. (1991) (Eds.) Principles of neural science. 3rd ed. Norwalk: Appleton & Lange.

Mah, C.D. Hulliger, M. Lee, R.G. O'Callaghan I.S. (1994) Quantitative Analysis of human synergies: constructive pattern analysis for gait. Journal of Motor Behavior, 26, 2, 83–102.

Mendoza, L. Schöllhorn, W. (1991) Die Ansteuerung räumlicher Merkmale der Diskuswurftechnik im Hochleistungsbereich mit Hilfe eines biomechanischen Schnellinformationssystems. Leistungssport, 3, 18–22.

Schöllhorn, W.I. (1990) Bewegungsstrukturelle Analyse mechanischer Energieformen der Diskuswurftechnik. Dissertation: Frankfurt 1990 zugl. Biomechanische Einzelfallanalyse der Diskuswurftechnik. Frankfurt: Harri Deutsch 1993.

Schöllhorn, W.I. (1995) Systemdynamische Betrachtung komplexer Bewegungsmuster im Lernprozess. Unveröffent. Habilitationsschrift. Köln. 1995.

Simon, C. Schöllhorn, W. (1995) Prozeßorientierte biomechanische Technikanalyse des Sprintlaufs. In Krug, J. Minow, H.-J. (Hrsg.) Sportliche Leistung und Training. St. Augustin: Academia 113–118.

7.3 Deterministisches Modell des Strecksprungs und der mechanischen Belastung der unteren Extremitäten in der Stützphase

Wolfgang Baumann

7.3.1 Deterministisches Modell des Strecksprungs

(1) Modelloriginal

Das Modelloriginal im weitesten Sinne ist der Sprung. Im vorliegenden Beispiel wurde der Strecksprung gewählt. Die Betrachtung wurde auf die vertikale Komponente beschränkt. Strecksprünge in unterschiedlicher Ausführungsform stellen wesentliche Elemente in verschiedenen Sportspielen wie Volleyball und Basketball dar und sind häufig Bestandteil von Trainingsübungen und von sportmotorischen Tests. Das Ziel beim Strecksprung besteht in der Maximierung der Flughöhe.

(2) Modellzweck

Das Modell dient der Beschreibung der Sprungbewegung mit Hilfe dynamischer Parameter (Bodenreaktionskraft) und der Erklärung der sportmotorischen Leistung (Sprunghöhe) durch diese dynamische Charakteristik. Sowohl diese dynamische als auch die resultierenden kinematischen Charakteristiken erlauben eine vergleichende Bewertung der sportlichen Technik und sind damit eine wesentliche Voraussetzung für die Techniksteuerung.

(3) Modellform

Das vorliegende Modell ist deterministisch und von daher auch in der Auswahl der Parameter theoriebasiert. Das Modell behandelt den Körper als Massenpunkt (Körperschwerpunkt), der sich unter dem Einfluß äußerer Kräfte bewegt. Es zählt damit zu den sog. externen Modellen. Die Zielgröße bei der Modellierung des Strecksprungs ist die Flughöhe des Körperschwerpunkts. Die Einflußgrößen sind die Anfangslage des Körperschwerpunkts und die auf den Körper einwirkenden äußeren Kräfte: Schwerkraft und Bodenreaktionskraft. Der zeitliche Verlauf der Bodenreaktionskraft, die daraus resultierende Bewegung des Körperschwerpunkts und weitere ableitbare Größen wie mechanische Arbeit und Leistung sind als biomechanische Charakteristika der Bewegungstechnik aufzufassen. Die Bedeutung des Modells liegt in dem gesetzmäßigen Zusammenhang zwischen der Kinematik des Körperschwerpunkts und den am Boden meßbaren Reaktionskräften, die als Summe aller inneren sprungwirksamen Kräfte des Körpers aufgefaßt werden können.

(4) Theoretische Grundlagen

Zur Vereinfachung wird nur die vertikale Bewegungsrichtung betrachtet. Die erreichte maximale Höhe x_{max} des Körperschwerpunkts (KSP) über dem Boden ist durch kinematische Gesetzmäßigkeiten vorgegeben und setzt sich wie folgt zusammen:

$$x_{max} = \underbrace{x_o + \Delta x}_{\text{Abflughöhe über Boden}} + \underbrace{\frac{v_{ab}^2}{2g}}_{\text{reine Flughöhe}}$$

mit
- x_o KSP-Lage in Ausgangsstellung
- Δx Anhebung des KSP während der Bewegung
- v_{ab} vertikale Abfluggeschwindigkeit des KSP
- g Erdbeschleunigung

Die Anfangslage x_o des KSP (Körperschwerpunkthöhe über Boden) ist – neben der Körperhaltung – durch Körperbaumerkmale bestimmt. Die Abflughöhe $x_{ab} = x_o + \Delta x$ ist durch anatomische Bedingungen begrenzt und hängt vorrangig von der Körperhaltung zum Abflugzeitpunkt (z. B. gestrecktes Bein, Arme angehoben) ab.

Die Anhebung des Körperschwerpunkts um den Betrag Δx sowie die Abfluggeschwindigkeit v_{ab} sind gesetzmäßig mit dem zeitlichen Verlauf der Bodenreaktionskraft $F_R(t)$ verknüpft.

Es werden nachfolgende Zusammenhänge benutzt. Die gesamte auf den Körperschwerpunkt wirkende äußere Kraft $F_{ges}(t)$ ist gegeben durch die Summe aus der nach oben gerichteten (positiven) Bodenreaktionskraft $F_R(t)$ und der konstanten, nach unten wirkenden (negativen) Gewichtskraft G:

$$F_{ges}(t) = F_R(t) - G$$

Die Beschleunigung a(t) des Körperschwerpunkts als Wirkung der Kraft $F_{ges}(t)$ ist gegeben durch das II. Newtonsche Gesetz

$$F_{ges}(t) = m \cdot a(t)$$

mit m = Masse des Körpers.

Die Integration der Beschleunigungs-Zeitfunktion a(t) ergibt die Geschwindigkeits-Zeitfunktion v(t):

$$\int a(t)dt = v(t) + v_o$$

v_o ist die Integrationskonstante; sie stellt die Geschwindigkeit am Beginn des betrachteten Vorgangs dar.

In analoger Weise erhält man aus der Geschwindigkeits-Zeitfunktion die Weg-Zeitfunktion x(t):

$$\int (v(t) + v_o)dt = x(t) + x_o.$$

Die Integrationskonstante x_o stellt hier die Anfangslage (Höhe) des KSP dar.

Da man bei der biomechanischen Untersuchung solcher Sprünge in der Regel von der Messung der Bodenreaktionskraft ausgeht, sind die Anfangswerte x_o und v_o zunächst nicht bekannt. Im allgemeinen müßten diese Parameter durch eine analytische KSP-Bestimmung ermittelt werden, was nur mit einer kinematischen Analyse möglich wäre. Das ist immer dann erforderlich, wenn man Sprünge mit Anlauf betrachtet, bei denen man die Absolutwerte von x(t) und v(t) bestimmen möchte. In dem häufigen Spezialfall der Sprungeinleitung aus dem Stand ist vorgegeben: $v_o = 0$. Die Höhe x_o des KSP über Boden ist unbekannt. Ihre Kenntnis ist nur erforderlich, wenn man den Absolutwert der maximalen Höhe des KSP bestimmen will. Meist genügt jedoch die Kenntnis der maximalen Höhe *über* der Anfangshöhe x_o. Dann sind sämtliche interessierenden Größen bzw. Funktionen aus der Messung der Bodenreaktionskraft ohne weitere kinematische Analyse zu ermitteln und zwar quasi-simultan mit der Bewegung.

Impuls und Kraftstoß

Allgemein stellt das Integral

$$\int F_{ges}(t)dt$$

den Kraftstoß dar, der gleich ist der Änderung des Impulses

$$\Delta p = m \cdot \Delta v$$

Diese Änderung ist für jedes beliebige Zeitintervall gegeben durch das bestimmte Integral

$$\int_{t_o}^{t_e} F_{ges}(t)dt = m \cdot \Delta v$$

mit t_o Beginn und t_e Ende des betrachteten Zeitintervalls.

In der grafischen Darstellung (Abb. 7.13) ist der Bewegungsablauf wie folgt zu interpretieren.

Die bei t_o beginnende Abwärtsbewegung ist bis t_1 nach unten beschleunigt. Die Fläche A_1 repräsentiert einen negativen Impuls. Von t_1 bis t_2 wird die Abwärtsbewegung bis auf v = 0 abgebremst, die Fläche A_2 repräsentiert einen positiven Impuls, der betragsmäßig gleich ist dem negativen A_1.

$$A_2 = A_1$$

Der A_2 entsprechende Impuls wird häufig als Bremsimpuls bezeichnet (oder als Bremskraftstoß).

Bei t_2 beginnt die Aufwärtsbewegung mit positiver Beschleunigung nach oben bis zum Zeitpunkt t_3. Die Fläche A_3 entspricht dem sog. Beschleunigungsimpuls (oder -Kraftstoß). Bei t_3 erreicht der KSP seine maximale Geschwindigkeit nach oben. Die Fläche A_4 bedeutet eine geringfügige Reduzierung der Geschwindigkeit bis zum Abflugzeitpunkt t_4.

Der Wert des Integrals über die Gesamtbewegung während der Stützphase

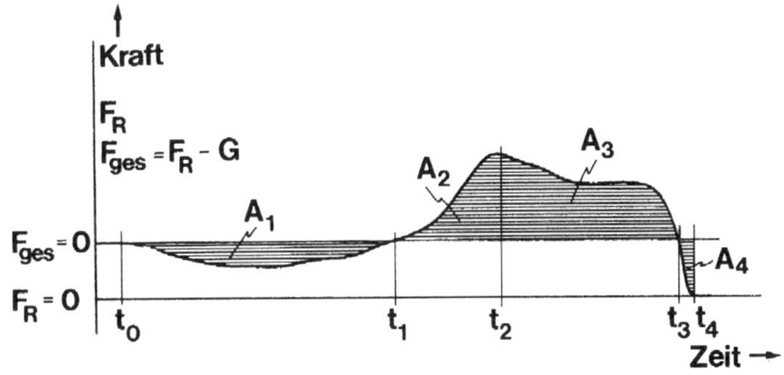

Abb. 7.13 Kraftzeitverlauf beim Strecksprung mit Ausholbewegung

F_R = gemessene Bodenreaktionskraft,
F_{ges} = Summe der äußeren Kräfte auf den KSP,
G = Gewichtskraft,
$A_1 \ldots A_4$ = Kraftstoßflächen,
A_2 = Bremskraftstoß,
A_3 = Beschleunigungskraftstoß.
Weitere Erläuterungen s. Text

$$\int_{t_o}^{t_4} F_{ges}(t)dt = m \cdot \Delta v$$

bestimmt eindeutig die Geschwindigkeit v_{ab}, mit der der KSP nach oben abfliegt. Die zeitliche Verteilung des Krafteinsatzes indessen kann die Dauer des Vorgangs und die Abflughöhe des KSP nicht verändern und damit auch nicht das Gesamtergebnis.

Arbeit und Leistung

Liegen die Funktionen F(t), x(t) und v(t) vor, dann lassen sich daraus auch die Größen

- Arbeit: $W(t) = F(t) \cdot x(t)$ und
- Leistung: $P(t) = F(t) \cdot v(t)$

als Funktion der Zeit berechnen.

Den Betrag der in einem bestimmten Zeitintervall verrichteten Arbeit kann man am Ende des Intervalls an den Werten der kinematischen Größen v(t) und x(t) ablesen und zwar differenziert nach Beschleunigungsarbeit W_B und Hubarbeit W_H. Die Netto-Hubarbeit am Ende der Kontaktphase beträgt

$$W_H = m \cdot g \cdot \Delta x$$

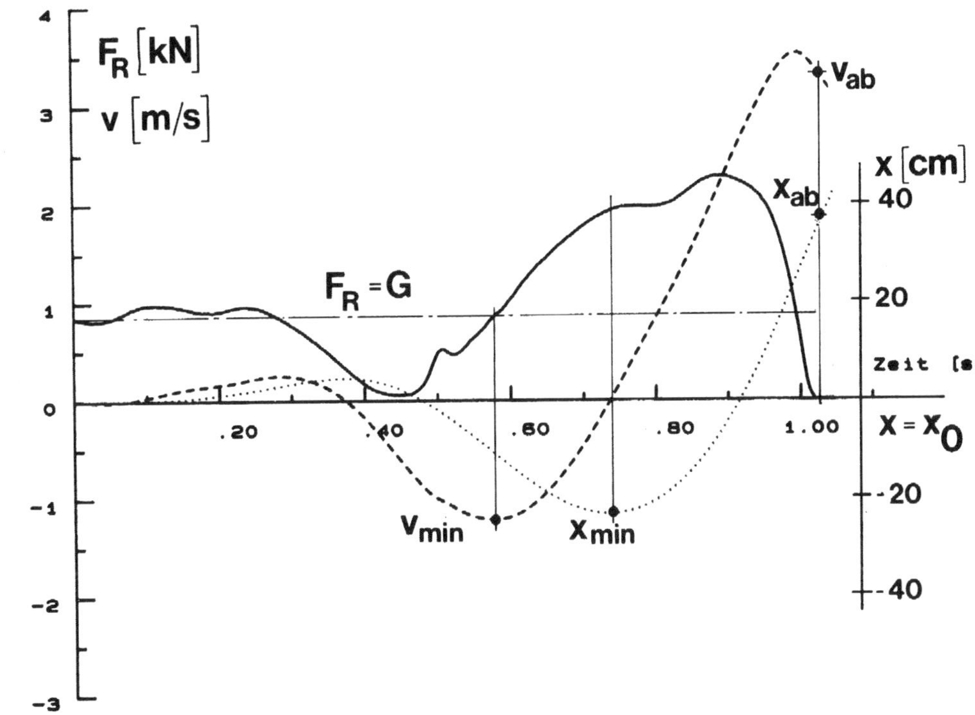

Abb. 7.14 Kinematische und dynamische Charakteristik des Strecksprungs (gute Ausführung)

F_R = gemessene Bodenreaktionskraft, G = Gewichtskraft, v = vertikale Geschwindigkeit des KSP, v_{min} = minimale Geschwindigkeit, v_{ab} = Abfluggeschwindigkeit, x = vertikaler Weg des KSP, x_o = Anfangshöhe des KSP, x_{min} = minimale Höhe, x_{ab} = Abflughöhe

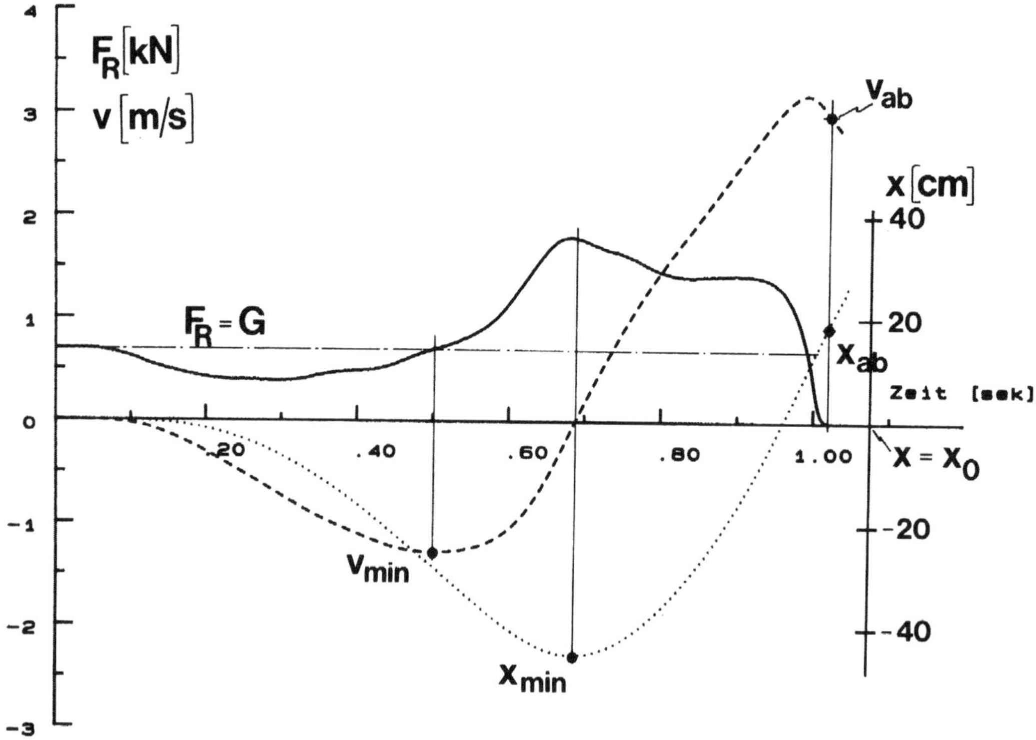

Abb. 7.15 Strecksprung (schwächere Ausführung). Bezeichnung wie in Abb. 7.14

Die entsprechende Beschleunigungsarbeit ist gegeben durch

$$W_B = \frac{m}{2}\, v_{ab}^2$$

Bei der Interpretation der Funktionen W(t) und P(t) ist darauf zu achten, daß auch die Gewichtskraft Arbeit verrichten kann!

(5) Beispiel

In Abb. 7.14 und 7.15 sind zwei verschiedene Ausführungen des beidbeinigen Strecksprungs aus dem Stand mit Ausholbewegung dargestellt. Die Funktion $F_R(t)$ wurde mittels Kraftmeßplatte gemessen, die Geschwindigkeit v(t) und der vertikale Weg x(t) des KSP wurden durch rechnerische Integration ermittelt.

Die Differenz $\Delta x = x_{ab} - x_o$ stellt die Anhebung des KSP über die Ausgangslage dar. Sie ist proportional der Netto-Hubarbeit der Gesamtbewegung.

$$W_H = m \cdot g\,(x_{ab} - x_o)$$

Die Differenz $x_B = x_{ab} - x_{min}$ stellt den vertikalen Beschleunigungsweg dar, der bei der Bewegung genutzt wurde. Dieser ist proportional der gesamten Hubarbeit bei der Anhebung des KSP aus der tiefsten Lage.

Die Differenz $\Delta v = v_{ab} - v_o$ führt auf den Nettobetrag der verrichteten Beschleunigungsarbeit

$$W_B = \frac{m}{2}\,(v_{ab}^2 - v_o^2)$$

Im vorliegenden Fall ergibt sich wegen $v_o = 0$

$$W_B = \frac{m}{2}\, v_{ab}^2$$

Aus Abb. 7.14 kann man ablesen $\Delta x = 36$ cm, $v_{ab} = 3{,}3$ m/s. Daraus berechnet sich eine maximale Höhe des KSP über der Ausgangshöhe x_o von 0,36 m + 0,56 m = 0,92 m. Dieser extrem hohe Wert ist i.a. nur bei speziell trainierten Hochleistungssportlern (etwa Volleyballspielern) anzutreffen.

In Abb. 7.15 ist eine deutlich schwächere Sprungausführung zu erkennen. Insgesamt ergibt sich aus Δx = 18 cm und v_{ab} = 3,0 m/s eine maximale Höhe von 0,18 m + 0,46 m = 0,64 m.

Der bemerkenswerteste Unterschied in der Charakteristik der Bodenreaktionskraft liegt im Krafteinsatz: der bessere Springer entwickelt das Kraftmaximum gegen Ende der Aufwärtsbewegung, der schwächere Springer erreicht sein Kraftmaximum schon beim Absenken des KSP unmittelbar vor der tiefsten KSP-Lage. Ein weiterer Unterschied: Die Dauer der Abwärtsbewegung bis zur tiefsten KSP-Lage ist bei der besseren Ausführung deutlich kürzer (ca. 0,36 s) als bei der schwächeren (ca. 0,60 s).

Die kinematischen Daten der KSP-Bewegung ergeben im Vergleich die folgenden wesentlichen Unterschiede zwischen der besseren (+) und der schwächeren (–) Bewegungsausführung:

		+	–
Absenkung des KSP	x_{min}	0,23 m	0,46 m
Anhebung des KSP	Δx	0,36 m	0,18 m
Beschleunigungsweg	x_B	0,59 m	0,64 m
Abwärtsgeschwindigkeit	v_{min}	–1,2 m/s	–1,28 m/s
Abfluggeschwindigkeit	v_{ab}	3,3 m/s	3,0 m/s

Daraus wird u.a. deutlich, daß der größere Beschleunigungsweg nicht notwendig zu mehr Gesamt-Sprunghöhe beiträgt. Vielmehr ist bei dem schwächeren Sprung eine zu große Absenkung des KSP mit zu großer Abwärtsgeschwindigkeit erfolgt, die schließlich das frühe Kraftmaximum samt nachfolgendem erheblichem Abfall provoziert hat.

Weitergehende Interpretationen dieser gesetzmäßigen Zusammenhänge und Charakteristiken sind hauptsächlich durch eine Erweiterung der Analyse auf die Kinematik der Streckbewegung und auf innere Kräfte bzw. Muskelkraftmomente möglich.

7.3.2 Deterministisches Modell der mechanischen Belastung der unteren Extremitäten in der Stützphase

(1) Modelloriginal

Das Modelloriginal im weitesten Sinne ist die Belastung der unteren Extremitäten in der Stützphase (Lauf, Sprung u.a.), hier: Die Belastung der aktiven und passiven Strukturen der Körperteile Unterschenkel und Fuß sowie der Gelenke Oberes Sprunggelenk und Kniegelenk.

(2) Modellzweck

Das Modell dient der Ermittlung der inneren Belastungsgrößen Muskel- und Gelenkkräfte bzw. Gelenkmomente. Diese Größen sind nicht direkt meßbar. Sie sind in zweifacher Hinsicht von Bedeutung:

- Positiver Aspekt: Kräfte auf passive und aktive Strukturen stellen einen Trainingsreiz dar, der im Rahmen der funktionellen Anpassung entsprechende positive Strukturveränderungen bewirken kann.
- Negativer Aspekt: Kräfte können die Strukturen überbelasten, was kurzfristig zu Verletzungen (Bruch, Riß), langfristig zu Überlastungsschäden (Beschwerden, Degenerationserscheinungen) führen kann.

Die Kenntnis der Belastungen als Auswirkung von Bewegungstechnik, inneren Bedingungen (Körperbaumerkmalen) und äußeren Bedingungen (Sportgeräten, Sportböden) ist Voraussetzung für eine gleichermaßen effektive wie präventive Trainingsgestaltung in allen Bereichen von Schul-, Breiten- und Leistungssport sowie in der Rehabilitation.

(3) Modellform

Es handelt sich um ein deterministisches Modell, das dementsprechend auch bei der Auswahl der Einflußgrößen theoriebasiert ist. Die makroskopische Struktur der unteren Extremität wird durch mechanische Segmente sehr einfacher Geometrie abgebildet. Die Belastungen werden als globale Größen ermittelt, nicht in differenzierter Form: Etwa als Gelenkbelastung im körperfesten Koordinatensystem, nicht aber als Belastung bestimmter Teilstrukturen wie Bänder, Sehnen, Gelenkflächen.

(4) Theoretische Grundlagen

Grundlage des Modells ist die vereinfachte Auffassung des Bewegungsapparats mit folgenden Kennzeichen

- die Segmente sind starre Körper mit konstanter Massengeometrie
- die Gelenke sind Kugel- bzw. Scharniergelenke.

Die Ermittlung sog. innerer Kräfte bzw. Spannungen innerhalb eines mechanischen Systems

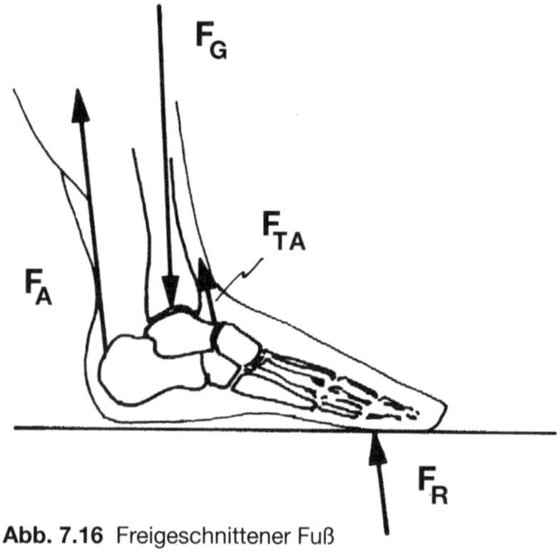

Abb. 7.16 Freigeschnittener Fuß

F_A = Kraft in der Achillessehne (m. triceps surae), F_{TA} = Kraft im m. tibialis ant., F_G = Gelenkkraft, F_R = Bodenreaktionskraft

beruht auf dem Schnittprinzip. Ein mechanisches System kann durch einen (theoretischen) Schnitt zerlegt werden. An der Schnittstelle werden an jedem Teilkörper die jeweils vom anderen Teilkörper darauf einwirkenden Kräfte und Momente angebracht. Damit werden vorher *innere* jetzt zu *äußeren Kräften*. Schneidet man beispielsweise den Fuß unmittelbar oberhalb des Sprunggelenks, dann sind – wie in Abb. 7.16 für die Sagittalebene schematisch dargestellt – die von „außen" auf den Fuß einwirkenden Kräfte anzubringen. Jetzt kann der Fuß unter der Wirkung des angegebenen Kräftesystems analysiert werden. Dies geschieht über die Formulierung der Bewegungsgleichungen für den freigeschnittenen Fuß. Die normalerweise nicht meßbaren „inneren" Kräfte in den Muskeln und dem Gelenk können nun bei entsprechenden Voraussetzungen berechnet werden. Die Ergebnisse bezüglich des oberen Sprunggelenks sind unabhängig von der flächenhaften Verteilung der Reaktionskraft über die Fußsohle und auch unabhängig von der Beweglichkeit bzw. Nachgiebigkeit des Fußes.

Ein grundsätzliches Problem dieses Modells ergibt sich aus der im allgemeinen nicht bekannten Aktivität der paarweise wirkenden Muskeln, der Agonisten und Antagonisten. In den Bewegungsgleichungen kann nur die Nettowirkung der gegeneinander arbeitenden Muskeln erfaßt werden.

Die Summe der Muskelkraftmomente von Beugern und Streckern in einem Gelenk wird als Nettomoment bezeichnet. Ist nur eine Muskelgruppe (Beuger oder Strecker) aktiv (Überprüfung durch Elektromyogramm), dann stellt das Nettomoment den tatsächlichen Wert des Muskelkraftmoments dar. Bei antagonistischer Muskelaktion ist das Nettomoment ein Minimalwert für das entsprechende Muskelkraftmoment. Bei dieser Betrachtung wurde außer acht gelassen, daß auch noch andere Strukturen im Gelenk, wie die Bänder und der Gelenkkörper, Momente aufnehmen können. Besonders in der Frontal- und der Transversalebene wirken – neben den hier deutlich schwächeren Muskelkraftkomponenten – in erheblichem Maße diese passiven Strukturen wie Bänder und Gelenkkörper an der Momentaufnahme mit. In diesen Ebenen ist es besonders schwierig, das berechnete Nettomoment bestimmten Strukturen zuzuschreiben.

Modellansatz

In dieser Darstellung soll das Grundsätzliche bei der Ermittlung von Muskel- und Gelenkkräften erörtert werden. Es werden deshalb folgende Vereinfachungen vorgenommen

- die Bewegung wird 2-dimensional aufgefaßt (Sagittalebene)
- Massenkräfte (Gewichtskraft und Trägheitskräfte der Segmente) werden gegenüber der vielfach größeren Bodenreaktionskraft vernachlässigt
- das sich ergebende Nettomoment wird, je nach Vorzeichen, entweder den Beugern oder den Streckern zugeschrieben. D.h. es wird stets nur *eine* dieser Muskelgruppen berücksichtigt.

Gemäß diesen Vereinfachungen reduzieren sich die allgemeinen Bewegungsgleichungen für das System auf Gleichgewichtsbedingungen für jeden Zeitpunkt der Stützphase, die nachfolgend für das obere Sprunggelenk bzw. den Fuß angegeben werden (vgl. auch Abb. 7.16).

Gleichgewicht der Momente* bezüglich Gelenkmitte des oberen Sprunggelenks:

(1) $\Sigma M_i = 0$
$M_A + M_R = 0$

Gleichgewicht der Kräfte bezüglich des Fußes:

(2) $\Sigma F_i = 0$
$F_A + F_G + F_R = 0$

* Sämtliche Momente und Kräfte sind als Vektoren aufzufassen.

mit M_A = Moment der Achillessehnenkraft
M_R = Moment der Bodenreaktionskraft
F_A = Kraft in der Achillessehne
F_G = Gelenkkraft
F_R = Bodenreaktionskraft

Aus der Messung des Vektors der Bodenreaktionskraft und der Kinematik des Gelenkmittelpunkts kann das Moment M_R und damit unmittelbar auch M_A bestimmt werden. Für die Ermittlung von Kräften aus (2) ist zusätzlich die Kenntnis des Hebelarms der Muskulatur erforderlich. Der Hebelarm r_A der Achillessehnenkraft F_A bezüglich des oberen Sprunggelenks erlaubt zunächst die Berechnung von F_A aus dem Moment M_A gemäß

$$(3)\quad F_A = \frac{M_A}{r_A}$$

und schließlich gemäß (2) auch die Gelenkkraft F_G.

Diese vereinfachte Berechnung von Muskelkraftmomenten kann grundsätzlich auch für das Kniegelenk angewandt werden. Wegen der größeren Distanz des Gelenks zum Boden machen sich Ungenauigkeiten bei der Kraftmessung (z. B. der Richtung) stärker bemerkbar. Eine schwerer wiegende Komplikation wird jedoch durch den zweigelenkigen m. gastrocnemius verursacht: er wirkt im Fußgelenk als Strecker, im Kniegelenk als Beuger. Da aus der Achillessehnenkraft nicht auf die Kraftverteilung zwischen m. soleus und m. gastrocnemius geschlossen werden kann, wird bei Berechnungen im Kniegelenk das beugende Moment des m. gastrocnemius nicht erfaßt. Insgesamt sind deshalb die Ergebnisse bezüglich des Kniegelenks mit größeren Unsicherheiten behaftet als im Fußgelenk.

(5) Beispiel

Anhand der exemplarischen Untersuchung des Laufes (*Glitsch*, 1986) werden im folgenden einige Ergebnisse zur Belastung der unteren Extremität während der Stützphase dargestellt und diskutiert. Dabei werden zwei Lauftechniken miteinander verglichen, der Lauf mit Fersenaufsatz (häufig beim langsamen Lauf) und der Lauf mit Ballenaufsatz (typisch für den schnelleren Lauf). Die Ergebnisse beziehen sich ausschließlich auf die Sagittalebene. Die von der Bodenreaktionskraft verursachten Momente müssen, mit den bereits erläuterten Einschränkungen, im wesentlichen durch die Streck- und Beugemuskulatur in Fuß- und Kniegelenk kompensiert werden.

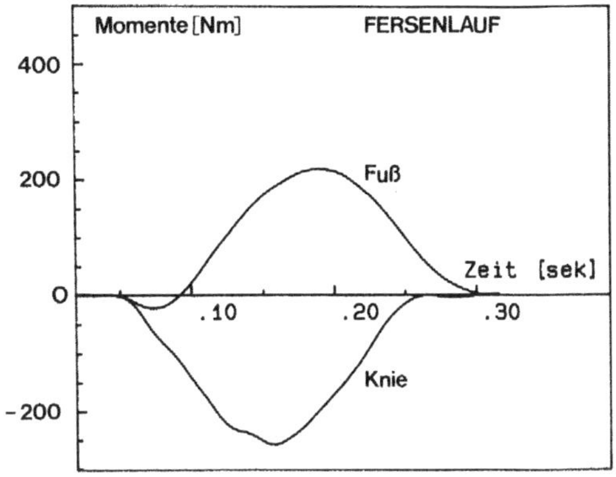

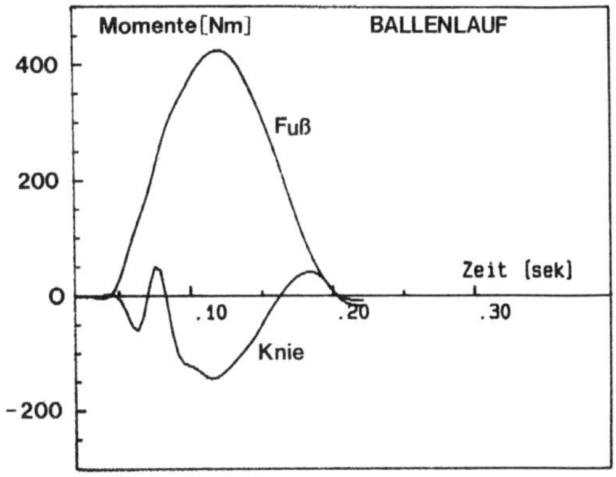

Abb. 7.17a/b Muskelkraftmomente bezüglich Kniegelenk (Knie) und oberes Sprunggelenk (Fuß) in der Stützphase beim Lauf

a) Fersenlauf mit v = 2,9 m/s, b) Ballenlauf mit v = 4,9 m/s. Positives Vorzeichen, am Fuß: Strecker, am Knie: Beuger; Negatives Vorzeichen am Fuß: Beuger, am Knie: Strecker

In Abb. 7.17a ist der Fersenlauf dargestellt (Laufgeschwindigkeit v = 2,9 m/s), bei dem der Läufer den Bodenkontakt mit dem hinteren Fußbereich beginnt. Das negative Moment zu Beginn deutet auf die Aktivität der Fußbeuger (Dorsalflexoren; m. tibialis anterior), die das Herunterklappen des Fußes kontrollieren. Das positive Moment über die restliche Dauer der Stützphase wird durch die Aktivität der Fußstrecker (Plantarflexoren; m. triceps surae) kompensiert. Das Moment im Kniegelenk ist ausschließlich negativ, d. h. von den Kniestreckern aufzunehmen. Die Größe der maximalen Momente liegt bei Knie und Fuß in der gleichen Größenordnung von 200–300 Nm. Vergleicht man damit den Ballenlauf (Abb. 7.17b, Beginn des Bodenkontakts mit dem Fußballen) mit einer Laufgeschwindigkeit von ca. 4,9 m/s, dann werden folgende Unterschiede deutlich: Die Gesamtdauer der Stützphase wird verkleinert (von ca. 0,27 s auf 0,18 s), das Moment im Fußgelenk ist ausschließlich positiv, d. h. nur die Fußstrecker sind aktiv. Außerdem hat sich der Maximalwert des Moments erheblich vergrößert, hier praktisch verdoppelt. Dementsprechend fällt der Kraftanstieg bei der Muskulatur wesentlich steiler aus.

Beim Moment im Kniegelenk fällt auf, daß es häufiger die Richtung wechselt (Beuger/Strekker), aber im Maximum deutlich geringer ausfällt als beim Fersenlauf. Diese exemplarisch aufgezeigten Tendenzen der einzelnen Merkmale sind typisch für den Übergang vom Fersenlauf zum Ballenlauf und werden mit zunehmender Laufgeschwindigkeit noch stärker ausgeprägt.

Wie ausgeführt, kann bei Kenntnis der Hebelarme r_M der Muskeln, die die berechneten Momente M_M aufnehmen müssen, auch dic Muskelkraft F_M ermittelt werden gemäß

$$F_M = \frac{M_M}{r_M}$$

Für überschlägige Abschätzungen kann man folgende Hebelarme zugrunde legen:

- Fußstrecker: 0,05 m
- Fußbeuger: 0,015–0,020 m
- Kniestrecker: 0,05 m

In Abb. 7.18 sind die Ergebnisse der Kraftberechnungen für das Fußgelenk dargestellt: Die Muskelkraft F_M und die Gelenkkraft F_G. Die Muskelkraft beim Fersenlauf (Abb. 7.18a) beginnt mit der Aktivität der Fußbeuger, anschließend bis zum Ende der Stützphase wirken die Fußstrecker. Das Maximum der durch die Achillessehne dabei zu übertragenden Kraft beträgt ca. 4 kN. Die Gelenkkraft wirkt stets im Sinne einer Druckkraft im oberen Sprunggelenk. (Ihre von der Unterschenkellängsachse geringfügig abweichende Wirkungslinie wird hier nicht diskutiert.) Sie ist betragsmäßig *immer* größer als die Muskelkraft. Die Initialzacke der Gelenkkraft ist typisch für den Fersenlauf, bei dem die Wirkungslinie der Bodenreaktionskraft am Stützbeginn stets sehr nahe der Gelenkmitte verläuft. Diese Zacke kann bei ausgeprägtem Aufsetzen der Ferse erhebliche Kraftwerte erreichen. Das Maximum der Gelenkkraft liegt hier bei 6 kN.

Beim Ballenlauf (Abb. 7.18b) ergeben sich die folgenden Charakteristiken. Die geforderte Muskulatur ist ausschließlich die Streckmuskulatur.

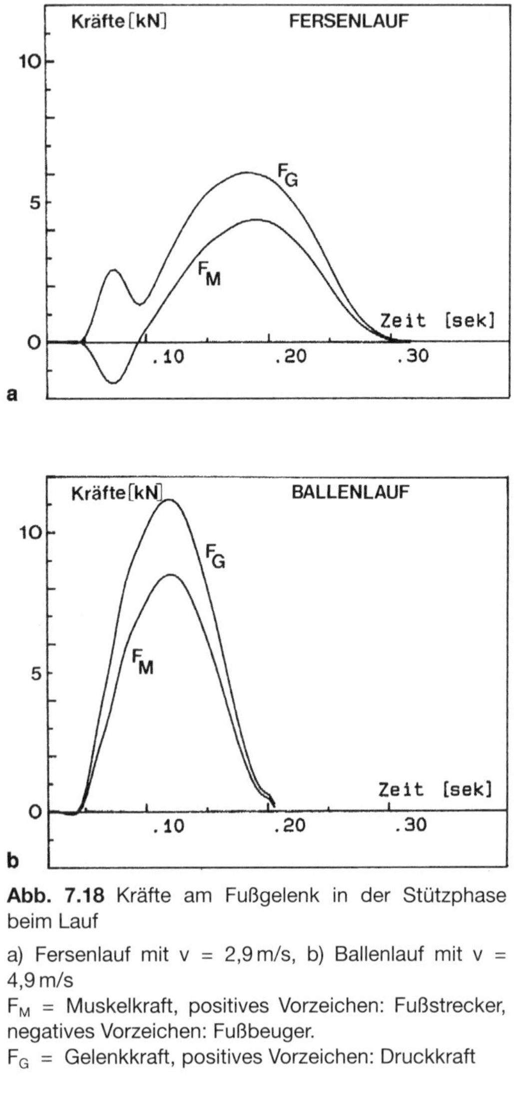

Abb. 7.18 Kräfte am Fußgelenk in der Stützphase beim Lauf

a) Fersenlauf mit v = 2,9 m/s, b) Ballenlauf mit v = 4,9 m/s

F_M = Muskelkraft, positives Vorzeichen: Fußstrecker, negatives Vorzeichen: Fußbeuger.

F_G = Gelenkkraft, positives Vorzeichen: Druckkraft

Der Kraftanstieg ist wesentlich steiler und die maximale Kraft in der Achillessehne ist auf ca. 8,5 kN angewachsen. Die Gelenkkraft – gesetzmäßig stets größer als die Muskelkraft – erreicht nun maximale Werte von 11 kN (das entspricht etwa 1,1 Tonnen). Obgleich diese hohen Werte auch von der großen Körpermasse der Vp. mit verursacht sind, ist die Größenordnung durchaus normal. Wesentlich am Verlauf der Gelenkkraft ist darüber hinaus, daß die initiale Zacke gänzlich fehlt. Beim Aufsatz mit dem Fußballen tritt diese Zacke praktisch nie auf. Bei dem bezüglich des oberen Sprunggelenks eher exzentrischen Stoß mit der Möglichkeit des muskulär kontrollierten

Absenkens des Hinterfußes wird ein extrem schneller Kraftanstieg vermieden.

Die Ergebnisse vermitteln ein quantitatives Bild der bei Laufbewegungen auftretenden inneren Belastungsgrößen. Der Vergleich der beiden Lauftechniken ergibt ein vertieftes Verständnis der wirkenden Mechanismen, ein Erkennen grundlegender Zusammenhänge. Für die eingangs erwähnten Bereiche der Belastungsgestaltung im Sinne der Prävention bzw. der Optimierung des Trainings sind diese Analysen von großer Wichtigkeit. Die biomechanische Analyse, wie sie hier in sehr einfacher Form dargestellt wurde, ist die einzige wissenschaftliche Methode, um Muskel- und Gelenkkräfte bei der Bewegung zu ermitteln.

7.3.3 Literatur

Amadio, A.: Biomechanische Analyse des Dreisprungs. Diss., Köln 1985

Baudzus, W.: Einfluß der Reibungseigenschaften von Sportstättenböden auf die Belastungen der unteren Extremität. Diss., Köln 1987

Baumann, W., H. Stucke: Sportspezifische Belastungen aus der Sicht der Biomechanik. In: *H. Cotta, H. Krahl, K. Steinbrück* (Hrsg.), Die Belastungstoleranz des Bewegungsapparates. Stuttgart–New York 1980, S. 55

Baumann, W., H. Stucke, W. Baudzus, B. Krabbe, D. Franken: Belastung des Bewegungsapparates auf Sportböden. Schriftenreihe „Sport- und Freizeitanlagen“ des Bundesinstituts für Sportwissenschaft (BISp) B 1/86, Köln 1987

Glitsch, U.: Biomechanische Untersuchung zur Ermittlung dynamischer Merkmale am Unterschenkel bei einigen Bewegungsformen. Diplomarbeit, Köln 1986

Pedotti, A., V.V. Krishnan, L. Stark: Optimization of muscle-force sequencing in human locomotion. In: Mathematical Biosciences 38 (1978) 57

Stucke, H.: Zu dynamischen Belastungen des oberen Sprunggelenkes und seines Sehnen- und Bandapparates. Diss., Köln 1984

Zatsiorsky, V.: Biomechanik des Bewegungsapparats. Berlin 1984

7.4 Modell zur Bestimmung der Lage des Körperschwerpunkts und der Massenträgheitsmomente des menschlichen Körpers

Rüdiger Preiß

7.4.1 Zielgrößen des Modells

Der folgende Abschnitt behandelt das in der Biomechanik weitverbreitete Modell von *Hanavan* (1964).

Dem leichteren Verständnis der Modelldarstellung dient eine Betrachtung über den Körperschwerpunkt (KSP) und die Massenträgheitsmomente des Körpers.

Die im Abschnitt 7.4.1.4 geführte Diskussion um die Problematik der experimentellen Methoden legt nahe, die Anwendungszwecke der Zielgrößen mit Hilfe eines Modells ökonomisch und mit geringen Fehlern sicherzustellen.

Im gesamten Abschnitt ist das Koordinatensystem wie in Abb. 7.19 orientiert.

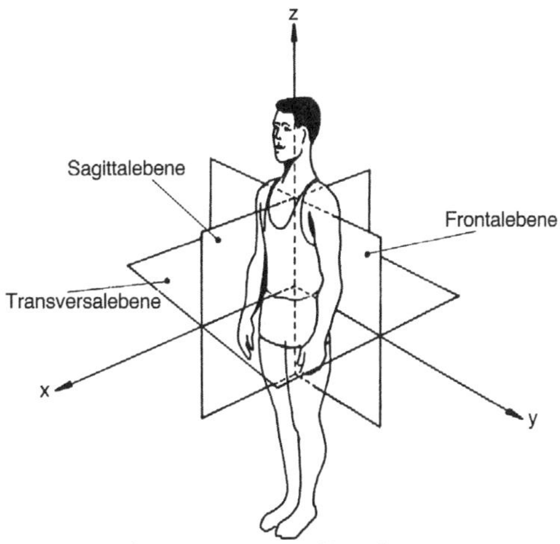

Abb. 7.19 Orientierung des Koordinatensystems mit Hilfe von Frontal-, Sagittal- und Transversalebene

7.4.1.1 Kennzeichnung der Zielgrößen des Modells

Die Zielgrößen des Modells sind die Lage des Körperschwerpunkts (seine Koordinaten im System nach Abb. 7.19) und die Massenträgheitsmomente um die drei Achsen durch den KSP.

7.4.1.1.1 Kennzeichnung des Körperschwerpunkts

Die Schwerkraft eines Körpers ist die von der Erde auf ihn ausgeübte Anziehungskraft. Sie

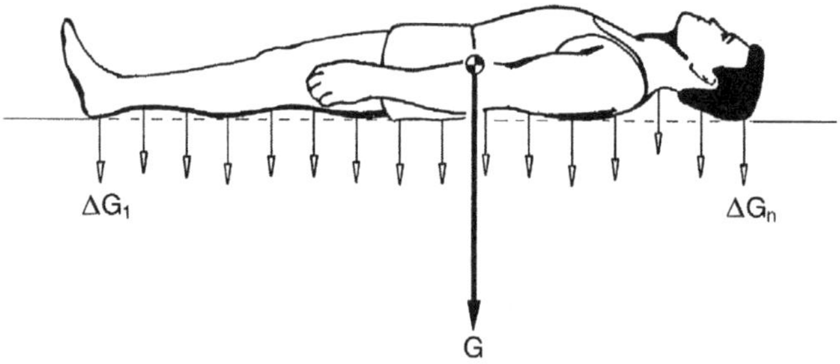

Abb. 7.20 Kennzeichnung des Körperschwerpunkts

Bezeichnung:
ΔG_i Teilgewichtskräfte
G Gewichtskraft $G = \sum \Delta G_i$

wird Gewichtskraft G genannt und ist im ganzen Körper verteilt. An jedem Volumenelement i des Körpers wirkt eine Teilgewichtskraft ΔG_i, die in jeder beliebigen Lage des Körpers zum Erdmittelpunkt hin, also lotrecht, gerichtet ist (Abb. 7.20). Die Resultierende aller lotrechten, somit parallelen Teilgewichtskräfte ist die Gewichtskraft $G = \sum \Delta G_i$. Ihr Angriffspunkt ist der Schwerpunkt des Körpers, wobei zu beachten ist, daß der KSP nicht jener Punkt ist, an dem *alle* auf den Körper einwirkenden Kräfte bspw. Bodenreaktions-, Reibungs-, Widerstandskräfte, ... angreifen.

Die Koordinaten des KSP berechnen sich als das Integral der Dichte ρ über das Volumen vol des Körpers:

$$x_{KSP} = \frac{1}{M} \iiint_{vol} \rho(x,y,z)\,x\,dx\,dy\,dz$$

$$y_{KSP} = \frac{1}{M} \iiint_{vol} \rho(x,y,z)\,y\,dx\,dy\,dz$$

$$z_{KSP} = \frac{1}{M} \iiint_{vol} \rho(x,y,z)\,z\,dx\,dy\,dz$$

Der KSP kann sich als ein mathematisch-ideeller Punkt auch außerhalb des Körpers befinden (Abb. 7.21).

Bei geometrisch regulären Oberflächen und bekannten Dichtefunktionen lassen sich die Integrale analytisch berechnen. Fehlen diese Voraussetzungen (wie beim menschlichen Körper), können nur numerische Verfahren angewandt werden.

Dabei ist es zulässig, Teilvolumina (z.B. Körperteile) getrennt zu betrachten und deren Beiträge (wie auch im vorliegenden Modell) zu summieren.

Die Dichte der Körperteile ist von der Gewebezusammensetzung ihrer Volumenelemente abhängig (Knochengewebe ~ 1,8 g/cm³, Muskelgewebe ~ 1,1 g/cm³, Fettgewebe ~ 0,9 g/cm³; nach

Abb. 7.21 Beispiel einer Körperposition, in der sich der KSP (●) außerhalb des Körpers befindet

Winter (1979)), wobei die Dichte der Gewebearten auch von Geschlecht, Konstitution und Lebensalter der Versuchsperson beeinflußt wird.

7.4.1.1.2 Kennzeichnung der Massenträgheitsmomente

Die Massenträgheitsmomente J_{ii} (s. 3.4.2.1) um die drei Koordinatenachsen sind i.d.R. verschieden. Sie werden ebenfalls als Integrale über das Volumen vol des Körpers definiert:

$$J_{xx} = \iiint_{vol} \rho(x,y,z)\,x^2\,dx\,dy\,dz$$

$$J_{yy} = \iiint_{vol} \rho(x,y,z)\,y^2\,dx\,dy\,dz$$

$$J_{zz} = \iiint_{vol} \rho(x,y,z)\,z^2\,dx\,dy\,dz$$

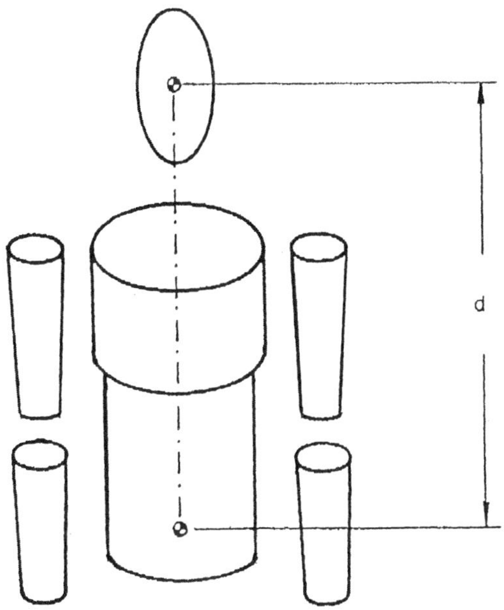

Abb. 7.22 Bestimmung des Massenträgheitsmoments des Kopfs um die Breitenachse durch den KSP (s. Text); d = Abstand zwischen Körperschwerpunkt und Kopfschwerpunkt

Bei diesen Integralen tritt die Koordinate quadratisch auf; es ist deshalb nicht mehr zulässig, die Integrale von Teilvolumina zu berechnen und zu summieren. Vielmehr ist das von *Steiner* formulierte Gesetz zu befolgen, wonach man zunächst die Massenträgheitsmomente J_{iij} aller n Körperteile bezüglich deren eigenem Schwerpunkt berechnet; diese werden Lokalterme genannt.

Dann bestimmt man die Länge a_j des Lotes vom Schwerpunkt des Körperteils j zur Achse i durch den KSP. Das Produkt $a_j^2 m_j$ (m_j = Masse des Körperteils j) wird Transferterm genannt. Das Massenträgheitsmoment des Gesamtkörpers ist die Summe aller Lokal- und Transferterme:

$$J_{ii} = \sum_{j=1}^{n} [J_{iij} + a_j^2 m_j]$$

Dieses Verfahren ist in Abb. 7.22 am Beispiel des Kopfs dargestellt. Das Massenträgheitsmoment des Kopfs um die Breitenachse durch den KSP (J_K) ist die Summe des Massenträgheitsmoments um die Breitenachse durch den Körperteilschwerpunkt des Kopfs (J_T) und des Produkts aus Kopfmasse m_K und Quadrat des Abstands des Kopfschwerpunkts vom Körperschwerpunkt d:

$$J_K = J_T + m_K d^2$$

Bei dem vorliegenden Modell sind im Spezialfall des Kopfs auf Grund der geometrischen Modellierung (Rotationsellipsoid) die Massenträgheitsmomente um Tiefen- und Breitenachse durch den Körperteilschwerpunkt gleich.

7.4.1.2 Anwendungszwecke der Zielgrößen des Modells

Die Bestimmung des KSP dient vielfältigen Anwendungen, z. B.:

1. Repräsentant der Masse eines Körpers,
2. Bezugspunkt biomechanischer Kennlinien,
3. Bezugspunkt (bio-)mechanischer Gesetze,
4. Bezugspunkt für die Unterscheidung verschiedener Gleichgewichtsarten,
5. Bezugspunkt für die Unterscheidung zwischen Translation und/oder Rotation (zentrische oder exzentrische Kraftwirkung).

Die Massenträgheitsmomente werden u.a. angewandt als:

1. Bezugsgröße (bio-)mechanischer Gesetze,
2. Einflußgröße von Rotationsarbeit und -energie,
3. Einflußgröße der Auswirkung von Drehmomenten auf den Bewegungszustand des Körpers.

7.4.1.3 Folgerungen zum Aufbau des Modells

Aus der Kennzeichnung und Anwendung der Zielgrößen des Modells lassen sich Randbedingungen für das Modell folgern:

1. Modellierung der Körperteilgeometrie durch reguläre geometrische Körper (um die Integrale analytisch lösen zu können),
2. Modellierung der Verbindungsgeometrie der Körperteile, um die Zielgrößen bei beliebiger Körperpose zu berechnen,
3. Modellierung der Körperoberfläche zur Bestimmung von Stütz- und Kontaktflächen zu äußeren Körpern (Boden, Sportgerät) in beliebiger Körperpose,
4. Modellierung der Körperteildichte und damit
5. Modellierung der Körperteilmassen,
6. Modellierung der Körperteil-Massenträgheitsmomente um den Körperteilschwerpunkt.

7.4.1.4 Experimentelle Methoden zur Bestimmung der Zielgrößen des Modells

Die experimentellen Methoden zur Bestimmung der Koordinaten des Schwerpunkts eines Körpers und der Massenträgheitsmomente werden vorgestellt, da sie zum einen zur Datenbeschaffung bei der Konstruktion und Überprüfung des Modells angewendet werden und zum anderen Probleme bei ihrer routinemäßigen Anwendung bestehen, die den Anstoß zur Modellentwicklung gaben.

7.4.1.4.1 Experimentelle Bestimmung der Lage des Körperschwerpunkts

Oben wurde gezeigt, daß der KSP ein mathematisch-physikalisches Konstrukt ist, das nicht an bestimmte Oberflächenpunkte des Körpers gebunden ist, ja völlig frei im Außenraum auftreten kann. Daher ist einsichtig, diesen Punkt nicht markieren zu können.

Eine Messung der Lage des KSP ist somit nicht direkt möglich, es gibt aber eine elegante indirekte Methode, indem man eine Hebelwaage benutzt.

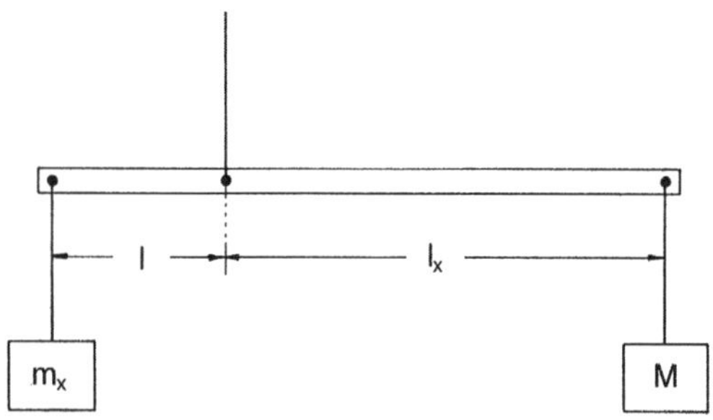

Abb. 7.23 Wägung mit Hebelwaage (s. Text)

Bezeichnung:
l, l_x Hebelarme
M bekanntes Gewicht
m_x unbekanntes Gewicht

Im Normalfall kennt man beide Hebelarme (l und l_x) und ein Gewicht (M) und bestimmt das unbekannte Gewicht (m_x) wie in Abb. 7.23:

$$m_x = M \cdot \frac{l_x}{l}$$

Zum Ermitteln der KSP-Koordinate legt man die Versuchsperson mit der zu untersuchenden Körperachse in Waagebalkenrichtung auf einen als Brett ausgebildeten Waagebalken und kann dann aus Länge l des Waagebalkens, Gewicht M der Versuchsperson und Auflagekraft F_x die KSP-Koordinate l_x bestimmen:

$$l_x = \frac{F_x}{M} \cdot l$$

Hierbei verwendet man aus meßtechnischen Gründen im Unterschied zu oben einen einarmigen Hebel (Abb. 7.24).

Die Messung ist für die Bestimmung der beiden anderen KSP-Koordinaten zu wiederholen, nachdem die Versuchsperson mit der gewünschten Körperachse (Abb. 7.19) in Waagebalkenrichtung positioniert wurde.

Mit diesem Verfahren kann man die KSP-Koordinaten nur in statischen Lagen im Labor messen. Biomechanisch ist in vielen Fällen die Bewegung des KSP während einer Bewegung des Körpers von Interesse. Zur Messung müßte man z. B. einen Film über die Bewegung mit genügender zeitlicher Auflösung (d.h. einer entsprechend hohen Bildfrequenz) anfertigen und die Versuchsperson nimmt dann nacheinander alle ihre gefilmten Körperposen auf der KSP-Waage ein. Hierdurch können die KSP-Koordinaten in ihrem zeitlichen Verlauf gemessen werden.

7.4.1.4.2 Experimentelle Bestimmung der Massenträgheitsmomente

Eines der Verfahren zur Messung des Massenträgheitsmoments besteht darin, einen kugelgelagerten Tisch zu verwenden, der sich um eine ver-

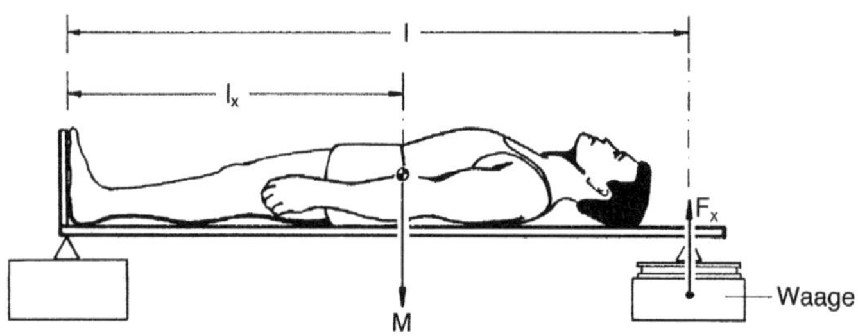

Abb. 7.24 KSP-Waage (Messung in Körperlängenachsenrichtung, s. Text)

Bezeichnung:
l Länge des Waagebalkens
l_x KSP-Koordinate
F_x Auflagekraft
M Gewicht der Vp

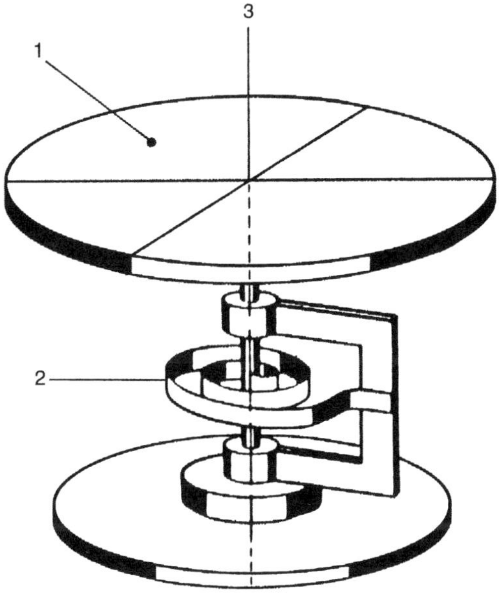

Abb. 7.25 Messung des Massenträgheitsmoments mit Hilfe eines Drehtischs

Bezeichnung:
1 Auflagefläche
2 Spiralfeder
3 Drehachse des Tisches

tikale Achse drehen kann (Abb. 7.25). Mittels einer Spiralfeder wird der Tisch in einer definierten Ruhelage gehalten.

Die Versuchsperson nimmt die nachzubildende Pose auf dem Tisch so ein, daß diejenige Körperachse durch den KSP, um die das Massenträgheitsmoment bestimmt werden soll, mit der Drehachse des Tischs übereinstimmt. Zur Positionierung des KSP auf die Drehachse gibt es zwei Methoden. Entweder man mißt die Lage des KSP und verschiebt die Versuchsperson entsprechend oder man verschiebt die Versuchsperson unter wiederholten Messungen so lange, bis das Minimum des Massenträgheitsmoments erreicht ist.

Zur Messung wird der Tisch aus seiner Ruhelage gedreht und schwingt dann, von der Feder getrieben. Aus der Schwingungsdauer T kann das Massenträgheitsmoment J nach:

$$J = \frac{T^2}{4\pi^2} \cdot D$$

berechnet werden, wobei D die festliegende Richtkonstante des Meßtischs ist.

Zur Messung der Massenträgheitsmomente um die anderen Achsen durch den KSP ist die Messung zu wiederholen, nachdem die Versuchsperson so gedreht wurde, daß die nächste Achse mit der Drehachse des Tischs übereinstimmt.

Verbesserte Geräte zur Messung des Massenträgheitsmoments wurden von *Tichonov* (1976) und von *Klose* und *Preiß* (1994) entwickelt.

7.4.1.5 Problematik der experimentellen Methoden

Die oben erläuterten Methoden zur experimentellen Bestimmung der Lage des KSP und der Massenträgheitsmomente des Körpers weisen Probleme in Hinsicht auf den häufigen Routineeinsatz und die Meßfehler auf:

1. Viele sportliche Bewegungen (Absprünge, Landungen, dynamische Turnübungen) verlangen hohe Bildfrequenzen (200–400 B/s), so daß die Messung des zeitlichen Verlaufs der KSP-Koordinaten und der Massenträgheitsmomente äußerst zeitaufwendig ist.
2. Das Nachbilden der Posen auf der KSP-Waage ist mit Fehlern verbunden, so daß die Meßwerte gegenüber den wahren Werten Fehler aufweisen, die 5–10% betragen.
3. Körperposen an den Grenzen der Bewegungsbereiche der Gelenke sind bei einer sportlichen Bewegung im Millisekundenbereich möglich, nicht jedoch während der zur Messung erforderlichen Zeitspanne im Sekundenbereich.
4. Die Versuchspersonen müssen nicht nur für die Dauer des Wettkampfes anwesend sein, sondern nach der Entwicklung des Films zur Reproduktion der Körperposen entsprechend den Filmaufnahmen noch einmal für einen relativ langen Zeitraum.
5. Zwischen der Filmaufnahme und der Messung im Labor verändert sich das Gewicht und seine Verteilung durch Flüssigkeits- und Nahrungsaufnahme.
6. Die sportliche Bewegung findet i.a. mit annähernd senkrechter Körperlängsachse statt, die Messung auf der KSP-Waage dagegen bei waagrechter Orientierung der Körperlängsachse, so daß Fehler durch die Umverteilung der Körperflüssigkeiten und inneren Organe entstehen.

7.4.2 Modellzweck der Teilmodelle Geometrie und Massenverteilung

Zweck des biomathematischen Modells des menschlichen Körpers ist die ökonomische Bestimmung der Koordinaten des KSP und der Massenträgheitsmomente um die drei Achsen durch den KSP. Die zu erhebenden Modellmerk-

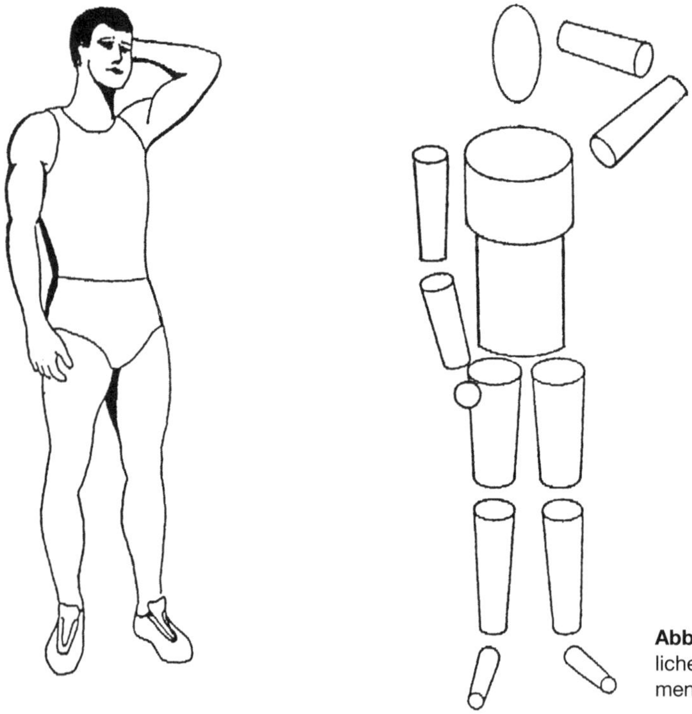

Abb. 7.26 Abbildung der menschlichen Körperteile auf Modellsegmente

male sollen an der lebenden Versuchsperson von außen unschwierig und ohne körperliche Beeinträchtigung meßbar sein. Damit scheiden z. B. Merkmale aus, die eine Röntgenaufnahme erforderlich machen. Der Begriff „unschwierig" bedeutet auch den Verzicht auf komplexe, nicht transportable Meßgeräte, wie z. B. einen Eintauchtank zur Bestimmung von Körpervolumina.

7.4.3 Konstruktion des Modells

7.4.3.1 Aufbau des Modells aus Teilmodellen

Bei der Modellierung werden die Körperteile auf Segmente abgebildet (Abb. 7.26).

Beispielsweise wird das Körperteil „Oberarm" mit unregelmäßigen Begrenzungen und von Volumenelement zu Volumenelement stark variierender Dichte auf ein Segment „Oberarm" mit regelmäßigen Begrenzungsflächen und konstanter Dichte abgebildet.

Die Abbildung bei der Modellierung bezieht sich dem Modellzweck entsprechend auf zwei – weitgehend voneinander unabhängige – Aspekte des menschlichen Körpers. Deshalb läßt sich das Modell in ein Teilmodell der Körper-Geometrie (das die Formen und Verbindungen der Segmente beschreibt) und in ein Teilmodell der Massenverteilung (das die Verteilung der Gesamtmasse auf die Segmente beschreibt) differenzieren; die Zielgrößen des Modells können aber erst aus einer Kombination der Teilmodelle bestimmt werden.

7.4.3.2 Modellansatz

Der Ansatz des Teil-Modells der Massenverteilung ist datenorientiert, da sich die Beschreibung der Dichteverteilung des menschlichen Körpers einer biologisch-mathematischen Theorie entzieht.

Im Unterschied hierzu beruht das Teil-Modell zur geometrischen Abbildung der Körperteile auf einer theoriebasierten Modellierung unter der Nebenbedingung, regulär geformte geometrische Körper zur Darstellung der Segmente zu benutzen.

Das Massen-Teil-Modell beruht auf statistischen Analysen, die in mehreren Durchdringungsstufen vorliegen. Die erste Stufe greift für

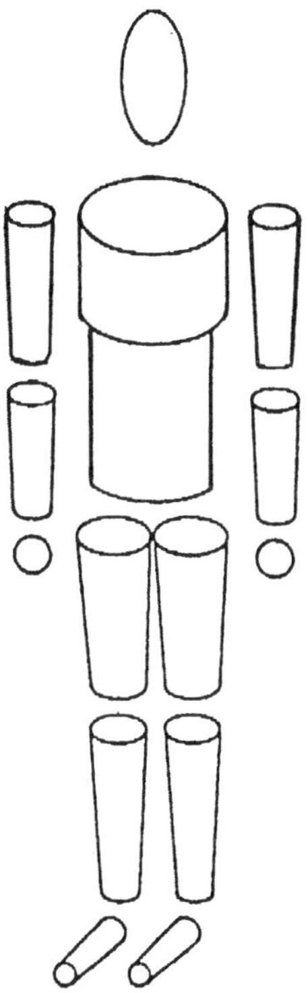

Abb. 7.27 Geometrisches Modell des menschlichen Körpers (nach *E.P. Hanavan:* Mathematical model of the human body. (AMRL-TR-64-102) Wright-Patterson Air Force Base, Ohio 1964)

die Bestimmung der Segmentmassen auf allgemeine Proportionen, die zweite auf einfache und die dritte auf multiple Regressionsgleichungen zurück (s. 7.4.3.4.3).

7.4.3.3 Teilmodell der Geometrie der Körperteile

7.4.3.3.1 Auswahl der Variablen

Ausgehend von den oben genannten Folgerungen zum Aufbau des Modells, nicht nur die Massenverteilungsmerkmale, sondern auch die Oberfläche und die Beweglichkeit des menschlichen Körpers zu repräsentieren, wurden die Extremitäten entsprechend ihrem knöcheren Aufbau jeweils in drei Segmente (Fuß, Unter- und Oberschenkel bzw. Hand, Unter- und Oberarm) zerlegt. Der Kopf bietet sich auf Grund des starren Schädels als weiteres Segment an.

Erhebliche Schwierigkeiten bereitet jedoch die Modellierung des Rumpfs. Seine Erfassung als e i n Segment ist für viele Bewegungen nicht adäquat, da Rumpfbeugungen in vielen Sportarten wichtige Elemente sind.

Das Zwerchfell und damit in etwa der untere Rippenbogen trennt den zum Teil luftgefüllten Brustkorb von dem weitgehend wässrig gefüllten Bauchraum.

Diese beiden Bereiche besitzen damit eine unterschiedliche Dichte, die bei einer Trennung in verschiedene Segmente adäquat wiedergegeben werden kann. Die Trennungsfläche läßt sich auf qualitativ hochwertigen Filmaufnahmen an unbekleideten Versuchspersonen eindeutig erkennen, so daß auch die praktische Anwendung des Modells möglich ist.

Damit besteht das Modell aus 15 Segmenten, wie in Abb. 7.27 gezeigt wird.

Form und Abmessungen der Segmente werden im folgenden festgelegt; damit sind auch die Eingangsvariablen dieses Teilmodells ausgewählt.

Kopf

Das Segment „Kopf“ ist ein Rotationsellipsoid, bei dem die große Achse a senkrecht und die kleine b waagerecht steht (Abb. 7.28).

Es gilt: a = Körperhöhe – Schulterhöhe
b = Kopfumfang/π

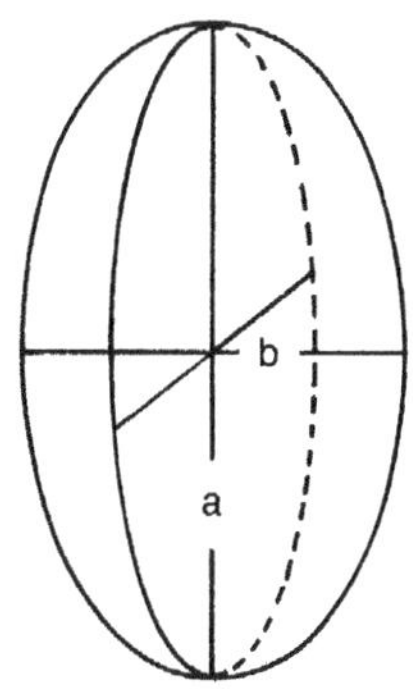

Abb. 7.28 Kopf des Modells (s. Text)
Bezeichnung:
a Körperhöhe – Schulterhöhe
b Kopfumfang/π

Rumpf

Der Körperteil „Rumpf“ wird durch zwei Segmente „oberer Rumpf“ und „unterer Rumpf“ abgebildet. Jedes der Segmente ist ein senkrechter Zylinder (der Höhen HO bzw. HU) mit elliptischem Querschnitt, wobei die große Achse (AO bzw. AU) von rechts nach links und die kleine Achse (BO bzw. BU) von vorn nach hinten verläuft (Abb. 7.29).

Es gilt: HO = Schulterhöhe – Brustbeinhöhe
HU = Sitzhöhe + Brustbeinhöhe – Körperhöhe

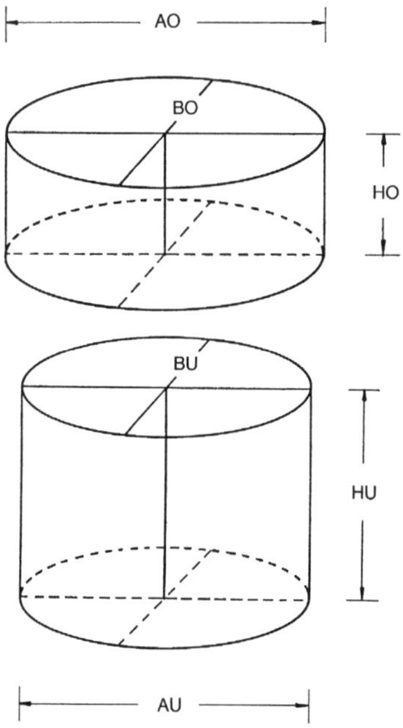

Abb. 7.29 Rumpfsegment des Modells (oberes bzw. unteres, Erklärung s. Text)

Bezeichnung:
HO Schulterhöhe – Brustbeinhöhe
HU Sitzhöhe + Brustbeinhöhe – Körperhöhe
AO Brustkorbbreite
AU Beckenbreite
BO 1/2 (Brustkorbtiefe + Taillentiefe)
BU 1/2 (Taillentiefe + Gesäßtiefe)

AO = Brustkorbbreite
AU = Beckenbreite
BO = 1/2 (Brustkorbtiefe + Taillentiefe)
BU = 1/2 (Taillentiefe + Gesäßtiefe)

Hand

Das Segment „Hand“ ist eine Kugel mit dem Durchmesser D (Abb. 7.30). Diese starke Vereinfachung ist insofern zulässig, als der Anteil der Handmasse an der Körpermasse unter 1,5% liegt und somit die KSP-Bewegung nur in sehr geringem Maß beeinflußt.

Es gilt: D = Faustumfang/π

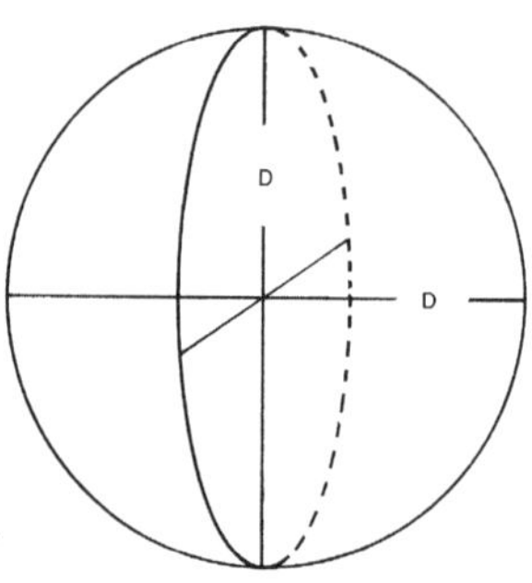

Abb. 7.30 Hand des Modells

Bezeichnung:
D Handdurchmesser

Restliche Segmente

Die restlichen Segmente (Ober- bzw. Unterarm, Ober- bzw. Unterschenkel, Fuß) sind Kegelstümpfe der Höhe H mit dem proximalen (zur Körpermitte hingewandten) Durchmesser PD und dem distalen Durchmesser DD (Abb. 7.31).

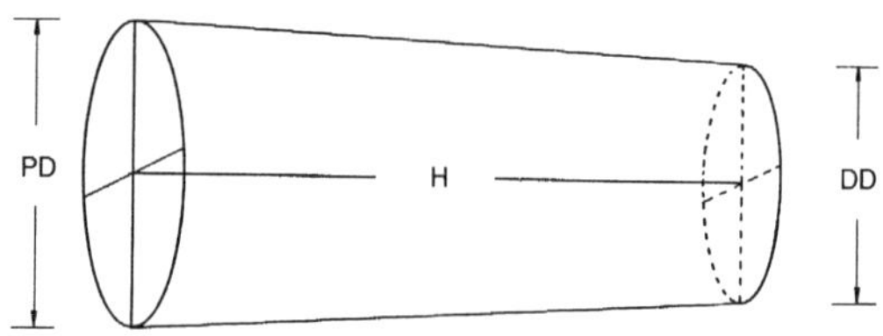

Abb. 7.31 Konisches Segment (Ober- bzw. Unterarm, Ober- bzw. Unterschenkel, Fuß; Erläuterungen s. Text)

Bezeichnung:
H Segmentlänge
PD Proximaler Segmentdurchmesser (= proximaler Segmentumfang/π Fuß; s. Text)
DD Distaler Segmentdurchmesser (= distaler Segmentumfang/π Fuß; s. Text)

Dabei ist der proximale Durchmesser stets größer als der distale und es gilt:

Oberarm:	H	= Oberarmlänge
	PD	= Oberarmumfang/π
	DD	= Ellbogenumfang/π
Unterarm:	H	= Unterarmlänge
	PD	= Ellbogenumfang/π
	DD	= Handgelenkumfang/π
Oberschenkel:	H	= Körperhöhe – Sitzhöhe – Kniehöhe
	PD	= Oberschenkelumfang/π
	DD	= Knieumfang/π
Unterschenkel:	H	= Kniehöhe – Knöchelhöhe
	PD	= Knieumfang/π
	DD	= Knöchelumfang/π
Fuß:	H	= Fußlänge
	PD	= Knöchelhöhe
	DD	= 0.6443 · Knöchelhöhe

Die Gelenke zwischen den Segmenten liegen an den Mittelpunkten der Endflächen der Segmente mit den im folgenden genannten Ausnahmen:

Das Schultergelenk zwischen Rumpf und Oberarm liegt zum einen auf der Achse des Oberarms, um den proximalen Radius des Oberarms vom oberen Ende entfernt und zum anderen an einer gewichtslosen seitlichen Verlängerung des Rumpfs, die um den proximalen Radius des Oberarms vom oberen Ende entfernt ansetzt und um die gleiche Strecke waagrecht nach außen ragt (Abb. 7.32).

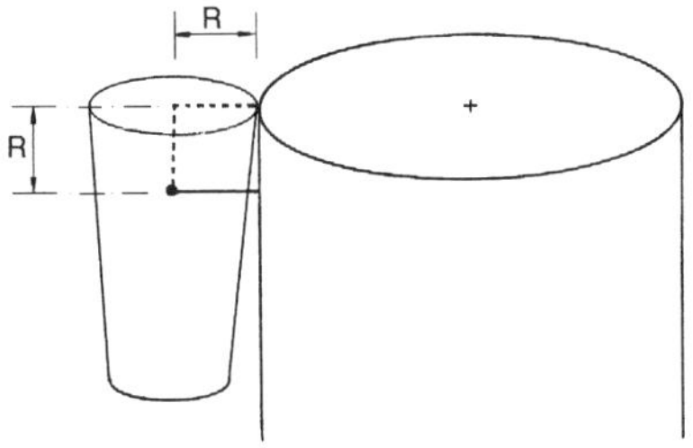

Abb. 7.32 Schultergelenk

Bezeichnung:

R proximaler Radius des Oberarms
Es gilt: R = 1/2 PD (Oberarm)

Die Hüftgelenke befinden sich um eine Strecke in den unteren Rumpf verschoben, die sich als „Sitzhöhe + Hüfthöhe – Körperhöhe" berechnet. Am Oberschenkel befindet sich eine gleich lange gewichtslose starre Achsenverlängerung, so daß sich die Beweglichkeit nach Abb. 7.33 ergibt.

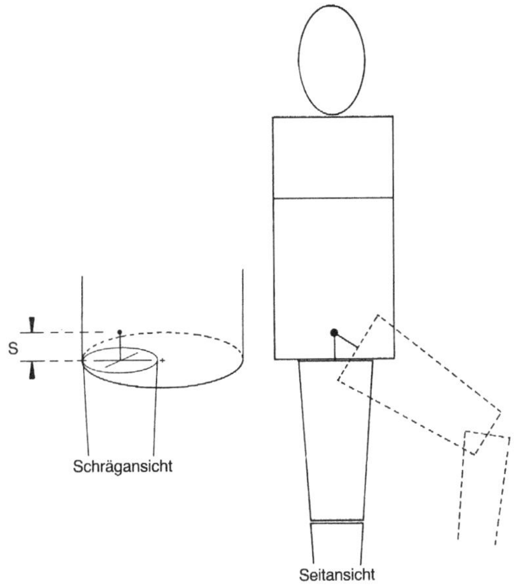

Abb. 7.33 Hüftgelenk in verschiedenen Stellungen

Bezeichnung:

S = Sitzhöhe + Hüfthöhe – Körperhöhe

Das Fußgelenk liegt am Ende des Unterschenkels, senkrecht über dem Schwerpunkt des Fußes in der Höhe der gemessenen Knöchelhöhe des Originals. Auf Grund der Abmessungen und der geometrischen Eigenschaften eines Kegelstumpfs liegt der Fußschwerpunkt 42,9% vom hinteren Ende (Abb. 7.34) entfernt.

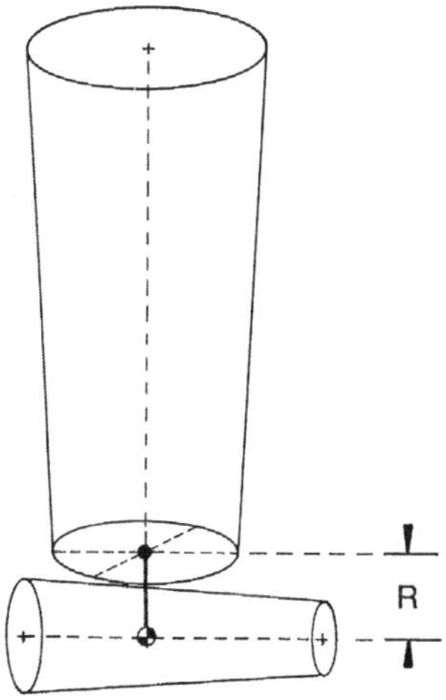

Abb. 7.34 Fußgelenk

Bezeichnung:

R proximaler Radius des Fußes
Es gilt: R = 1/2 PD (Fuß)

7.4.3.3.2 Meßvorschriften zur Datenbeschaffung

Um die unter Anwendung des Modells gewonnenen Daten vergleichbar zu machen, werden standardisierte Methoden bei der Messung bevorzugt. *Hanavan* bzw. die von ihm zitierten Untersucher verfuhren nach Standards der US Air Force und der North American Aviation Association.

Vergleichbare Quellen im deutschen Sprachraum sind die DIN-Norm 33402 „Körpermaße des Menschen" (umfangreiche Sammlung von Vergleichswerten) und das Lehrbuch „Sportanthropometrie" von *Tittel* und *Wutscherk* (1972).

Zur Information des Lesers ergänzen wir die Definitionen der Merkmale in Tab. 7.5 durch die Durchschnittswerte zweier am Institut für Sportwissenschaften der Universität Frankfurt in den letzten Jahren erfaßten Untersuchungsgruppen. Die erste besteht aus 100 Turnern, die zweite aus 75 Leichtathleten.

Tabelle 7.5 Definitionen der anthropometrischen Merkmale zum geometrischen Teil-Modell des menschlichen Körpers (nach *Hanavan* 1964) mit Mittelwerten der Merkmale aus Erhebungen an 100 Turnern (A) bzw. 75 Leichtathleten (B)

Merkmal	Definition	Meßwerte [cm] A	Meßwerte [cm] B
Körperhöhe	Vertikale Distanz von der Standfläche bis zur höchsten Erhebung des Kopfes an den Scheitelbeinen (Vertex)	168,4	183,1
Schulterhöhe	Vertikale Distanz von der Standfläche zur Schulterhöhe (Akromion)	137,0	151,1
Oberarmlänge	Distanz vom Akromion zum Gelenkspalt zwischen Oberarmknochen und Speiche (Articulatio humeroradialis)	30,9	32,5
Unterarmlänge	Distanz vom Gelenkspalt zwischen Oberarmknochen und Speiche zum Ende des Griffelfortsatzes der Speiche	25,9	26,9
Brustbeinhöhe	Vertikale Distanz von der Standfläche zum unteren Ende des Brustbeins (Processus xiphoideus)	120,2	131,1
Hüfthöhe	Vertikale Distanz von der Standfläche zum oberen Ende des großen Rollhügels am Oberschenkel (Trochanter major)	87,2	95,1
Kniehöhe	Vertikale Distanz von der Standfläche zur medialen Fuge des Kniegelenks	48,0	52,2
Knöchelhöhe	Vertikale Distanz von der Standfläche zur inneren Knöchelspitze (Malleolus tibialis)	7,8	8,0
Sitzhöhe	Vertikale Distanz von einer ebenen Sitzfläche zum Vertex	87,1	92,6
Brustkorbbreite	Transversaler Durchmesser des Brustkorbes in Höhe der Brustwarzen	31,5	34,1
Brustkorbtiefe	Sagittaler Durchmesser des Brustkorbes in Höhe der Brustwarzen	22,1	23,9
Taillentiefe	Sagittaler Durchmesser des Leibes an der Stelle des transversalen Minimums	17,6	20,1
Beckenbreite	Äußere Distanz der beiden Darmbeinkämme (Distantia cristarum)	30,2	33,5
Gesäßtiefe	Sagittaler Durchmesser des Gesäßes an der Stelle der maximalen dorsalen Ausladung	21,2	23,9
Fußlänge	Distanz zwischen dem hinteren Ende der Ferse und der Beere der am weitesten vorspringenden Zehe bei normal belastetem Fuß	25,6	27,2
Kopfumfang	Umfang des Kopfes direkt über den Augenbrauen parallel zur Frankfurter Horizontalebene	55,5	57,4
Oberarmumfang	Umfang des Oberarms in der Achselhöhle	29,5	31,3
Ellbogenumfang	Umfang des Armes über den Ellenhaken hinweg	25,5	27,4
Handgelenkumfang	Umfang des Unterarmes proximal der Griffelfortsätze (der Name ist etwas unkorrekt!!)	17,7	17,9
Faustumfang	Umfang der festgeschlossenen Faust mit aufliegendem Daumen über die Knöchel der Mittelhandknochen	27,5	28,9
Oberschenkelumfang	Proximaler waagerechter Umfang des Oberschenkels	50,9	57,3
Knieumfang	Waagerechter Umfang des Beines in Höhe der Mitte der Patella	35,6	37,9
Knöchelumfang	Umfang des Unterschenkels proximal der Malleolengabel	23,7	25,3

Anm.: Alle seitigen Messungen werden an der rechten Körperseite ausgeführt

7.4.3.4 Teilmodell der Massenverteilung

7.4.3.4.1 Auswahl der Variablen

Der Zweck dieses Teilmodells ist die Bestimmung der Massen der Modellsegmente auf der Basis von außen an der Versuchsperson meßbarer Merkmale. Zur Ermittlung von Beziehungen zwischen den gemessenen Merkmalen und den Segmentmassen wurden an Leichen anthropometrische Merkmale (Längen-, Breiten-, Tiefen-, Umfangs- und Gewichts-Merkmale) gemessen, die Leichen in die Körperteile dissektiert und diese gewogen. Die geringe Anzahl an untersuchten Leichen wurde zunächst zur Bildung von Proportionen (Tab. 7.7) bzw. einfachen Regressionsgleichungen (Tab. 7.8) ausgehend von der gesamten Körpermasse herangezogen.

An Hand einer größeren Stichprobe konnten *Clauser* und Mitarb. (1969) multiple Regressionsgleichungen zwischen Körperbaumerkmalen und Segmentmassen erarbeiten (Tab. 7.9). Die Bestimmungsvariablen dieser Regressionsgleichungen sind die Modellvariablen.

7.4.3.4.2 Meßvorschriften zur Datenbeschaffung

Auch die Meßvorschriften für die zur Bestimmung der Segmentmassen erforderlichen Körperbaumerkmale entstammen den oben (7.3.3.3.2) genannten Quellen und wir informieren wiederum über Vergleichswerte der von uns gemessenen Untersuchungsgruppen.

Tabelle 7.7 Relative Anteile der Segmentmassen an der Körpermasse nach *Dempster* (1955)

Segmentmasse	relativer Massenanteil
Kopf	= 0,079 Körpermasse
Rumpf	= 0,511 Körpermasse
Oberarm	= 0,027 Körpermasse
Unterarm	= 0,016 Körpermasse
Hand	= 0,006 Körpermasse
Oberschenkel	= 0,097 Körpermasse
Unterschenkel	= 0,045 Körpermasse
Fuß	= 0,014 Körpermasse

Tabelle 7.8 Regressionsgleichungen für die Segmentmassen nach *Barter* (1957); alle Massen sind in amerikanischen lbs einzusetzen; 1 lb = 0,4536 kg)

Segmentmasse	Bestimmungsgleichung
Kopf	= 0,079 Körpermasse
Rumpf	= 0,39 Körpermasse + 12,0
Oberarm	= 0,04 Körpermasse – 1,45
Unterarm	= 0,02 Körpermasse – 0,25
Hand	= 0,005 Körpermasse + 0,35
Oberschenkel	= 0,09 Körpermasse + 1,6
Unterschenkel	= 0,055 Körpermasse – 0,95
Fuß	= 0,001 Körpermasse + 0,75

Tabelle 7.6 Definitionen der anthropometrischen Merkmale zum Massen-Teil-Modell des menschlichen Körpers (nach *Clauser* 1969) mit Mittelwerten der Merkmale aus Erhebungen an 100 Turnern (A) bzw. 75 Leichtathleten (B)

Merkmal	Definition	Meßwerte [cm] A	B
Handgelenkbreite	Minimaler transversaler Durchmesser der auf einer waagerechten Unterlage aufliegenden Hand (etwa Spalt der Articulatio radiocarpea)	6,0	5,6
Handbreite	Distanz der radialen Seite des Caput ossis metacarpale II zur ulnaren Seite des Caput ossis metacarpale V	8,9	9,6
Brustkorbumfang	Umfang des Brustkorbes in Höhe der Brustwarzen	93	97
Unterarmumfang	Maximaler Umfang des Unterarmes bei entspannter Muskulatur	26,3	28,3
Unterschenkelumfang	Maximaler Umfang des Unterschenkels	34,9	38,7
Hautfaltendicke	Dicke der Hautfalte medial-kranial des Darmbeinkammes	0,7	0,9
Körpermasse	(unbekleidet) [kg]	61,7	79,1

Tabelle 7.9 Multiple Regressionsgleichungen für die Segmentmassen nach *Clauser* (1969); (Massen sind in kg, alle anderen Größen in cm angegeben)

Segmentmasse	Regressionsgleichung
Kopf	= 0,104 Kopfumfang + 0,015 Körpermasse – 2,189
Rumpf	= 0,349 Körpermasse + 0,423 Rumpflänge + 0,229 Brustkorbumfang – 35,460
Oberarm	= 0,007 Körpermasse + 0,092 Oberarmumfang + 0,050 Oberarmlänge – 3,101
Unterarm	= 0,081 Handgelenkumfang + 0,052 Unterarmumfang – 1,650
Hand	= 0,029 Handgelenkumfang + 0,075 Handgelenkbreite + 0,031 Handbreite – 0,746
Oberschenkel	= 0,074 Körpermasse + 0,123 Oberschenkelumfang + 0,27 Hautfaltendicke – 4,216
Unterschenkel	= 0,111 Unterschenkelumfang + 0,047 Kniehöhe + 0,074 Knöchelumfang – 4,208
Fuß	= 0,003 Körpermasse + 0,048 Knöchelumfang + 0,027 Fußlänge – 0,869

Anm.: Rumpflänge = Sitzhöhe – (Körperhöhe – Schulterhöhe)

In Tab. 7.6 sind nur diejenigen Merkmale aufgeführt, die zusätzlich zu den Merkmalen in Tab. 7.5 erhoben werden.

7.4.3.4.3 Relationen zur Bestimmung der Segmentmassen

Die Relationen zur Bestimmung der Segmentmassen aus an der Oberfläche der Versuchsperson meßbaren Merkmalen existieren (wie oben erläutert) in drei verschieden tiefen Durchdringungsstufen. Die Proportionen nach *Dempster* sind in Tab. 7.7, die einfachen Regressionsgleichungen nach *Barter* in Tab. 7.8 und die multiplen nach *Clauser* in Tab. 7.9 angegeben.

Bei den multiplen Regressionsgleichungen ist zu beachten, daß sie keine physikalischen Größengleichungen sind, sondern nur die Zahlenwerte der Einflußgrößen ohne Einbeziehung der Einheiten miteinander verknüpfen.

7.4.4 Überprüfung des Modells

Der erste Überprüfungsschritt bestand darin, die Lagen der Schwerpunkte der Segmente und die Massenträgheitsmomente der Segmente zwischen Original und Modell zu vergleichen. Die Daten wurden an den Körperteilen der dissektierten Leichen mit den in 7.4.1.4 erläuterten Methoden erhoben. Am geometrischen Teilmodell bestimmte man die Segmentvolumina und konnte dann mit den berechneten Segmentmassen die segmentalen Dichten ermitteln. Damit ließen sich die Integrale in 7.4.1.1 lösen und die Koordinaten der Segmentschwerpunkte sowie die Massenträgheitsmomente der Segmente berechnen.

Die Differenzen zwischen Original und Modell konnten durch geringfügige Anpassungen des geometrischen Modells so weit vermindert werden, daß die Fehler weniger als 5% betrugen. Ein ausführlicher Bericht dieser Messungen und Vergleichsrechnungen findet sich bei *Chandler* und Mitarb. (1975).

In neuerer Zeit wurde ein Verfahren zur Bestimmung der Segmentmassen und segmentalen Massenträgheitsmomente entwickelt, das an lebenden Versuchspersonen mit Gamma-Strahlen (oder Computertomographen) eine Dichtekarte erstellt (*Zaciorskij* 1982). Da hiermit große Versuchspersonenzahlen (mehrere hundert) schnell und einfach untersucht werden können (wenn man das Problem der Strahlenbelastung beiseite läßt), konnten multiple Regressionsgleichungen für die Segmentmassen und für die segmentalen Massenträgheitsmomente erstellt werden, wodurch man die Bedingung „konstante Segmentdichten“ fallen lassen konnte.

In einem zweiten Überprüfungsschritt benutzte *Hanavan* (1964) die Daten der KSP-Koordinaten und der Massenträgheitsmomente einer ausführlichen Meßreihe von 66 Versuchspersonen, wobei jeweils 6 Körperpositionen eingenommen wurden. Die Positionen sind in Abb. 7.35 dargestellt.

Von allen Versuchspersonen waren auch die zur Modellierung notwendigen Merkmale erhoben, so daß die Modellberechnungen aller 66 Personen in allen 6 Positionen mit einem von *Hanavan* entwickelten Computerprogramm durchgeführt werden konnten. Die aus den direkten Messungen bekannten Werte von x- und z-Koordinate des KSP sowie der Massenträgheitsmomente

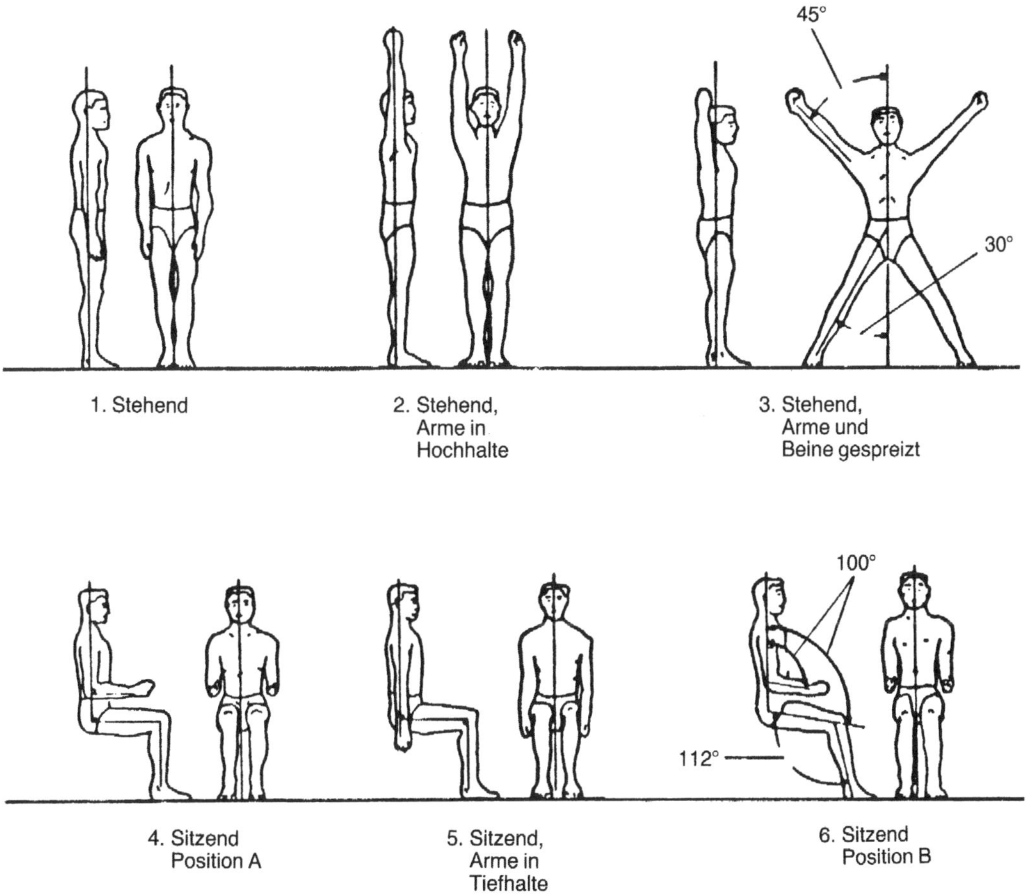

Abb. 7.35 Körperpositionen, in denen eine Überprüfung der modellmäßig berechneten x- und z-Koordinate des KSP sowie der Massenträgheitsmomente um x-, y- und z-Achse durch den KSP mit Hilfe experimenteller Messungen vorgenommen wurde (nach *E.P. Hanavan:* Mathematical model of the human body. (AMRL-TR-64-102) Wright-Patterson Air Force Base, Ohio 1964)

um x-, y- und z-Achse durch den KSP (dessen relative Lage zum Körper bei allen 6 Positionen unterschiedlich ist!) wurden mit den berechneten Werten verglichen; die Abweichungen sind aus Abb. 7.36 zu ersehen.

Es ergibt sich bei den Längenmerkmalen ein mittlerer Fehler unter einem Zentimeter, der die Fehler experimenteller Methoden nicht übersteigt.

Die Fehler der Massenträgheitsmomente um die x- und y-Achse liegen unter 10% und damit wiederum in der Größenordnung der experimentellen Methoden.

Die Fehler der Massenträgheitsmomente um die z-Achse von ca. 20% sind dadurch bedingt, daß der absolute Wert der z-Momente etwa um den Faktor 10 unter den Werten um die x- oder y-Achse liegt. Die deutliche Abweichung bei Position 3 führte *Hanavan* nach Durchsicht der fotografischen Kontrollaufnahmen darauf zurück, daß die Versuchspersonen die Hände nicht in der Körpermittenebene hielten, sondern nach hinten auf die Liegefläche auflegten.

Diese niedrigen Fehler überraschen insofern, als es Probleme bei der Ermittlung der oben genannten Regressionsgleichungen zur Bestimmung der Segmentmassen (Tab. 7.7 bis 7.9) gibt:

- Die untersuchten Stichproben sind relativ klein, und ihre Zielpopulation unbekannt. Im Laufe von etwa 100 Jahren wurden ca. 50 Leichen studiert. Dabei ist ein bedeutender Teil der Ergebnisse wegen unterschiedlicher Präparation und Meßfehler nicht vergleichbar. Unter Anwendung von Korrekturen läßt sich

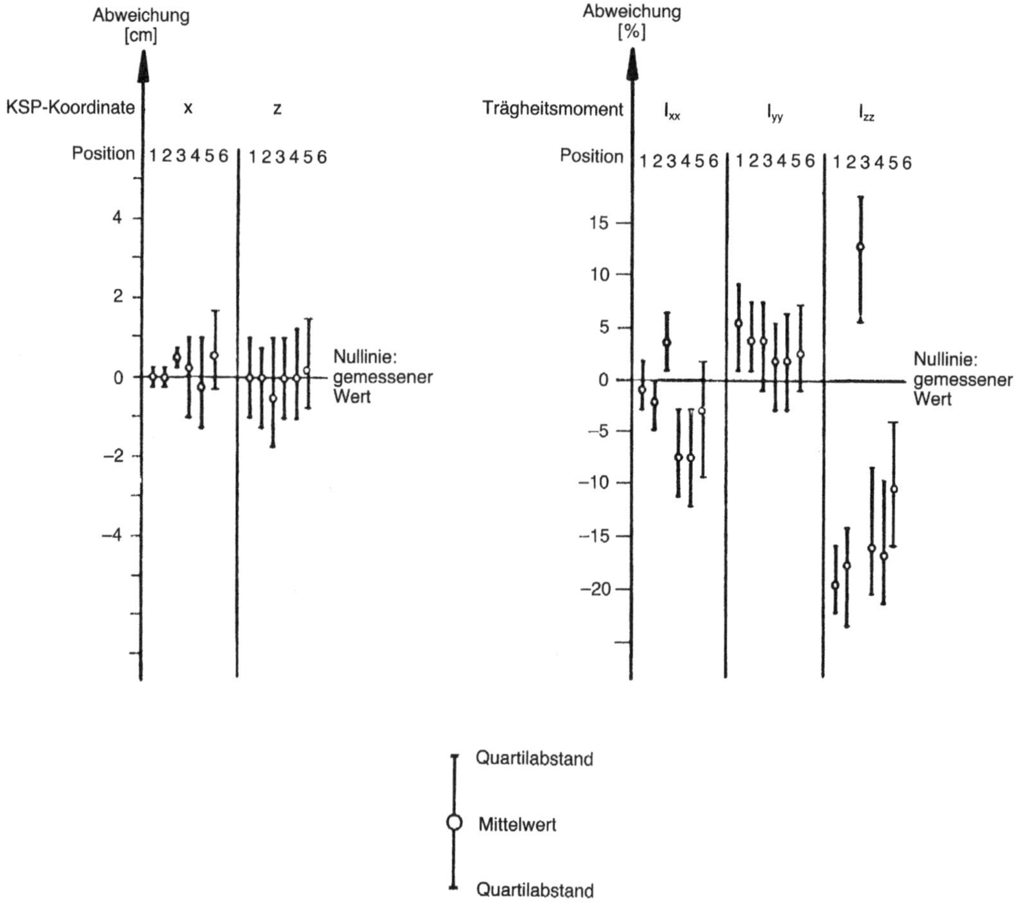

Abb. 7.36 Abweichungen der gemessenen und berechneten Werte von x- und z-Koordinate des KSP sowie der Massenträgheitsmomente um die drei Achsen durch den KSP in den 6 Positionen nach Abb. 7.35 (nach *E.P. Hanavan:* Mathematical model of the human body. (AMRL-TR-64-102) Wright-Patterson Air Force Base, Ohio 1964)

maximal eine Stichprobe von 25 Fällen zusammenstellen.

- Das Leichengewebe ist nicht mit dem des lebenden Körpers identisch durch Umverteilung der flüssigen Stoffe und Displasien infolge der Dissektion.
- Das Alter der untersuchten Stichprobe liegt bei 52–83 Jahren. Es ist bekannt, daß sich die Körperzusammensetzung einer solchen Population von Hochleistungssportlern (Alter 17–30 Jahre) unterscheidet.
- Die untersuchten Personen verstarben in der Mehrzahl aufgrund von Herz-Kreislauf-Krankheiten, die in ihrer Vorgeschichte meist mit Übergewicht und Bewegungsarmut einhergehen, so daß eine Übertragung der Ergebnisse auf austrainierte Sportler fragwürdig ist.

7.4.5 Anwendung des Modells

Bei der Entwicklung des Modells durch *Hanavan* war der Zweck primär die Simulation von Bewegungen, die weitgehend geheim im Bereich der Luft- und Raumfahrt durchgeführt wurden. Es sollten zum einen zweckmäßige Bewegungen zur Fortbewegung in Raumfahrzeugen unter Schwerelosigkeit und zum anderen sogenannte „Tornisterraketen“ zur Fortbewegung einzelner Astronauten zwischen oder an Raumfahrzeugen entwickelt werden.

In der Biomechanik des Sports nehmen die Anwendungen des Modells einen breiten Raum ein:

- Bei Bewegungsanalysen digitalisiert man mit Computerunterstützung die Durchstoßpunkte der Gelenkachsen und die Enden der Extremitäten auf Filmaufnahmen und berechnet mit Hilfe des Modells die Bewegungen der Körperteilschwerpunkte und des KSP sowie die Drehimpulse, um so eine umfassende Bewegungsbeschreibung zu erhalten.
- Bei Stützbewegungen lassen sich die äußeren Kräfte messen und Schätzwerte für die inneren Gelenkkräfte und Muskelkraftmomente mit Hilfe des Modells bestimmen.
- Das Modell wird in der Biomechanik des Sports zur Simulation von Bewegungen benutzt, wobei man sich meist auf Flugbewegungen beschränkt, die im ebenen Fall einer allgemeinen Theorie folgen.

Vergleichende Untersuchungen ergaben in allen Anwendungsfällen Fehler im Bereich von weniger als 5–10%, d.h. Werte, die aufgrund der Fehlerfortpflanzung aus den Meßfehlern zu erwarten sind; die Genauigkeit des Modells des menschlichen Körpers reicht damit für ein breites Anwendungsspektrum der Biomechanik aus.

In einem experimentellen Vergleich der Modelle von *Zaciorskij* und *Hanavan* ermittelten *Klose* und *Preiß* (1994), daß zwischen den Modellen kein nachweisbarer Unterschied bezüglich der Vorhersagegenauigkeit der Lage des KSP und des Massenträgheitsmoments um die z-Achse besteht, jedoch ein hochsignifikanter Unterschied zwischen experimenteller Messung und *Zaciorskij* auf der einen Seite und *Hanavan* auf der anderen Seite bezüglich der Massenträgheitsmomente um die Breiten- und Tiefenachse. Für die praktische Anwendung der Modelle ist darüber hinaus der für das *Hanavan*-Modell geringere Meßaufwand (32 gegenüber 65 Merkmale) zu berücksichtigen. Es ist deshalb zweckmäßig, bei Fragestellungen, in denen die Massenträgheitsmomente um Breiten- bzw. Tiefenachse biomechanische Einflußgrößen sind, das *Zaciorskij*-Modell einzusetzen, wohingegen im anderen Fall das *Hanavan*-Modell ohne Genauigkeitseinbußen angewendet werden kann.

7.4.6 Literatur

Barter, J.T.: Estimation of the mass of the body segments. (AMTR 57-260) Wright-Patterson Air Force Base, Ohio 1957

Chandler, R.E. und Mitarb.: Investigation of inertial properties of the human body. (AMRL-TR-74-137) Wright-Patterson Air Force Base, Ohio 1975

Clauser, C.E. und Mitarb.: Weight, volume and center of mass of segments of the human body. (AMRL-TR-69-70) Wright-Patterson Air Force Base, Ohio 1969

Dempster, W.T.: Space requirements of the seated operator. (WADC-TR-55-159) Wright-Patterson Air Force Base, Ohio 1955

Deutsches Institut für Normung: DIN 33402 Körpermaße des Menschen. Berlin 1978

Hanavan, E.P.: Mathematical model of the human body. (AMRL-TR-64-102) Wright-Patterson Air Force Base, Ohio 1964

Klose, H., R. Preiß: Experimentelle Überprüfung von Modellen zur Bestimmung der Massenträgheitscharakteristik des menschlichen Körpers. In: *D. Schmidtbleicher, A.F. Müller* (Hrsg.), Leistungsdiagnostische und präventive Aspekte der Biomechanik. Academia, Sankt Augustin 1994, S. 189–196

Tichonov, V.N.: Distribution of body masses of a sportsman. In: *P.V. Komi* (Ed.), Biomechanics V-B. University Park Press, Baltimore 1976, pp. 103–107

Tittel, K., H. Wutscherk: Sportanthropometrie. Johann Ambrosius Barth, Leipzig 1972

Winter, D.A.: Biomechanics of human movement. New York 1979

Zaciorskij, V.M. und Mitarb.: Massengeometrie des menschlichen Körpers. Theorie und Praxis der Körperkultur, Jg. 31, 1982

8 Modular aufgebaute deterministische Modelle menschlicher Bewegungen

Martin Sust

8.1 Problemformulierung

8.1.1 Auswahl des Modellorginals

Als Modelloriginal werden alle menschlichen (und damit sportlichen) Bewegungen angesehen, sofern sie noch zu treffenden Einschränkungen bzw. Spezialisierungen nicht widersprechen. Im Falle eines solchen Widerspruchs kann der Leser selbst entscheiden, ob für sein spezielles Problem das dargestellte Modell bzw. seine Submodelle informative Näherungen liefern oder nicht.

8.1.2 Kennzeichnung des Modellzwecks

Das Modell dient dem Zweck, den funktionalen (mathematisch eindeutigen) Zusammenhang zwischen motorischen, physiologischen, anatomischen bzw. weiteren Eigenschaften eines Sportlers und dem Ablauf seiner Bewegungen unter vorgegebenen Bedingungen herzustellen.

Mit dem Modell können nachstehende Zwecke verfolgt werden:

- Simultane Berechnung kinematischer und dynamischer Größen von Bewegungen
- Numerische Bestimmung von (durch Submodelle festgelegte) Eigenschaften eines Athleten aus abgelaufenen Bewegungen
- Bestimmung (Voraussage) des Ablaufs der (Wettkampf-) Bewegung aus numerisch bekannten Eigenschaften eines Athleten
- Überprüfung der Einhaltung bestimmter Bedingungen bei der Bewegungsausführung (z. B. maximale subjektive Anstrengung).

Damit ist das Modell zu den in Tabelle 2.1 genannten Untersuchungszielen der Biomechanik beitragsfähig.

8.1.3 Festlegung des Benutzerbezugs

Der Benutzerbezug ist in Abhängigkeit von den an das Modell gestellten Anforderungen bezüglich

- des primären Modellzwecks (u.a. Technomotorik oder Kondition, Belastung oder Belastbarkeit)
- des programm- und computertechnischen Aufwands
- der Voraussagegenauigkeit

offen gegenüber dem Benutzerkreis Sportwissenschaftler, Sportlehrer, Trainer und Sportler.

8.2 Modellkonstruktion

8.2.1 Wahl des Modellansatzes

Der Modellansatz ist ein zentraler Konstruktionsschritt, in dem zwei Grundentscheidungen zu treffen sind: Wahl des Modellkonzepts (datenbasiert – theoriebasiert) und Wahl der Modellform (deterministisch – indeterministisch). Die Bezeichnung „datenbasiert – theoriebasiert“ für alternative Modellkonzepte beinhaltet ein weniger oder mehr an theoriegeleitetem Vorgehen bei der Identifikation und Auswahl der Modellvariablen. Da beide Vorgehensweisen keine im strengen Sinn sich wechselseitig ausschließende sondern ergänzende Alternativen darstellen, wurde in vorliegender Modellkonstruktion eine Mischstrategie aus theorie- und datenbasiertem Modellkonzept gewählt. Mit der Wahl der Modellform verbindet sich eine Entscheidung darüber, ob der Zufallscharakter biomechanischer Beobachtungsgrößen (Ziel-, Einflußgrößen) zu berücksichtigen ist (indeterministische, d. h. statistische Modellform) oder vernachlässigt werden kann (deterministische Modellform).

8.2.1.1 Wahl des Modellkonzepts

Das Modellkonzept basiert auf problemrelevanten bio-, natur- und verhaltenswissenschaftlichen Informationen und ist hiernach definitionsgemäß theoriebasiert.

Dem theoriebasierten Ansatz liegen aus dem theoretischen Umfeld des Modelloriginals (hier: menschliche Bewegung) Informationen zur Auswahl der Modellvariablen und in vorliegender Modellkonstruktion über funktionale Zusammenhänge zwischen diesen Variablen in Verknüpfung mit freien Parametern zugrunde. Erst nach der numerischen Festlegung der freien Parameter können Bewegungen eines Athleten vorausgesagt werden. Die individuelle Bestimmung der Parameter (u.a. Maximalkraft, maximale Kontraktionsgeschwindigkeit der Muskelfasern, maximale Leistungsabgabe der Muskelfasern) erfolgt mit Hilfe der Messung kinematischer und/oder dynamischer Größen der zu modellierenden Bewegungen. Insofern ist das Modell datenbasiert und demzufolge das Produkt einer Mischstrategie aus theorie- und datenbasiertem Modellkonzept.

8.2.1.2 Wahl der Modellform

Für Bewegungen mit maximaler subjektiver Anstrengung kann von einer Quasi-Konstanz o.a. Parameter und damit von einer mehr oder weniger (annähernd) eindeutig bestimmten (determinierten) Voraussage über das Modelloriginal ausgegangen werden.

Darüber hinaus können als Eingangsdaten für das Modell Mittelwerte über ausgewählte Zielpopulationen (z.B. mittlere Oberschenkellängen, mittlere Körpermassen) verwendet werden, so daß das Modell Aussagen über „fiktive" Menschen mit „mittleren" Eigenschaften liefert, oder aus gemittelten kinematischen bzw. dynamischen Größen können „Eigenschaften" von „Durchschnittssportlern" für bestimmte Zielpopulationen gewonnen werden. Insofern kann das Gesamtmodell in einen übergeordneten Zusammenhang statistisch eingebunden werden.

8.2.2 Identifikation und Auswahl der Modellvariablen

8.2.2.1 Auswahl der Submodelle

Die auszuwählenden Submodelle orientieren sich an der Analyse des Modelloriginals „menschliche Bewegung".

Eine Bewegung gilt in der Kinematik (einem Teilgebiet der klassischen Mechanik) als vollständig beschrieben, wenn der Ort x, die Geschwindigkeit v und die Beschleunigung a der an einer Bewegung beteiligten Massen mit hinreichender Genauigkeit zu jedem interessierenden Zeitpunkt bekannt sind, denn alle anderen Größen (z.B. Linear-, Drehimpulse, Linear-, Winkelgeschwindigkeiten sind daraus berechenbar. Dies gilt sowohl für Bewegungen von unbelebter Materie (z.B. Sportgeräte) als auch von Lebewesen (z.B. Sportler/in). Die verwendeten Submodelle sollten deshalb Ausgangsgrößen besitzen, die kausal im Sinne des Einflußgrößenwirkungsprinzips mit den Größen der Kinematik verknüpft sind.

Für die Auswahl der Submodelle sind wegen dieses Prinzips aus Gründen der Praktikabilität und der Individualisierung folgende Kriterien heranzuziehen:

- Ausschließliche Verwendung von Eingangsgrößen mit den alternativen Eigenschaften:
  - Personenspezifische Meßbarkeit am Menschen oder
  - Ausgangsgröße von anderen Submodellen
- Ausschließliche Verwendung von Ausgangsgrößen mit den alternativen Eigenschaften:
  - direkte Verbindung der Ausgangsgrößen mit den Größen der Kinematik (und hierdurch mit dem Ablauf der menschlichen Bewegung) oder
  - indirekte Verbindung der Ausgangsgrößen über andere Submodelle mit den Größen der Kinematik.

Das im folgenden konstruierte Modell basiert auf den Wissenschaftsdisziplinen Anatomie, Anthropometrie, Mechanik, Physiologie und Trainingswissenschaft.

Im Unterschied zur Kinematik, welche Bewegungen ohne Berücksichtigung der Bewegungsursache in Form von Kräften beschreibt, stellt die Dynamik (ein weiteres Teilgebiet der klassischen Mechanik) den Zusammenhang zwischen den Größen der Kinematik und den Ursachen von Bewegungsänderungen her. Eine solche Beziehung stellen die Newton'schen Gleichungen dar, deren wichtigste in der Form:

$$\begin{aligned} &\textit{Kraft} = \textit{Masse} \cdot \textit{Beschleunigung} \\ &F(t) = m \cdot a(t) \end{aligned} \tag{1}$$

für Bewegungen mit sich nicht verändernder Masse gültig ist. Dabei sind die zeitlich veränderlichen Größen F (t) (lies: F ist eine Funktion der Zeit t oder kurz „F von t") und a(t) Vektoren und die Konstante m ein Skalar. Die Kräfte F, die bei sportlichen Bewegungen außerhalb des menschlichen Körpers gemessen werden können, lassen sich einteilen in solche, die als Folge von Muskelkontraktionen auftreten (wir bezeichnen diese mit F_M) und solche, die nicht von den betrachteten Muskeln entwickelt werden (wir bezeichnen diese mit F_{NM}), es gilt also:

$$F = F_M + F_{NM} \quad (2)$$

Nichtmuskelkräfte F_{NM} können Schwerkraft, Reibungskräfte, Strömungskräfte, Trägheitskräfte oder andere aus der Mechanik bekannte Kräfte sein. Die äußeren muskulär bedingten Kräfte F_M stehen in Zusammenhang mit den inneren Kräften f_M, die im menschlichen Körper als Folge von Muskelkontraktionen am Skelett angreifen. Der Zusammenhang zwischen einer (außerhalb des menschlichen Körpers gemessenen) Kraft F_M und der entsprechenden inneren Kraft f_M wird durch die Hebelverhältnisse des Skelettsystems hergestellt. Diese Hebelverhältnisse sind nur von geometrischen Invarianten (Größen, die sich während der Bewegung nicht ändern) und dem jeweiligen Beugewinkel eines Gelenks (der sich während der Bewegung ändert) abhängig. Daher kann eine „Geometriefunktion" G(X) eingeführt werden, die von geometrischen Invarianten (z.B. Länge von Knochen, Ansatz und Ursprung von Muskeln) und einem Maß X für die Beugung des betrachteten Gelenks abhängt. Die Geometriefunktion transformiert die innere Kraft f_M in die äußere Kraft F_M (oder umgekehrt die äußere Kraft F_M in die innere Kraft f_M):

$$F_M = G \cdot f_M \text{ bzw. } f_M = F_M/G \quad (3)$$

Die Kraft f_M ist abhängig von der Kraft mit der die kontraktilen Einheiten eines Muskels kontrahieren und den Eigenschaften von Teilsystemen des Bewegungsapparats (z.B. Sehnen, Bänder elastische Elemente im Muskel), die im menschlichen Körper diese Kontraktionskraft auf das Skelettsystem übertragen. Die Beschreibung solcher Systeme ist mit der physikalischen Theorie der „Mechanik der Kontinua" möglich. Aus den in dieser Theorie enthaltenen „rheologischen Körpern" lassen sich mit Hilfe muskelphysiologischer Informationen diejenigen auswählen, welche die Verhältnisse des Muskel-Sehnen-Komplexes (Muskel-Sehnen-Band-Apparat) am besten beschreiben. Für viele Betrachtungen sind Modelle ohne rheologische Anteile ausreichend. In diesem Falle ist die auf das Skelettsystem einwirkende Muskelkraft f_M beschreibbar als Summe aus den Kräften der kontrahierenden Muskelfasern f_F. Nehmen wir weiterhin unter Vernachlässigung der Faserstruktur an, daß alle Fasern eines Muskels identisch sind, dann kann die Summe aus den Kräften der kontrahierenden Muskelfasern als Produkt aus der Anzahl der kontrahierenden Einheiten n und der Kraft einer einzelnen Muskelfaser f_F bestimmt werden:

$$f_M = n \cdot f_F \quad (4)$$

Die Kraft f_M eines Muskels ist vom Reiz r, von der Muskellänge l und von der Kontraktionsgeschwindigkeit v_M abhängig:

$$f_M = f_M\,(r,l,v_M) \quad (5)$$

Die Kraft f_F einer Muskelfaser kann durch „Kraftgesetze" beschrieben werden. Die Anzahl der kontrahierenden Muskelfasern ist zeitabhängig

$$n = n(t) \quad (5)$$

und durch „Schaltfunktionen" zu erfassen. Sowohl die Kraftgesetze als auch die Schaltfunktionen enthalten bei deterministischer Beschreibung Größen, sogenannte Invarianten, die sich während der Bewegungsausführung nicht ändern. Diese freien Parameter des Modells beschreiben Eigenschaften des Nerv-Muskel-Systems eines Sportlers. Die konkreten numerischen Werte dieser Größen (je nach Sichtweise als Invarianten, freie Parameter oder Eigenschaften bezeichnet) können unter bestimmten (bei der Konstruktion der Submodelle dargestellten) Umständen aus real abgelaufenen, mit hinreichender Genauigkeit vermessenen Bewegungen bestimmt werden.

Inwieweit sich die „Schaltfunktion" durch weitere Submodelle, z.B. des Rückenmarks und der Hirnstrukturen deterministisch erklären läßt, ist eine derzeit offene Frage. Auch die „Kraftgesetze" sind über weitere Submodelle mit bereits existierenden Modellen der Muskelkontraktion (z.B. Huxleymodell) verknüpfbar. Dies ist unter theoretischem Gesichtspunkt interessant, jedoch derzeit mit der Konsequenz, Größen in das Modell aufnehmen zu müssen, die am lebenden Menschen nicht personenspezifisch bestimmbar sind.

Das Gesamtkonzept der Modellkonstruktion kann zusammengefaßt werden in den Forderungen, die nichtlinearen Submodelle „Schaltfunktion", „Kraftgesetz", „Rheologische Körper" und „Geometriefunktion" zu konstruieren und deterministisch miteinander zu verknüpfen und das sich ergebende Kausalgeflecht mit der „klassischen Mechanik" zu verbinden.

Wenn die konkreten mathematischen Zusammenhänge innerhalb der Submodelle und zwischen den Submodellen bekannt sind, dann können

- aus den Anfangsbedingungen bei Kenntnis der numerischen Werte der Invarianten (Ausprägung der erfaßten Eigenschaften) die „außen am menschlichen Körper" auftretenden Kräfte und hieraus mit den Newton'schen Gesetzen die kinematischen Größen und somit der Ablauf der Bewegung berechnet werden oder
- aus vermessenen Bewegungen die numerischen Werte der Invarianten bestimmt werden.

Nach den Auswahlkriterien für die Submodelle ergeben sich Anforderungen an ihre Modellvariablen.

Hierarchisch geordnete Kriterien für die Auswahl der Modellvariablen:

1. Existenz eines direkten Zusammenhangs zwischen den Modellvariablen und dem Ablauf menschlicher Bewegungen
2. Mathematische Formulierung solcher Zusammenhänge
3. Meßtechnische Bestimmung der quantitativen Ausprägung der Modellvariablen am lebenden Menschen.

Die erste Forderung entspricht einem der drei Hauptmerkmale eines Modells, dem sog. Verkürzungsmerkmal (vgl. 6.1.4).

In diesem kommt ein verfahrensökonomischer Aspekt zum Ausdruck, wonach nicht alle Eigenschaften des Originals auf das Modell abgebildet werden, sondern ausschließlich jene, die dem angestrebten Modellzweck dienen. Als irrelevant erschienen uns Variablen, die einen indirekten Einfluß auf die Bewegung besitzen, wie bspw. die Ernährung.

Die zweite Forderung ist nur scheinbar einschränkend; tatsächlich ermöglicht sie Größen, deren Einfluß auf die Bewegung unumstritten (z.B. Explosiv- und Schnellkraft) und deren Zusammenhang zu realen Bewegungen bisher nicht deterministisch faßbar ist, in geeigneter Weise in das Modell aufzunehmen. Die dritte Forderung ist einschränkend, jedoch für eine praktikable, personenspezifische Nutzung des Modells notwendig. Über die Leistungsfähigkeit der Submodelle und damit des Gesamtmodells, einschließlich der numerischen Reproduzierbarkeit der enthaltenen „freien Parameter", können nur biomechanische Experimente entscheiden.

8.2.2.2 Beschreibung der Submodelle

Im Abschnitt 8.2.2.1 „Auswahl der Submodelle" wurde die Notwendigkeit für die Konstruktion bestimmter Submodelle aus Überlegungen abgeleitet, die von der Kinematik ausgingen und bei der Funktion des Gehirns endeten. Damit ist bei den jeweils betrachteten Submodellen (bzw. Modellvariablen) ihr mathematisch beschreibbarer Zusammenhang mit dem Ablauf menschlicher Bewegungen einfacher abzusichern. Sind jedoch die zu konstruierenden Submodelle einmal festgelegt, erscheint es für das Verständnis des entstehenden Kausalgeflechts zweckmäßiger zu sein, die umgekehrte Richtung in der Betrachtung zu wählen. Wir beginnen deshalb in diesem Abschnitt mit der Beschreibung des Submodells „Schaltfunktion" und enden bei der klassischen Mechanik.

8.2.2.2.1 Submodell „Schaltfunktion"

Das Submodell „Schaltfunktion" informiert über die Anzahl der gereizten Muskelfasern als Funktion der Zeit. Die vielfältigen Strukturen und Mechanismen, die die Reizung der Muskulatur regeln, sind im Gesamtmodell (noch) nicht enthalten. Deshalb steht das Submodell „Schaltfunktion" an der Spitze des kausalen Geflechts und nutzt als einziges Submodell keine Eingangsgrößen anderer Submodelle. Zur Konstruktion dieses Submodells bieten sich zwei einander ergänzende Möglichkeiten an:

1. Ableitung der Struktur der Schaltfunktion aus theoretischen Überlegungen
2. Suche nach Versuchsbedingungen, die messend Informationen über die Schaltfunktion liefern.

In der Physik werden Schaltprozesse durch Differentialgleichungen beschrieben. Nutzt man dieses Wissen, so ist aus Gründen der Analogie zwischen physikalischen und biologischen Schaltprozessen zu erwarten, daß das folgende Differentialgleichungssystem den Einschaltprozeß von Reiz und Muskelfasern in Abhängigkeit von der Zeit deterministisch beschreibt:

$$\frac{dn_{det}(t)}{dt} = r_{det}(t) \cdot [n_{max} - n_{det}(t)] \qquad (7)$$

$$\frac{dr_{det}(t)}{dt} = s \cdot \quad [r_{max} - r_{det}(t)] \qquad (8)$$

Dabei ist $n_{det}(t)$ die gesuchte Anzahl der aktivierten Muskelfasern, $r_{det}(t)$ die Funktion, die die Reizung beschreibt, n_{max}, r_{max} und s Konstanten, die Eigenschaften des Systems erfassen. Die folgenden Funktionen sind Lösungen des Differentialgleichungssystems

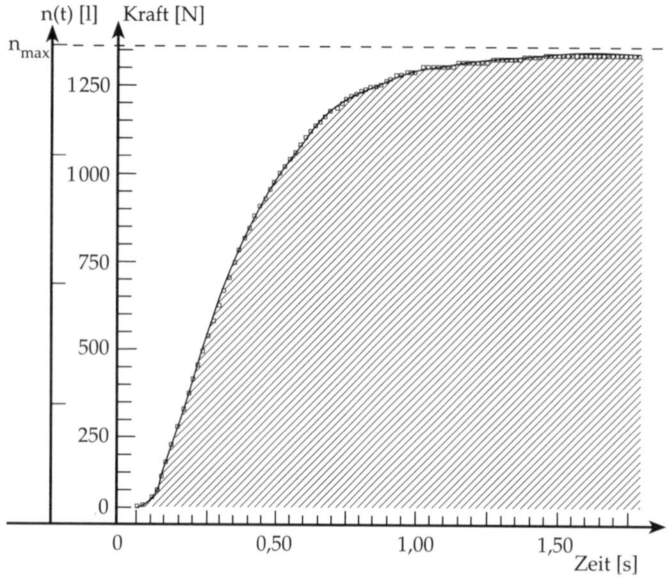

Abb. 8.1 Isometrisch gemessene Kraftkurve

$$n_{det}(t) = n_{max} \cdot (1 - e^{-r_{max} \cdot (t - t_0) + r_{max}/s \cdot [1 - e^{s(t - t_0)}]}) \quad (9)$$

und

$$r_{det}(t) = r_{max} \cdot (1 - e^{s \cdot (t - t_0)}) \quad (10)$$

Die zusätzlich auftretende Konstante t_0 legt den Zeitnullpunkt fest, so daß die Differenz $t - t_0$ die Dauer D des betrachteten Prozesses beschreibt. Nach Gleichung (9) ist die Anzahl der momentan aktiven Muskelfasern $n_{det}(t)$ von einer zeitunabhängigen Größe (der maximal aktivierbaren Anzahl n_{max} von Muskelfasern) und einer zeitabhängigen, ihren Wert während der Bewegung ändernden Größe, bestimmt. Den die zeitlichen Änderungen der Anzahl der aktiven Muskelfasern beschreibenden Term, nennen wir „Schaltfunktion S(t)", speziell hier, da nur der Einschaltprozeß beschrieben wird, „Einschaltfunktion E(t)". Um zu kennzeichnen, daß diese Einschaltfunktion E(t) eine Lösung des obigen Differentialgleichungssystems ist, fügen wir den Index „det" für „deterministisch" an:

$$E_{det}(t) = 1 - e^{-r_{max} \cdot (t - t_0) + r_{max}/s \cdot [1 - e^{s(t - t_0)}]} \quad (11)$$

und damit

$$n_{det}(t) = n_{max} \cdot E_{det}(t) \quad (12)$$

Der Ausschaltprozeß ist auf analoge Weise zu beschreiben und führt zu einer Ausschaltfunktion $A_{det}(t)$. Die Schaltfunktion $S_{det}(t)$ ergibt sich als Produkt von $E_{det}(t)$ und $A_{det}(t)$

$$S_{det}(t) = E_{det}(t) \cdot A_{det}(t) \quad (13)$$

Ob diese, nach den Methoden der Physik gefundenen Lösungsfunktionen die Schaltfunktionen bei Muskelkontraktionen beschreiben, kann nur durch Experimente entschieden werden. Hieraus ergibt sich, Versuchsbedingungen zu finden, unter denen experimentelle Aussagen über die Schaltfunktion gewonnen werden können.

Die Verbindung der Gleichungen (3), (4), (12) und (13) zu

$$F_M = G \cdot n_{max} \cdot f_F \cdot S(t) \quad (14)$$

zeigt (für $A_{det} = 1$) eine Möglichkeit, experimentelle Aussagen über die Schaltfunktion zu gewinnen. Spezialisiert man diese Beziehung auf isometrische Bedingungen (X = const. und damit $G(X)$ = const. und n_{max} = const. und f_F = const.), so kann abgelesen werden, daß die Anzahl der aktiven Fasern n(t) und damit auch die Schaltfunktion S(t) proportional zur isometrisch gemessenen Kraft $F_{M\,iso}$ ist.

$$S(t) \sim F_{M\,iso}(t) \quad (15)$$

Mißt man die von einem Sportler bei maximaler Anstrengung entwickelten isometrischen Kräfte, dann weisen diese Kräfte immer die in Abb. 8.1 dargestellte Struktur auf.

Diese durch Messungen gefundene Struktur S(t) stimmt mit der aus Gleichung (11) für die Einschaltfunktion $E_{det}(t)$ abgeleiteten Struktur überein. Demnach nimmt die Ausschaltfunktion unter den konkreten Versuchsbedingungen den Wert eins an, also gilt:

$$S_{det}(t) = E_{det}(t) \quad (16)$$

Dies entspricht der Erwartung. Aus der Messung einer unter isometrischen Bedingungen mit maximaler Anstrengung entwickelten Kraft können deshalb die freien Parameter der Einschaltfunktion r_{max} und s durch nichtlineare Anpassungen numerisch bestimmt werden. Bei verschiedenen Messungen unter isometrischen Bedingungen an der gleichen Muskelgruppe eines Sportlers zeigt sich, daß zwar in Abhängigkeit vom Beugewinkel, absolut gesehen, andere Kräfte gemessen werden, aber bei maximaler Anstrengung nahezu identische numerische Werte für die Größen r_{max} und s folgen. Sie werden deshalb auch „Invarianten" genannt und erfassen Eigenschaften der nervalen Steuerung des Sportlers. Die aus der Physik von Einschaltprozessen gefolgerte Gleichung (11) gilt somit nur dann, wenn der Sportler sich maximal anstrengt. Strengt sich der Sportler auch nur zu einem Zeitpunkt nicht maximal an, dann sind zu jedem späteren Zeitpunkt die Werte für die Einschaltfunktion kleiner als die sich nach Gleichung (11) ergebenden Werte. Eine solche Einschaltfunktion versehen wir mit dem Index „nma" für „nicht maximale Anstrengung". Bezüglich der Kräfte bedeutet dies, daß sie nur in dem in Abb. 8.1 schraffierten Bereich liegen können.

> Je mehr sich ein Sportler anstrengt, um so geringer sind die Abweichungen zwischen der realen Einschaltfunktion E_{nma} und den aus Gleichung (11) folgenden Werten für die Schaltfunktion $E_{det}(t)$.

Aus diesem Grund ist es im Fall einer fast maximalen Anstrengung möglich, das bei der nichtlinearen Anpassung als Optimierungskriterium dienende „Minimum der Summe der quadratischen Abweichung" als Maß für die realisierte Anstrengung zu verwenden. Dieses Maß steht im Zusammenhang mit Größen, die aus elektroenzephalografischen Messungen gewonnen werden können.

Unter anderen Versuchsbedingungen sind analoge Messungen und nachfolgende Interpretationen auch für die Ausschaltfunktion durchzuführen, z.B. Messung des Kraftabfalls aus isometrischer Maximalkraft mit der Zielstellung, möglichst schnell zu entspannen. Dabei ist festzustellen, daß der Ausschaltprozeß um etwa zwei Größenordnungen schneller verläuft als der Einschaltprozeß, so daß für viele Fragestellungen die Ausschaltfunktion näherungsweise als Treppenfunktion mit den möglichen Werten Null oder Eins beschrieben werden kann.

Diese am Beispiel isometrischer Bedingungen dargestellten Folgerungen können auf konzentrische und exzentrische Bewegungen übertragen werden. Die Schaltfunktion $S_{nma}(t)$ kann also Werte zwischen Null und $S_{det}(t)$ annehmen:

$$O < S_{nma}(t) < S_{det}(t) \quad (17)$$

Dies ist Ausdruck der Indeterminiertheit menschlicher Bewegungen. Niemand kann im voraus sagen, welchen Wert die Schaltfunktion $S_{nma}(t)$ zu einem bestimmten Zeitpunkt innerhalb des angegebenen Intervalls annehmen wird. Diese Unbestimmtheit liegt nicht an mangelndem Wissen, sondern ist prinzipieller Natur. Hat sich jedoch ein Sportler einmal entschieden, eine Bewegung mit maximaler Anstrengung auszuführen, dann kann die Schaltfunktion nur noch bestimmte Zahlenwerte annehmen, im Einschaltprozeß die nach Gleichung (11) folgenden Werte. Es gilt dann

$$S(t) = S_{det}(t) \quad (18)$$

Die Verwendung dieser Beziehung charakterisiert das Submodell „Schaltfunktion" und damit das Gesamtmodell als deterministisches Modell.

> Im Extremfall der maximalen Anstrengung eines Sportlers sind
> - aus gemessenen realen Bewegungen die freien Parameter der deterministischen Schaltfunktion $S_{det}(t)$ durch nichtlineare Anpassung bestimmbar und als Invarianten und damit als Eigenschaften zu interpretieren oder
> - bei Kenntnis der Invarianten, die Werte der Schaltfunktion in Abhängigkeit von der Zeit im voraus zu berechnen.
>
> Die Bewegung läßt sich dann mit hinreichender Genauigkeit deterministisch beschreiben.

Alle bisher getroffenen Aussagen sind an Modellen dargestellt, die isolierte Muskeln oder eingelenkige Bewegungen beschreiben. Bei sportlichen Bewegungen sind jedoch viele Gelenke und Muskeln beteiligt. In diesem Fall besitzen die Größen t_0 der verschiedenen Schaltfunktionen einen zusätzlichen Informationsgehalt. Sie beschreiben den unterschiedlichen Zeitpunkt von Beginn und Ende der Kontraktionen verschiedener Muskeln, d.h. ein wesentlicher Teil dessen, was die Trainingswissenschaft unter „Koordination" versteht, wird durch diese Größen repräsentiert. (Andere Komponenten der „Koordination" sind im Submodell „klassische Mechanik" beschrieben.)

8.2.2.2.2 Submodell „Kraftgesetz"

Unter einem „Kraftgesetz" versteht man eine Beziehung, die es ermöglicht, Kräfte aus Eigenschaften des betrachteten Systems zu berechnen, z.B. wird die Kraft zwischen zwei elektrisch geladenen Teilchen durch ihre Ladungen (Eigenschaften der Teilchen) bestimmt (Coulomb-Gesetz). Ähnliches gilt für die gereizte Muskelfaser. Wenn eine Muskelfaser kontrahiert, kann die Kraft f_F, die sie entwickelt, näherungsweise durch das Kraftgesetz

$$f_F(v_F(t)) = \frac{c}{v_F(t) + b} - a \qquad (19)$$

beschrieben werden. Diese Beziehung wird verallgemeinerte Hill'sche Gleichung genannt. Für extreme exzentrische Bewegungen oder genauere Betrachtungen (z.B. Berücksichtigung von Temperatureinflüssen) sind komplexer strukturierte Kraftgesetze (z.B. *Mitsui-Stockhecker-Gleichung*[1]) zu verwenden. Diese enthalten die hier betrachtete Gleichung (19) als Näherung. Unabhängig, welche konkrete Form des Kraftgesetzes für die Modellbildung verwendet wird, es werden immer der Output des Systems (hier: die Kraft der Muskelfaser f_F) aus dem Input des Systems (hier: die Kontraktionsgeschwindigkeit v_F) **und** aus den Eigenschaften des Systems (hier: a,b,c) berechnet. Die Größen a, b und c beschreiben Eigenschaften einer Muskelfaser:

a – gemessen in Newton, faßt alle Reibungseffekte innerhalb der Muskelfaser zusammen,

b – gemessen in Meter/Sekunde, erfaßt summarisch die Geschwindigkeit der ablaufenden biochemischen Prozesse,

c – gemessen in Watt, ist ein Maß für die pro Zeit umgesetzte chemische Energie (Leistung).

Diese Eigenschaften sind für Muskelphysiologen und Trainingswissenschaftler interessant. Aus ihnen lassen sich nachstehende Eigenschaften ableiten:

$f_{max} = c/b - a$
: die maximal mögliche Kraft unter isometrischen Bedingungen,

$v_{max} = c/a - b$
: die maximal mögliche Kontraktionsgeschwindigkeit,

$P_{max} = a \cdot b + c - 2 \cdot (a \cdot b \cdot c)^{-1/2}$
: die maximal mögliche mechanische Leistungsabgabe,

$f_{opt} = (a \cdot c/b)^{-1/2} - a$
: die Kraft bei maximaler Leistungsabgabe wird als „optimale Kraft" bezeichnet und

$v_{opt} = (b \cdot c/a)^{-1/2} - b$
: die Kontraktionsgeschwindigkeit bei maximaler Leistungsabgabe wird als „optimale Geschwindigkeit" bezeichnet.

Diese Eigenschaften der Muskelfasern sind Teilkomponenten von trainingswissenschaftlichen Begriffen wie „Schnellkraft" und „Explosivkraft". Das obige Kraftgesetz (Gleichung (19)) kann anstatt mit den Eigenschaften a, b, c auch mit anderen Eigenschaften ausgedrückt werden, z.B. mit den Größen f_{max}, v_{max}, p_{max}

$$f_F(t) = \frac{p_{max} \cdot f_{max} \cdot (1 - v_F(t)/v_{max})}{p_{max} + f_{max} \cdot (1 - 2 \cdot (p_{max}/f_{max}/v_{max})^{-1/2}) \cdot v_F(t)} \qquad (20)$$

Diese Beziehung ist inhaltlich mit der Gleichung (19) identisch. An dieser Form ist jedoch zu erkennen, wie kompliziert der Zusammenhang zwischen der Funktion der Kontraktionskraft f_F in einem dynamischen Prozeß und Eigenschaften der Muskulatur (p_{max}, f_{max}, v_{max}) ist. Es läßt sich anhand dieser Beziehung erklären, warum ein Trainingserfolg in der isometrischen Maximalkraft f_{max} bei einem Athleten zu einer Verbesserung der sportlichen Leistung führt und bei einem anderen nicht: Die Athleten unterscheiden sich in den numerischen Werten für die Größen v_{max} und p_{max}. Dies bedeutet, in einem Fall war die isometrische Maximalkraft limitierender Faktor für die Bewegung, im anderen nicht. Ähnliches läßt sich auch über Veränderungen in anderen Eigenschaften aussagen.

---

[1] $v_F\,(e^{A/T} - e^{-B/T}) = v_{Fmax}\,(e^{A/T \cdot (1-f_F/f_{Fmax})} - e^{-B/T \cdot (1-f_F/f_{Fmax})})$
mit A, B, v_{Fmax} und f_{Fmax} Invarianten und T Temperatur

8.2.2.2.3 Submodell „Rheologische Körper"

Die Kontinuumsmechanik (Teilgebiet der Physik) beschreibt u.a. das Verhalten von Materialien unter Druck und Spannung. Am einfachsten lassen sich Materialien beschreiben, die rein elastisch sind oder sich wie zähe Flüssigkeiten verhalten. Elastische Materialien genügen dem Kraftgesetz

$$F = -k(x - x_0) \qquad (21)$$

wobei F die Kraft, x_0 der kräftefreie Ausgangszustand, x der momentane Zustand ist und die Konstante k (häufig auch Federkonstante genannt) die elastische Eigenschaft kennzeichnet. Die Größe 1/k trägt in der trainingswissenschaftlichen Literatur zuweilen den Namen „stiffness". Viele Stoffe – so auch die Gewebe, woraus Fascien, Knochen, Knorpel, Muskeln und Sehnen bestehen – verhalten sich jedoch weder rein elastisch noch wie eine zähe Flüssigkeit. Den Ausweg, den die Kontinuumsmechanik weist, ist folgender: Man versucht, durch Verschachtelung (Parallel- und Serienschaltung) von Elementen mit diesen Eigenschaften Modelle zu konstruieren, die die Eigenschaften des untersuchten Materials beschreiben. Solche Modelle nennt man „rheologische Körper". Nach dieser Methode wird auch der Muskel-Sehen-Komplex in der Sportmedizin behandelt (siehe Abb. 8.2).

Wenn dieses Modell Muskel- und Sehnengewebe des lebenden Organismus im Sinne der Kontinuumsmechanik zutreffend abbildet, dann sind die zu den kontraktilen Elementen parallel- oder seriengeschalteten elastischen Elemente durch **konstante** Größen k (bzw. konstante Stiffness) zu beschreiben. Dies gilt jedoch nur in grober Näherung.

Es empfiehlt sich deshalb, den Muskel-Sehnen-Komplex durch ein komplizierteres Submodell zu beschreiben (siehe Abb. 8.3).

In diesem Modell werden die Eigenschaften nerval gesteuert. Hierbei wird von dem physiologisch gesicherten Wissen ausgegangen, daß der ungereizte Muskel aus einer Anzahl (n_{alle}) von Muskelfasern besteht, die bei relativ geringer Dehnung (<20% der Ausgangslänge) dem Kraftgesetz (21) genügen. Bei Reizung des Muskels, werden eine bestimmte Anzahl n(t) von Muskelfasern kontrahieren. Diesen Fasern sind elastische Einheiten SE nachgeschaltet. Gleichzeitig sind im Muskel aber auch noch m(t) (mit $m(t) = n_{alle} - n(t)$) ungereizte Muskelfasern PE parallel geschaltet. In einem solchen Modell werden die

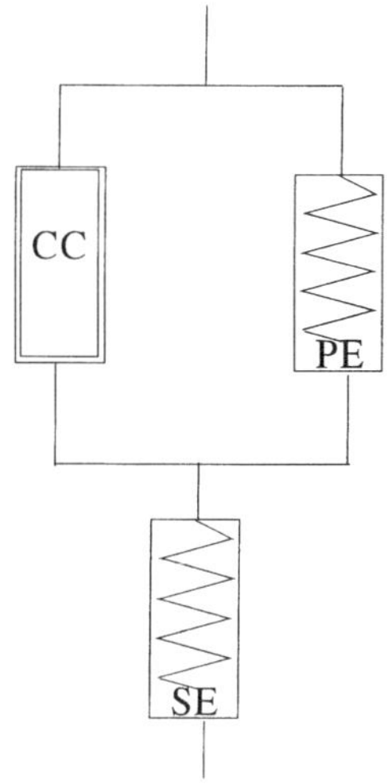

Abb. 8.2 Modell zur Beschreibung der Elastizität eines Muskel-Sehnen-Komplexes (CC = kontraktiler Anteil, PE = parallelelastischer Anteil, SE = serienelastischer Anteil)

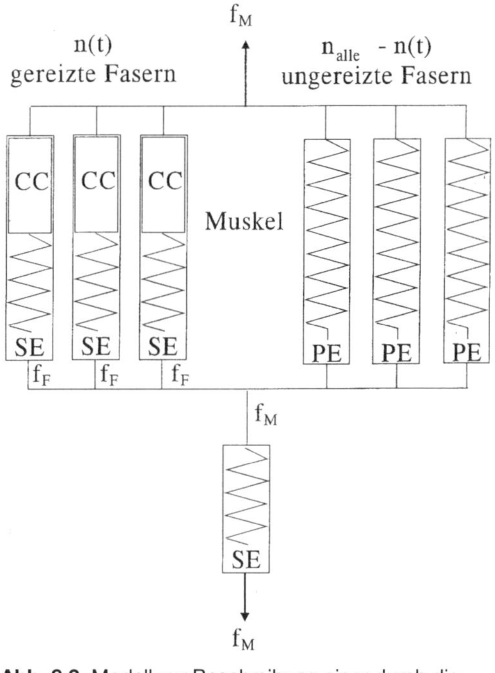

Abb. 8.3 Modell zur Beschreibung einer durch die Schaltfunktion gesteuerten Elastizität eines Muskel-Sehnen-Komplexes

Eigenschaften der einzelnen elastischen Einheit durch **Konstanten** beschrieben, die Elastizität des Gesamtmuskels ist jedoch variabel und wird durch die „Schaltfunktion“ (siehe entsprechendes Submodell) gesteuert.

8.2.2.2.4 Submodell „Geometriefunktion“

Die Geometriefunktion stellt den Zusammenhang zwischen der Kraft f_M eines Muskels im Inneren des menschlichen Körpers und der außerhalb des Körpers meßbaren Kraft F_M entsprechend der Beziehung

$$F_M = G(X) \cdot f_M \qquad (22)$$

her. Solche Geometriefunktionen sind streng genommen gelenk- und muskelspezifisch strukturiert. Näherungsweise können jedoch die über Gelenke der Extremitäten ziehenden Strecker und Beuger durch einfache Strecker- und Beugermodelle mit einem Ersatzmuskel beschrieben werden (siehe Abbildungen 8.4 und 8.5).

Rechnet man diese einfachen Beuger- und Streckermodelle durch, ergeben sich die Beziehungen:

$$G_{BEUGER} = \qquad (23)$$
$$(k_o k_u X)/(l_o l_u) \cdot [k_o^2 + k_u^2 - k_o k_u / l_o l_u \cdot (l_o^2 + l_u^2 - X^2)]^{-1/2}$$

und

$$G_{STRECKER} = l_r \cdot \sin(\beta)/l_o l_u \sin(\alpha) \cdot X \text{ mit}$$

$$X^2 = l_o^2 + l_u^2 - 2\, l_o\, l_u \cos(\alpha) \text{ und}$$

$$\alpha = 2\beta + \arcsin[(l_r/k_o) \cdot \sin(\beta)] + \arcsin[(l_r/k_u) \cdot \sin(\beta)].$$

Diese Geometriefunktionen können für verschiedene Gelenke benutzt werden, wobei nur die Eingangsgrößen unterschiedlich festzulegen sind. Die Eingangsgrößen des Streckermodells für „Kniegelenk“ und „Ellenbogengelenk“ sind in Tabelle 8.1 dargestellt.

Die Übereinstimmung der als Submodell gewählten Geometriefunktion mit der Realität kann experimentell überprüft werden. Aus den Gleichungen (3) und (4) folgt die Beziehung

$$F_M(X,v,t) = G(X) \cdot n(t) \cdot f_F(v) \qquad (24)$$

Das folgende Versuchsdesign ermöglicht, aus dieser Beziehung auf die Struktur der Geometriefunktion zu schließen:

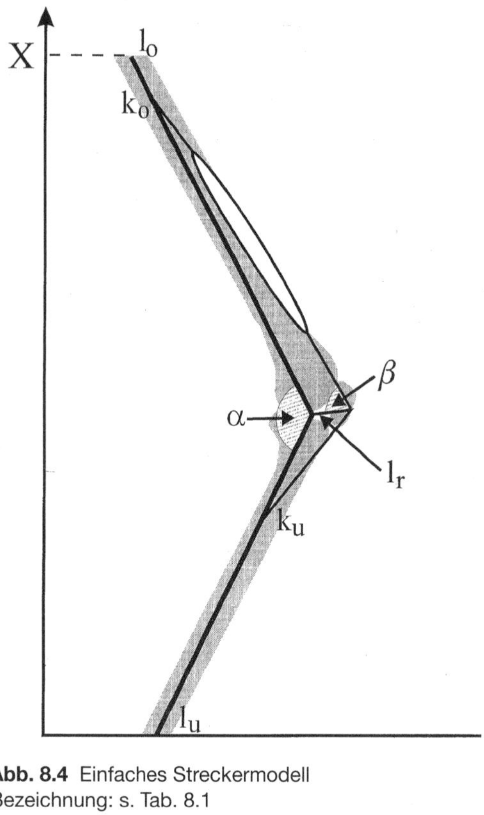

Abb. 8.4 Einfaches Streckermodell
Bezeichnung: s. Tab. 8.1

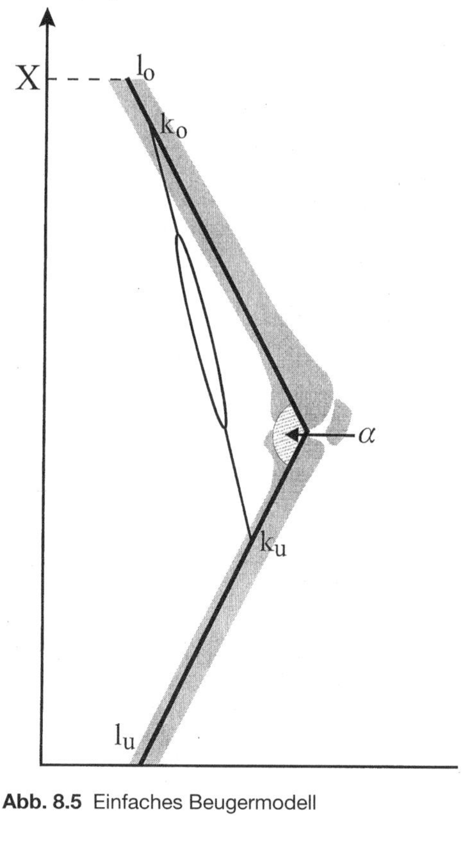

Abb. 8.5 Einfaches Beugermodell

Tab. 8.1 Eingangsgrößen des Streckermodells für Knie und Ellenbogen

Größe im Modell	Eingangsgrößen für Kniestrecker	Eingangsgrößen für Armstrecker
l_o	Länge des Oberschenkels	Länge des Oberarms
l_u	Länge des Unterschenkels	Länge des Unterarms
l_r	Lage des Patellahochpunktes relativ zur Lage der Drehachse des Knies	Kleine Halbachse einer gedachten Ellipse um das Ellenbogengelenk
k_o	Lage des Ursprungs des Ersatzmuskels relativ zur Lage der Drehachse des Knies	Lage des Ursprungs des Ersatzmuskels relativ zur Lage der Drehachse im Ellenbogen
k_u	Lage des Ansatzes des Ersatzmuskels bezüglich der Lage der Drehachse des Knies	Lage des Ansatzes des Ersatzmuskels relativ zur Lage der Drehachse im Ellenbogen
X	Maß für die Beugung/Streckung des Kniegelenks, derart, daß dX/dt die äußere Geschwindigkeit V ist (mit $V > 0$ konzentrische, $V = 0$ isometrische und $V < 0$ exzentrische Bedingungen)	Maß für die Beugung/Streckung des Ellenbogengelenks, derart, daß dX/dt die äußere Geschwindigkeit V ist (mit $V > 0$ konzentrische, $V = 0$ isometrische und $V < 0$ exzentrische Bedingungen)

1. Bei einer bestimmten Beugestellung (sie legt den Wert von $X=X_1$ fest) des betrachteten Gelenks entwickelt der Sportler unter maximaler Anstrengung die isometrische Kraft $F_{Miso}(t)$. Nach Gleichung (9) besitzt n(t) eine Asymptote n_{max}. Damit folgt aus $F_{Miso}(t)$ die isometrische Maximalkraft F_{Miso} für die gewählte Beugestellung X_1 des Gelenks: $F_{Miso}(X_1)$.
2. Die Bestimmung der isometrischen Maximalkraft wird nach einer hinreichend langen Pause (Ausschluß von Ermüdungseffekten) für eine andere Beugestellung X_2 wiederholt. Es ergibt sich die isometrische Maximalkraft $F_{Miso}(X_2)$.
3. Durch hinreichend viele Wiederholungen für verschiedene Beugewinkel läßt sich durch einfache statistische Methoden die Beziehung

   $$F_{Miso}(X_i) = a \cdot G(X_i) \tag{25}$$

   mit einer Konstanten a, die inhaltlich dem Produkt

   $$n_{max} \cdot f_F(v_F = 0) \tag{26}$$

   entspricht, auf ihre Genauigkeit überprüfen.

Solche Überprüfungen der Geometriefunktion können personen- und gelenkspezifisch erfolgen.

Innerhalb des Submodells „Geometriefunktion" lassen sich auch Kräfte als Funktion der Zeit oder des Beugewinkels berechnen, die längs und quer der betrachteten Knochen wirken.

8.2.2.2.5 Submodell „Klassische Mechanik"

Verbindet man die bisher behandelten Submodelle miteinander, dann ergibt sich ein Kräftepaar F_M, das an den Enden der das Gelenk bildenden Strukturen wirkt (s. Abb. 8.6).

Dieses Kräftepaar wechselwirkt mit den Nachbarstrukturen unter folgenden weitreichenden Konsequenzen:

- die Bewegungen der Nachbargelenke werden entsprechend den Gesetzen der Mechanik durch die Kräfte F_M beeinflußt;
- dadurch treten in den Muskeln, die über die Nachbargelenke ziehen, Geschwindigkeiten auf, die auch von den Kräften F_M (in komplizierter Weise) abhängig sind;
- als Folge sind jene Kräfte, die die Muskeln der Nachbargelenke entwickeln, abhängig von den Kräfte F_M, die auf diese Gelenke einwirken;
- diese wirken ihrerseits auf die Nachbargelenke (also auch auf das ursprünglich betrachtete Gelenk).

Diese komplexe Wechselwirkung kann die klassische Mechanik beschreiben.

Stellt man sich z. B. beim Sprint ein Ganzkörpermodell vor, so wird die Bewegung des kleinen Fingers die Arbeitsbedingungen und damit die Energieabgabe der Kniestrecker beeinflussen. Das System besitzt in hohem Maße jene Eigenschaften, die in der Physik als „deterministisches Chaos" bezeichnet werden. Zur Erklärung dieser

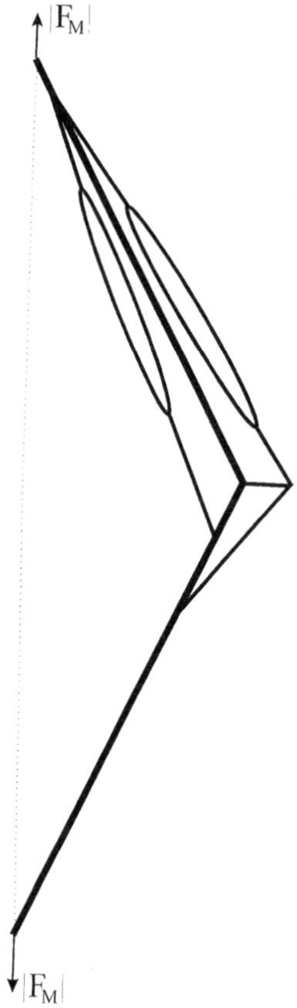

Abb. 8.6 Gesamtmodell für ein Gelenk

Erscheinung nutzt man dort häufig das Pendel und das Doppelpendel (siehe Abb. 8.7 und 8.8).

Die zukünftige Bewegung eines Pendels ist leicht mit Papier und Bleistift zu berechnen (ein Physikstudent lernt dies ganz am Anfang seines Studiums, in manchen Gymnasien als Teil des Leistungskurses „Physik“). Man sollte deshalb erwarten, daß für das nur geringfügig kompliziertertere System des Doppelpendels durch Physiker (notfalls mit entsprechenden Hilfsmitteln) ebenfalls die zukünftige Bewegung vorausgesagt werden kann. Dies gelingt jedoch im allgemeinen nur über einen sehr kurzen Zeitraum. Niemand kann aus der Messung des momentanen Zustandes eines (entsprechend dimensionierten) Doppelpendels folgern, in welchem Zustand es sich eine Sekunde später befinden wird. Kleinste Änderungen im momentanen Zustand können gravierende Änderungen im Ablauf der Bewegung nach sich ziehen. Der menschliche Körper ist viel komplizierter als ein Doppelpendel aufgebaut und ist trotzdem zu kontrollierten periodischen sportlichen Bewegungen wie den Riesenfelgen am Reck fähig. Dies ist kein Widerspruch, denn auch das Doppelpendel kann durch eine ‚chaosresistente' Regelung (laufende Messung des momentanen Zustandes, entsprechend komplizierte und ausreichend schnelle Berechnungen kleiner Steuerungskräfte) in periodische, im voraus festgelegte Schwingungen versetzt werden. Aus diesem Vergleich kann gefolgert werden, daß eine komplizierte körperinterne Informationsverarbeitung während des Ablaufs von Bewegungen stattfindet. Das Ergebnis einer solchen körperinternen Informationsverarbeitung schlägt sich in den hier betrachteten Modellen in Festlegungen der Größen t_0 nieder. Einerseits können kleinste Abweichungen zu einem Zeitpunkt in einer einzigen Schaltfunktion zu großen Änderungen des Bewegungsablaufes führen. Andererseits können aber auch größere Abweichungen mehrerer Schaltfunktionen durch spätere Änderungen in anderen Schaltfunktionen kompensiert werden. Daraus folgt u.a.:

- Zielgerichtete Bewegungen müssen nicht zwingend auf ein und demselben Weg ablaufen.
- Auch bei nahezu gleichen Bedingungen können Bewegungen, die mit maximaler subjektiver Anstrengung ausgeführt wurden, einen deutlich unterschiedlichen Verlauf nehmen.

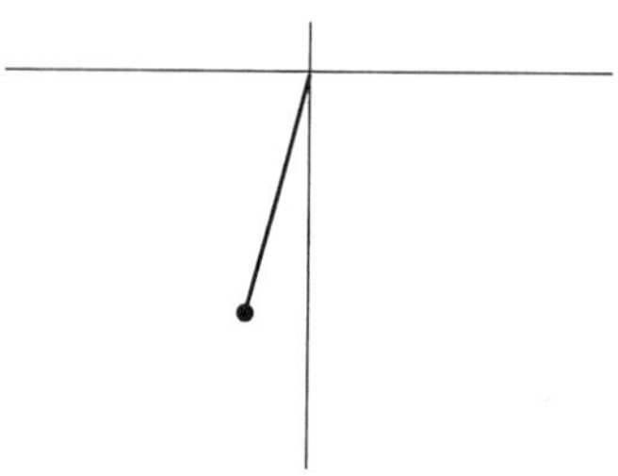

Abb. 8.7 Pendel

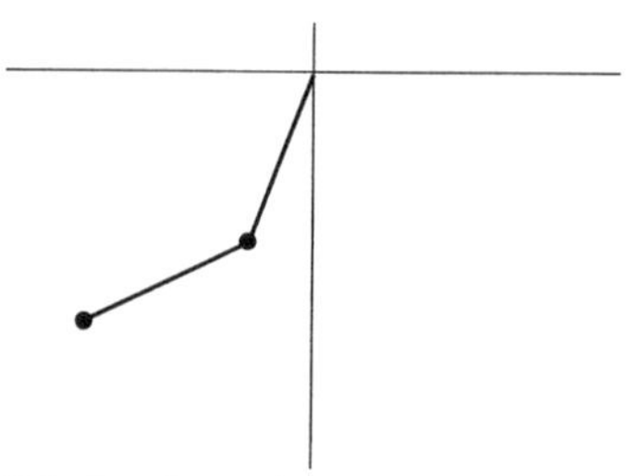

Abb. 8.8 Doppelpendel

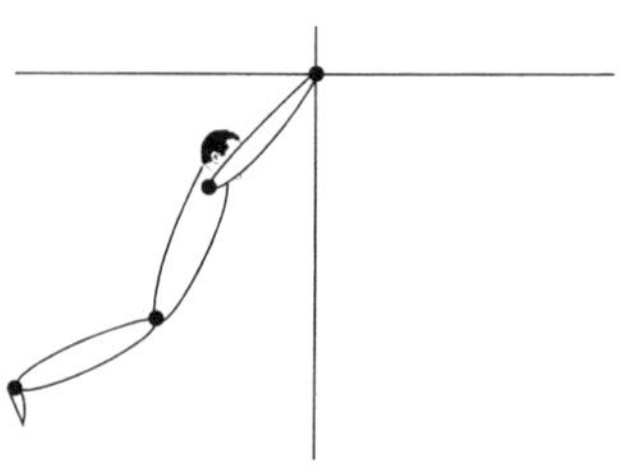

Abb. 8.9 Turner

Simulationsstudien von Ganzkörpermodellen ist zu entnehmen, in welchen speziellen Fällen von Eigenschaften eines Sportlers und von Bewegung, kleine Änderungen des momentanen Zustandes zu großen Änderungen der zukünftigen Bewegung führen oder nicht.

8.2.3 Erstellung der Relation zwischen Ziel- und Einflußgrößen

Die Auswahl der Submodelle und insbesondere die Auswahl ihrer Variablen erfolgte im vorhergehenden Abschnitt unter dem Aspekt der Beschreibung des Modellorginals „menschliche Bewegungen". Unausgesprochen wurde aber auch darauf geachtet, daß sich die Submodelle als miteinander kompatibel erweisen. Die Ausgangsgröße jedes Submodells ist Eingangsgröße eines anderen Submodells. Daher ist es nach einer detaillierten Beschreibung der Submodelle einfach, die Relationen zwischen den im Gesamtmodell auftretenden Größen herzustellen. Die mathematische Verknüpfung der in Abb. 8.10 dargestellten Zusammenhänge der einzelnen Größen stellt die gesuchte Relation zwischen Ziel- und Einflußgrößen dar. (Groß geschriebene Symbole stehen für außerhalb des menschlichen Körpers meßbare Größen, klein geschriebene erfassen Abläufe im Körperinneren.)

Entsprechend konkreter Aufgabenstellungen können bestimmte Gruppen von Größen als Zielgrößen betrachtet werden. Die anderen Größen sind dann die Einflußgrößen. Die an das Modelloriginal „menschliche Bewegung" zu richtenden und mit dem hier dargestellten Modell zu beantwortenden Fragen lassen sich in folgende Gruppen einteilen:

- Bestimmung der Eigenschaften des passiven Bewegungsapparats: Zielgrößen sind Knochenlängen, Ansätze und Ursprung von Muskeln, Geometriefunktion, elastischen Eigenschaften von Sehnen, ...
- Bestimmung der Eigenschaften des Nerv-Muskel-Systems: Zielgrößen sind die freien Parameter der Schaltfunktion und des Kraftgesetzes.
- Bestimmung der kinematischen und dynamischen Größen einer Bewegung: Zielgrößen sind die Funktionen des Orts, der Geschwindigkeit, der Beschleunigung und der Kräfte. In diese Gruppe fällt auch die Bestimmung aller in Tab. 3.1, Kap. 3 dargestellten Merkmale.

Die jeweilig nicht genannten Größen sind als Einflußgrößen zu betrachten. Die Untersuchungsziele der Biomechanik (Tabelle 2.1, Kap. 2) sind in diese Gruppierung nach den Zielgrößen einzuordnen.

8.3 Modellüberprüfung

Die Modellüberprüfung kann nach verschiedenen Prüfkriterien erfolgen. Durch gezielte Spezialisierung des Gesamtmodells und entsprechender Einschränkungen der (Meß-)Bedingungen (z. B. auf isometrische Bedingungen) können die einzelnen Submodelle überprüft werden. Diese detaillierte Überprüfung ist notwendig, um ein gegenseitiges Kompensieren von mehreren Fehlern in den Submodellen auszuschließen. Das Gesamtmodell liefert bei Bewegungssimulationen qualitative Ergebnisse (z. B. „Art" der Verteilungsform eines s-t-, v-t-, a-t- oder F-t-Verlaufs) und quantitative Ergebnisse (z. B. Betrag und Richtung einer kinematischen oder dynamischen Größe zu einem bestimmten Zeitpunkt). Solche Ergebnisse sind im Rahmen einer Modellüberprüfung mit den entsprechenden Daten des Modelloriginals zu vergleichen. Die quantitativen Vergleiche beziehen sich einerseits auf das Maß der Übereinstimmung zwischen Modelloutput und gemessenen Größen (z. B. Kraft, Geschwindigkeit) der untersuchten Bewegungen (z. B. Strecksprünge) und andererseits auf Voraussagen zukünftiger Bewegungen unter anderen Bedingungen (z. B. Strecksprünge mit Zusatzlast). Darüber hinaus ist die (qualitative) Erklärung bestimmter Effekte bei menschlichen Bewegungen als Modellbestätigung anzusehen (z. B. Sprunghöhenverbesserung durch Armeinsatz bei Strecksprüngen). Nach hinreichend vielen festgestellten Übereinstimmungen kann man das Modell als ausreichend überprüft betrachten. Sofern eine alternative Bewertung der Übereinstimmung im Sinne von übereinstimmend/nicht übereinstimmend vorliegt, sind fünf Übereinstimmungen bei fünf Überprüfungen notwendig, um die Irrtumswahrscheinlichkeit der Übereinstimmungen unter 5% zu senken.

Jede weitere Anwendung des Modells stellt gleichzeitig eine weitere Überprüfung dar, so daß die Grenzen eines komplexen Modells nicht nach einer ersten Phase der Modellüberprüfung vollständig bekannt sind. Spätere – unter bestimmten Bedingungen auftretende – Diskrepanzen zwischen Modellaussagen und Modelloriginal kön-

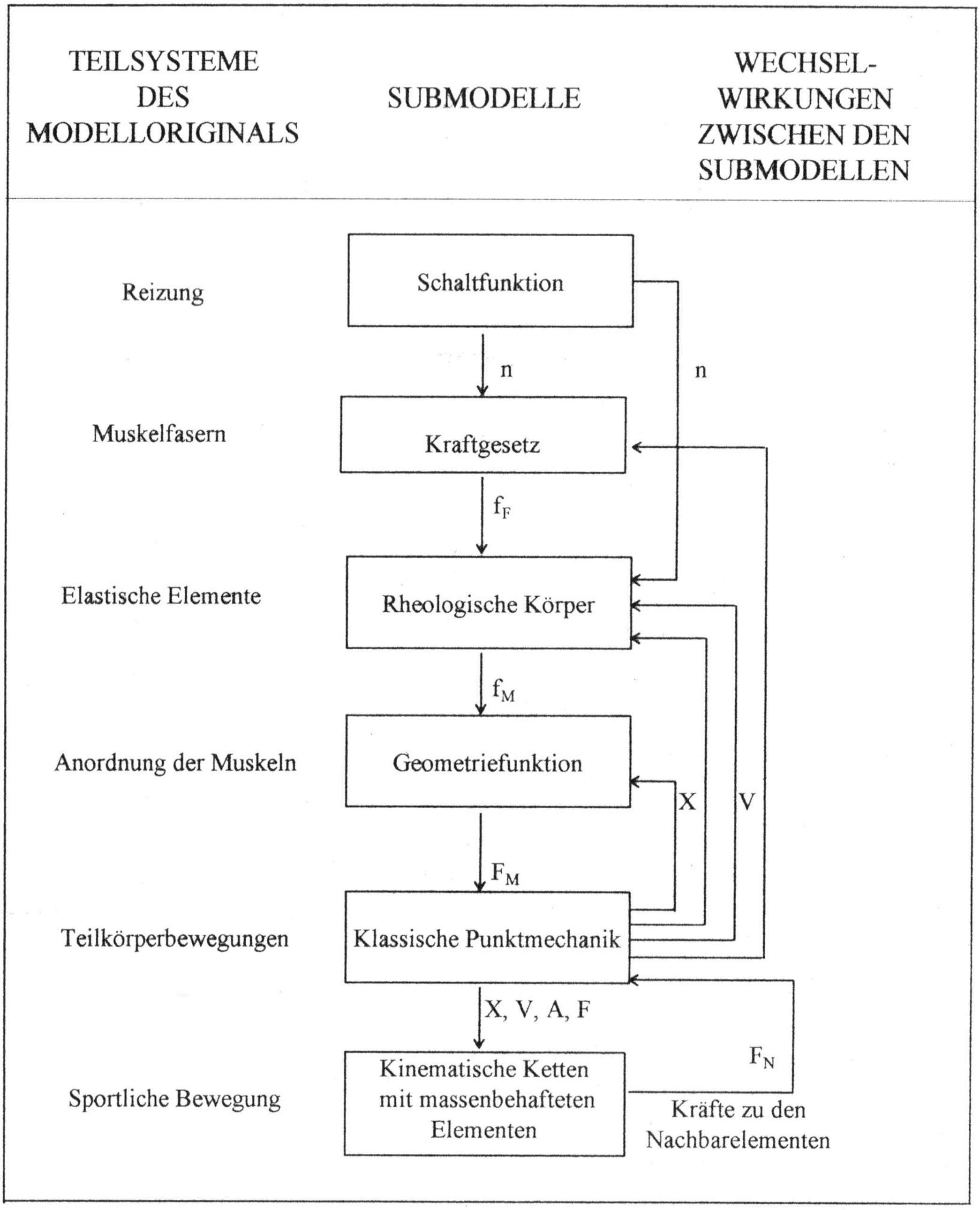

Abb. 8.10 Submodelle und deren Wechselwirkungen untereinander (Erklärungen im Text)

nen auch bei einem bewährten Modell Anlaß für dessen Weiterentwicklung sein. Die Fülle der in Abschnitt 8.5 dargestellten Modellsimulationen und deren Bestätigung durch das Modelloriginal können als ausreichende Modellüberprüfung angesehen werden.

8.4 Modellrevision

Die Gründe für eine Modellrevision können unterschiedlich sein:

1. Auftreten von nicht akzeptablen Diskrepanzen zwischen den Aussagen bzw. Ergebnissen von Modell und Modelloriginal,
2. Die Genauigkeit der Modellaussagen reicht zur Lösung bestimmter Fragestellungen nicht aus,
3. Aufnahme neuer wissenschaftlicher Erkenntnisse in das vorhandene Modell.

Die Modellrevision ist bei der Anwendung der Modellmethode als **Arbeitsschritt** wichtig, kann jedoch bei der **Darstellung** eines Modells entfallen.

Zwei Beispiele für Modellrevision sollen dennoch angeführt werden, eine bereits vollzogene und eine in Zukunft mögliche:

- In einer früheren Version des Modells wurde eine einfachere Schaltfunktion verwendet, die keine Querverbindung zur Elektromyographie zuließ. Eine Modellrevision führte zu der hier verwendeten (Ein-)Schaltfunktion, die Größen zur Beschreibung der Muskelreizung enthält.
- In dem hier dargestellten Modell sind die Knochen masselos, die bewegten Massen sind als Massenpunkte dem sich bewegenden Systemen aufgesetzt. Es ist wünschenswert, die Massenverteilung des Menschen in das Modell aufzunehmen.

Da ein Modell prinzipiell die Realität nicht vollständig beschreiben kann, ist eine Modellrevision im Sinne der Weiterentwicklung des Modells funktionsbedingt vorgegeben.

8.5 Modellsimulation

Entsprechend der im Abschnitt 8.1.2 aufgelisteten Modellzwecke kann das Modell in unterschiedlicher Weise genutzt werden. In Abschnitt 8.5.1 werden Modellzwecke behandelt, die mit der Berechnung von Bewegungsabläufen zusammenhängen, in Abschnitt 8.5.2 solche, die mit der Bestimmung von Eigenschaften (Invarianten, freie Parameter) zusammenhängen und schließlich in 8.5.3 jene, die beides benötigen.

8.5.1 Beschreibung und Erklärung von Bewegungsabläufen

8.5.1.1 Voraussage von Bewegungen

Zur Voraussage von Bewegungsabläufen sind Informationen über die Art der Bewegung (z.B. Strecksprung), die Eigenschaften des Athleten (u.a. Masse, Knochenlängen, Eigenschaften des Nerv-Muskel-Systems) und die Anfangsbedingungen (z.B. Anfangsbeugewinkel) notwendig. Unter diesen Voraussetzungen liefert das Modell je nach Bedarf Angaben zu dynamischen und kinematischen Größen für den Fall maximaler subjektiver Anstrengung, z.B. die

- Kraft mit der der Athlet auf die Unterlage drückt,
- Kräfte längs und quer der Knochen,
- Geschwindigkeit des Körperschwerpunkts,
- Leistungsabgabe des Muskels,
- verrichtete Arbeit,
- Verteilung der kinetischen und potentiellen Energie,
- ...

In Abbildung 8.11 sind einige solcher kinematischen und dynamischen Größen als Funktion der Zeit am Beispiel eines Strecksprungs dargestellt.

Bei Interesse kann auch die Wirkung einer **Änderung** nachstehender Größen auf die Bewegungsausführung durch Modellsimulation abgeschätzt werden:

- Ausgangsbeuge,
- bewegte Masse als Folge von Zusatzlasten,
- Gravitationsbedingungen, z.B. bei Höhentraining oder außerhalb der Erde,
- ...

Angenommene (fiktive oder als Trainingsziel festgelegte) Änderungen der Eigenschaften eines Athleten oder o.a. Größen bzw. Bedingungen können hinsichtlich ihrer Auswirkung auf den Bewegungsablauf studiert werden. Mit dieser Vorgehensweise lassen sich eine Reihe von Fragen der Trainingswissenschaft beantworten. Einige Beispiele seien hier angeführt:

- Ist für die zu lösende Bewegungsaufgabe bei der vorgegebenen Ausprägung der Eigenschaften eines Athleten eine Erhöhung der isometrischen Maximalkraft zweckmäßig oder nicht?

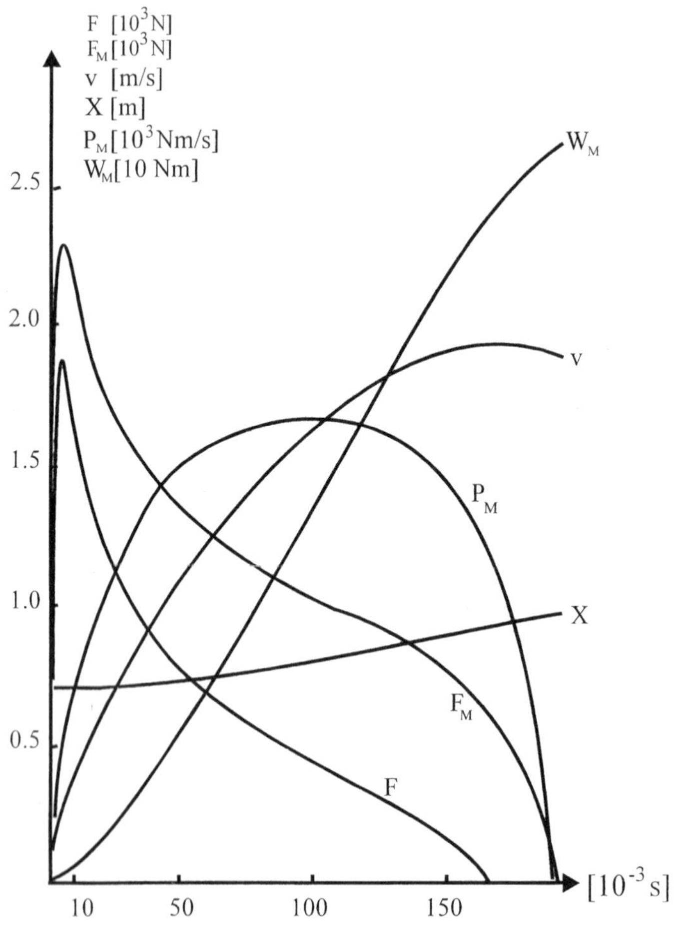

Abb. 8.11 Dynamische und kinematische Größen bei einem Strecksprung
(F = Gesamtkraft, F_M = Muskelkraft, V = Geschwindigkeit, X = Ort, P_M = Muskelleistung, W_M = vom Muskel freigesetzte mechanische Energie)

- Verallgemeinernd: Welche Eigenschaften eines Athleten sind dominant oder limitierend für die Ausführung der Wettkampfbewegung?
- Werden mit Testbewegungen jene Eigenschaften bestimmt, die für den Wettkampf wichtig sind und falls ja, welche Ausprägung haben sie und falls nein, welche Eigenschaften werden dann mit der Testbewegung tatsächlich festgestellt?

Darüber hinaus können innere Kräfte von Muskelgruppen oder Kräfte längs und quer zu Knochen berechnet werden. Diese Kräfte sind durch Modellsimulation prinzipiell nicht eindeutig zu bestimmen, weil unterschiedliche Änderungen von Kräften der Antagonisten und Synergisten zum gleichen äußeren Erscheinungsbild der Bewegung führen können. Die Auswirkung dieser bspw. durch Maßnahmen der Belastungsgestaltung erzeugten Änderungen auf innere Strukturen lassen sich auf diesem Wege abschätzen.

8.5.1.2 Optimierung des Beschleunigungswegs

Die experimentellen Befunde bezüglich der Existenz eines Optimums für die Länge des Beschleunigungswegs zum Erreichen einer maximalen Endgeschwindigkeit scheinen widersprüchlich zu sein. Untersucht man beispielsweise Strecksprünge, kann man zu dem Ergebnis kommen, daß „ein solches Optimum existiert" oder, „je tiefer die Ausgangsbeuge (je länger der Beschleunigungsweg), desto größer die Endgeschwindigkeit". Es scheint stichprobenspezifisch zu sein, ob die eine oder die andere Aussage experimentell bestätigt wird. Das Modell liefert – auf Strecksprünge angewandt – eine Erklärung für diese experimentelle Situation. In Abhängigkeit von den anthropometrischen Werten eines Athleten, den Eigenschaften seiner Kniestrecker und deren Ansteuerung bei maximaler Anstrengung ergeben sich bezüglich des genutzten Beschleunigungswegs unterschiedliche Abfluggeschwindigkeiten, aus denen entweder die Aussagen „ein bestimmter, angebbarer Beschleunigungsweg ist optimal" oder „je länger der Beschleunigungsweg, desto größer ist die Abfluggeschwindigkeit" gefolgert werden können. Die Modellsimulation zeigt also, daß die Aussage über die Existenz eines optimalen Beschleunigungsweges nicht von prinzipieller Natur ist, sondern personenspezifisch gefällt werden muß. Damit hat sich ein scheinbarer experimenteller Widerspruch aufgeklärt. Simulationsstudien ergeben, daß für Personen mit **ähnlichen** modellrelevanten Eigenschaften die Existenzfrage nach einem Optimum des Beschleunigungsweges durch diese Studien identisch beantwortet wird. Damit ist erklärbar, warum experimentelle Untersuchungen an Sportstudenten bzw. Hochleistungsathleten zu unterschiedlichen Ergebnissen kommen können.

8.5.1.3 Aspekte der Koordination

Die Wirkung unterschiedlicher Koordination von Teilkörperbewegungen zu erklären, ist eine wichtige Aufgabe der Biomechanik. Üblicherweise werden mechanische Wechselwirkungen (insbesondere Impulsübertragungen) zwischen den Teilkörpern studiert. Unberücksichtigt bleiben im allgemeinen Änderungen der Arbeitsbedingungen der Muskulatur eines Teilsystems als Folge der Wechselwirkung mit räumlich benachbarten Teilsystemen. Die Bedingungen, unter denen eine Muskelkontraktion stattfindet, beeinflussen jedoch erheblich die Energie, welche durch den betrachteten Muskel pro Zeiteinheit und während des gesamten Bewegungsablaufes freigesetzt wird. Zusätzlich ist diese Auswirkung auch noch von den Eigenschaften des betrachteten Nerv-Muskel-Systems abhängig. Daraus ergibt sich, daß Koordinationsoptimierung nur personen- und bewegungsspezifisch erfolgen kann.

Das Beispiel „Strecksprünge" verdeutlicht das eben dargestellte. Sind von einem Sportler die Eigenschaften seiner Kniestrecker bekannt (die Bestimmung dieser Eigenschaften wird in Abschnitt 8.5.2. behandelt), kann mit dem Modell der Ablauf eines Strecksprungs ohne Armeinsatz aus einer vorgegebenen Ausgangsstellung berechnet werden. Modelliert man die Kraft, mit der die Arme auf den Restkörper wirken, durch die Beziehung

$$F_{ARM} = N \cdot \sin(2 \cdot \pi/D \cdot t + Z) \qquad (27)$$

und bestimmt experimentell personenspezifisch die Werte für die Größen N und D, so können Strecksprünge mit Armschwüngen simuliert werden. Die Größe Z kann genutzt werden, um die Auswirkungen einer unterschiedlichen Koordination der Armbewegung mit der Kniestreckung zu berechnen. Mit Z = 0 wird ein Armschwung simuliert, der gleichzeitig mit der Kniestreckung beginnt und zum Ende der Beinstreckung die Arme im Vergleich zum Körperschwerpunkt wieder ruhen.

In Abbildung 8.12 können die Geschwindigkeiten eines Strecksprungs ohne Armeinsatz und eines Strecksprungs mit Armeinsatz (Z = 0) miteinander verglichen werden.

Es ist abzulesen, daß bei der gewählten Koordination der Armbewegung (Z = 0) eine höhere Abfluggeschwindigkeit als ohne Armbewegung erreicht wird. Die häufig vertretene Erwartung, daß eine höhere Endgeschwindigkeit mit einer geringeren Dauer der Bewegung verbunden ist, wird durch die Modellrechnung widerlegt. Experimentelle Überprüfungen bestätigen dieses Modellergebnis:

Die als Folge der Koordination von Teilkörperbewegungen länger dauernden Bewegungen sind mit höheren Endgeschwindigkeiten verbunden.

Dies bedeutet u.a., daß die Bewegungsaufgabe „eine maximale Endgeschwindigkeit zu erreichen, und die Bewegungsaufgabe „eine Strecke in minimaler Zeit zurückzulegen" unterschiedlicher Koordination bedürfen.

Für beide Bewegungsaufgaben können durch Variation der Größe Z personenspezifische Optima für eine unterschiedliche Koordination zwischen Arm- und Beinbewegung gefunden werden. Dabei zeigt sich, daß eine unterschiedliche Armbewegung mit einer unterschiedlichen Energiefreisetzung der Kniestrecker verbunden ist.

8.5.1.4 Erklärung von speziellen Effekten

8.5.1.4.1 Zweigipflige Kraftkurven

Bei manchen Bewegungen werden unter bestimmten Bedingungen zweigipflige Kraftkurven gemessen. Hierbei besteht das Risiko, dem Athleten einen Fehler in der Koordination der Bewegung zu unterstellen und durch entsprechendes (Koordinations-)Training zu versuchen, die zwei-

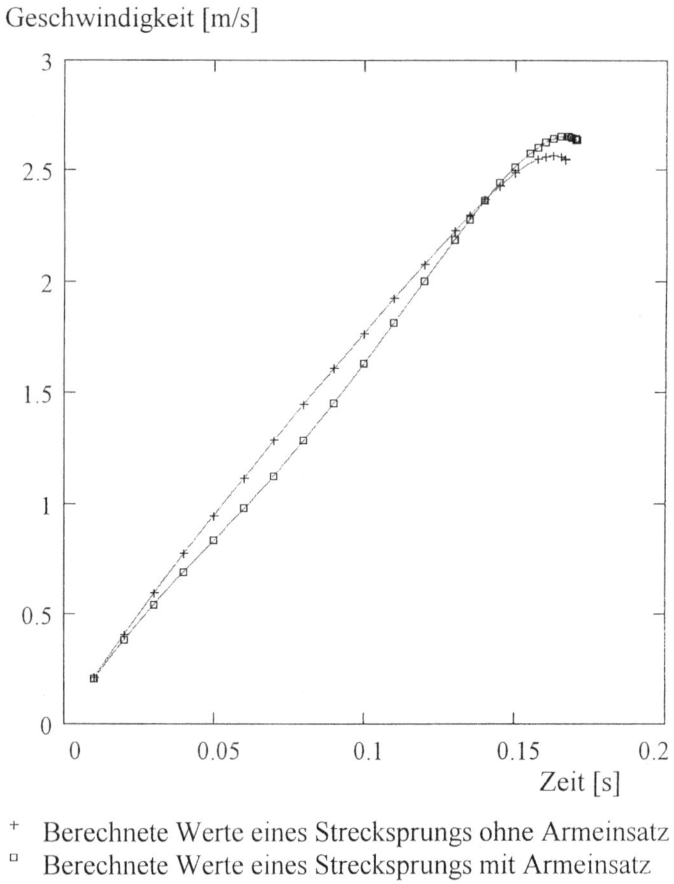

Abb. 8.12 Geschwindigkeiten zweier Strecksprünge im Vergleich

gipflige Kraftkurve zu beseitigen. Dies kann eine zweckmäßige Trainingsaufgabe sein, z. B. wenn die Ursache eine Fehlsteuerung der Schaltfunktionen ist. Die Änderung der außerhalb des Körpers meßbaren Kraft während der Bewegung ist durch drei zum Teil gegenläufige Effekte beschreibbar: Die Änderung der Anzahl der innervierten Muskelfasern, die Änderung der Kraft der Muskelfasern als Folge der Veränderung der Kontraktionsgeschwindigkeit und die Änderung der Hebelverhältnisse als Folge der Veränderung der Beugewinkel. Die Ausprägung dieser drei Effekte ist von vorgegebenen Bedingungen (z. B. von der zu bewegenden Last, den Ausgangsbedingungen) abhängig, so daß die „Summation" der Effekte sowohl zu steigender als auch zu sinkender Kraft führen kann. Während einer Bewegung ist der Wechsel zwischen beiden Tendenzen möglich. Während eines Strecksprungs haben die einzelnen Effekte folgende qualitative Auswirkungen auf die äußere Kraftentwicklung:

Einfluß der

- Anzahl der innervierten Muskelfasern – steigend
- wachsenden Kontraktionsgeschwindigkeit – sinkend
- Hebelverhältnisse – steigend.

Die Quantifizierung dieser Effekte durch das Modell zeigt in Abhängigkeit von den Eigenschaften des Athleten und der zu bewegenden Last, daß bei bestimmten Ausprägungen der Eigenschaften bei großen Lasten (Lasten, die in der Nähe der isometrischen Maximalkraft liegen) zweigipflige Kraftkurven auftreten müssen. Wird in einer solchen Situation der Athlet angehalten, zweigipflige Kraftkurven zu vermeiden, ist dies mit einer Leistungsminderung verbunden. In einem solchen Fall können leistungssteigernde eingipflige Kraftkurven nicht durch Veränderung der Koordination erreicht werden, sondern nur durch eine Veränderung der Eigenschaften des Nerv-Muskel-Systems.

Die Frage, welche der o.g. Effekte bei der von einem bestimmten Athleten durchgeführten Bewegung vorliegt, kann durch eine entsprechende Simulationsstudie beantwortet werden.

8.5.1.4.2 Abhängigkeiten zwischen ausgewählten punktuellen Bewegungscharakteristika

Die biomechanische bzw. sportmethodische Charakterisierung einer sportlichen Bewegung kann auf unterschiedliche Weise erfolgen, z.B. durch die vollständige Angabe der in der Kinematik genutzten Funktionen des Wegs, der Geschwindigkeit und der Beschleunigung oder durch die sportartspezifische Angabe ausgewählter Beobachtungskriterien. Eine andere Möglichkeit stellt fest, wann oder wo ausgezeichnete Punkte der Bewegung, z.B. das Kraft-, Leistungs- oder Geschwindigkeitsmaximum erreicht werden oder wie sich bestimmte Größen zueinander verhalten. Solche Fragen sind personenspezifisch durch das Modell zu beantworten. Einige Verallgemeinerungen solcher Modellrechnungen sollen im folgenden angegeben werden. Die Angaben beziehen sich auf Vergleiche von Bewegungen ein und derselben Person:

- Der Ort der maximalen Leistungsabgabe von Muskeln ist lastabhängig. Je größer die zu bewegende Last, desto größer/kleiner ist der Winkel bei der maximalen Leistungsabgabe im Fall der Streckung/Beugung des Gelenks.
- Der Ort des Erreichens der maximalen Geschwindigkeit einer Streckbewegung hängt vom Betrag dieser Geschwindigkeit ab. Kleinere maximale Geschwindigkeiten (etwa als Folge einer veränderten Ausgangsbeuge, einer verkleinerten Anfangskraft oder zusätzlich zu bewegenden Last) haben eine größere Ausnutzung des zur Verfügung stehenden Beschleunigungsweges zur Folge, denn sie werden bei einer größeren Streckung des Gelenks erreicht.
- Die Verteilung der vom Muskel freigesetzten Energie auf potentielle und kinetische Energie ist lastabhängig. Die personen- und bewegungsspezifische Verteilung ist durch Simulation berechenbar.
- Die Änderungen von Maximalgeschwindigkeit und Durchschnittsgeschwindigkeit sind in **unterschiedlicher** Weise von den Anfangsbedingungen und der Last abhängig.

8.5.2 Bestimmung von Eigenschaften

Die Bestimmung von Eigenschaften der Muskulatur und ihrer Ansteuerung (beschrieben durch Invarianten der Submodelle „Schaltfunktion", „Kraftgesetz" und „Rheologische Körper") scheinen mit der in Abb. 8.10 dargestellten Struktur des Gesamtmodells nicht in Einklang zu stehen, weil die notwendigen Schlußrichtungen den dort eingetragenen Pfeilrichtungen entgegengesetzt sind. Das Problem wird auf folgende Weise gelöst: Für die zu bestimmenden Eigenschaften werden fiktive Werte für die entsprechenden freien Parameter der Submodelle vorgegeben. Von diesen Werten nimmt man an, daß sie in der Nähe der wahren, aber noch unbekannten Werte liegen. Mit den so festgelegten numerischen Parametern werden mittels des Gesamtmodells (analog den Pfeilrichtungen in Abb. 8.10) äußere Kräfte, Geschwindigkeiten usw. berechnet und mit ihren gemessenen Werten verglichen. Entsprechend den festgestellten Abweichungen werden die fiktiven Werte der freien Parameter des Modells geändert, die Rechnung erneut durchgeführt und abermals verglichen. Diese Prozedur wird solange wiederholt, bis die berechneten Funktionen der Kraft, der Geschwindigkeit, ... mit den gemessenen weitestgehend übereinstimmen. Bei dieser Vorgehensweise laufen die Rechenprozesse in Richtung der in Abb. 8.10 angegebenen Pfeilrichtungen ab. Stimmen die aus den numerischen Werten der freien Parameter des Modells folgenden kinematischen bzw. dynamischen Größen hinreichend genau mit ihren gemessenen Größen überein, sind die freien Parameter der Submodelle (Invarianten der Bewegung) als Eigenschaften des untersuchten Sportlers zu interpretieren.

8.5.2.1 Eigenschaften des Nerv-Muskel-Systems

8.5.2.1.1 Beschreibungsmöglichkeiten innerhalb des Modells (Approximationen bei der Modellierung des Nerv-Muskel-Systems)

Die Eigenschaften des Nerv-Muskel-Systems sind durch die freien Parameter (Invarianten) der Schaltfunktion und des Kraftgesetzes erfaßbar. Durch bestimmte Versuchsbedingungen kann die erreichbare Genauigkeit beeinflußt werden; so sind z.B. die Eigenschaften der nervalen Ansteuerung unter isometrischen Bedingungen genauer zu bestimmen. Die in Abbildung 8.1 dargestellte Meßkurve der isometrischen Maximalkraft kann als (Ein-)Schaltfunktion (siehe Abschnitt 8.2.2.2.1) interpretiert werden. Mathematisch entspricht dies der Normierung der gemessenen Kraftfunktion auf die Asymptote F_{Mmax} der Modellfunktion. Die durchgezogene Linie repräsentiert die bestangepaßte Modellfunktion, d.h. die freien Parameter entsprechen den Werten der Eigenschaften des Athleten. Im konkreten Fall gilt

$f_{max} = 14621 \pm 18$ [N], $r_{max} = 3{,}39 \pm 0{,}03[s^{-1}]$

und $s = 9{,}53 \pm 0{,}36[s^{-1}]$.

An der Ergebnisdarstellung für die numerischen Werte der in Abb. 8.1 dargestellten Kurve ist erkennbar, daß die einzelnen Eigenschaften mit unterschiedlicher Genauigkeit (bzw. relativem Fehler) bestimmt sind. Dies ist kein Spezifikum des ausgewählten Beispiels, sondern liegt in der mathematischen Struktur der Gleichungen (9) und (10) begründet. Ist in einem konkreten Fall die erzielte Genauigkeit zur Lösung eines bestimmten Problems zu gering, dann entsteht zwischen den zur Bestimmung der Eigenschaften genutzten Funktionen (z.B. gemessene Kraft) und den Anforderungen an den Informationsgehalt dieser Funktionen eine zu große Diskrepanz. Es ergeben sich zwei Gruppen von möglichen Abhilfen:

1. Erhöhung der Information durch verbesserte Messungen oder
2. Anpassen des Modells an Informationsdefizite.

Zur ersten Gruppe zählen:

- Erhöhung der Meßgenauigkeit ,
- Vergrößerung der zeitlichen Auflösung,
- Einbeziehung mehrerer (Kraft-)Messungen in die Auswertung,
- Einbeziehung anderer (z.B. EMG-) Messungen.

Die Erhöhung des Informationsgehalts durch Verbesserung der Meßgenauigkeit und der Vergrößerung der zeitlichen Auflösung ist vordergründig ein meßtechnisches Problem und soll hier nicht weiter ausgeführt werden. Die Einbeziehung weiterer (auch unter anderen Bedingungen) gemessener Kraftkurven zur Bestimmung der Eigenschaften des Nerv-Muskel-Systems kann nur in Modellen erfolgreich sein, deren freie Parameter **Eigenschaften** dieses Systems charakterisieren. Auf diese Möglichkeit des hier dargestellten Modells ist besonders zu verweisen, denn bei Modellen, deren freie Parameter nur mathematische Größen sind (jedoch keine Eigenschaften beschreiben), wird die Einbeziehung weiterer Kurven die Streuung der Parameter erhöhen statt verringern. Dieser Unterschied zwischen verschiedenen Modellen kann genutzt werden, um diese hinsichtlich ihrer Brauchbarkeit zur Bestimmung von Eigenschaften zu untersuchen.

Versteht man die Ergebnisse bestimmter Verfahren der Elektromyographie (EMG) als Repräsentant der (entsprechend zeitlich gemittelten) Reizung der Muskulatur, kann die Einbeziehung solcher Messungen (wegen Gleichung (10)) die Genauigkeit bei der Bestimmung der Eigenschaften des Nerv-Muskel-Systems erhöhen. Diese Kopplungsmöglichkeit zwischen Kraft- und EMG-Messung zur Bestimmung ein und derselben Eigenschaften eines Athleten ist typisch für das dargestellte Modell.

Zur zweiten Gruppe sind zu zählen:

- Anpassung des Modells an Informationsdefizite bezüglich der Reizung,
- Anpassung des Modells an Informationsdefizite bezüglich der Kraftentwicklung.

Angenommen man besitzt über den Schaltprozeß der Reizung zu wenig Information, so kann man das vorliegende Modell durch einen Grenzübergang $s \to \infty$ (s gegen unendlich in Gleichung (9) und (10)) in ein solches überführen, in dem der zeitliche Verlauf der Reizung irrelevant ist, die Kraftentwicklung jedoch als Folge eines plötzlich einsetzenden Reizes r_{max} beschrieben wird:

$$n_{det}(t) = n_{max} \cdot [1 - e^{-r_{max} \cdot (t-t_0)}] \text{ und} \quad (28)$$

$$r_{det}(t) = r_{max} \quad (29)$$

Ist darüber hinaus bei bestimmten Fragestellungen zusätzlich die zeitliche Entwicklung der Kraft irrelevant, kann durch einen weiteren Grenzübergang $r_{max} \to \infty$ (r_{max} gegen unendlich) eine Beziehung gewonnen werden, die nur noch die maximale Kraft unter isometrischen Bedingungen beinhaltet:

$$n_{det}(t) = n_{max} \quad (30)$$

Bei der Interpretation der Ergebnisse, die sich aus den verschiedenen Näherungsstufen des ursprünglichen Submodells ergeben, dürfen die Einschränkungen des jeweiligen Submodells nicht vergessen werden. Die numerischen Werte für bestimmte Eigenschaften des Nerv-Muskel-Systems dürfen nur mit Werten verglichen werden, die durch das gleiche Modell und gleiche Näherungsstufe gewonnen wurden.

8.5.2.1.2 Querverbindungen zu bisher üblichen Verfahren der Charakterisierung von isometrischen Kraft-Zeit-Verläufen

Unter isometrischen Bedingungen gemessene Kraftkurven werden in der Trainingswissenschaft und in der Funktionsdiagnostik durch Größen wie Explosivkraft, maximaler Anstieg, Zeit bis zum Erreichen der halben Maximalkraft usw. bewertet. Solche Größen, die sich nur auf ein kleines Intervall bzw. nur auf einen Punkt der gemessenen Kurve beziehen, nennen wir „lokale Parameter". Die Querverbindungen zwischen den Eigenschaften des Athleten und diesen Größen können durch das Modell hergestellt werden. Beispielsweise gelten folgende Beziehungen

- für den maximalen Anstieg A_{max}:

$$A_{max} = G(X) \cdot f_{Mmax} \cdot r_{max} \cdot [1 - e^{-s \cdot t_A}] \cdot e^{-r_{max} \cdot t_A + r_{max}/s \cdot [1 - e^{-s \cdot t_A}]} \qquad (31)$$

- für den Zeitpunkt des Erreichens des maximalen Anstiegs t_A:

$$t_A = -1/s \cdot \ln[1 + s/2r_{max} - (s^2/4r_{max}^2 + s/r_{max})^{1/2}] \qquad (32)$$

und

- für den Zeitpunkt des Erreichens der halben Maximalkraft $t_{F/2}$:

$$0 = e^{-r_{max} \cdot t_{F/2} + r_{max}/s \cdot (1 - e^{-s \cdot t_{F/2}})} - 1/2 \qquad (33)$$

Aus diesen experimentell bestätigten Zusammenhängen zwischen den Eigenschaften f_{Mmax}, r_{max}, s, der Geometriefunktion G(X) und einigen Parametern der Leistungsdiagnostik ist abzulesen

- nicht alle in der Leistungsdiagnostik verwendeten Parameter lassen sich allein durch Eigenschaften ausdrücken; beispielsweise ist der maximale Anstieg einer isometrischen Kraftkurve auch vom gewählten Gelenkwinkel (bestimmter Wert von G(X)) abhängig,
- aus lokalen Parametern darf nicht uneingeschränkt auf Eigenschaften eines Athleten geschlossen werden, jedoch
- aus Eigenschaften des Athleten und den Bedingungen unter denen die Eigenschaften zum Tragen kommen, sind alle denkbaren lokalen Parameter bestimmbar.

8.5.2.2 Faserverteilungen

Die theoretische Basis, die im Hintergrund dieses Modells steht, liefert auch über das dargestellte Modell hinausgehende Aussagen. Eine solche Aussage ist, daß die auf die Muskellänge normierte Größe b in Gleichung (19) näherungsweise linear mit der Faserzusammensetzung eines Muskels zusammenhängt. Das Modell bietet die Möglichkeit, diese Aussage experimentell zu überprüfen. Dazu wurden von muskelbioptisch untersuchten Probanden die Eigenschaft b_n numerisch bestimmt. Wird der Anteil an Fast-Twitch-Fasern über diese Eigenschaft b_n aufgetragen, ergibt sich Abb. 8.13.

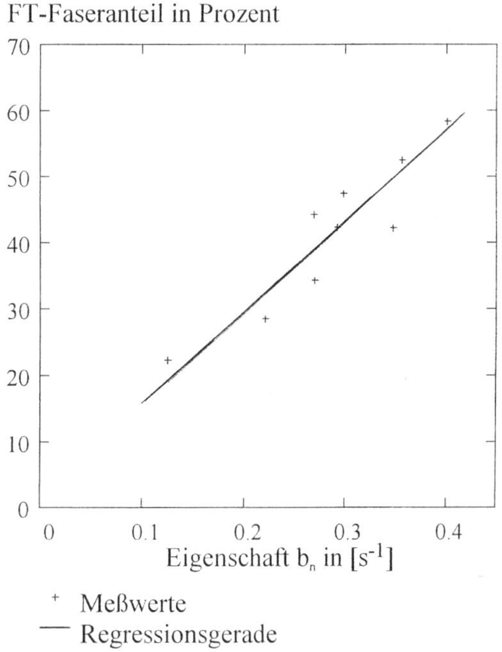

Abb. 8.13 Zusammenhang zwischen dem Anteil an FT-Fasern und der Eigenschaft b_n
(Die Abbildung wurde entnommen *T. Schmalz* „Biomechanische Modellierung menschlicher Bewegung" Hofmann Schorndorf 1993, S.50)

Die Regressionsgleichung zwischen FT-Anteil und der Größe b_n ergibt sich für die untersuchte Stichprobe zu:

$$FT[\%] = 152b_n - 2{,}2 \qquad (34)$$

(Irrtumswahrscheinlichkeit < 1%).

Details zu diesen und anderen Zusammenhängen (z. B. zu den Größen a oder c) sind in *T. Schmalz* „Biomechanische Modellierung menschlicher Bewegung" (Verlag Hofmann, Schorndorf 1993) nachzulesen.

8.5.3 Aussagen zum Begriffssystem

Mehrere sportwissenschaftliche Fachgebiete beschäftigen sich mit der Bestimmung der Eigenschaften von Sportlern. In diesen Fachgebieten werden neben den Begriffen der jeweiligen Mutterwissenschaften auch Begriffe aus verschiedenen Bereichen der Sportwissenschaften benutzt, z. B. Maximalkraft, Schnellkraft, Explosivkraft, Kraftausdauer, Kraftdefizit. Ein Teil dieser Begriffe erweist sich als außerordentlich wirksames Instrumentarium zur Beschreibung des Trainingszustands. Andererseits genügen einige Termini (z. B. Schnellkraft) nicht den Anforderungen, die an wissenschaftliche Begriffe zu stellen sind (z. B. eindeutige Definition).

An die Definitionen von Begriffen für die Sportpraxis und -theorie sind folgende Forderungen zu stellen:

- Eindeutigkeit der Definition
- Operationalisierbarkeit der Definition (Existenz von Meßvorschriften zur Beschreibung des Definiendums)
- Reproduzierbarkeit der Meßwerte zum Zweck der inter- und intraindividuellen Vergleichbarkeit.

Darüber hinaus ist es wünschenswert, den (kausalen) Zusammenhang zwischen diesen Einflußfaktoren/-größen und der menschlichen Bewegung zu kennen.

Das dargestellte Modell liefert Möglichkeiten, bekannte Begriffe hinsichtlich dieser Forderungen zu überprüfen und gegebenenfalls neue Begriffe einzuführen, die diese Forderungen erfüllen. Die Vorgehensweise soll am Beispiel der Begriffe „Maximalkraft", „Schnellkraft", „Kraftausdauer" erfolgen. Der Leser mag andere sportwissenschaftliche Begriffe, z. B. „Beweglichkeit", „Bewegungsfluß", ... selbst einer Analyse unterziehen.

8.5.3.1 Maximalkraft

Im Sprachgebrauch der Sportwissenschaften wird der Begriff „Maximalkraft" mehrdeutig verwendet, z. B.

1. die während einer Bewegung auftretende maximale Kraft,
2. die während einer mit maximaler Anstrengung ausgeführten Bewegung auftretende maximale Kraft,
3. die maximal entwickelbare Kraft eines Muskels oder einer Muskelgruppe unabhängig von den Arbeitsbedingungen oder
4. die durch Willkürinnervation bei maximaler Anstrengung entwickelbare Kraft eines Muskels oder Muskelgruppe unter vorgegebenen Arbeitsbedingungen.

Die Klassifizierung erhebt keinen Anspruch auf Vollständigkeit. Den diesen Gruppen zuordenbaren Definitionen ist gemeinsam, daß sie über die **Funktion** „Kraft" eine **zeitpunktbezogene** Aussage machen. Die Überprüfung dieser Definitionsansätze nach den oben dargestellten Forderungen liefert: Die ersten drei Ansätze führen nicht zu reproduzierbaren Ergebnissen, der vierte Ansatz ist hinsichtlich der zu wählenden Arbeitsbedingungen zu untersuchen. Bei konzentrischen und exzentrischen Arbeitsbedingungen ist die auftretende maximale Kraft vom Prozeß des Erreichens dieses Kraftwerts abhängig. Im Fall isometrischer Arbeitsbedingungen und maximaler Anstrengung genügt die erreichte maximale Kraft den obigen Forderungen. Diese Größe wird deshalb von vielen Autoren als „Maximalkraft" definiert. Die so definierte Kraft ist jedoch noch vom Beugewinkel des Gelenks abhängig. Aus dieser Kraft kann bei Kenntnis der Hebelverhältnisse (Geometriefunktion) die im Submodell „Kraftgesetz" eingeführte Invariante f_{max} bestimmt werden. Diese Größe des Modells erfüllt die vorgegebenen Bedingungen und ist deshalb als Maß für die „Maximalkraft" geeignet.

8.5.3.2 Schnellkraft

Im Sprachgebrauch der Sportwissenschaften wird der Begriff „Schnellkraft" mehrdeutig verwendet, z. B.

- schnell das Kraftmaximum einer Bewegung zu erreichen,
- auf eine Masse eine große Beschleunigung wirken zu lassen,
- einer Masse eine große Endgeschwindigkeit zu erteilen,
- eine (kurze) Strecke in minimaler Zeit zu überwinden,
- einen steilen Kraftanstieg zu realisieren,
- eine große (mechanische) Energie vom Muskel freizusetzen,
- ein Maximum an mechanischer Leistung zu produzieren.

Diese Aufzählung erhebt keinen Anspruch auf Vollständigkeit. Die verschiedenen Inhalte sind bei Muskelkontraktionen eng miteinander verknüpft. Es ist deshalb historisch verständlich, daß dafür ein Sammelbegriff, wie „Schnellkraft" geprägt wurde. Bis heute liegt jedoch keine Definition vor, die die „Schnellkraft" als Eigenschaft des betrachteten Menschen ausweist. Hingegen gibt es eine Reihe von prinzipiellen Argumenten für die fehlende Existenz eines allgemeinen Schnellkraftbegriffs. So widersprechen alle dem Autor bekannten Definitionen der „Schnellkraft" mindestens einer der oben dargestellten Forderungen an sportwissenschaftliche Begriffe. Zwei Auswege bieten sich an:

- Einführung von sportartspezifischen Schnellkraftbegriffen, die auf die Lösung der speziellen Bewegungsaufgaben der jeweiligen Sportart ausgerichtet sind oder
- Verzicht auf den Begriff der „Schnellkraft" und Ersetzen der mit dem Schnellkraftbegriff verbundenen Anliegen der Sportpraxis durch andere (bessere) Konzepte.

Wenn der Zusammenhang zwischen den Eigenschaften eines Athleten und seinen Bewegungen bekannt ist, erweist sich der Begriff der „Schnellkraft" als nicht notwendig. Dieser Zusammenhang wird durch das hier beschriebene Modell hergestellt. Die im Modell enthaltenen freien Parameter sind im Fall der maximalen Anstrengung eines Athleten als Eigenschaften zu betrachten. Diese Eigenschaften sind einerseits aus vermessenen Bewegungen bestimmbar und haben andererseits Einfluß auf den Ablauf von Bewegungen. Wer z.B. die Eigenschaften der Kniestrecker und deren Hebelverhältnisse kennt, ist für diese Muskelgruppe auf keine wie auch immer geartete Definition der „Schnellkraft" angewiesen. Dies soll durch die Beschreibung des folgenden Experiments verdeutlicht werden.

Untersucht man nach einer beliebig ausgewählten Vorschrift zur Bestimmung der „Schnellkraft" die Kniestrecker einer Gruppe von Sportlern, so ergibt sich eine Rangfolge bezüglich der festgelegten „Schnellkraft". Wird die identische Vorschrift auf dieselben Personen bei geänderten Bedingung angewandt, z. B. die Bewegung ohne oder mit einer Zusatzlast auszuführen, dann wird sich eine andere Reihenfolge ergeben. Abermalige Änderung der Zusatzlast führt zu einer nochmaligen Änderung der Reihenfolge. Wird die Zusatzlast hinreichend gesteigert, ergibt sich die gleiche Reihenfolge wie bei der isometrischen Maximalkraft. Eine solche Situation ist in Abbildung 8.14 dargestellt. Dabei wurde die erreichte maximale Streckgeschwindigkeit als Kriterium gewählt.

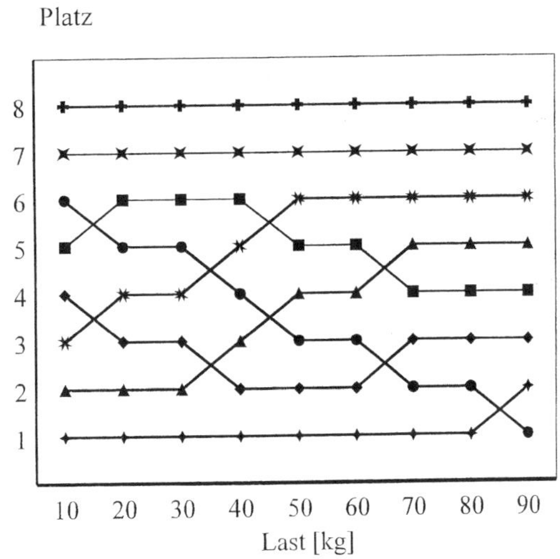

Abb. 8.14 Reihenfolge von acht Athleten bezüglich der maximalen Streckgeschwindigkeit der Beine in Abhängigkeit von der zu bewegenden Last (die Linien verbinden die Plazierungen jeweils einer Person); (aus: *Schmalz, T.:* Biomechanische Modellierung menschlicher Bewegung. Hofmann, Schorndorf 1993, S.95)

Der dargestellte Sachverhalt ist aus der Sportpraxis bekannt. Es drängt sich die Frage auf: Welcher Sportler ist denn der schnellkräftigste?

Obige Reihenfolge ergibt sich aus dem dargestellten Modell für die numerisch bekannten Eigenschaften der Athleten, indem durch Wiederholung der Modellrechnung für die unterschiedlichen Lasten die maximale Streckgeschwindigkeit bestimmt wird. Die durchgehende Verschlechterung bzw. Verbesserung einiger Sportler relativ zueinander ist ebenso wie die scheinbar regellosen Veränderungen bei anderen Athleten durch die reale Ausprägung der im Modell enthaltenen Eigenschaften (= numerische Werte der Parameter) bedingt.

Dieses Beispiel zeigt, daß bei Kenntnis der Eigenschaften der Ablauf (einfacher) Bewegungen unter anderen Bedingungen (hier: andere Zusatzlast) vorausgesagt werden kann. Im Fall des heute noch gebräuchlichen Begriffs der „Schnellkraft" ist jedoch – unabhängig davon, nach welcher der bekannten Methoden die „Schnellkraft" bestimmt wird, – keine Voraussage für andere Lastbedingungen möglich.

8.5.3.3 Kraftausdauer

Die von uns erfaßten Invarianten der Bewegung sind gegenüber Bewegungswiederholungen nicht mehr invariant. Die Veränderungen der numerischen Werte der bewegungsinvarianten Eigenschaften wirken sich auf den Ablauf der wiederholten Bewegungen aus. Dies gilt insbesondere für die während der Bewegungswiederholung auftretenden Kräfte.

Als Maß für die Kraftausdauer bieten sich deshalb die (numerischen) Änderungen der im Modell enthaltenen „freien Parameter“ als Folge von Bewegungswiederholungen an.

Die experimentelle Verfolgung dieses Konzepts zeigt, daß sich z. B. die auf Seite 202 dargestellten Eigenschaften unterschiedlich verändern.

Sachregister

Aufteilung der Sachregister

Mikroanalytische Modelle basieren – im Unterschied zu den in Kap. 1 bis 7 primär dargestellten makroanalytischen Modellen sportlicher Bewegungen bzw. des menschlichen Körperbaus – auf einem hinreichend bestätigten theoretischen Wissen über die Zustandsänderungen der den Ablauf einer Bewegung steuernden Mikroelemente (Submodelle: Schaltfunktion, Kraftgesetz, Rheologischer Körper, Geometriefunktion). Um eventuelle terminologische Mißverständnisse bei identischen Bezeichnungen mit unterschiedlichen Begriffsinhalten von vornherein auszuschließen, führten wir im Interesse der Leser ein Sachregister für die Kap. 1–7 und ein Sachregister für Kap. 8 ein.

Sachregister Kap. 1–7

Sachregister Kap. 8